**ABHANDLUNGEN DES GEOGRAPHISCHEN INSTITUTS
ANTHROPOGEOGRAPHIE**

BAND 34

HERAUSGEBER:

F. BADER, G. BRAUN, U. FREITAG, G. KLUCZKA,

A. KÜHN, K. LENZ, G. MIELITZ, F. SCHOLZ

SCHRIFTLEITUNG:

H. LEONHARDY

VERANTWORTLICH FÜR DIESEN BAND:

F. BADER

**ABHANDLUNGEN DES GEOGRAPHISCHEN INSTITUTS
ANTHROPOGEOGRAPHIE**

BAND 34

DIETER VOLL

VON DER WOHNLAUBE ZUM HOCHHAUS

Eine geographische Untersuchung über die Entstehung und
die Struktur des Märkischen Viertels in Berlin (West) bis 1976

BERLIN 1983

DIETRICH REIMER VERLAG BERLIN

CIP-Kurztitelaufnahme der Deutschen Bibliothek

Voll, Dieter:
Von der Wohnlaube zum Hochhaus: e. geograph.
Unters. über d. Entstehung u.d. Struktur d.
Märk. Viertels in Berlin (West) bis 1976 /
Dieter Voll. - Berlin: Reimer, 1983
   (Abhandlungen des Geographischen Instituts
   Anthropogeographie ; Bd. 34)
   ISBN 3-496-00311-1

NE: Institut für Anthropogeographie, Angewandte
Geographie und Kartographie <Berlin, West> :
Abhandlungen des Geographischen ...

© by Dietrich Reimer Verlag Berlin 1983
    Dr. Friedrich Kaufmann
    Unter den Eichen 57, 1000 Berlin 45

    Alle Rechte vorbehalten - Nachdruck verboten
    Printed in Germany

          Gedruckt mit Unterstützung
der Wissenschaftlichen Einrichtung Anthropogeographie,
angewandte Geographie und Kartographie

D 188

Vervielfältigungsgenehmigungen

Karte von Berlin, Bezirk Reinickendorf 1:20 000
Herausgegeben 1978
Vervielfältigt mit Erlaubnis des Bezirksamtes
Reinickendorf, Vermessungsamt, vom 13.10.1982

Übersichtskarte von Berlin (West) 1:50 000
Vervielfältigt mit Erlaubnis des Senators für
Bau- und Wohnungswesen - V - vom 17. 1.1983

Luftbilder Nr. 85/1, 2/874, 2/875
Bildflug 1954 und 1974
Vervielfältigt mit Genehmigung des Senators für
Bau- und Wohnungswesen - V - vom 17. 1.1983

Plandokumentation MV
Karten auf Seiten 11, 27, 46, 47, 48, 49, 50, 51, 52
Vervielfältigt mit Genehmigung des Verlages
Kiepert KG, Berlin, vom 12. 5.1982

INHALTSVERZEICHNIS

Seite

1	ZIELSETZUNG DER ARBEIT	1
1.1	Problemstellung	1
1.2	Materiallage und Verfahrensweise	2
2	DAS MÄRKISCHE VIERTEL - WILHELMSRUH VOR DER SANIERUNG	5
2.1	Geographische Lage	5
2.2	Entwicklung des Gebietes bis zur ersten Siedlungswelle	7
2.3	Die Siedlungstätigkeit zwischen den Weltkriegen	11
2.3.1	Die ersten Pläne zur Bebauung des Geländes	11
2.3.2	Die Folgen der ersten Aufschließungsverträge	16
2.3.3	Das Problem der Heraufzonung des Geländes	20
2.3.4	Die Planung der nationalsozialistischen Aera	22
2.3.5	Planung einer Stadtrandsiedlung	24
2.4	Die Entwicklung des Gebietes nach dem 2. Weltkrieg	26
2.4.1	Die Nachkriegssituation in Berlin und Wilhelmsruh	26
2.4.2	Die ersten Sanierungspläne	27
2.4.2.1	Das Projekt der Droysenhaus GmbH	29
2.4.2.2	Der erneute Versuch der Heraufzonung	30
2.4.2.3	Der Raumordnungsplan von 1952	31
2.4.2.4	Die neue Konzeption des Jahres 1954	34
2.4.2.5	Die Initiative des Bauausschusses der Bezirksverordnetenversammlung	36
2.4.3	Der Richtplanentwurf von 1956 und die folgenden Änderungen	39
2.4.3.1	Die Vorarbeiten zur Neufassung des Planes von 1956	39
2.4.3.2	Der Richtplan des Jahres 1957	40
2.4.3.3	Die vorgesehene Müllaufschüttung	41
2.4.3.4	Die Vorbereitung der Sanierung	42
2.4.3.5	Die Schwierigkeiten bei der Verkehrsplanung	43
2.4.3.6	Die dritte Fassung des Richtplanentwurfs von 1956	44
2.4.4	Die Abbohrung des Geländes und die Planungsänderungen	45
2.4.4.1	Die Planungen nach dem Abbohrergebnis	48
2.4.5	Die "Sozialgeographischen Karten von Wilhelmsruh"	49
2.4.6	Der dritte Richtplanentwurf und die Planungsdiskussion bis 1962	50
2.4.6.1	Der dritte Richtplanentwurf von 1959	50
2.4.6.2	Weitere Vorarbeiten zur Sanierung	54
2.4.6.3	Der vierte Richtplanentwurf von 1960	57
2.4.6.4	Die Vorbereitungsphase der Bebauungsplanung	59
2.4.6.5	Die abschließenden Sanierungsvorbereitungen	60
2.4.6.6	Besitzverhältnisse, Bebauung und Nutzung	62
2.4.6.6.1	Besitzverhältnisse	62
2.4.6.6.2	Baulicher Zustand	63
2.4.6.6.3	Baualter	67
2.4.6.6.4	Industrie- und Gewerbebauten	68
2.4.6.7	Bestand und Kosten der geplanten sozialen Infrastruktur	69
2.4.6.8	Verkehrsverhältnisse und Straßenbaumaßnahmen	71
3	DIE ENTSTEHUNG DES MÄRKISCHEN VIERTELS SEIT 1962	74
3.1	Der Richtplanentwurf vom 7. 3. 1962	74
3.2	Die Konzeption der freien Architektengemeinschaft	74
3.3	Die Planungsphilosophie des Planungsteams	79

		Seite
3.4	Das Selbstverständnis der beteiligten Architekten	81
3.5	Änderungsvorschläge zum Entwurf vom 7. 3. 1962	83
3.6	Die Diskussion zwischen dem Senat und dem Bezirksamt	85
3.7	Folgerungen aus der Diskussion für das Planungsteam	87
3.8	Der Plan vom 15. 1. 1963 und seine Auswirkungen	89
3.8.1	Kindertagesstätten	89
3.8.2	Schulen	89
3.8.3	Altenwohnheime	90
3.8.4	Wohn- und Arbeitsgebiete	90
3.9	Die weitere Entwicklung des Richtplans vom 15. 1. 1963	91
3.9.1	Änderungen der verschiedenen Dienststellen	91
3.9.2	Verkehrsplanung	93
3.9.3	Die Richtplanänderung des Jahres 1965	93
3.9.4	Die Planungsänderungen der Jahre 1966 und 1967	96
3.9.5	Die Veränderungen des Richtplanes 1968 gegenüber 1967	100
3.9.6	Die weiteren Richtpläne bis zum Jahre 1970	102
3.9.7	Der Wohnungsschlüssel und seine Auswirkungen auf die Planung	109
3.9.8	Bodenerwerbsmaßnahmen	114
4	**ZUM PROBLEM DER INFRASTRUKTURELLEN AUSSTATTUNG**	117
4.1	Allgemeine Problematik der Infrastruktur	117
4.2	Soziale Infrastruktureinrichtungen im Bereich Bildung und Freizeit	119
4.2.1	Schulen	119
4.2.2	Kindertagesstätten	124
4.2.3	Jugendfreizeitheime	127
4.2.4	Spiel- und Sportplätze	129
4.2.5	Bibliotheken	134
4.2.6	Mehrzweckhaus	135
4.2.7	Schwimmbad	136
4.3	Sonstige Einrichtungen der sozialen Infrastruktur	137
4.3.1	Grünanlagen	137
4.3.2	Kirchen	138
4.3.3	Fürsorgeeinrichtungen	139
4.3.4	Seniorenwohnungen und -heime	140
4.4	Einrichtungen der Verkehrs- und sonstigen Infrastruktur	141
4.4.1	Verkehrserschließung	141
4.4.2	Öffentlicher Nahverkehr	147
4.4.3	Das Heizwerk	150
4.4.4	Sonstige Infrastruktureinrichtungen	152
4.4.5	Wasserwirtschaftliche Maßnahmen	152
4.5	Medizinische Versorgung	153
4.6	Gewerbestruktur	155
4.7	Industrie und Gewerbe	163
5	**BEVÖLKERUNGSSTRUKTUR**	165
5.1	Die Einwohnerdichte	165
5.2	Veränderungen der Einwohnerzahl	167
5.3	Altersstruktur der Bevölkerung	171
5.4	Haushaltsstruktur	180

		Seite
5.5	Berufsstruktur der Haushaltungsvorstände	187
5.6	Pendelwanderung der Erwerbstätigen	193
5.7	Einkommen der Haushaltungsvorstände	195
5.8	Ausbildungsstand der Bevölkerung	198
5.8.1	Abgeschlossene Schul- und Berufsausbildung	198
5.8.2	Schüler und Studierende	201
6	**ZUSAMMENFASSUNG**	204
7	**LITERATURVERZEICHNIS**	208
8	**BILDTEIL**	217

VERZEICHNIS DER ABBILDUNGEN

Seite

Abb.	1	Lage des Märkischen Viertels innerhalb des Nordens von Berlin	4
Abb.	2	Bohrergebnisse in den Gemarkungen Lübars und Wilhelmsruh	6
Abb.	3	Karte der Feldmark Rosenthal Kreis Niederbarnim (Brouillonkarte)	8
Abb.	4	Wilhelmsruh-Parzellierung um 1930	9
Abb.	5	Bebauungsplan Wittenau zwischen Nordbahn und Holzweg vom Juni 1909	10
Abb.	6	Industriehafen-Projekt vom 5. 5. 1930	12
Abb.	7	Baualter der Einfamilienhausgebiete	18
Abb.	8	Ausweisung von Gebieten für den Bau von Kleinsthäusern	19
Abb.	9	Führung des IV. Ringes zwischen dem Rathaus Wittenau und der Kreuzung mit der Nordachse	23
Abb.	10	Entwurf des Hauptbauamtes Reinickendorf für die Stadtrandsiedlung Wilhelmsruh vom 25. 6. 1936	25
Abb.	11	Wilhelmsruh 1950	28
Abb.	12	Vorschlag für eine Siedlung der Droysenhaus-Gesellschaft in Wilhelmsruh vom 2. 11. 1949	29
Abb.	13	Raumordnungsplan Wilhelmsruh vom 27. 2. 1952	33
Abb.	14	Entwurf zum Richtplan Wilhelmsruh des Stadtplanungsamtes Reinickendorf vom 3. 2. 1956	37
Abb.	15	Wilhelmsruh, Grundwasserschichtenplan	46
Abb.	16	Wilhelmsruh, Zonen der Bebaubarkeit	47
Abb.	17	Sanierungsgebiet Wilhelmsruh, Richtplanentwurf des Stadtplanungsamtes Reinickendorf vom 1. 9. 1959	51
Abb.	18	Sanierungsgebiet Wilhelmsruh, Richtplanentwurf des Stadtplanungsamtes Reinickendorf vom 3. 8. 1960	58
Abb.	19	Gebäudesubstanz 1956	65
Abb.	20	Sanierungsgebiet Wilhelmsruh, Richtplanentwurf des Stadtplanungsamtes Reinickendorf vom 7. 3. 1962	73
Abb.	21	Richtplanentwurf I vom 15. 7. 1962	76
Abb.	22	Richtplanentwurf II vom 15. 1. 1963	88
Abb.	23	Geplante Führung der Autobuslinien im Märkischen Viertel (Stand 10. 4. 1963)	92
Abb.	24	Vorschlag der BVG zur Führung der Autobuslinien im Märkischen Viertel (Stand 17. 9. 1963)	92
Abb.	25	Richtplanentwurf IV vom 15. 12. 1965	94
Abb.	26	Richtplanentwurf V vom 15. 12. 1966	97
Abb.	27	Richtplanentwurf VI vom 15. 12. 1967	99
Abb.	28	Richtplanentwurf VII vom 15. 12. 1968	101
Abb.	29	Richtplanentwurf vom Juni 1970	103
Abb.	30	Flächennutzungsplan Märkisches Viertel 1973	107
Abb.	31	Aufteilung und Stand des Bebauungsplanes für das Märkische Viertel im Dez. 1975	108
Abb.	32	Wohnungsschlüssel des Richtplanentwurfs I vom 15. 7. 1962	111
Abb.	33	Vergleich der Wohnungsschlüssel von 1968 und 1974	111
Abb.	34	Soziale Infrastruktur im Märkischen Viertel (Stand Jan. 1976)	118
Abb.	35	Kinderspielplätze im Märkischen Viertel (Stand Jan. 1976)	132
Abb.	36	Verkehrsaufkommen Oranienburger Str./Eichborndamm-Wilhelmsruher Damm am 22. 2. 1968	143

Seite

Tab. 36	Altersstruktur im Märkischen Viertel und in Berlin (West) am 27. 5. 1970	180
Tab. 37	Verteilung der Mehrpersonenhaushalte im Märkischen Viertel am 27. 5. 1970 aufgeschlüsselt nach Wohnblöcken	182
Tab. 38	Anzahl der Personen pro Haushalt in Wilhelmsruh, dem Märkischen Viertel und Berlin (West)	183
Tab. 39	Verteilung der Einpersonenhaushalte nach Wohnblöcken im Märkischen Viertel aufgeschlüsselt 1970	184
Tab. 40	Verteilung der Einpersonenhaushalte 1970	185
Tab. 41	Berufsstruktur im Märkischen Viertel und in Berlin (West)	187
Tab. 42	Verteilung der Berufszugehörigkeit in ausgewählten Wohngebieten des Märkischen Viertels und in Berlin (West)	188
Tab. 43	Struktur der Erwerbstätigen im Märkischen Viertel aufgeschlüsselt nach Wohnblöcken am 27. 5. 1970	190
Tab. 44	Berufszugehörigkeit der Haushaltungsvorstände in ausgewählten Wohngebieten des Märkischen Viertels 1968 (W 4e: 1974) und Berlin (West) 1971	191
Tab. 45	Beteiligung der Frauen am Erwerbsleben 1970	192
Tab. 46	Pendelwanderung der Erwerbstätigen des Märkischen Viertels 1970 aufgeschlüsselt nach Wohnblöcken	194
Tab. 47	Verteilung der Einkommen der Haushaltungsvorstände in ausgewählten Wohngebieten 1965/68	195
Tab. 48	Die jeweils vier Einkommensgruppen aus Tab. 47 mit den höchsten Anteilen 1965/68	196
Tab. 49	Klassifizierung der Einkommensgruppen	197
Tab. 50	Aufschlüsselung des Schulabschlusses nach Alt- und Neubauten 1970	199
Tab. 51	Höchster Schulabschluß der über 15 Jahre alten Personen im Märkischen Viertel aufgeschlüsselt nach Wohnblöcken 1970	200
Tab. 53	Schüler und Studierende nach Schularten aufgeschlüsselt nach Wohnblöcken 1970	202
Tab. 52	Schüler und Studierende nach Schularten	201
Tab. 54	Ergebnis der Wahlen zum Berliner Abgeordnetenhaus 1971	205

VERZEICHNIS DER TABELLEN

Seite

Tab. 1	Sanierungskosten der öffentlichen Einrichtungen 1959	49
Tab. 2	Flächenbedarf der Infrastruktureinrichtungen 1959	53
Tab. 3	Infrastrukturkosten 1959	53
Tab. 4	Kosten der sozialen Infrastruktur 1959	53
Tab. 5	Soziale Infrastruktur 1960	57
Tab. 6	Aufstellung der öffentlichen Kosten 1962	62
Tab. 7	Vorhandene Bebauung und zukünftige Nutzung des städtischen Besitzes 1961	63
Tab. 8	Flächenbedarf der öffentlichen Hand 1961	69
Tab. 9	Flächenbedarf 1961	70
Tab. 10	Kosten der Infrastruktur 1961	70
Tab. 11	Abzuräumende Flächen 1961	71
Tab. 12	Einrichtungen der sozialen Infrastruktur 1962	78
Tab. 13	Verteilung der Kindertagesstätten 1963	89
Tab. 14	Aufschlüsselung der Wohnungszahlen des Richtplanentwurfes IV vom 15. 12. 1965	95
Tab. 15	Veränderungen der geplanten Wohnungszahlen 1967 gegenüber 1965	98
Tab. 16	Aufstellung der sozialen Infrastruktureinrichtungen des Richtplanes V vom 15. 12. 1966	98
Tab. 17	Zusätzliche soziale Infrastruktureinrichtungen des Richtplanentwurfs VI vom 15. 12. 1967	102
Tab. 18	Errechnung der GFZ für die bis 1968 bebauten Grundstücke	105
Tab. 19	Wohnungsschlüssel des Richtplanes I vom 15. 7. 1962	110
Tab. 20	Vergleich der Wohnungsschlüssel von 1968 und 1974	112
Tab. 21	Aufstellung der Schulen 1976	122
Tab. 22	Kindertagesstätten 1976	125
Tab. 23	Kinder- und Jugendfreizeitheime 1970	127
Tab. 24	Gemeindezentren mit Aufgabenbereichen 1976	139
Tab. 25	Bus-Verbindungen im Märkischen Viertel 1971	149
Tab. 26	Die Versorgung der Einwohner Berlins (West) und Reinickendorfs mit Praktischen Ärzten	154
Tab. 27	Versorgungsflächen in den einzelnen Einkaufszentren nach Branchen untergliedert	162
Tab. 28	Pendelwanderung der Beschäftigten des Märkischen Zentrums 1969 und 1976	162
Tab. 29	Aufstellung der Gewerbe- und Industriebetriebe	164
Tab. 30	Die im Rahmen der Wohnungsstatistik in Berlin (West) am 25. 9. 1956 erfaßten Bevölkerungsdaten für die Wohnblöcke im Sanierungsgebiet Wilhelmsruh	166
Tab. 31	Einwohnerdichte 1975	167
Tab. 32	Entwicklung des Bevölkerungsstandes und Altersstruktur aufgeschlüsselt nach Zählbezirken	172
Tab. 33	Altersstruktur der Bevölkerung in Berlin (West) und Wilhelmsruh/MV	173
Tab. 34	Verteilung der 0 - 21 Jahre alten Einwohner 1967 und 1974 in den Zählbezirken eins, drei und vier	175
Tab. 35	Altersstruktur der Bevölkerung im Märkischen Viertel am 27. 5. 1970 aufgeschlüsselt nach Wohnblöcken	178

Seite

Tab. 36	Altersstruktur im Märkischen Viertel und in Berlin (West) am 27. 5. 1970	180
Tab. 37	Verteilung der Mehrpersonenhaushalte im Märkischen Viertel am 27. 5. 1970 aufgeschlüsselt nach Wohnblöcken	182
Tab. 38	Anzahl der Personen pro Haushalt in Wilhelmsruh, dem Märkischen Viertel und Berlin (West)	183
Tab. 39	Verteilung der Einpersonenhaushalte nach Wohnblöcken im Märkischen Viertel aufgeschlüsselt 1970	184
Tab. 40	Verteilung der Einpersonenhaushalte 1970	185
Tab. 41	Berufsstruktur im Märkischen Viertel und in Berlin (West)	187
Tab. 42	Verteilung der Berufszugehörigkeit in ausgewählten Wohngebieten des Märkischen Viertels und in Berlin (West)	188
Tab. 43	Struktur der Erwerbstätigen im Märkischen Viertel aufgeschlüsselt nach Wohnblöcken am 27. 5. 1970	190
Tab. 44	Berufszugehörigkeit der Haushaltungsvorstände in ausgewählten Wohngebieten des Märkischen Viertels 1968 (W 4e: 1974) und Berlin (West) 1971	191
Tab. 45	Beteiligung der Frauen am Erwerbsleben 1970	192
Tab. 46	Pendelwanderung der Erwerbstätigen des Märkischen Viertels 1970 aufgeschlüsselt nach Wohnblöcken	194
Tab. 47	Verteilung der Einkommen der Haushaltungsvorstände in ausgewählten Wohngebieten 1965/68	195
Tab. 48	Die jeweils vier Einkommensgruppen aus Tab. 47 mit den höchsten Anteilen 1965/68	196
Tab. 49	Klassifizierung der Einkommensgruppen	197
Tab. 50	Aufschlüsselung des Schulabschlusses nach Alt- und Neubauten 1970	199
Tab. 51	Höchster Schulabschluß der über 15 Jahre alten Personen im Märkischen Viertel aufgeschlüsselt nach Wohnblöcken 1970	200
Tab. 53	Schüler und Studierende nach Schularten aufgeschlüsselt nach Wohnblöcken 1970	202
Tab. 52	Schüler und Studierende nach Schularten	201
Tab. 54	Ergebnis der Wahlen zum Berliner Abgeordnetenhaus 1971	205

V O R W O R T

Mit der vorliegenden Arbeit soll versucht werden, einen Beitrag zur Erhellung der stadtplanerischen Vorgänge und der sich daraus ergebenden baulich-funktionalen Struktur und der Bevölkerungszusammensetzung in einem Großsiedlungsgebiet Berlins (West) aus der Zeit nach dem 2. Weltkrieg zu leisten.

Großen Dank schulde ich meinem hochverehrten Lehrer, Herrn Prof. Dr. K.A. Boesler, der mir wertvolle Anregungen für die Durchführung dieser Arbeit gab und sie mit hilfreichem Rat förderte.

Ohne die Unterstützung der Mitarbeiter des Stadtplanungsamtes Reinickendorf, stellvertretend seien hier nur die Herren Hein, Brun, Jetses und Wagner genannt, wäre die Materialbeschaffung nicht durchführbar gewesen. Auch Herrn Dr. Bock von der Gesobau gebührt mein Dank, der mir die Quellen der Gesobau erschloß und in Gesprächen wichtige Hinweise gab. Herr Simon von der Abt. Jugend und Sport des Bezirksamtes Reinickendorf half mir mit Anregungen für den Bereich der Bevölkerungsstruktur. Als äußerst hilfreich erwiesen sich die Diskussionen, die ich mit den Herren Prof. Dr. G. Heinrich, Prof. Dr. O. Büsch, Prof. Dr. J. Bartel, Prof. Dr. K. Haserodt sowie allen Mitgliedern des Seminars für Geographie/Landeskunde und des Instituts für Geschichte und Landeskunde an der Pädagogischen Hochschule Berlin führen konnte. Dem Kartographen Herrn J. Kruhöffer sei an dieser Stelle für die Reinzeichnung der Karten und Graphiken gedankt.

1 ZIELSETZUNG DER ARBEIT

1.1 Problemstellung

Die Untersuchung des Märkischen Viertels umfaßt folgende Problemkreise:

1. die Genese des Siedlungsgebietes
2. die infrastrukturelle Ausstattung
3. die bevölkerungsgeographische Analyse.

Jeder Problemkreis stellt bereits eine eigenständige Abhandlung dar, ohne daß allerdings die gegenseitigen Verknüpfungen und Beeinflussungen dieser drei Bereiche sichtbar werden. "So gilt es, über die Feststellung der Tatsachen und die Beschreibung der Erscheinungen hinaus, den Kräften bei der Bildung und Umwandlung städtischer Landschaften nachzuspüren und damit auch die hinter dem äußeren Bild wirkenden geistig-kulturellen und politisch-gesellschaftlichen Faktoren zu berücksichtigen" (SCHÖLLER, P., 1953, S. 161). Damit wird in der Stadtgeographie ein entscheidender Schritt vollzogen, der von der isolierten Betrachtung einzelner Faktoren zur synthetischen Gesamtschau hinführen soll. Lag lange Zeit das Gewicht stadtgeographischer Forschung auf der Systematisierung der städtischen Siedlungen, der Darstellung der Entwicklungsgeschichte oder der funktionalen Gliederung einzelner Städte, in geringerem Maße auch bereits auf der sozialgeographischen Differenzierung des Stadtgebietes, soll in dieser Arbeit das Hauptaugenmerk nicht allein auf der Untersuchung der einzelnen Faktoren liegen, sondern "der Mensch in den Mittelpunkt kulturgeographischer Betrachtungen treten" (SCHÖLLER, P., 1953, S. 162).

Dies geschieht in dieser Arbeit durch die Darstellung des städtebaulichen Entwicklungsprozesses eines abgegrenzten Teilbereichs Berlins und der darin enthaltenen stadtplanerischen Problematik der Neuordnung eines ungeregelt bebauten Areals. Damit führt diese Untersuchung zwangsläufig in das Gebiet der Stadtforschung, die einen Zugang der Geographie zur Stadtplanung bildet (SCHULTZE, J.H., 1952). Aber nicht nur die Stadtforschung im Rahmen der Stadtgeographie sondern auch die politische Geographie mit dem Augenmerk auf der Untersuchung der politischen Entscheidungsprozesse und ihrer Auswirkungen auf die Stadtentwicklungsplanung[1] hat ihren Beitrag zur Stadtplanung geleistet.

Trotz dieser Ansätze wird die Stadtplanung von den verantwortlichen Stellen als Domäne der Architekten betrachtet, da die Auffassung, "daß das Tun im Raum letztlich eine künstlerische Aufgabe ist" (SACK, M., 1976), immer noch die Ultima Ratio in der Planung darstellt. Aber gerade die vielfältigen Verknüpfungen der Geographie mit anderen Wissenschaften, die ihren Niederschlag in den geographischen Teildisziplinen finden, prädestinieren den Geographen zur Mitarbeit in der Stadtplanung, denn "es ist heute generell anerkannt, daß die moderne Stadtgeographie ohne soziologische, planerische und andere Gedankengänge außerhalb des engeren geographischen Bereichs nicht auskommen kann" (HOFMEISTER, B., 1969, S. 8).

In der Arbeit tritt neben die Untersuchung des historischen Werdeganges des Gebiets und den Versuch der Erhellung planungsrelevanter Hintergründe die Quantifizierung und Qualifizierung der Bevölkerungsstruktur zu zwei verschiedenen Zeitpunkten. Die Qualifizierung soll aber auch im Vergleich zu Reinickendorf bzw. Berlin (West) vorgenommen werden.

Der baulichen Entwicklung des Gebietes und damit auch den planerischen Überlegungen muß

---

[1] KRAUS, H., 1963; STAUBACH, H., 1963; PEHNT, W. (Hrsg.), 1974

ein breiter Raum zugebilligt werden, da sonst die heutigen Strukturen ohne die Beziehung zur Vergangenheit ihrer Grundlage entbehren müßten. Die Entwicklung Wilhelmsruhs vor der Sanierung kann nur anhand des Archivmaterials dargestellt werden, während für den Zeitraum der Sanierung auch auf mündliche Darlegungen von Stadtplanern, Architekten und Verwaltungsfachleuten zurückgegriffen werden konnte.

Bei der Darstellung der Infrastrukturplanung ist die Rückkoppelung mit den Bevölkerungsstrukturuntersuchungen unerläßlich, da der gesamte Planungsgang ständig durch die Entwicklung der Bevölkerungsstruktur beeinflußt wurde. Vor allem aufgrund der altersmäßigen Zusammensetzung der Bevölkerung mußte die Infrastruktur den jeweiligen Veränderungen angepaßt werden.

Der baulich-funktionalen Struktur, und hier ganz besonders der sozialen und Verkehrsinfrastruktur, kommt für die Qualität einer Großsiedlung eine außerordentliche Bedeutung zu. Dabei wird natürlich auf die architektonische Gestaltung wenig Bezug genommen, vielmehr stehen die infrastrukturelle Ausstattung und die Einordnung dieser Einrichtungen in das gesamte Siedlungsgefüge sowie die Beziehungen zur Bevölkerungsstruktur im Vordergrund.

1.2 Materiallage und Verfahrensweise

Zur Darstellung der Genese des Siedlungsgebietes konnte auf Archivmaterial im Stadtplanungsamt Reinickendorf und bei der Gesellschaft für sozialen Wohnungsbau (Gesobau) zurückgegriffen werden. Das Archivmaterial bestand aus Karten, Schreiben einzelner Verwaltungsdienststellen und von Einwohnern des Gebietes, Aufschließungsverträgen, Gutachten, Gerichtsurteilen, statistischen Aufstellungen, Besprechungsprotokollen, Aktennotizen, Zeitungs- und Zeitschriftenartikeln. Bedauerlicherweise waren die Akten nicht vollständig, was vor allem die Unterlagen des Magistrats von Groß-Berlin bis zur Spaltung Berlins 1948 und die in Pankow lagernden Grundstücksakten betraf. Doch konnten vielfach fehlende Sachverhalte aus nicht unmittelbar in Beziehung dazu stehendem Material rekonstruiert werden. Da die Besiedlung eines großen Teiles des Wilhelmsruher Gebietes wild, d.h. ohne behördliche Genehmigung erfolgte, sind zwangsläufig für diese Bereiche auch kaum Unterlagen vorhanden.

Mit dem Jahr 1951 bessert sich die Materiallage spürbar, da nach dem Beschluß der Bezirksverordnetenversammlung, die Sanierung von Wilhelmsruh in Angriff zu nehmen, die Aktivitäten des Reinickendorfer Stadtplanungsamtes zunahmen, was zu einem vermehrten Aktenanfall führte.

Bedauerlicherweise wurde die Einblicknahme in die Akten des Senators für Bau- und Wohnungswesen verwehrt. Das Stadtplanungsamt Reinickendorf besitzt jedoch weitestgehend die Protokolle der Sitzungen beim Senator für Bau- und Wohnungswesen, wodurch dieses Manko zum großen Teil ausgeglichen werden konnte.

Die Gesobau unterstützte die Arbeit durch die Erlaubnis zur Benutzung ihres Archivs, was vor allem für die Untersuchungen des Grundstückserwerbs und der Bevölkerungsstruktur von außerordentlicher Wichtigkeit war.

Die Besitzstandskarten Wilhelmsruhs von 1821 und 1930 sind Verkleinerungen von glücklicherweise im Stadtplanungsamt und im Vermessungsamt Reinickendorf vorhandenen Karten. Die Baualterskarte und die Karte zur Gewerbestruktur 1962 konnten aus den Unterlagen des Bauaufsichtsamtes und des Stadtplanungsamtes Reinickendorf erstellt werden. Die Gewerbestrukturkarte 1975 ist nach Kartierungen des Verfassers entstanden.

Zur Darstellung der Bevölkerungsstruktur wurden die Wohnblockdaten des Statistischen Landesamtes für die Wohnungsstatistik 1956 und die Volkszählungen 1960 und 1970 herangezogen. Außerdem steuerte die Gesobau noch die in den Mieterakten enthaltenen Daten für die zum

Jahreswechsel 1968/69 und im Sommer 1974 jeweils ca. 500 bezogenen Wohnungen bei. Die für die "Sozialgeographischen Karten von Wilhelmsruh" benutzten Sommerauswertungen der Wohnungsstatistik 1956 und der ortshygienischen Aufnahmen des Reinickendorfer Gesundheitsamtes konnten zur Ergänzung der Angaben nicht mehr herangezogen werden, so daß lediglich auf die vom Statistischen Landesamt veröffentlichten Zahlen zurückgegriffen werden konnte. Die so verfügbaren Angaben wurden noch einmal auf Wohnblockbasis ausgewertet.

Dr. Hasselmann vom 1. Geographischen Institut der Freien Universität Berlin hatte 1970 eine umfangreiche Befragung im Märkischen Viertel durchgeführt, die ein Drittel aller damaligen Haushalte umfassen sollte. Bei 3.000 verteilten Fragebogen betrug der Rücklauf nur ca. 12 %, die informative Einblicke in die sozialen Verhaltensweisen der Bevölkerung ermöglichten und für diese Arbeit ebenfalls herangezogen wurden (HASSELMANN, K.H., 1972).

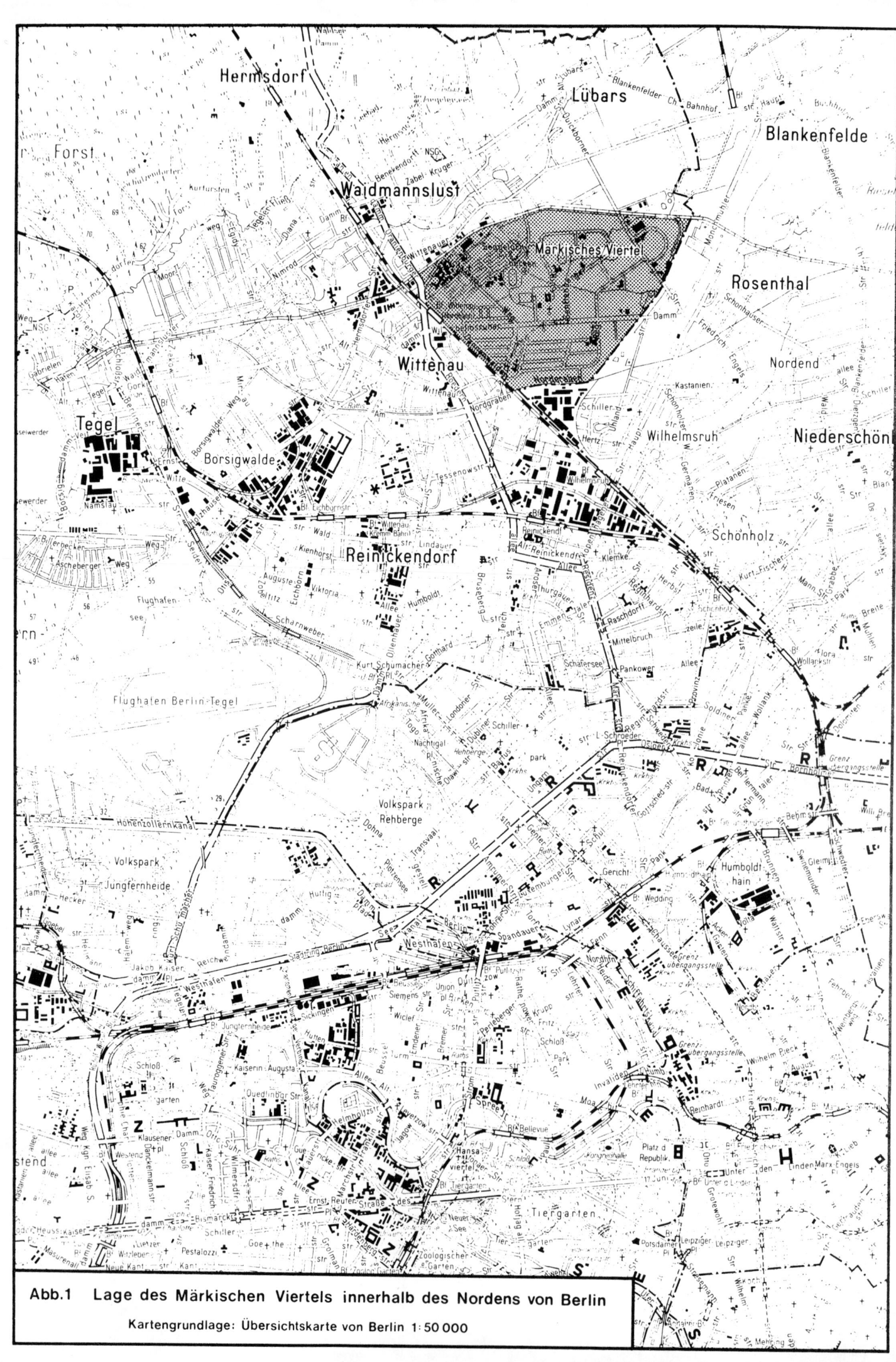

Abb. 1 Lage des Märkischen Viertels innerhalb des Nordens von Berlin

Kartengrundlage: Übersichtskarte von Berlin 1:50 000

2 DAS MÄRKISCHE VIERTEL - WILHELMSRUH VOR DER SANIERUNG

2.1 Geographische Lage

Das 385 ha große Märkische Viertel, eines der Neubaugebiete aus der Zeit nach dem 2. Weltkrieg, liegt im Nordosten des Verwaltungsbezirks Reinickendorf (Abb. 1).

Die Begrenzung des Gebietes im Osten durch die Rosenthal-Liebenwalder Eisenbahn (Heidekrautbahn) und im Süden durch den Nordgraben ist identisch mit der Grenze zwischen West- und Ost-Berlin. Deutliche Begrenzungslinien gegen den übrigen Verwaltungsbezirk Reinickendorf stellen die Nord-Süd-Bahn zwischen Wannsee und Frohnau im Westen sowie die Tegel-Friedrichsfelder Industriebahn im Norden dar.

Die verkehrsmäßige Anbindung an das Stadtgebiet beschränkt sich auf drei Straßen: den Eichborndamm in süd-westlicher Richtung nach Tegel, die Oranienburger Straße und die Roedern Allee in südlicher Richtung nach Reinickendorf und zum Zentrum hin. Die Verbindung mit diesen Hauptverkehrsachsen wird im Süden des Untersuchungsgebietes durch die Schorfheidestraße und die neue Straße Am Nordgraben, im mittleren Bereich durch den Wilhelmsruher Damm, den die Stadtplaner als Magistrale des Gebietes bezeichnen, und in nordwestlicher Richtung durch den Eichhorster Weg hergestellt. Die im nordöstlichen Bereich des Märkischen Viertels die Industriebahn in nördlicher Richtung überquerende Quickborner Straße besitzt lediglich regionale Bedeutung, da sie im Ausflugsgebiet von Lübars endet.

Das Märkische Viertel stellt demgemäß eine in sich abgeschlossene Einheit dar, die den Versuch der Planung einer Stadt in der Stadt begünstigt. Ob die Realisierung dieser Vorstellungen in der erwarteten Art und Weise gelungen ist, soll im weiteren Verlauf der Ausführungen dargestellt werden.

Zur Charakterisierung der großräumigen Lage innerhalb des Verwaltungsbezirks Reinickendorf ist die generalisierende Gliederung des Bezirks in vier Bereiche möglich. Das Märkische Viertel bildet den östlichen Anschluß eines von Tegel bis zur Sektorengrenze reichenden Wohnbandes. Im Norden schließt sich mit dem Tegeler Forst, dem Tegeler Fließ und den Agrarflächen des Dorfes Lübars ein der Bevölkerung zur Erholung dienendes Gebiet an. Im Süden des Wohnbandes reicht ein teilweise unterbrochener Industriegürtel von Tegel bis Wilhelmsruh, der eine Abgrenzung gegenüber den südlichen Wohngebieten darstellt.

Die bei der Bebauung des Märkischen Viertels aufgetretenen Schwierigkeiten waren nicht erst seit den Vorbereitungen zur Neuordnung dieses Gebietes bekannt, sondern ziehen sich wie ein roter Faden durch die Entwicklungsgeschichte Wilhelmsruhs. Die Ursache dafür ist in der Beschaffenheit des Untergrundes zu suchen.

Das Märkische Viertel liegt auf der Grundmoränenplatte des Barnim, die vor der Ausbildung des Berliner Urstromtales eine geschlossene Fläche bildete. Bodenprofile (Abb. 2) zeigen, daß sich Geschiebelehm- bzw. Geschiebemergelbänke mit dünnen Sandschichten fluvioglazialen Ursprungs abwechseln. Im Bereich des holozän entstandenen Packereigrabens und einer aus der gleichen Zeit stammenden nordwestlich gelegenen Nebenniederung haben sich Schichten organischen Ursprungs wie Moorerde und Faulschlamm auf dem mineralischen Untergrund abgelagert. Die wasserstauenden Lehm- und Mergelschichten liegen teilweise in weniger als zwei Meter Tiefe und führen zu einer starken Wasserdurchtränkung des Untergrundes. Neben dem hohen Grundwasserspiegel ist vor allem das Auftreten von Schichtenwasser eine unangenehme Begleiterscheinung dieser Untergrundverhältnisse. Der infolge der ständigen Durchfeuchtung schmierige Geschiebelehm bzw. -mergel weist als Baugrund eine unzureichende Tragfähigkeit auf, die eine mehrgeschossige Bebauung außerordentlich erschwert.

Abb. 2

Bohrergebnisse in den Gemarkungen Lübars und Wilhelmsruh
M. 1:100

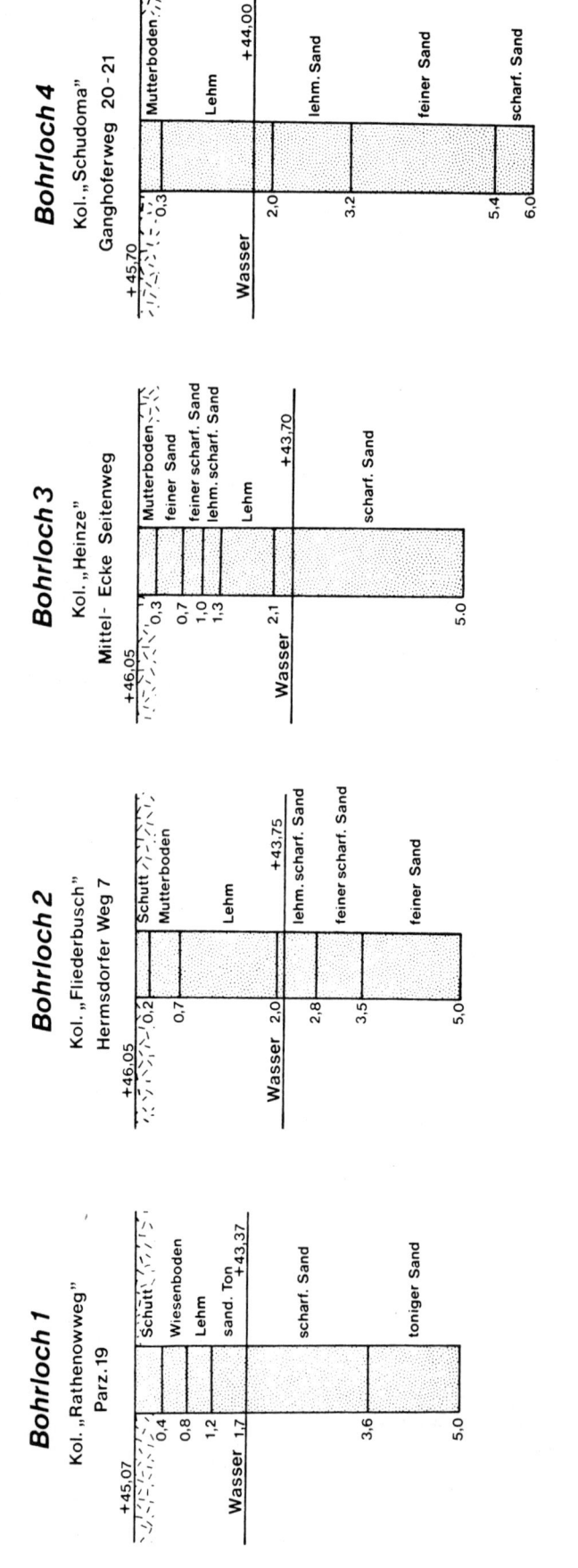

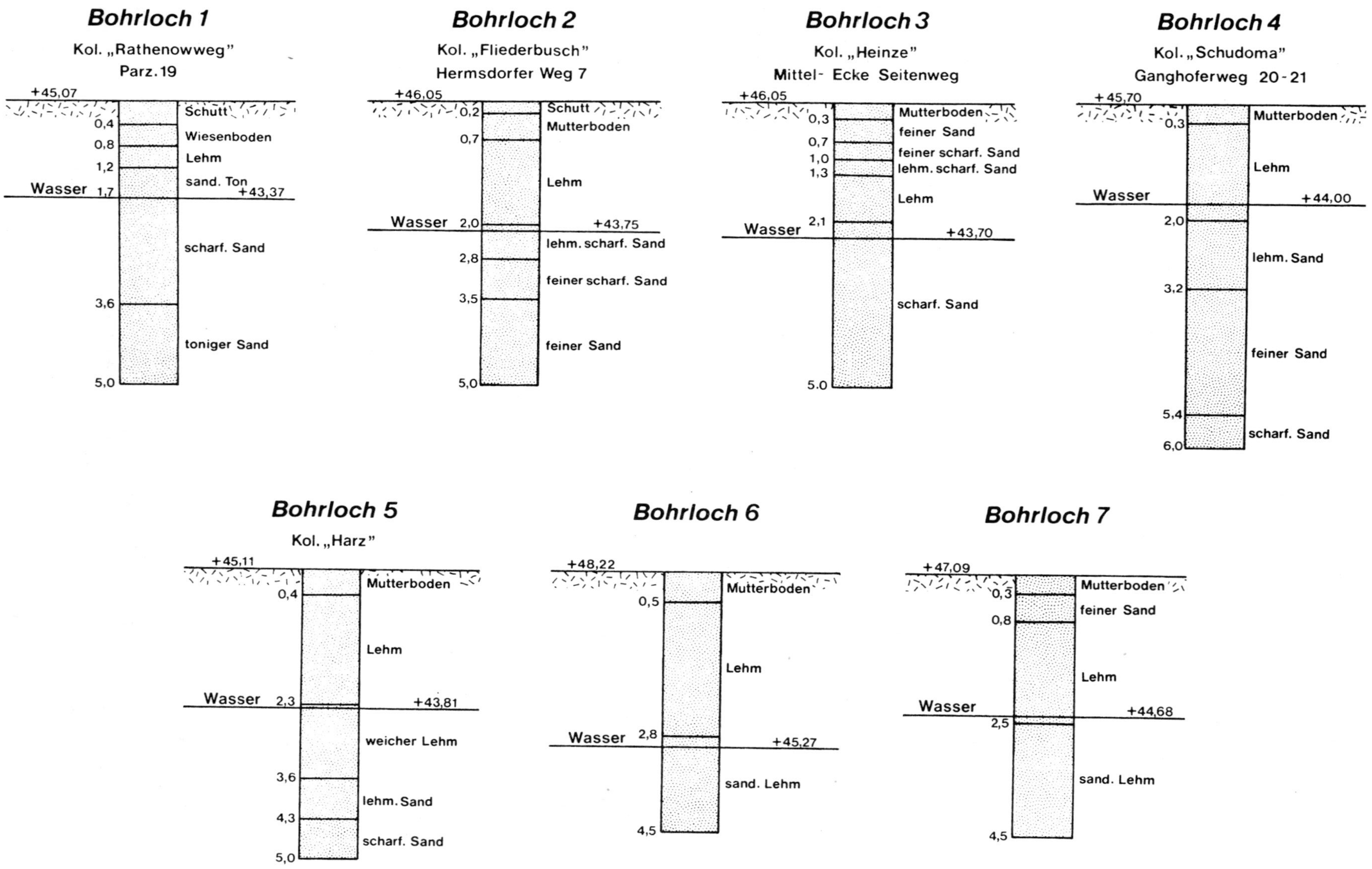

Berlin-Wittenau, den 10.11.1936
Tiefbauamt - Stadtentwässerung

2.2 Entwicklung des Gebietes bis zur ersten Siedlungswelle

Die Bauern und Kossäten, denen das zum überwiegenden Teil in der Gemarkung Rosenthal und nur zu einem kleinen Stück im nordwestlichen Bereich in Wittenau und im nördlichen Teil in der Lübarser Feldmark gelegene Gelände gehörte, hatten bei der Bestellung ihrer Felder ständig mit der hohen Bodenfeuchtigkeit zu kämpfen. Zur Absenkung des Grundwassers waren bereits zu Beginn des vorigen Jahrhunderts Entwässerungsgräben vorhanden, die erst eine Nutzung des Gebietes als Ackerland ermöglichten. Die tiefer liegenden Geländeteile waren nur als Weide zu gebrauchen, da in Zeiten mit erhöhter Feuchtigkeit, z.B. zur Schneeschmelze, das Wasser sich bis über die Geländeoberkante aufstaute und das Gebiet überflutete.

Auf der Brouillonkarte von 1821 (Abb. 3) ist schon das noch nach dem 2. Weltkrieg existierende Straßensystem mit Wilhelmsruher Damm, Eichhorster Weg, Tornower Weg, Wentowsteig und Quickborner Straße im Prinzip vorhanden. Der Wilhelmsruher Damm fungierte als Verbindungsstraße zwischen den Dörfern Dalldorf und Rosenthal, während die Quickborner Straße von Rosenthal nach Lübars führte und der Eichhorster Weg die Rosenthaler Feldmark mit Hermsdorf verband. Tornower Weg und Wentowsteig besaßen lediglich die Bedeutung von Feldwegen.

Das Gelände befand sich im Besitz von elf Bauern- und sechs Kossätenfamilien, einem Stellmacher und einer weiteren Familie ohne Standesbezeichnung. Hinzu kamen je ein Weidegebiet für die Bauern und Kossäten und zwei Areale, die dem jeweils amtierenden Dorfschulzen und dem Lehrer zur Nutzung überlassen wurden.

In den zwanziger Jahren unseres Jahrhunderts haben sich die Besitzverhältnisse gegenüber der Besitzstandskarte von 1821 erheblich gewandelt (Abb. 4).

Zwar verfügen noch neun der i.J. 1821 verzeichneten Familien über Grundbesitz im Untersuchungsgebiet, doch sind ihre Besitztümer im Vergleich zu denen der neu auftretenden Grundbesitzer erheblich zusammengeschmolzen. Industrieunternehmen, Fabrikbesitzer, Kaufleute, Baugesellschaften aber auch die öffentliche Hand treten jetzt als Eigentümer auf. Zum Teil sind diese neuen Besitzverhältnisse auf die geringen Erträge der Äcker zurückzuführen, so daß ein Landverkauf sich als lohnender erwies. Zum anderen dachten finanzkräftige Kreise ihr Geld für den Fall einer erneuten Inflation krisensicher anzulegen und bei der mit Sicherheit zu erwartenden Aufschließung als Baugelände einen erklecklichen Profit zu erzielen.

Die ersten großen Veränderungen im Gebiet von Wilhelmsruh bedeuteten die am 16. 7. 1877 erfolgte Eröffnung der Eisenbahnstrecke von Berlin nach Neubrandenburg und die Inbetriebnahme der Niederbarnimer Eisenbahn am 21. 5. 1901. Verkehrten auf der Nordbahnstrecke in der ersten Zeit nur zwei Personenzugpaare täglich sowie ein Vorortzug nach Oranienburg, so verstärkte sich der Verkehr nach der Einführung des regulären Vorortverkehrs 1891.

Bereits für das Jahr 1909 findet sich ein Bebauungsplan für den Wittenauer Gemarkungsteil (Abb. 5). Das zwischen Oranienburger Straße, Straße 102, Holzweg und Industriebahn gelegene Terrain war als Wohngebiet mit bereits festgelegten Fluchtlinien ausgewiesen. Die südlich und östlich daran anschließenden Bereiche sollten der Industrieansiedlung vorbehalten bleiben. Auffallend ist, daß schon zu dieser Zeit ein erheblicher Teil der Grundstücke sich nicht mehr in bäuerlichem Besitz befindet; so z.B. treten die Brüder Borsig bereits 1909 als Grundstückseigentümer auf. Diesem Plan war wegen der nun folgenden Kriegsjahre keine Realisierung beschieden.

Die etwa 1914 einsetzende, ohne Genehmigung der Behörden vorgenommene Parzellierung auf

Abb. 3 Karte von der Feldmark Rosenthal Kreis Niederbarnim
Aufgenommen und kartiert im Jahre 1821. Abgezeichnet von der Brouillonkarte im April 1911.

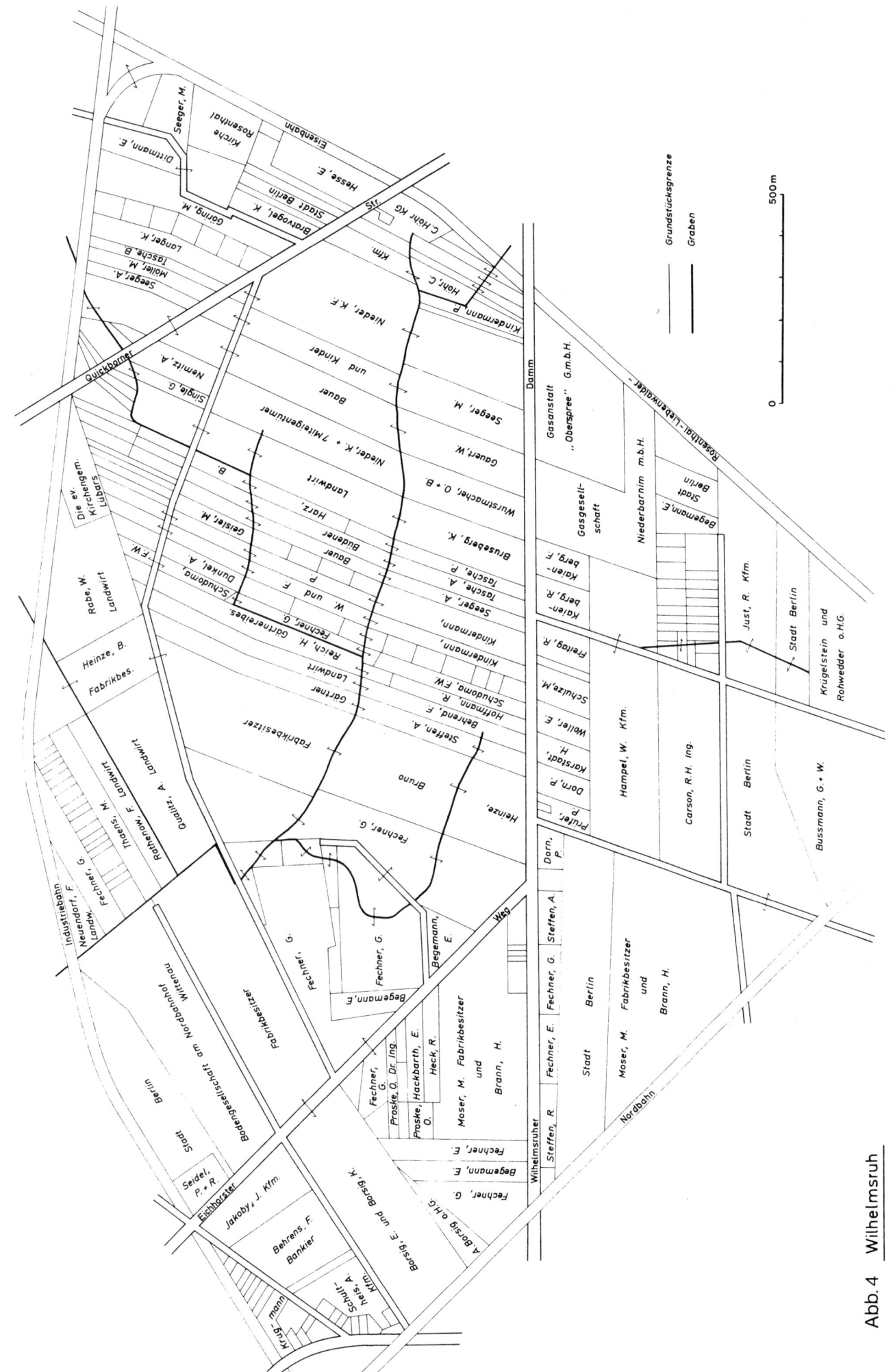

Abb. 4 Wilhelmsruh
Parzellierung um 1930 nach Unterlagen des Stadtplanungsamtes Reinickendorf.

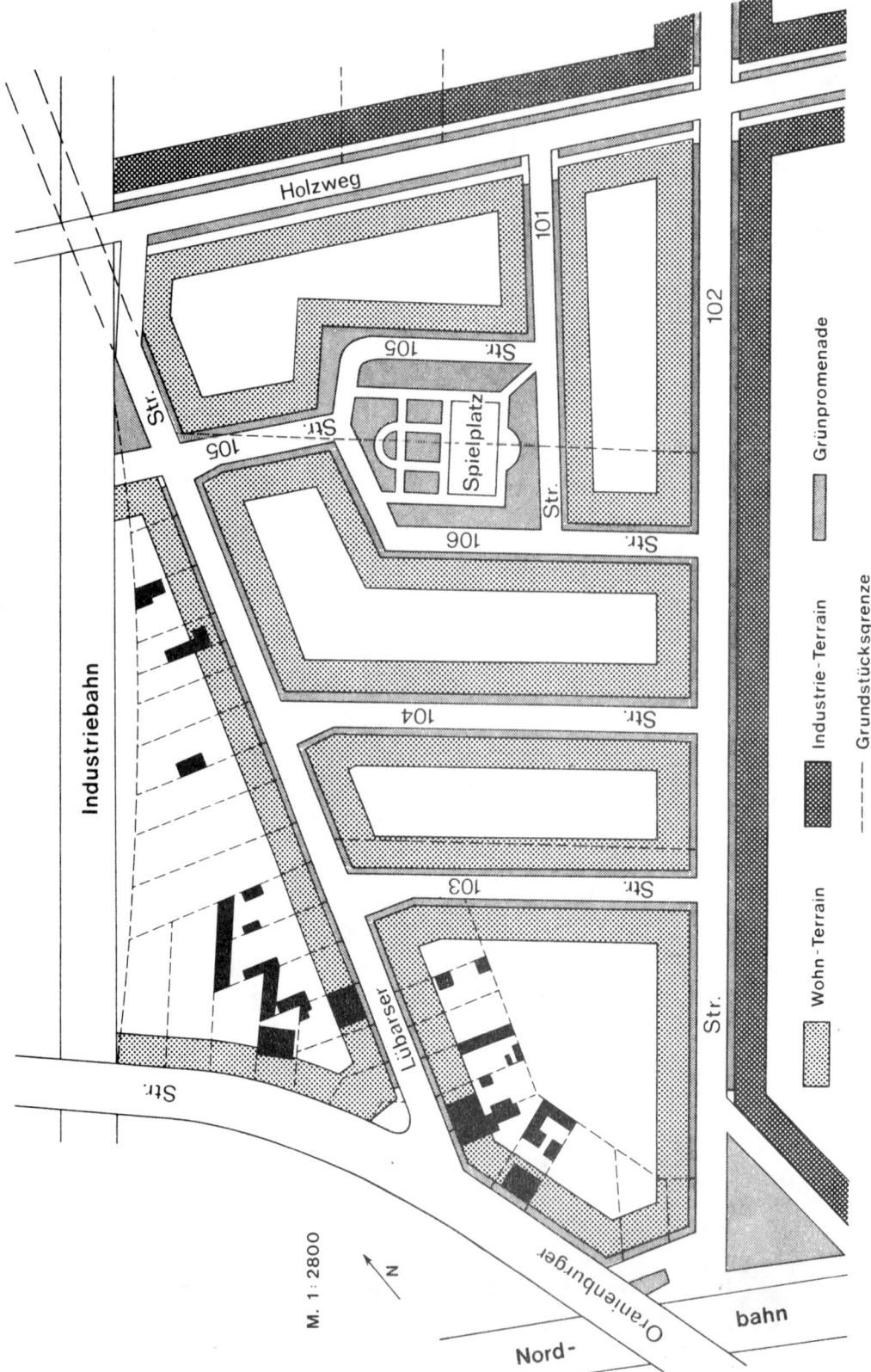

Abb. 5 Bebauungsplan Wittenau zwischen Nordbahn und Holzweg vom Juni 1909

dem Gelände der späteren Siedlung "Neue Zeit" an der Straße 150 zog zuerst die Errichtung von Lauben nach sich, die in diesem Gebiet zugelassen waren. Als die Kleingärtner dann versuchten, ihre Lauben auch in den Wintermonaten zu bewohnen, begannen Polizei und Baupolizei Geldstrafen zu verhängen. Der bis zur endgültigen Sanierung während jahrzehntelange Kampf zwischen Siedlern und der Behörde hatte seinen Anfang genommen.

Die während des 1. Weltkrieges und vor allem in den Nachkriegsjahren herrschende Not steigerte die Nachfrage nach Kleingärten außerordentlich, so daß am Anfang der zwanziger Jahre im westlichen und südlichen Teil des Gebietes der größte Teil des Areals parzelliert und verpachtet war. Die Not der ersten Nachkriegsjahre mit Inflation und Arbeitslosigkeit zwang Teile der Bevölkerung zur Selbstversorgungswirtschaft zurückzukehren, d.h. zum Anbau von Feldfrüchten, um zu überleben.

Die in Berlin herrschende Wohnungsnot nötigte in Verbindung mit der Arbeitslosigkeit viele Arbeiter sich nach einer einfachen und vor allem billigen Unterkunft umzusehen. Der größte Teil der in den Kleingartenkolonien entstandenen Lauben diente nicht mehr dem vorübergehenden Aufenthalt sondern als Dauerwohnung. Es waren überwiegend sozial schwache Bevölkerungskreise, die sich in den Kleingartengebieten als Dauerbewohner niederließen.

Als die Behörden auf diese wilde Besiedelung des als Kleingartengelände ausgewiesenen Gebietes aufmerksam wurden, stand schon ein erheblicher Teil der Wohnlauben. Angesichts der schwierigen wirtschaftlichen Lage ließ die Baupolizei die bereits vorhandenen Wohnlauben stehen, drohte aber mit dem Abriß jeder neu errichteten Dauerbehausung. Doch auch in den folgenden Jahren überforderte die Überwachung aller in Frage kommenden Gebiete die Behörden, so daß die Zahl der Wohnlauben ständig stieg.

2.3   Die Siedlungstätigkeit zwischen den Weltkriegen

2.3.1   Die ersten Pläne zur Bebauung des Geländes

Als sich 1928 der kurze wirtschaftliche Aufschwung wieder seinem Ende zuneigte, bekundeten zwei Unternehmer, die dort Grund und Boden besaßen, ihr Interesse an einer Aufschließung der in ihrem Besitz befindlichen Grundstücke zwecks Parzellierung.[1] Da eine Aufschließung immer nur in Übereinstimmung mit dem für das betreffende Gelände aufgestellten Bebauungsplan erfolgen konnte, ergaben sich bei dem Grundstück des Fabrikbesitzers Heinze Schwierigkeiten, da noch kein Bebauungsplan vorlag. Für das Gelände des Unternehmers Hampel existierte zwar ein Bebauungsplan, doch standen in Kürze Änderungen daran bevor, denn ein projektierter Kanal vom Tegeler See bis zum Rosenthaler Industriegebiet würde einen Teil des Hampelschen Geländes beanspruchen. Allerdings hatten die Behörden bisher nur schemenhafte Vorstellungen von der Führung der Kanaltrasse.

Konkrete Aussagen über die Trassenführung des Nordkanals sahen 1930 einen großen Binnenhafen auf dem Wilhelmsruher Gelände vor. Vier Hafenbecken von je 60 m Breite sollten einen Eisenbahnanschluß an die Niederbarnimer Eisenbahn erhalten (Abb. 6).

Da zwischen 1928 und 1930 der schwierigen wirtschaftlichen Lage wegen keine Aussicht auf Realisierung dieses großen Projekts bestand, der Staatshaushalt zudem durch die Reparationszahlungen aus dem Versailler Friedensvertrag außerordentlich angespannt war, konnte

---

1) Schreiben des Vermessungsbüros Ehrich & Dickel vom 31. 5. 1928 an das Hochbau- und Siedlungsamt des Verwaltungsbezirks Reinickendorf.
Schreiben des Herrn W. Hampel vom 3. 10. 1928 an das Hochbau- und Siedlungsamt des Verwaltungsbezirks Reinickendorf.

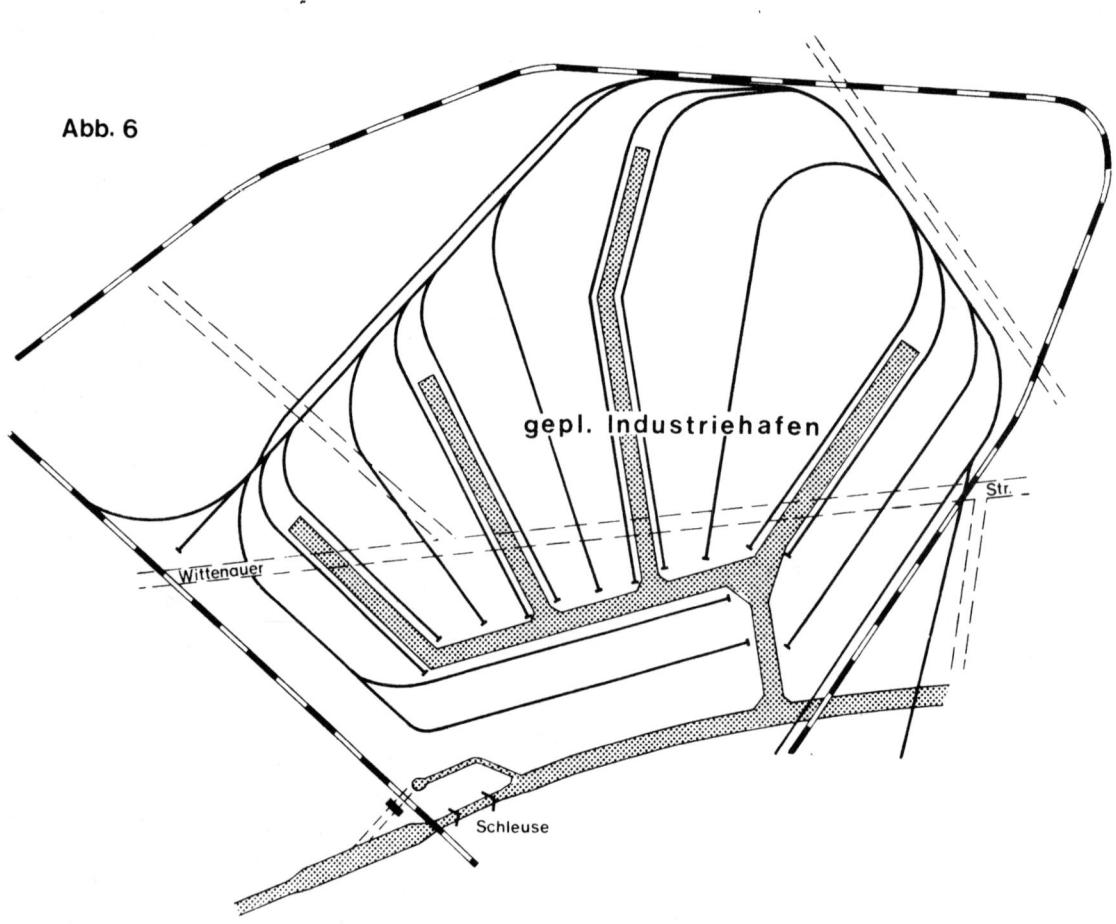

Industriehafen-Projekt des Tiefbauamtes Reinickendorf vom 5.5.1930

das Hochbauamt Reinickendorf, vorbehaltlich der Genehmigung der zuständigen Bezirkskörperschaften, den Ankauf eines 73.732 m² großen Geländes südlich der Wittenauer Straße durch die Gebrüder Laszlo nicht verweigern. Der Erwerber hatte die Absicht, das Gelände zu parzellieren und als Kleingartenparzellen zu veräußern.[1] Dieses Vorhaben scheiterte jedoch vorerst am Einspruch des Hochbauamtes Reinickendorf, das auf den für dieses Gebiet bereits bestehenden Bebauungsplan hinwies, der allerdings nicht mehr den neuesten städtebaulichen Anforderungen entsprach und deshalb eine Überarbeitung erfahren sollte.[2] Das Ausweichen des Hochbauamtes ist auf die unsichere Situation zurückzuführen, die mit der Projektierung des Nordkanals heraufbeschworen worden war. Erleichtert wurde die Lage des Hochbauamtes nicht, als das Kanal- und Brückenbauamt Berlin auf eine dementsprechende Anfrage mitteilte, daß dieses Gelände als Industriegebiet vorgesehen sei.[3]

Für den neuen Besitzer ergab sich demzufolge keine ersprießliche Situation, da er in Erwartung der Zustimmung der Bezirksgremien zu seiner Transaktion den Kauf rasch getätigt hatte und nunmehr die aus der Parzellierung erwartete Rendite ausbleiben sollte. Obwohl der Plan des vorgesehenen Hafens 1930 ein weiteres Mal überarbeitet wurde und nun nur das Gelände südlich der Wittenauer Straße (Wilhelmsruher Damm) von den Hafenanlagen in Anspruch genommen werden sollte[4], sah sich die Bezirksverwaltung gezwungen, die Genehmigung zur vorläufigen Verwendung des Areals als Kleingartengebiet zu erteilen. Die Parzellierung wurde von dem in Bearbeitung befindlichen Bebauungsplan abhängig gemacht, der auch die Aufteilung der angrenzenden Grundstücke Hampel und Kaienberg regeln sollte.[5]

Inzwischen hatte die gemeinnützige AG "Heim und Garten" das Grundstück von Hampel übernommen und beabsichtigte, dort nun ebenfalls eine Kleingartenkolonie zu schaffen. Die Nutzung des Geländes für Kleingartenzwecke durfte erfolgen, doch war die Errichtung von Lauben zu Dauerwohnzwecken untersagt, da für den Fall der Inspruchnahme als Industriegebiet die Freimachung des Geländes von Dauerwohnern zu erheblichen Schwierigkeiten führen würde.[6]

Im gleichen Jahr erwarb die "Genossenschaft zur Beschaffung von Siedlungsgeländen" das direkt an die Nordbahn anschließende Gebiet beiderseits der Wittenauer Straße und trat jetzt mit einem Siedlungsplan an das Hochbauamt Reinickendorf heran. Für das 312.000 m² große Gelände, das in die Bauklasse I eingestuft war, bestand nur zum Teil ein förmlich festgestellter Bebauungsplan. Der von der Genossenschaft aufgestellte Siedlungsplan sah eine Aufteilung des Geländes in 310 Parzellen mit einer Größe von 650 bis 900 m² vor. Eine Promenade, begleitet von einem breiten Grünstreifen, sollte die Siedlung von Norden nach Süden durchziehen. Das Bezirksamt veränderte den vorgelegten Plan jedoch rigoros, ohne mit der Genossenschaft in dieser Angelegenheit Rücksprache zu nehmen. An die Stelle der im ersten Entwurf in der Mitte gelegenen Grünflächen trat nun ein etwa 200 m breiter Grünstreifen am Ostrand des Siedlungsgebietes, der eine Abschirmung gegen das im Osten daran anschließende geplante Industriegebiet bewirken sollte. Trotz der schweren Bedenken, die von der Genossenschaft gegen den vom Bezirksamt aufgestellten Be-

---

1) Schreiben von Franz Laszlo, Tabak- und Zigarrenfabrik, vom 22. 2. 1929 an das Hochbauamt Reinickendorf.
2) Schreiben des Hochbauamtes Reinickendorf vom 2. 4. 1929 an Franz Laszlo. Siehe auch S. 66 in Zusammenhang mit dem Hafenprojekt.
3) Schreiben des Tiefbauamtes Reinickendorf vom 23. 4. 1929 an das Hochbau- und Siedlungsamt Reinickendorf.
4) Schreiben des Tiefbauamtes Reinickendorf vom 12. 7. 1930 an das Hochbau- und Siedlungsamt Reinickendorf.
5) Schreiben des Hochbau- und Siedlungsamtes Reinickendorf vom 2. 6. 1930 an das Vermessungsbüro Ehrich & Dickel.
6) Schreiben des Hochbau- und Siedlungsamtes Reinickendorf vom 10. 3. 1931 an die AG "Heim und Garten".

bauungsplan vorgebracht wurden, hielt das Bezirksamt daran fest.[1] Schließlich stimmte die Genossenschaft doch dem vom Bezirksamt aufgestellten Plan zu, vor allem auch wegen der vorgesehenen Aufschließung des Geländes nach den Bestimmungen der Bauklasse II, wodurch eine spätere Heraufzonung möglich wäre. Die Straßen nördlich und südlich der Wittenauer Straße sollten nur mit jeweils einer Einmündung an diese angeschlossen werden, um diese Verbindungsstraße zwischen Wittenau und Rosenthal möglichst frei von einmündendem oder kreuzendem Verkehr zu halten. Nachdem die Verhandlungen zwischen Genossenschaft und Hochbauamt einen beide Seiten zufriedenstellenden Abschluß gefunden hatten, trat das Tiefbauamt des Bezirks mit einer Stellungnahme zur vorgesehenen Besiedlung auf den Plan.[2]

Zum erstenmal wird in den Akten des Bezirksamts, soweit sie den Krieg überstanden haben, das später immer wiederkehrende Problem der Entwässerung angesprochen. Nur ein Teil des Geländes beiderseits der Wittenauer Straße kann an die Schmutzwasserkanalisation angeschlossen werden. Für das übrige Gelände besteht die Möglichkeit eines Kanalisationsanschlusses nur dann, wenn entweder das gesamte Gebiet aufgefüllt wird oder aber die Straßen höhergelegt werden. Solange nicht eine der beiden Möglichkeiten realisiert wird, können bei der Bebauung lediglich Trockenklosetts genehmigt werden. Diese Bedenken des Tiefbauamtes stellten keine unüberwindbaren Schwierigkeiten bei der Besiedlung des Geländes dar. Das Bezirksamt und die Genossenschaft hatten eine Einigung erzielt, jetzt fehlte nur noch die Zustimmung des Stadtamtes für Siedlungs- und Wohnungswesen in Berlin. Vom Stadtamt wurden jedoch Bedenken im Hinblick auf die Entwässerungsfrage geltend gemacht[3], wodurch die Zustimmung bis zum Jahre 1934 verzögert wurde. Es ist verständlich, daß die Mitglieder der Genossenschaft bei einem sich über vier Jahre hinziehenden Verfahren Zweifel an der Einstellung der Verwaltung gegenüber dem Bürger bekamen, vor allem weil ihnen jährlich Kosten in Höhe von 30.000 RM entstanden, worauf sie schriftlich hingewiesen hatten, ohne jedoch dadurch eine Beschleunigung des Vorganges zu erreichen.[4]

Die Lage der Verwaltung war ausgesprochen schwierig. Einerseits war man angesichts der wirtschaftlichen Situation und der herrschenden Wohnungsnot in höchstem Maße daran interessiert, der Bevölkerung Wohnraum zu beschaffen bzw. dahingehende Eigeninitiativen zu fördern, andererseits wollte man keine aus der Not der Stunde heraus geborenen Konzessionen bei der Errichtung neuer Siedlungen eingehen, die später nur unter großen Schwierigkeiten und unter einem erheblich höheren finanziellen Aufwand eliminiert werden konnten.[5]

Die Zustimmung des Stadtamtes konnte deswegen erst so spät erfolgen, weil Bezirkstiefbauamt und zentrale Tiefbaudeputation die Möglichkeiten einer Entwässerung des Gebietes ausführlich untersuchten. Nach den Recherchen der Tiefbau- und Stadtentwässerungsdienststellen mußten drei Bedingungen für die ordnungsgemäße Erschließung des Geländes erfüllt werden.[6] Die Siedlung mußte vollständig an die Vorflut- und Druckrohrleitungen der Kana-

---

1) In einem Schreiben vom 18. 7. 1930 an das Bauamt Reinickendorf beschwert sich die "Genossenschaft zur Beschaffung von Siedlungsgeländen" über das Verhalten dieser Dienststelle. Der von der Genossenschaft aufgestellte Parzellierungsplan wurde vom Bauamt abgeändert, ohne die Genossenschaft über die Änderungen zu informieren. Der neue Plan sah einen höheren Anteil von an die Stadt abzutretenden Freiflächen vor, als die Siedler bereit und in der Lage waren abzutreten.
2) Stellungnahme des Tiefbauamtes Reinickendorf vom 9.10.1930 zum Bebauungsplan des Bezirksamtes.
3) Schreiben des Stadtamtes für Siedlungs- und Wohnungswesen Berlin vom 2.10.1931 an die zentrale Tiefbaudeputation.
4) Schreiben der Genossenschaft vom 21. 8. 1931 an die Deputation für das Siedlungs- und Wohnungswesen Berlin.
5) Schreiben des Amtes für Siedlungs- und Wohnungswesen Berlin vom 2.10.1931 an die zentrale Tiefbaudeputation.
6) Schreiben der zentralen Tiefbauverwaltung an das Stadtamt für Siedlungs- und Wohnungswesen Berlin, 11.2.1932.

lisation angeschlossen werden. Außerdem war der Bau eines Pumpwerkes dringend erforderlich, da das Gelände nur über ein geringes natürliches Gefälle verfügt, teilweise sogar Hohlformen ohne Abflußmöglichkeit auftreten. Für die getrennt vorgesehene Regenwasserableitung konnte der Nordgraben als Vorfluter dienen. Die natürliche Vorflut des Geländes stellt zwar der Packereigraben dar, doch wäre es wirtschaftlicher, die Regenwasserableitung nach dem Nordgraben hin vorzunehmen. Die bei der Durchführung dieser Maßnahmen der Berliner Stadtentwässerung entstehenden Kosten wurden jedoch als so hoch bezeichnet, daß in absehbarer Zeit an eine Kanalisierung von Wilhelmsruh nicht gedacht werden könne. Um aber den Siedlern trotzdem eine Bebauung ihrer Grundstücke zu ermöglichen, müßten die Siedler Gruben bauen, in denen die Schmutzwässer gesammelt und bei Bedarf abgefahren werden können. Zusätzlich sollten die Straßen wenigstens zwei Meter über dem Grundwasserstand angeordnet werden, um später den Einbau einer Kanalisation zu erleichtern. Die bei einer Kanalisierung entstehenden Kosten veranschlagte das Tiefbauamt Reinickendorf 1931 mit 180.000 RM für die Schmutzwasserleitung und mit 90.000 RM für die Regenwasserleitung.[1] Bei der prekären Haushaltslage der Stadt Berlin in diesen Jahren waren diese Kosten nicht tragbar. Das Amt für Siedlungs- und Wohnungswesen Berlin befürchtete außerdem, bei einer grundsätzlichen Erteilung der Baugenehmigung an die Siedler für eventuell später infolge des hohen Wasserstandes auftretende Schäden an den Gebäuden, schadenersatzpflichtig gemacht zu werden. Deshalb trat die vierjährige Verzögerung in dem Bebauungsplangenehmigungsverfahren ein.

Nördlich an das Gelände der Genossenschaft zur Beschaffung von Siedlungsgeländen schloß sich ein großes Grundstück im Besitz der Firma Borsig an. Die Firma Borsig hatte bislang ihren Besitz an Kleingärtner verpachtet. Nun lief 1931 dieser Pachtvertrag aus und da eine Verlängerung nicht zu erwarten war, beschlossen die Siedler unter Gründung der "Siedlungs- und Baugenossenschaft Neue Zeit" das Gelände anzukaufen.[2] Um die finanzielle Belastung der einzelnen Genossenschaftsmitglieder in einem erträglichen Rahmen zu halten, erhielten die Parzellen nur eine Größe von 500 m^2, ein ursprünglich vorgesehener Grüngürtel fiel weg und die an die Stadt zum Bau der notwendigen Straßen unentgeltlich abzutretende Fläche sollte höchstens 20 % des gesamten Siedlungsareals betragen. Grundsätzlich war das Bezirksamt Reinickendorf mit dem von der Genossenschaft "Neue Zeit" vorgelegten Parzellierungsplan einverstanden. Lediglich ein geplanter Kinderspielplatz sollte an den Holzweg verlegt werden, da sich dort das Gelände wegen des hohen Grundwasserspiegels für die Bebauung als ungeeignet erwies.[3] Zugleich einigte man sich auf die Abtretung von nunmehr 23,2 % des 225.454 m^2 großen Geländes, wobei auf eine Grünfläche am Bahnhof Wittenau-Nordbahn 1.880 m^2, auf das östlich an die Siedlung anschließende Moorgelände 20.800 m^2 und auf Straßenland 29.793 m^2, insgesamt also 52.393 m^2, entfielen.[4]

Trotz der städtebaulich ungünstigen wilden Besiedlung wollte das Bezirksamt von der gesetzlich vorgesehenen Möglichkeit des Abrisses, der mit dem Bebauungsplan nicht in Übereinstimmung stehenden Baulichkeiten, keinen Gebrauch machen. Ein Anschluß an das Berliner Kanalisationsnetz war aus den gleichen Gründen wie bei der "Genossenschaft zur Beschaffung von Siedlungsgeländen" vorläufig nicht vorgesehen. Den Siedlern wurde wegen der ungünstigen Grundwasserverhältnisse auch nicht die Anlage von Sickergruben gestattet, sondern

---

1) Schreiben des Tiefbauamtes Reinickendorf vom 7. 9. 1931 an das Hochbau- und Siedlungsamt Reinickendorf.
2) Schreiben der Siedlungs- und Baugenossenschaft "Neue Zeit" vom 28. 8. 1931 an das Bezirksamt Reinickendorf.
3) Schreiben des Tiefbauamtes Reinickendorf vom 27. 10. 1931 an das Hochbau- und Siedlungsamt Reinickendorf.
4) Bebauungsplan des Hochbau- und Siedlungsamtes Reinickendorf vom 26. 2. 1932. Obwohl es sich nur um einen Richtplan, bestenfalls Bebauungsplanentwurf handelt, wird offiziell der Terminus Bebauungsplan benutzt.

die Errichtung von Trockenklosetts oder der Bau von Gruben, die ausgepumpt werden mußten, zur Auflage gemacht. Die Straßen sind mit 9 m Breite für ein Siedlungsgebiet recht großzügig konzipiert, denn in anderen Teilen Berlins hatte die Verwaltung bei ähnlichen Siedlungen teilweise eine Breite von nur 6,75 m bei den Siedlungsstraßen zugelassen. Für den Holzweg und einen Teil der Friedensfelder Straße war eine Breite von 12 m vorgesehen, da sie einen Teil des nach Norden gerichteten Verkehrs aufnehmen sollten.[1] Öffentliche Einrichtungen wie z.B. Schulen sah die Planung im gesamten Wilhelmsruher Gebiet nicht vor. Der Bebauungsplan, wie bereits bei der Genossenschaft zur Beschaffung von Siedlungsgeländen geschehen, passierte die Bezirksgremien und wurde zur endgültigen Beschlußfassung dem Stadtamt für Siedlungs- und Wohnungswesen von Berlin übergeben. Damit war der Antrag erst einmal unter Hinweis auf die ungeklärten entwässerungstechnischen Probleme für einige Zeit auf Eis gelegt, denn die Magistratsverwaltung versagte ihm vorläufig die Zustimmung. Erst am 31. 1. 1934 gab das Stadtamt für Siedlungs- und Wohnungswesen auf einer Bebauungsplansitzung seine Zustimmung zu den bereits 1930 bzw. 1931 vorgelegten Bebauungsplänen.[2] Endlich konnten nun die Grundbesitzer daran gehen, die notwendigen Aufschließungsverträge mit der Stadt abzuschließen. Die Verhandlungen zogen sich auch bei diesem Vorgang wieder in die Länge, da die Behörden erst für das ganze Gelände östlich der Nordbahn die Aufschließungsmodalitäten festlegen wollten.

2.3.2 Die Folgen der ersten Aufschließungsverträge

Nach dem Zustandekommen des Aufschließungsvertrages verließ etwa ein Drittel der Siedler die Pachtparzellen, da sie kein Interesse am Erwerb ihrer Grundstücke hatten. Der größte Teil von ihnen trat der Kolonie Einigkeit an der Oranienburger Straße bei.

Nachdem die Genossenschaft "Neue Zeit" als Verhandlungspartner das gesamte Grundstück erworben und anhand eines genehmigten Parzellierungsplanes unter den Genossenschaftsmitgliedern aufgeteilt hatte, kam es zu Schwierigkeiten bei der Tilgung der an Borsig zu zahlenden Raten. Eine Reihe von Mitgliedern sah sich außerstande ihren Verbindlichkeiten nachzukommen. Den einzigen Ausweg bot die Auflösung der Genossenschaft und der Abschluß von Einzelkaufverträgen mit unterschiedlichen Bedingungen, was dann die Billigung aller Beteiligter fand und auch dementsprechend durchgeführt wurde. Die Bebauung des Siedlungsgeländes unter Hinzuziehung eines Bauträgers war nicht möglich, denn die finanzielle Belastung der meisten Siedler aus Grunderwerb und Aufschließung überstieg bereits jetzt das Maß des Erträglichen.

Das Gebiet konnte nur deshalb behördlicherseits in eine Siedlung umgewandelt werden, weil die besten Wohnlauben die Bezeichnung "Kleinstwohnhäuser" erhielten. Sofern die anderen Lauben nicht mit dem Parzellierungsplan in Übereinstimmung zu bringen oder nicht erhaltenswürdig waren, entfernte man sie. Ständige An- und Umbauten ließen einen Teil der übrigen Wohnlauben zu kleinen Einfamilienhäusern werden. Soweit die finanziellen Verhältnisse es zuließen, ersetzte eine Reihe von Siedlern ihre Wohnlauben später durch massive Siedlungshäuser. Nur wenige Relikte der ursprünglichen Wohnlaubenbebauung sind noch im Gebiet der "Neuen Zeit" anzutreffen. Als großes Hindernis für die Überführung der Lauben-

---

1) Schreiben der Bauverwaltung Reinickendorf vom 10. 11. 1931 an das Amt für Stadtplanung Berlin; Schreiben von F.W. Thieme (Bezirksleiter in der Stadtgruppe Berlin-Osten I der Kleinsiedler e.V.) vom 8. 11. 1934 an das Tiefbauamt Reinickendorf.
2) Protokollauszug der Bebauungsplansitzung am 31. 1. 1934 im Stadtamt für Siedlungs- und Wohnungswesen Berlin, Tagesordnungspunkt 10.

kolonie in eine geordnete Siedlung erwies sich die Ausweisung des Geländes als Bauklasse I. Der Kampf um die Höherzonung in Bauklasse II währte bis zur Sanierung Wilhelmsruhs und kommt im Laufe der Ausführungen noch zur Sprache.

Zusätzlich erschwerend kam hinzu, daß die Genossenschaft nach der Genehmigung des Bebauungsplanes bereits mit der Veräußerung der Parzellen begonnen hatte, als im Frühjahr 1934 das Bauamt eine Verbreiterung der Straßen 116 und 127 von 9 auf 9,50 m forderte und zusätzlich auf einer anderen Straßenführung der Straße 116 bestand. Die Forderungen bezüglich der Straße 116 konnten durch Vornahme einer Neuvermessung erfüllt werden. Bei der Straße 127 war eine Verbreiterung nicht mehr möglich, da die dort gelegenen Parzellen sich nicht mehr im Besitz der Genossenschaft befanden sondern bereits an Siedler verkauft waren. Um unsoziale Härten zu vermeiden, genehmigte das Amt für Siedlungs- und Wohnungswesen ausnahmsweise für die Straße 127 die bestehende Breite von 9 m.[1]

Im Jahre 1935 erhielt auch endlich die Firma Borsig die Genehmigung zur Aufschließung des Wohnsiedlungsgebietes der Siedlungs- und Baugenossenschaft "Neue Zeit".[2] In beiden Verträgen (Genossenschaft zur Beschaffung von Siedlungsgeländen; Neue Zeit) wurde zur Auflage gemacht, daß nur Wohnhäuser oder Gartenlauben errichtet werden dürfen, Wohnlauben aber nicht erlaubt sind.[3]

Für die Siedlung "Neue Zeit" lassen sich drei Zeiträume mit besonders starker Bautätigkeit feststellen (Abb. 7).[4] Die erste Bebauungswelle setzte 1932 nach der Zustimmung der Bezirksgremien zum Bebauungsplan ein, obwohl das Stadtamt für Siedlungs- und Wohnungswesen noch nicht seine Entscheidung verkündet hatte. 1936 und 1937 war dann wieder eine verstärkte Bautätigkeit festzustellen. Die Siedlungstätigkeit hatte mit dem Abschluß des Aufschließungsvertrages die rechtliche Grundlage erhalten. Zudem trug die Konsolidierung der Wirtschaftslage zu einer Stabilisierung der finanziellen Verhältnisse der Siedler bei, die jetzt wieder langfristiger planen konnten. Die Schließung eines großen Teiles der noch bestehenden Baulücken erfolgte dann in den Jahren 1938 und 1939.

Von Seiten des Staates erfuhr das Streben der Siedler nach einem Eigenheim Unterstützung, als der Staatskommissar der Hauptstadt Berlin die Bezirksverwaltungen 1934 zur Ausweisung von Gebieten für den Bau von Kleinsthäusern anstelle von Wohnlauben aufforderte.[5] Das Hochbau- und Siedlungsamt Reinickendorf erklärte daraufhin die Gebiete südlich der Wittenauer Straße bis zum projektierten Nordkanal und nördlich der Wittenauer Straße, begrenzt von der Industriebahn im Norden und dem geplanten Grüngürtel an der Ostgrenze der Siedlung "Neue Zeit", als geeignet für die Bebauung mit Kleinsthäusern (Abb. 8).[6]

---

1) Schreiben der "Genossenschaft zur Beschaffung von Siedlungsgeländen" vom 25. 9. 1935 an die zentrale Tiefbau-Verwaltung Berlin.
2) Schreiben des Vermessungsamtes Reinickendorf vom 24. 12. 1935 an die Firma A. Borsig.
3) Abschrift Nr. 63 des Urkundsregisters II für 1934, verhandelt Berlin-Wittenau, den 22. 3. 1934. Aufschließungsvertrag zwischen der Stadt Berlin und der "Genossenschaft zur Beschaffung von Siedlungsgeländen".
4) Auflistung der einzelnen Grundstücke der Siedlungs- und Baugenossenschaft "Neue Zeit" aus dem Jahre 1951.
5) Schreiben des Stadtamtes für Siedlungs- und Wohnungswesen Berlin vom 16.8.1934 an den Bezirksbürgermeister des Verwaltungsbezirks Reinickendorf.
Diese Anweisung beruhte auf der Verordnung über die Regelung der Bebauung vom 15. 2. 1936 (RGBl. I, S. 104). Sie hat die Ausweisung von Kleinsiedlungsgebieten, Wohngebieten, Geschäfts- und Gewerbegebieten zum Inhalt. Gleichzeitig sah sie das Verbot von Gebäuden mit mehr als einem Vollgeschoß und ausgebautem Dachgeschoß in bestimmten Bereichen, sowie die Festsetzung von Mindestgrößen für Baugrundstücke vor.
6) Schreiben des Hochbau- und Siedlungsamtes Reinickendorf vom 29. 8. 1934 an das Amt für Siedlungs- und Wohnungswesen Berlin.

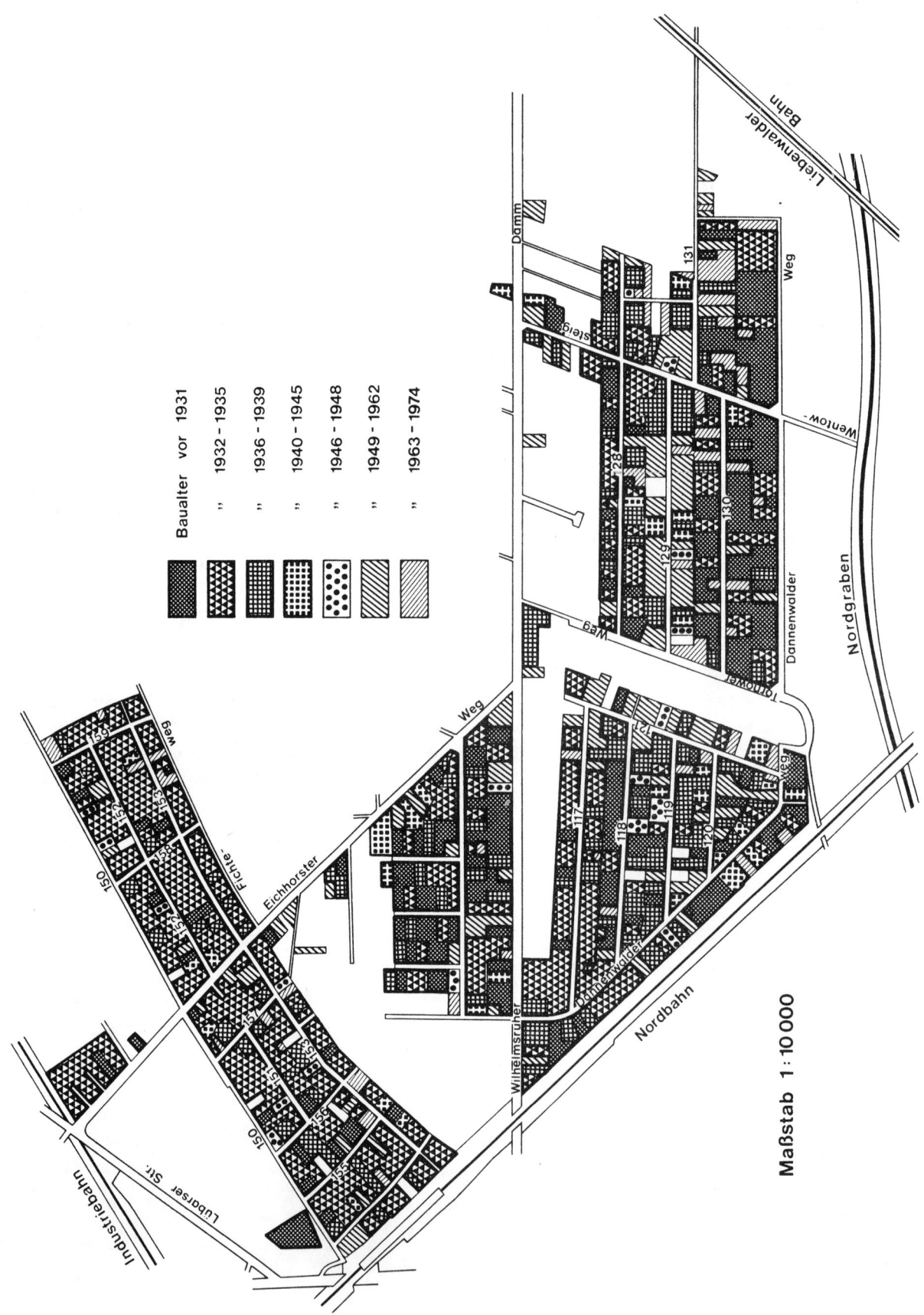

Abb. 7 Baualter der Einfamilienhausgebiete nach den Unterlagen des Bauaufsichtsamtes Berlin-Reinickendorf

Maßstab 1:10 000

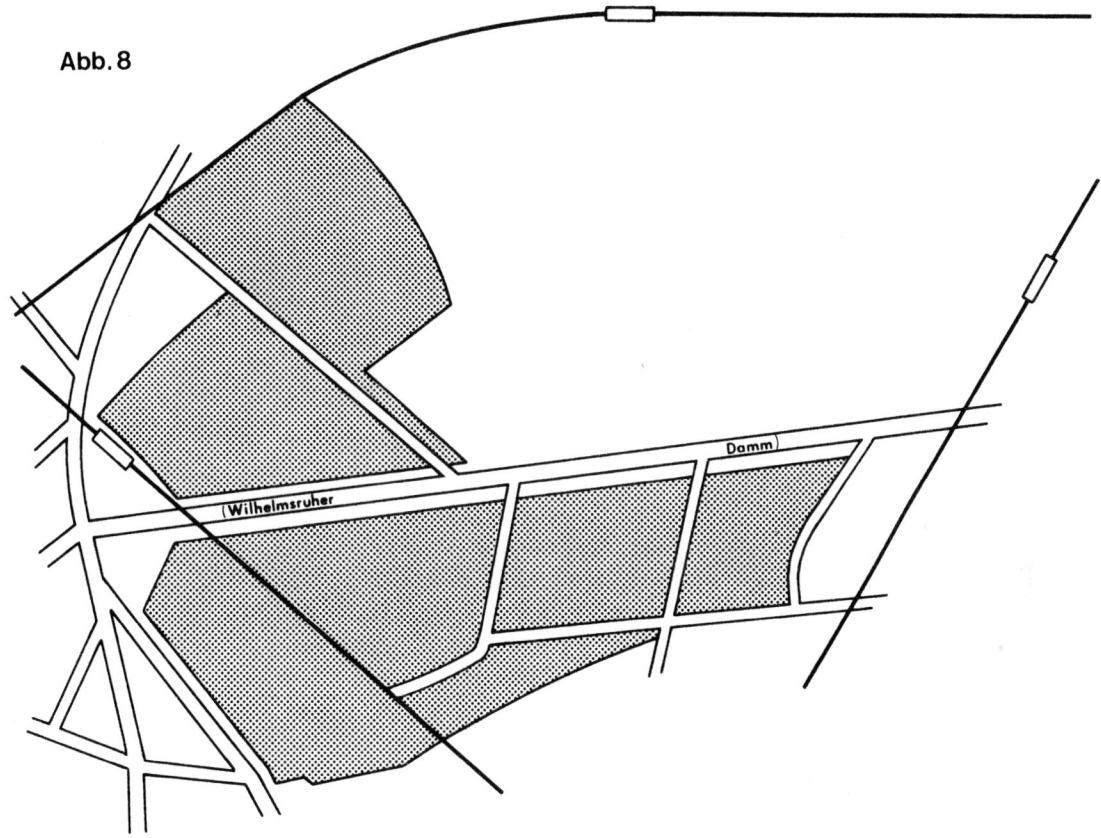

Ausweisung von Gebieten für den Bau von Kleinsthäusern
(zum Brief des Hochbau- und Siedlungsamtes Reinickendorf an SiWo VIC Berlin,
vom 29.8.34)

Dies war unter anderem auch deswegen möglich, da der auf dem Wilhelmsruher Gelände projektierte Hafen mittlerweile das Schicksal vieler Planungen erfahren hatte und in der Schublade verschwunden war. Dafür sah man jetzt ein Industriegebiet vor, das sich vom Bahnhof Rosenthal auf der westlichen Seite der Rosenthal-Liebenwalder Eisenbahn entlang bis zum Lübarser Weg ziehen und das Gebiet bis zum Güterbahnhof an der Industriebahn umfassen sollte. Die Verkehrsanbindung auf dem Wasserwege wäre durch den geplanten Nordkanal gegeben.

Ebenfalls um die Aufschließung seines südlich der Wittenauer Straße gelegenen Besitzes bemühte sich der Kaufmann Hampel. Nachdem ein erster Vorstoß in dieser Richtung 1928 scheiterte, konnte endlich 1934 nach dem Inkrafttreten des neuen Bebauungsplanes der Aufschließungsvertrag abgeschlossen werden.[1] Eine Kanalisierung des Geländes zur Schmutzwasserableitung war aus den bei den anderen Siedlungen angeführten Gründen nicht möglich, doch bereitete die Regenwasserbeseitigung wegen der Nähe des als Vorfluter vorgesehenen Nordgrabens keine Schwierigkeiten.

2.3.3 Das Problem der Heraufzonung des Geländes

Immer wieder traten Siedler an das Bezirksamt und auch an den Oberbürgermeister von Berlin mit der Bitte heran, eine Heraufzonung des gesamten Siedlungsgeländes von Bauklasse I nach Bauklasse II zu veranlassen.[2] Daraufhin wurde das Tiefbauamt Reinickendorf 1934 mit der Erstellung eines entwässerungstechnischen Gutachtens beauftragt.[3] Das Tiefbauamt bezeichnete den Bau eines Schmutzwassersammlers als Voraussetzung für eine Heraufzonung. Aus finanziellen Gründen sei die Verlegung des Sammlers in nächster Zeit nicht möglich, so daß ein Anschluß an die Kanalisation nicht vorgenommen werden könne. Die Beseitigung der Fäkalstoffe müsse in Sammelgruben erfolgen, deren Inhalt abgefahren wird.

Nach den Erfahrungen der Behörde werden allerdings die Abwässer von den Siedlern als Dünger für ihre Gärten benutzt. Da der lehmige Untergrund zu einer Sättigung des Bodens mit Fäkalstoffen führen kann, wird eine Mindestgröße der Grundstücke von 800 m^2 als Voraussetzung für eine Heraufzonung des Gebietes in die Bauklasse II betrachtet. Diese Bedingung war für die Siedler indiskutabel, da ihre Parzellen vorzugsweise eine Größe von 500 bis 600 m^2 besaßen und außerdem nicht mehr die Möglichkeit bestand ihre Flächen zu vergrößern. Selbst bei dem Vorhandensein von ausreichenden Reserveflächen wären die meisten Siedler finanziell nicht zu einem weiteren Grundstücksankauf in der Lage gewesen.

Die im Bebauungsplan als Siedlungsgelände ausgewiesenen und auch bereits erschlossenen Flächen konnten nach dem Dafürhalten des Bezirkstiefbauamtes heraufgezont werden. Die Flächen nördlich der Wittenauer Straße, östlich des Holzweges, waren als Kleingartengelände ausgewiesen und verblieben deshalb in der Bauklasse I. Wiederum war es das Amt für SiWo[4], das nach Rücksprache mit der Abteilung Stadtentwässerung der Haupttiefbauverwaltung den Antrag auf Heraufzonung für den nördlich der Wittenauer Straße liegenden Bereich wegen des hohen Grundwasserstandes ablehnte.[5]

Eine Aussetzung der Bestimmungen für die Bauklasse I war nur auf dem Dispenswege möglich,

---

1) Abschrift Nr. 49 des Urkundsregisters II für 1934, Berlin-Reinickendorf, den 15. 3. 1934. Aufschließungsvertrag zwischen der Stadt Berlin und W. Hampel.
2) Schreiben des B. Hampel vom 30. 5. 1934 an das Bezirksamt Reinickendorf.
3) Entwässerungstechnisches Gutachten. Angefertigt vom Tiefbauamt Reinickendorf, am 27. 8. 1934.
4) Amt für Siedlungs- und Wohnungswesen des Magistrats von Berlin.
5) Schreiben des Amtes für Siedlungs- und Wohnungswesen Berlin vom 10. 3. 1936 an den Bezirksbürgermeister des Verwaltungsbezirks Reinickendorf.

der ausnahmsweise die Bebauung nach Bauklasse II zuließ, dafür aber auch erhebliche Schwierigkeiten und zusätzliche Kosten für den Antragsteller bedeutete. Die Parzellenbesitzer machten trotzdem von der Dispensbeantragung regen Gebrauch, was zu einer Überbauung eines großen Teiles der Grundstücke führte. Eine Heraufzonung hätte also nur dem vorhandenen Zustand Rechnung getragen. Das Bezirksamt hatte in Erkenntnis dieser Situation deshalb auch den Antrag bei der Stadtverwaltung gestellt. Um Notbehelfen bei der Stadtentwicklung von vornherein zu begegnen, lehnte diese den Antrag ab.

Die Ausweisung des Geländes östlich des Holzweges als Kleingartengelände mit der Bauklasse I führte zu erheblichen Differenzen mit einem der dortigen Besitzer, dem Fabrikanten Heinze, der ein 140.000 m^2 großes Areal zum Zwecke der Industrieansiedlung erworben hatte, bis zur Realisierung der Industrieansiedlungspläne es aber als Laubengelände verpachtete. Da sich die vorgesehene Industrieansiedlung zum einen aus Kapitalmangel nicht in die Wirklichkeit umsetzen ließ, zum anderen die ständige Änderung der behördlichen Bebauungsplanvorstellungen für das ganze Gebiet die Grundbesitzer unsicher machte und eine langfristige Planung erschwerte, wenn nicht gar unmöglich machte, trug sich Heinze mit der Absicht, seinen Grundbesitz zu parzellieren und aufzuschließen, um ihn an die bisherigen Pächter zu verkaufen.[1] Das Hochbauamt versagte Heinze die Genehmigung zur Aufschließung seines Geländes zu Wohnsiedlungszwecken.[2] Im Wirtschaftsplan war das ganze Gebiet als Kleingartengelände ausgewiesen. Die Aufstellung eines Bebauungsplanes war nicht vorgesehen, weil die ungünstigen Grundwasser- und Bodenverhältnisse dazu erst die Verlegung einer umfangreichen und teuren Entwässerungsanlage erfordern würden, was in keinem Verhältnis zu dem erzielten Effekt stünde.

Erbost legte Heinze daraufhin sofort Beschwerde beim Staatskommissar der Hauptstadt Berlin gegen diesen Bescheid des Bezirksamtes ein. Da die auf dem Grundstück liegenden Lasten die Einnahmen bei der Nutzung als Kleingartengelände weit überstiegen, vertrat er die Ansicht, daß "die Ausweisung dieses gesamten Geländes als Kleingartengelände ... die Enteignung, mindestens die wirtschaftliche Enteignung des Grundbesitzes bedeute".[3] Als Erklärung zur Ablehnung des Antrags war dem Amt für SiWo ein Schreiben des Reinickendorfer Bezirksbürgermeisters zugegangen, worin auch darauf hingewiesen wurde, daß der Staatskommissar bereits die Umwandlung des Kleingartengeländes strikt abgelehnt habe.[4]

Die ablehnende Haltung der Verwaltung im Fall Heinze führte zu einer Solidarisierung der "Altbesitzer" des Gebietes zwischen Wittenauer und Lübarser Straße.[5] Die von den Verwaltungsdienststellen angeführte Begründung, daß die ungünstigen Boden- und Grundwasserverhältnisse nur eine kleingärtnerische Nutzung zuließen, wurde von den Altbesitzern als realitätsfremd bezeichnet. Lediglich für etwa 5 % des betreffenden Gebietes würde dies zutreffen und zwar in einem Streifen entlang des Großen Grabens. Für die übrigen 95 % des Geländes sei mit der nach Anlegung des Nordgrabens erfolgten Grundwasserabsenkung der Versagungsgrund gegenstandslos.

Ein erstes Ergebnis zeitigten die Aktivitäten der Altbesitzer bei einer Besichtigung der Laubengebiete in Wilhelmsruh durch Vertreter der Behörden.[6] Die Baupolizei erhielt von

---

1) Schreiben des B. Heinze vom 16. 7. 1936 an das Hochbauamt Reinickendorf.
2) Schreiben des Hochbauamtes Reinickendorf an B. Heinze vom 29. 7. 1936.
3) Schreiben des B. Heinze vom 19. 8. 1936 an den Staatskommissar der Hauptstadt Berlin.
4) Schreiben des Bezirksbürgermeisters des Verwaltungsbezirks Reinickendorf vom 15. 9. 1936 an das Amt für Siedlungs- und Wohnungswesen, Abt. B, Berlin.
5) Schreiben der Altbesitzer in Rosenthal vom 1. 10. 1936 an den Bezirksbürgermeister des Verwaltungsbezirks Reinickendorf.
6) Aktenvermerk des Hochbauamtes Reinickendorf über eine Besichtigung in Wilhelmsruh am 10. 10. 1936.

der Zentralverwaltung die Anweisung, alle Lauben, die von den genehmigten Zeichnungen abwichen, sofort stillzulegen. Weiterhin sollte allen Laubenbauten, auch Wohnlaubenanträgen nach § 29 des Reichssiedlungsgesetzes, die von Dauerwohnern benutzt werden könnten, die Baugenehmigung verweigert werden. Das Bezirksamt wies darauf hin, daß in Anbetracht der sozialen Lage der Siedler, die erhebliche Geldmittel in den Ausbau ihrer Lauben investiert hatten, die Ausweisung des fraglichen Gebietes als Siedlungsland in Erwägung zu ziehen sei. Eine endgültige Entscheidung wollte sich jedoch die Zentralverwaltung nach gründlicher Prüfung aller Argumente vorbehalten. Zuerst sollten die Ergebnisse der vom Tiefbauamt, Abt. Stadtentwässerung, in Wilhelmsruh durchgeführten Bohrungen abgewartet werden.[1]

Fünf Bohrungen erfolgten auf Kleingartengelände, zwei auf Ackerland. Der Grundwasserspiegel wurde zwischen 1,70 m Tiefe in den Kleingartenkolonien Rathenowweg und Schudoma und 2,95 m auf der Ackerfläche zwischen der Kolonie Bruseberg und dem Lübarser Weg erbohrt. Die geringe Zahl von sieben Bohrungen läßt nur eine stark generalisierende Aussage über die Beschaffenheit des Untergrundes zu, treten doch gerade in diesem Gebiet auf engem Raum erhebliche Unterschiede im Aufbau des Bodens, der Höhe des Grundwasserspiegels und dem Vorkommen von Schichtenwasser auf.

2.3.4 Die Planung der nationalsozialistischen Aera

1937 schaltete sich die noch nicht lange existierende Verwaltungsdienststelle des Sanierungsdezernenten des Bezirks Reinickendorf in die Auseinandersetzungen ein und forderte vom Hochbauamt Reinickendorf die Erstellung eines Aufbauplanes für das umstrittene Gebiet, da es als sanierungsbedürftig ausgewiesen wurde.[2]

Bereits ein halbes Jahr später ordnete der Generalbauinspektor für Berlin, eine 1937 geschaffene Institution mit Albert Speer als Chef, die Änderungen der Planungen an.[3] Nach den Vorstellungen der Nationalsozialisten sollte Berlin zum großartigen Mittelpunkt des germanischen Volksraumes umgestaltet werden. Die Änderung der Struktur Berlins wäre nicht nach rationalen und funktionalen Gesichtspunkten erfolgt. Vor allem machtpolitische Überlegungen, die Selbstdarstellung des Regimes in Anknüpfung an historische Vorbilder waren die Grundlage aller Planungen.[4] Die Zentralgewalt des Staates sollte sich in einem Achsenkreuz von vier Autobahnzubringern mit vier dazugehörenden Ringstraßen wiederspiegeln.

1938 waren die Pläne des Generalbauinspektors soweit gediehen, daß der Verlauf des Straßensystems in großen Zügen feststand. Die Kreuzung der verlängerten Nord-Südachse mit dem vierten Ring war für Wilhelmsruh vorgesehen (Abb. 9). Diese Planungen bedeuteten für die Zukunft einen erheblichen Verlust an Wohnraum, da die Achse und auch die Ringstraße die bestehenden Straßenführungen völlig außer acht ließen und vorhandene Wohngebiete durchschnitten. Für die von der Achsen/Ring-Kreuzung nicht berührten Gebiete in Wilhelmsruh hätte sich die Situation insofern positiv entwickelt, als die für den

---

1) Bohrergebnisse in den Gemarkungen Lübars und Wilhelmsruh, M. 1:100. Bohrungen ausgeführt am 29. 10. 1936 durch den Stadtbauführer Engel. Berlin-Wittenau, den 10. 11. 1936, Tiefbauamt-Stadtentwässerung.
2) Schreiben des Sanierungsdezernenten des Verwaltungsbezirks Reinickendorf vom 31.7.1937 an das Hochbauamt des Verwaltungsbezirks Reinickendorf.
3) Schreiben des Stadtplanungsamtes Berlin vom 4.2.1938 an den Bezirksbürgermeister des Verwaltungsbezirks Reinickendorf. Zum Gesetz über die Neugestaltung deutscher Städte vom 4.10.1937 ergingen drei Durchführungsverordnungen sowie ein Erlaß über die Schaffung der Dienststelle eines Generalbauinspektors für die Reichshauptstadt, der am 30.1.1937 in Kraft trat.
4) Siehe auch: SCHINZ, A., 1964, S. 190 - 200.

Abb. 9

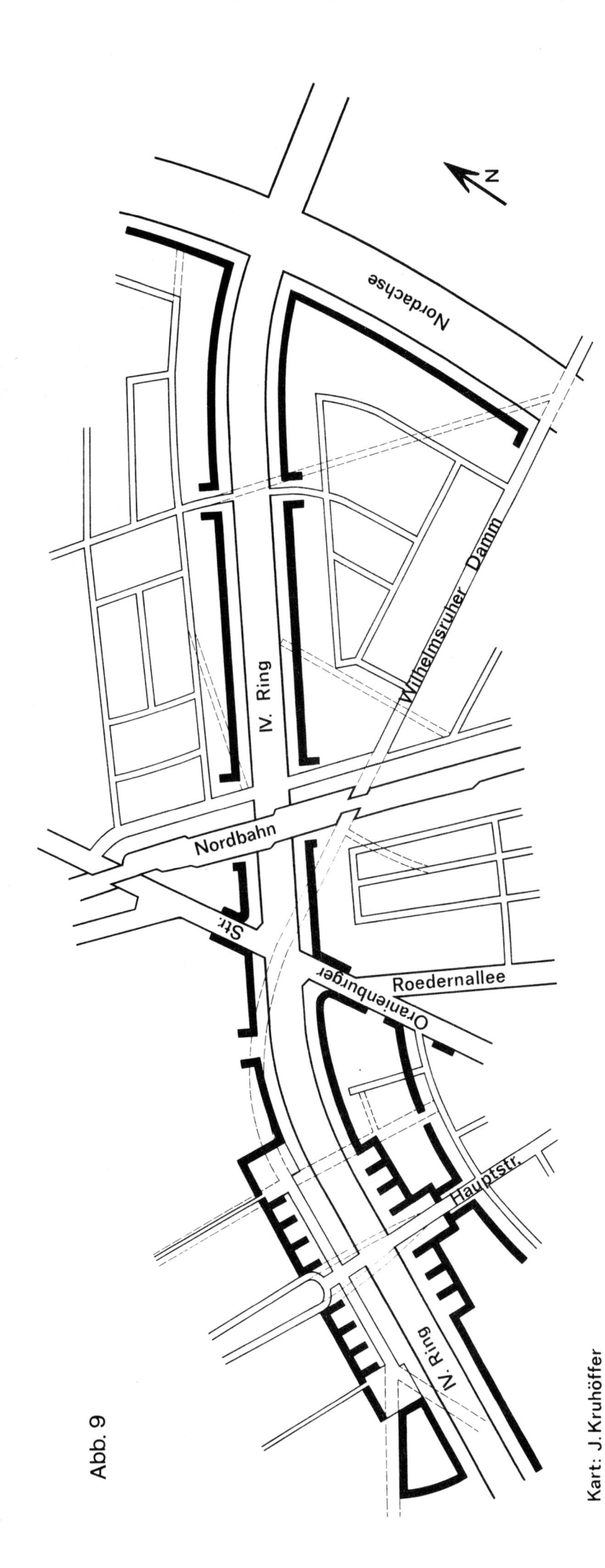

Kart: J. Kruhöffer

Führung des IV. Ringes zwischen dem Rathaus Wittenau und der Kreuzung mit der Nordachse

Abänderungsvorschlag des Bezirksplanungsamtes Reinickendorf vom 28. 2. 1940. (Maßstab im Original 1:4 000. Vereinfachte und im Maßstab reduzierte Darstellung des Verfassers nach den Unterlagen des Stadtplanungsamtes des Verwaltungsbezirks Reinickendorf)

Straßenbau notwendigen Grundwasserabsenkungen in Zusammenhang mit der Erstellung der entsprechenden Kanalisation die Voraussetzungen für die Ausweisung des ganzen Geländes als Bauland gebracht hätten. Deshalb gab jetzt auch das Stadtplanungsamt Berlin in Übereinstimmung mit dem Generalbauinspektor die Genehmigung zur Errichtung von Kleinsthäusern auf dem Gelände der Siedlung "Neue Zeit".[1]

Die Terraingesellschaft Groß-Berlin als Eigentümerin des Geländes der Kleingartenkolonie "Zur Pappel" muß von dieser veränderten Situation Kenntnis erhalten haben, die eine 1929 beantragte aber abgelehnte Parzellierung[2] des Areals nunmehr in den Bereich des Realisierbaren rückte.[3] Das Stadtplanungsamt Reinickendorf stellte nach einem entsprechenden Vorstoß der Terraingesellschaft einen Antrag auf Genehmigung der Parzellierung beim Hauptplanungsamt Berlin.[4] Das Hauptplanungsamt hatte gegen diesen Vorschlag nichts einzuwenden, machte aber seine Zustimmung von einer Aufschüttung der geplanten Straßen zum Zwecke des späteren Einbaus einer Kanalisation abhängig.[5] Daraufhin stellte die Terraingesellschaft dem Bezirksplanungsamt den Entwurf eines Aufschließungsvertrages zur Begutachtung zu.[6] Das Bezirksplanungsamt forderte eine teilweise Überarbeitung des Parzellierungsplanes, da eine Reihe von Parzellen von der Verkehrsplanung in Anspruch genommen werden dürfte.[7]

Infolge des länger als vorgesehen dauernden und sich vor allem ausweitenden Krieges wurden die Planungen an der Nord-Süd-Achse und dem vierten Ring bis nach dem Kriege zurückgestellt. Lediglich die für die Großbaumaßnahmen vorgesehenen Flächen sollten vorläufig keine Nutzungsänderung erfahren. Deshalb war den Bemühungen der Terraingesellschaft, ihr Kleingartengebiet in ein Wohngebiet umzuwandeln, kein Erfolg beschieden.[8]

2.3.5 Planung einer Stadtrandsiedlung

Ein Gelände, dem das gleiche Schicksal wie der Kolonie "Zur Pappel" beschieden gewesen wäre, liegt südlich des Dannenwalder Weges zwischen Nordgraben, verlängertem Tornower Weg und verlängertem Wentowsteig. Das landwirtschaftlich genutzte Gelände sollte nach den Vorstellungen des Reinickendorfer Stadtplanungsamtes als Bauland für eine Stadtrandsiedlung dienen, die sich bei den Planungsämtern seinerzeit größter Beliebtheit erfreuten (Abb. 10).[9] Die Berliner Stadtverwaltung erklärte sich prinzipiell mit dem Vorschlag Reinickendorfs einverstanden, bat jedoch um die Begutachtung des Baugrundes und die Klärung der finanziellen Belastung des fraglichen Geländes. Die Baugrunduntersuchung konnte mit positivem Ergebnis abgeschlossen werden. Das Grundwasser stand hier 2 m unter

---

1) Schreiben des Stadtplanungsamtes Berlin vom 3. 8. 1938 an den Bezirksbürgermeister des Verwaltungsbezirks Reinickendorf.
2) Schreiben der "Bodengesellschaft am Nordbahnhof" vom 16. 3. 1929 an das Hochbau- und Siedlungsamt Reinickendorf.
3) Schreiben des Stadtplanungsamtes Reinickendorf vom 16. 9. 1938 an das Stadtplanungsamt, Abt. VIC, Berlin.
4) Das Stadtamt für Siedlungs- und Wohnungswesen wurde in Hauptplanungsamt umbenannt.
5) Schreiben des Hauptplanungsamtes Berlin vom 12. 1. 1939 an den Bezirksbürgermeister des Verwaltungsbezirkes Reinickendorf.
6) Erster Entwurf eines Aufschließungsvertrages für das Gelände der Terrain-Gesellschaft Groß-Berlin vom Mai 1940.
7) Schreiben des Bezirksplanungsamtes Reinickendorf vom 27. 6. 1940 an das Bezirkstiefbauamt Reinickendorf.
8) Schreiben des Bezirksplanungsamtes Reinickendorf vom 22. 9. 1941 an H. Rosenow.
9) Schreiben des Oberbürgermeisters von Berlin vom 7. 9. 1935 an den Bezirksbürgermeister des Verwaltungsbezirks Reinickendorf.

der Geländeoberkante und der Boden war nicht beim Aushub des Nordgrabens aufgeschüttet worden.[1]

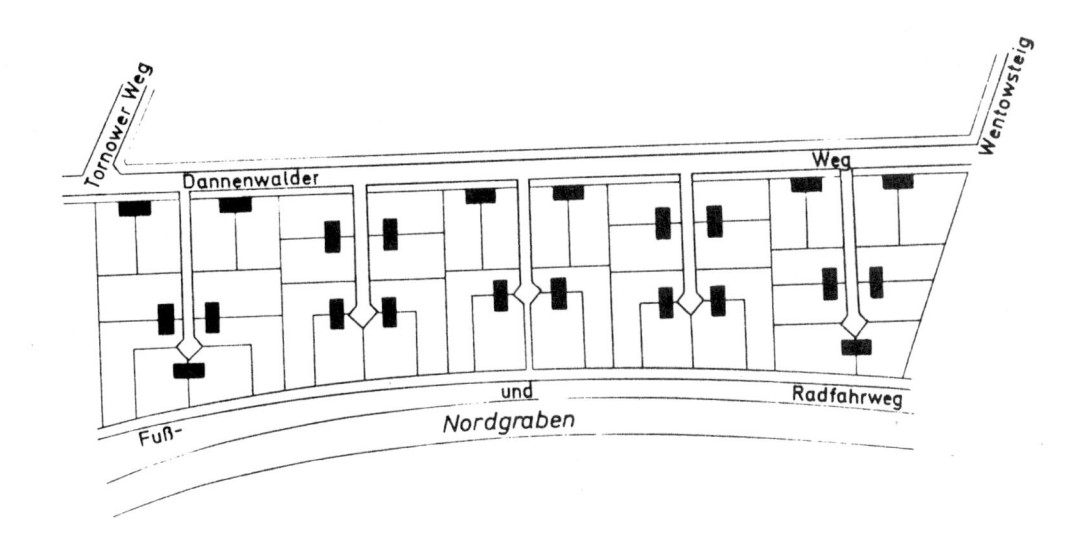

Abb. 10: Entwurf des Hauptbauamtes Reinickendorf für die Stadtrandsiedlung Wilhelmsruh vom 25. 6. 1936 (Maßstab 1:4000)

Die mit 99.000 RM erhebliche Belastung des Grundstücks war bereits 1927 in Form einer Restkaufgeldhypothek an die Stadt Berlin abgetreten worden. Zwar sollte das Gelände für das Jahr 1936 noch einmal zur Bestellung freigegeben werden, doch hatte das Amt für Siedlungs- und Wohnungswesen Berlin die Mittel für die Entpfändung in den Haushaltsplan für das Jahr 1936 aufnehmen lassen, so daß eine weitere Bestellung nach der Ernte im Herbst 1936 nicht stattfinden würde.[2]

Das Hochbauamt Reinickendorf erstellte daraufhin einen Bebauungsplan, der eine Aufteilung des Geländes in 44 Parzellen und eine Bebauung mit 22 Doppelhäusern vorsah. Die verkehrsmäßige Erschließung der Parzellen sollte durch fünf vom Dannenwalder Weg abgehende Privatstraßen erfolgen. Der für 1937 vorgesehene Baubeginn konnte jedoch nicht eingehalten werden, da das Hochbauamt Reinickendorf Bedenken gegen die vorgeschlagene Bebauung geltend machte.[3]

Das Amt für Siedlungs- und Wohnungswesen wurde auf die Unzulänglichkeit zu schmaler und unbefestigter Privatstraßen ebenso hingewiesen wie auf die wahrscheinlich auftretende Verseuchung des Nordgrabens durch Abwässer infolge des Fehlens einer Kanalisation. Die Zentralverwaltung hielt diese Bedenken für nicht gravierend, da die für das ganze Reich geltenden Richtlinien über die Errichtung von Stadtrandsiedlungen für solche Fälle alle nur erdenklichen Dispense vorsahen, um mit dem geringstmöglichen Aufwand eine größtmögliche Zahl von Wohnungen erstellen zu können. So erhielten die Stadtrandsiedlungen weder

---

1) Gutachten des Tiefbauamtes Reinickendorf vom 11. 9. 1935. Schreiben des Bezirksbürgermeisters des Verwaltungsbezirks Reinickendorf vom 13. 9. 1935 an den Oberbürgermeister von Berlin.
2) Schreiben des Amtes für Siedlungs- und Wohnungswesen Berlin vom 17. 5. 1936 an den Bürgermeister des Verwaltungsbezirks Reinickendorf.
3) Vermerk des Hochbauamtes Reinickendorf vom 5. 1. 1937 über eine am 30. 12. 1936 im Amt für Siedlungs- und Wohnungswesen Berlin stattgefundene Besprechung.

Anschlüsse für Wasser, Gas, Elektrizität oder Entwässerung noch wurden die Straßen mit einem festen Oberbau und Straßenbeleuchtung ausgestattet.

Diese Planung konnte nur deswegen Gestalt annehmen, weil in den letzten Jahren der vorgesehene Nordkanal und die angestrebte Aufschließung des Industriegebietes in Wilhelmsruh nicht mehr zur Debatte standen. Die Stadtrandsiedlung kam schließlich doch nicht zur Ausführung, so daß auf dem Gelände weiterhin Landwirtschaft betrieben wurde.

Während der Kriegszeit 1939 bis 1945 zeigte sich in den ordnungsgemäß aufgeschlossenen Siedlungsgebieten nur eine minimale Bautätigkeit, da die Zahl der freien Parzellen gering war, zum anderen die Versorgung der Bevölkerung mit Baustoffen aufgrund der Kriegswichtigkeit dieser Materialien sich nicht mehr durchführen ließ und der größte Teil der eingezogenen Männer für die Bauarbeiten nicht zur Verfügung stand. Mit dem Einsetzen des Bombenkrieges und der Zerstörung großer Bereiche Berlins blieb ein Anwachsen der Zahl der Dauerwohner in den Kleingartengebieten nicht aus. Vielfach wurden bestehende Lauben ausgebaut und erweitert oder neue errichtet, wozu die immer zahlreicher werdenden Ruinen das Baumaterial lieferten. Die Flucht der Bevölkerung in die Außenbezirke setzte ein, um dem Bombenhagel der immer öfter erscheinenden alliierten Bomberströme zu entgehen.

2.4 Die Entwicklung des Gebietes nach dem 2. Weltkrieg

2.4.1 Die Nachkriegssituation in Berlin und Wilhelmsruh

Mit dem Ende des 2. Weltkrieges ging wieder ein Kapitel in der Entwicklung des Ortsteiles Wilhelmsruh zu Ende. Es beinhaltete Krieg, Nachkriegszeit, Inflation, Wirtschaftsaufschwung, Weltwirtschaftskrise, wiederum Wirtschaftsaufschwung und einen zweiten Krieg. Die große Politik beachtete dieses kleine Gebiet nicht, doch ihre Auswirkungen waren auch hier deutlich spürbar. Hunger und Not, die finanzielle Misere der Reichshauptstadt Berlin und die Schrecken des Krieges prägten das Bild dieses Ortsteiles. Die Grundbesitzer hatten großes Interesse an der Veräußerung ihres unrentablen, da vielfach für eine intensive Bewirtschaftung zu kleinen Besitzes. Der sich dort niederlassenden Bevölkerung ging es zuerst um das Überleben, später in den Zeiten wirtschaftlicher Stabilität um die Bildung eines bescheidenen Eigentums.

All das wurde überschattet vom Kampf mit der öffentlichen Verwaltung und den Differenzen der einzelnen Dienststellen untereinander. Zwar sah die öffentliche Hand die Möglichkeit einer, wenn auch geringen, Linderung der großen Wohnungsnot in der Erteilung der Genehmigung zur Besiedlung des Geländes, doch wollte man unter allen Umständen eine Entwicklung vermeiden, die den verantwortlichen Dienststellen in stärkerem Maße als es bereits der Fall war aus den Händen gleiten könnte.

Das Bezirksamt Reinickendorf befand sich in keiner beneidenswerten Lage. In seinen Kompetenzen eingeengt durch die letztendliche Entscheidungsgewalt der Berliner Stadtverwaltung[1], erkannte es die Notwendigkeit der Schaffung neuen Wohnraumes an, mußte sich aber

---

[1] Gesetz über die Bildung der neuen Stadtgemeinde Berlin vom 27. 4. 1920.
"§ 25 (1): Die Bezirksämter sind die Bezirksverwaltungsbehörden. Sie sind ausführende Organe des Magistrats und haben nach den vom Magistrat aufgestellten Grundsätzen die Geschäfte zu führen, die der Magistrat ihnen zuweist. Sie unterstehen der Kontrolle des Magistrats.
§ 27: Dem Magistrat bleibt es vorbehalten, in allen Fällen die Ausführung von Beschlüssen der Bezirksversammlungen, der Bezirksämter und der Bezirksdeputationen zu verhindern, wenn es das Gemeinschaftsinteresse dringend erheischt, oder wenn die Beschlüsse der Bezirksbehörden ihre Befugnisse überschreiten oder die Gesetze verletzen."
WÖLBLING, P., 1921, S. 65 und 68

stets den Planungsvorstellungen des Magistrats, dem jeweils gültigen Wirtschaftsplan und den fortwährenden Bedenken der Tiefbauverwaltung beugen. Letztere wären zwar am ehesten auszuräumen gewesen, doch scheiterte dies immer an dem chronischen Finanzmangel der Stadt.

Als nach dem Ausklingen der Weltwirtschaftskrise zu Beginn der dreißiger Jahre sich die wirtschaftlichen Verhältnisse wieder zu stabilisieren begannen, die Arbeitslosenzahlen sanken[1] und auch die öffentlichen Haushalte mit der Reduzierung der Soziallasten die Erfüllung wichtiger städtebaulicher Aufgaben möglich machten, blieben für Wilhelmsruh nur großartige Pläne von Kanal-, Hafen- und Industrieanlagen, die wegen des Vorranges städtebaulicher Selbstdarstellung der nationalsozialistischen Machthaber im zentralen Stadtbereich Berlins nie zur Ausführung gelangten.

Die Kosten der bei einer vollständigen Erschließung als Kleinsiedlungsgebiet zu erstellenden Abwasserkanalisation waren im Verhältnis zu ihrer Effektivität zu hoch. Dies galt auch als ein wichtiger Grund, warum nur der westliche Teil des Geländes, der einigermaßen akzeptable Untergrundverhältnisse besaß, für die Aufschließung als Wohnsiedlungsgelände freigegeben wurde. Erst die Pläne Speers zur Neugestaltung der Reichshauptstadt hätten zu einer Neustrukturierung des Gebietes geführt, aber auch nur infolge der Planung der Kreuzung der Nord-Süd-Achse mit dem vierten Ring auf diesem Teil der Gemarkung Wilhelmsruhs.

Nach dem Ende des 2. Weltkrieges setzte eine intensive Bautätigkeit in den Kleingartenkolonien ein, und damit einhergehend erhöhte sich die Zahl der Einwohner durch den Zuzug einiger tausend Menschen aus der zerbombten Innenstadt Berlins. Ein erheblicher Teil der Bevölkerung zog nicht allein in die Außenbezirke, die weniger Schaden genommen hatten, sondern verließ die Stadt völlig. So war die Einwohnerzahl von 4,3 Mio. in der Vorkriegszeit auf 2,8 Mio. im Jahre 1945 gesunken.

Dies ist vor allem auf die hohe Zahl der zerstörten Wohnungen zurückzuführen, so daß die verbleibenden Wohnungen nicht mehr genug Unterbringungsmöglichkeiten für die Bevölkerung boten. Die Industriebetriebe wiesen ebenfalls starke Zerstörungen auf oder hatten zumindestens unter den Demontagen der Siegermächte stark gelitten. Die Laubenkolonien boten nicht nur Unterkunft sondern trugen mit ihrer intensiven gärtnerischen Bewirtschaftung auch zur Ernährung der dort ansässigen Bevölkerung bei (Abb. 11).

Die öffentliche Verwaltung wurde von dieser illegalen Siedlungswelle förmlich überrollt, mußte aber die nicht genehmigte Errichtung von Wohnlauben im Nachhinein akzeptieren, da sie einmal personalmäßig nicht in der Lage war, die fortwährende wilde Bebauung zu überwachen, andererseits die schwierige Situation auf dem Wohnungsmarkt deutlich vor Augen hatte.

2.4.2 Die ersten Sanierungspläne

Das Ende des Krieges bedeutete gleichzeitig das Ende der Planungen des Generalbauinspektors Speer. Als sich die wirtschaftliche Situation nach Beendigung der Blockade wieder zu stabilisieren begann, rückte eine Sanierung des Gebietes in den Bereich des Möglichen. Einen ersten Ansatz dazu stellte der am 23. 5. 1951 von der SPD-Fraktion in der Bezirks-

---

1) Die Arbeitslosenzahlen betrugen jeweils im Januar:
1930: 3,218 Mio., 1931: 4,887 Mio., 1932: 6,042 Mio., 1933: 6,014 Mio.,
1934: 3,773 Mio., 1935: 2,974 Mio., 1936: 2,520 Mio., 1937: 1,853 Mio.
Aus: GEBHARDT, B., 1963, Bd. 4, S. 352

Abb. 11

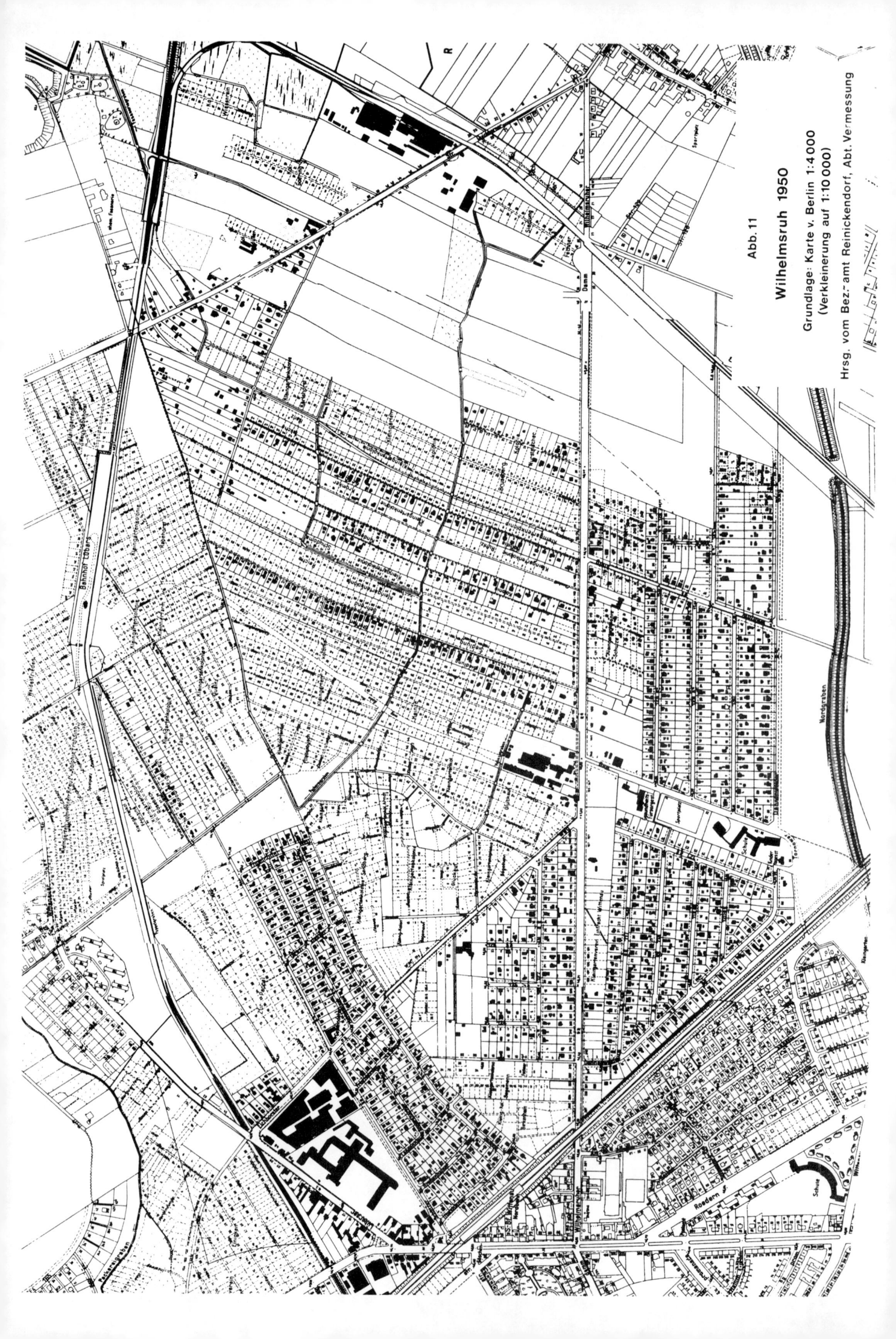

Wilhelmsruh 1950

Grundlage: Karte v. Berlin 1:4000
(Verkleinerung auf 1:10 000)

Hrsg. vom Bez.-amt Reinickendorf, Abt. Vermessung

Verordnetenversammlung Reinickendorf eingebrachte Antrag dar, das Bezirksamt sei mit der Einleitung der Sanierung von Wilhelmsruh zu beauftragen.

2.4.2.1 Das Projekt der Droysenhaus GmbH

Bereits 1949 trat eine private Gesellschaft an das Stadtplanungsamt mit dem Plan heran, auf dem Gelände südlich des Dannenwalder Weges, dort wo bereits 1936 bis 1938 die Anlage der Stadtrandsiedlung vorgesehen war, eine Reihenhaussiedlung mit 160 Häusern zu errichten (Abb. 12). Dies hätte bedeutet, daß bei einer Grundstücksgröße von 3,6 ha für jedes Grundstück lediglich 225 m^2 zur Verfügung stehen würden, von denen noch 61,25 m^2 für Haus, Vorgarten und Weg benötigt würden. Das Stadtplanungsamt hatte schon bei Beginn der Verhandlungen mit der Droysenhaus GmbH hingewiesen, daß die Anlage einer Kanalisation nicht realisiert werden könne und somit die Anlage von Sickergruben vorzusehen sei. Um dieser Bestimmung zu genügen, müßten allerdings die Grundstücke eine Größe von 600 m^2 aufweisen. Gegen diesen Bescheid lief die Gesellschaft Sturm, da mit der von der Verwaltung vorgeschriebenen Verringerung der Bebauung auch die Rendite des Projektes abnehmen würde.

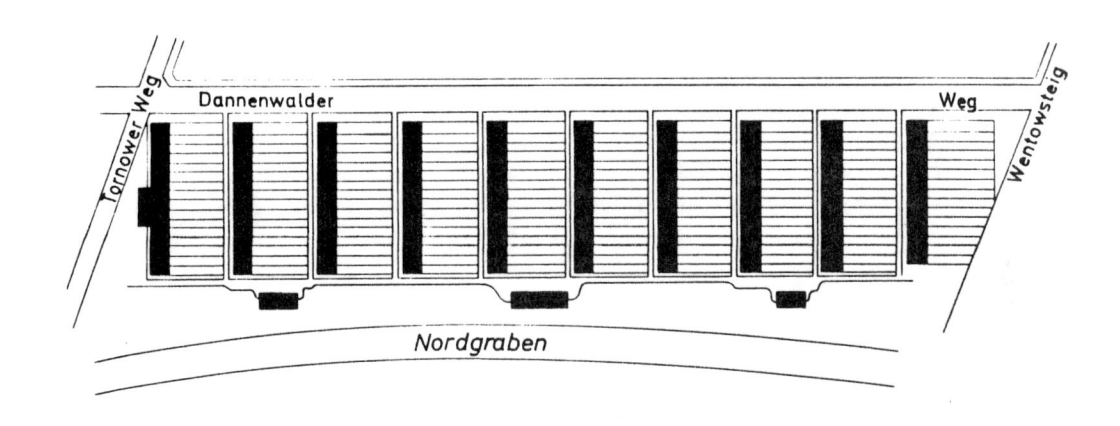

Abb. 12: Vorschlag für eine Siedlung der Droysenhaus-Gesellschaft in Wilhelmsruh vom 2. 11. 1949 (Maßstab 1:4000)

Unter Hinweis auf die mit ihnen an diesem Vorhaben zusammenarbeitenden Erwerbslosen versuchte sich die Gesellschaft nun als Wahrer der Interessen dieser Erwerbslosen darzustellen, indem sie auf ihrem Plan beharrte.[1] Es ging soweit, daß die Droysenhaus GmbH sogar den Deutschen Gewerkschaftsbund gegen das Bezirksamt mobilisierte, der vom Bezirks-

---

1) Schreiben der Droysenhaus GmbH vom 5. 4. 1950 an das Stadtplanungsamt Reinickendorf.

"Wir fürchten, daß die Erwerbslosen mit diesem Garten nicht einverstanden sein werden, da diese voraussichtlich lieber eine gesunde billige Wohnung statt eines großen Gartens bevorzugen werden. ... Es bedarf keiner Worte, daß es selbstverständlich ist, daß dafür eine einwandfreie Entwässerung geschaffen werden muß. Da Sickergruben weder bei 75 noch bei 151 Häusern zur Ausführung kommen können, ist es unerheblich, was die Gartengröße mit der Bebauungsdichte zu tun hat. Wenn die Bewohner es bezahlen können, würde ich diesen jeden einen Morgen Garten wünschen. Nur wer bezahlt diesen? Aber auch dann käme keine Sickergrube in Frage. Warum also diese den Bau verhindernde Vorschrift von 600 m^2 Garten? Ich kam zu Ihnen, um produktive Arbeit zu schaffen."

amt Aufklärung über die obskuren Geschäfte der Gesellschaft erhielt, denen die Verwaltung nicht im geringsten Vorschub zu leisten gedachte.[1] Da es zwischen dem Bezirksamt und der Droysenhaus GmbH zu keiner Einigung kam zerschlug sich das Projekt einer Reihenhaussiedlung.

2.4.2.2 Der erneute Versuch zur Heraufzonung

In der Zwischenzeit hatte der Vorstand der Siedlung "Neue Zeit" wieder einmal die Frage nach der Heraufzonung des Siedlungsgebietes an das Bezirksamt und den Magistrat herangetragen. In einer Aufstellung wies der Vorstand die teilweise erhebliche Überbauung der einzelnen Grundstücke nach, die ihr Entstehen der großzügigen Dispensgewährung durch die Baupolizei verdankt. Der Magistrat und auch das Stadtplanungsamt Reinickendorf standen diesem Antrag positiv gegenüber. Diesmal waren es die Berliner Stadtentwässerungswerke, die das Vorhaben scheitern ließen. In einer 1951 erstellten Stellungnahme wiesen sie auf die Kosten hin, die bei einer Kanalisierung der Siedlung entstehen würden und die zur Zeit nicht aufgebracht werden könnten. Ohne den Einbau einer Kanalisation konnte auch nicht der Heraufzonung zugestimmt werden.[2]

Inzwischen war das Notstandsprogramm angelaufen, mit dessen Hilfe längerfristig Arbeitslose zu Arbeiten, die im öffentlichen Interesse lagen, herangezogen wurden. Das Stadtplanungsamt Reinickendorf konnte seine Bestürzung nicht verbergen, als die Verwendung von Mitteln aus der Notstandsaktion für Kanalisierungsarbeiten in Frohnau und Heiligensee bekannt wurde, für das Wilhelmsruher Gebiet aber wieder kein Geld bereitgestellt werden konnte.[3] Die Befürchtung der Reinickendorfer Behörde, daß die Bevorzugung eines Gebietes mit einer sozial besser gestellten Bevölkerung ernste Schwierigkeiten mit den Wilhelmsruher Bewohnern heraufbeschwören könnte, war nicht unbegründet. Vor allem der für eine eventuelle Verrieselung der Abwässer in Frohnau besser geeignete Untergrund ließ dort eine Kanalisierung nicht als vordringlich erscheinen. Dieses für Reinickendorf unverständliche Vorgehen der Hauptverwaltung rückte die dringend notwendige Sanierung Wilhelmsruhs wieder in weite Ferne.

Das Ergebnis der wiederholten Vorstöße des Stadtplanungsamtes Reinickendorf beim Hauptamt für Stadtplanung bestand darin, daß zwar keine Heraufzonung des Geländes der Siedlung "Neue Zeit" zustande kam, bei der Erteilung der Baugenehmigungen für die noch unbebauten Grundstücke nach bisheriger Regelung im Einverständnis mit der Baupolizei ein automatischer Dispens für die Überbauung zu erteilen sei. An eine Heraufzonung war allerdings

---

1) Schreiben des Stadtplanungsamtes Reinickendorf vom 25. 11. 1950 an den Deutschen Gewerkschaftsbund: "Es ist nicht der einzige Fall, daß sich ehemalige Mitarbeiter des verstorbenen Architekten Heyer an die Öffentlichkeit wenden und mit etwas unrealistischen Wohnhausprojekten von sich reden machen. Zu diesen gehört auch Herr Mertens, der sich an eine Reihe von Bezirksämter gewandt hat und mit Hilfe von Erwerbslosen Gruppenhausbauten errichten möchte, die in ihrer ganzen Planung allen gesetzlichen Bestimmungen vollkommen zuwiderlaufen und in ihrer Finanzierung völlig undurchsichtig sind. Im Falle Mertens sind wir vom Hauptamt für Bau- und Wohnungswesen - Juristische Abteilung - beauftragt, allen Schriftverkehr über diese Stelle zu leiten. Die verschiedenen Dienststellen haben nun einmal die Aufgabe, im Interesse der gesamten Öffentlichkeit über die Innehaltung der gesetzlich geregelten Bestimmungen zu wachen und nicht irgend welchen weltfremden Phantasten eine billige Einnahmequelle zu verschaffen".
2) Schreiben der Berliner Stadtentwässerungswerke vom 15. 3. 1951 an das Stadtplanungsamt Reinickendorf. Die Kosten werden darin wie folgt beziffert: Beseitigung des Regenwassers ohne Grundwasserabsenkung = 130.000 DM. Die Kosten für die Schmutzwasserbeseitigung einschließlich des Hauptsammlers betragen 600.000 DM. Für das Überpumpwerk einschließlich Druckrohrleitung und Gefälleleitungen in der Siedlung würden weitere 484.000 DM anfallen, insgesamt also ca. 1.214.000 DM.
3) Schreiben des Stadtplanungsamtes Reinickendorf vom 16. 4. 1951 an das Hauptamt für Stadtplanung.

auch weiterhin nur in Verbindung mit einer zu erstellenden Kanalisation zu denken.[1] Die
Berliner Stadtentwässerungswerke versprachen, angesichts der Dringlichkeit der gewünschten Kanalisation in der Siedlung "Neue Zeit", die Angelegenheit vorrangig zu behandeln, konnten aber wegen der entstehenden Kosten keinen Baubeginn für die nächste Zeit in Aussicht stellen.[2]

Aufgrund des Heraufzonungsantrages der Siedlung "Neue Zeit" begann die Großberliner Stadtentwässerung zumindest mit der Ausarbeitung von Plänen für die Regenwasser- und Schmutzwasserableitung, die im Februar 1951 vorlagen. Erfaßt wurde allerdings nur das Gelände der "Neuen Zeit", da der Kanalisationsbau dort am dringlichsten schien. Der Senat bewilligte aber nicht die für den Bau erforderlichen Mittel und das Vorhaben gelangte wieder einmal nicht zur Ausführung.

Ähnliche Schwierigkeiten wie bei der Siedlung "Neue Zeit" traten auch in den anderen aufgrund entsprechender Verträge ordnungsgemäß aufgeschlossenen Siedlungen auf. Sie sollten aber alle bei der vorgesehenen Sanierung des Gebietes bestehen bleiben. Die Notwendigkeit der bereits vor dem Krieg geplanten Sanierung war durch die Folgeerscheinungen der Kriegs- und Nachkriegsjahre weiter gestiegen. Strukturuntersuchungen des Gebietes hatten bisher weder die Senatsdienststellen noch Wissenschaftler vorgenommen, so daß eine auf exaktem Material beruhende Grundlage der Sanierungsplanung nicht gegeben war. Die für die Planung verwendeten Unterlagen bestanden lediglich aus dem Wissen um die fehlende Kanalisation, einzelnen Hinweisen des Gesundheitsamtes und der Tiefbauverwaltung auf die hygienischen Verhältnisse und der Inaugenscheinnahme der Bebauung.

2.4.2.3 Der Raumordnungsplan von 1952

Im Februar 1952 legte das Stadtplanungsamt Reinickendorf daraufhin einen als Raumordnungsplan deklarierten Flächennutzungsplan vor (Abb. 13). Der größte Teil der bestehenden Bebauung sowohl auf in Einzeleigentum befindlichem als auch auf gepachtetem Boden sollte als Kleinsiedlungsgelände in die neuen Bebauungspläne übernommen werden. Die im Rahmen der Neuordnung notwendig werdende Kanalisierung hätte dann zu einer Höherstufung der entsprechenden Gebiete geführt.

Den größten Teil des als Ackerland genutzten Geländes hatte man für Wohnbauten in offener Bauweise (Ein- oder Zweifamilienhäuser) vorgesehen. Der Einmündungsbereich von Eichhorster Weg und Hauptweg in den Wilhelmsruher Damm war als kommerzieller Schwerpunkt geplant. Die Geschäfte am Rebhuhnweg sollten bestehen bleiben und zusammen mit drei weiteren kleinen Einkaufsschwerpunkten am südlichen Teil des Tornower Weges, im östlich neu zu schaffenden Wohngebiet und nördlich des S-Bahnhofes Wittenau (Nordbahn) als Nebenzentren dienen. Zur Betonung des zentralen Bereiches des Siedlungsgebietes war die Bebauung eines kleinen Geländes nördlich des Wilhelmsruher Dammes am Hauptweg mit mehrgeschossigen Gebäuden geplant. Ebenso sollten sich einige mehrgeschossige Bauten am Einkaufszentrum südlich des Tornower Weges anschließen.

Für die nach der endgültigen Bebauung höher liegenden Bevölkerungszahlen wurden drei

---

1) Schreiben des Senators für Bau- und Wohnungswesen, Abt. II, vom 9. 11. 1951 an das Stadtplanungsamt Reinickendorf.
2) Schreiben der Berliner Stadtentwässerungswerke vom 31. 8. 1951 an den Senator für Bau- und Wohnungswesen.

Legende zum Raumordnungsplan Wilhelmsruh

▤	Wohnbebauung vorhanden auf Boden im Einzeleigentum (offene Bauweise) abgeschlossene Baugebiete
▤	Wohnbebauung vorhanden auf Pachtland im Großgrundbesitz (offene Bauweise)
▦	Wohnbebauung vorhanden auf Pachtland – Kleinsiedlungsgebiet
▓	Wohngebiet gepl. Geschoßbau
■	Wohnbebauung geplant, jetzt landwirtschaftl. Fläche (offene Bauweise)
▩	Industriegebiet
⣿	Gewerbegebiet
▧	Lagerplatz
▨	Landwirtschaftl. Betriebe und Gärtnereien
▒	Grünflächen
▧	Wiesen
▬	morastiges Gebiet
▨	Geschäftsschwerpunkte
⬭	Sportplatz
▲	Grundschule

Abb. 13
Raumordnungsplan Wilhelmsruh
(im Original 1:4 000)

Vorbereitungsplan für Planungsdurchführung und
Detail - Planung

Bearbeitet im Feb. 1952, überarbeitet
am 27.2.52 in Reinickendorf Abt. Bau-
und Wohnungswesen, Amt für Stadtplanung

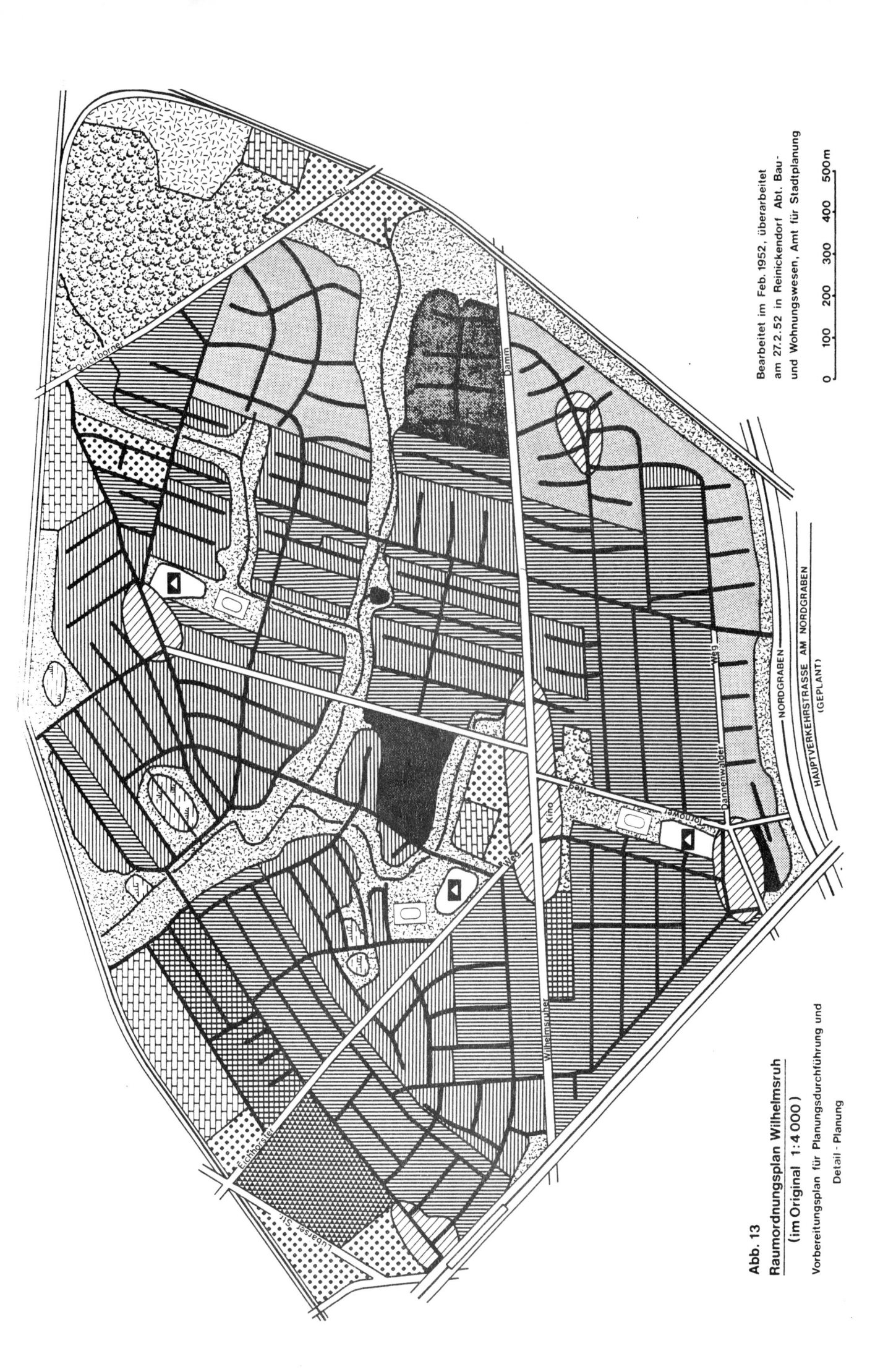

0 100 200 300 400 500m

Schulen als ausreichend angesehen. Die bereits vorhandenen Gräben waren in die Grünflächenplanung als öffentliche Grünflächen einbezogen. Die ebenfalls bestehenden Industrie- und Gewerbebetriebe im Nordwesten des Gebietes verblieben ebenso wie der dort anschließende Lagerplatz an ihren Standorten. Ein Relikt der ursprünglichen Nutzung stellte das nordöstlich der Quickborner Straße als Ackerland ausgewiesene Areal dar.

Der Raumordnungsplan fand die grundsätzliche Zustimmung des Senators für Bau- und Wohnungswesen und erfuhr seine Verankerung in der Bauleitplanung Berlins (West). Die Planungsbehörde hielt sich bei der Abfassung dieses Planes sehr stark an die Gegebenheiten und veränderte nur dort, wo es sich nicht umgehen ließ. Somit konnte ohne gravierende Eingriffe eine Sanierung des Geländes vorgenommen und gleichzeitig eine größere Anzahl Bewohner dort untergebracht werden.

Eine Befahrung des Gebietes mit Fahrrädern im gleichen Frühjahr verdeutlichte noch einmal den Sinn und die Notwendigkeit einer Sanierung, obwohl die bei dieser Gelegenheit wiederum vorgebrachten Argumente als etwas übertrieben erscheinen. Die sanitären Mängel und auch die baulichen Unzulänglichkeiten der Wohnlaubenbebauung stehen außer Zweifel. Doch pauschal von soziologischen, hygienischen, politischen und städtebaulichen Mißständen zu sprechen, erscheint bei dem Mangel an Grundlagenmaterial als etwas voreilig.[1]
Der erarbeitete Plan kam nicht zum Tragen, da die als Vorbedingung für alle Maßnahmen zu erstellende Kanalisation wieder nicht finanziert werden konnte.

Für die seit langem so sehnlichst erhoffte Kanalisation stand aus den Mitteln des Notstandsprogramms kein Geld zur Verfügung. Dafür stellte man wenigstens für die nicht minder dringliche Befestigung der Straßen in den ordnungsgemäß aufgeschlossenen Siedlungen die benötigten Gelder im Rahmen des Notstandsprogramms bereit. Das wichtigste Vorhaben bedeutete der Ausbau des Wilhelmsruher Dammes, der von 1952 bis 1953 durchgeführt wurde. In das gleiche Jahr fällt auch die Fertigstellung der Straße 150. Als nächste Phase war der Ausbau des Dannenwalder Weges, des Tornower Weges und des Hauptweges vorgesehen. Ursprünglich sollte der Straßenbau erst nach der Fertigstellung der Kanalisation erfolgen. Da in den nächsten Jahren nicht mit der Bewilligung der erforderlichen Mittel zu rechnen war, zog man den Ausbau der wichtigsten Straßen vor. Die Verkehrsverbindung zur Innenstadt erfuhr jetzt durch die Einrichtung der Buslinie A 21 zwischen Wilhelmsruher Damm und Fehrbelliner Platz eine erhebliche Verbesserung.

Die sonstigen Siedlungsstraßen, auch diejenigen der erschlossenen Siedlungen, blieben vorerst nur notdürftig befestigt. Die Stadt hatte vor dem Krieg die ihr aus den Aufschließungsverträgen erwachsenen Pflichten nicht wahrgenommen und mußte daraufhin erst einmal die Vermessung der Straßentrassen vornehmen. Diese Straßenbaumaßnahmen stellten somit eine erste Vorstufe zur Realisierung des Raumordnungsplanes dar.

2.4.2.4 Die neue Konzeption des Jahres 1954

Für zwei Jahre ruhten bedingt durch die Kanalisationsfrage die Planungsarbeiten, bis 1954 für Berlin einheitliche städtebauliche Richtlinien erarbeitet wurden. Sie gingen aus "von der Nachbarschaft als kleinster verkehrsbefriedeter Planungseinheit, für die man Schulstandorte sowohl der Grund- als auch der Oberschulen auswies. Das angewandte System ist ein organischer Aufbau, durch den die Kinder mit zunehmendem Alter und Wertigkeit der

---

[1] Aktenvermerk des Stadtplanungsamtes Reinickendorf vom 22. 4. 1952.

Schule stufenweise an den Straßenverkehr gewöhnt werden. Sie erreichen gefahrlos ihre Schule".[1]

Die neuen Vorschriften mit dem Schuleinzugsbereich als kleinster Planungseinheit machten eine Planungsänderung für Teile des Gebietes notwendig. Das Hauptaugenmerk richtete sich dabei zwangsläufig auf eine den neuen Vorstellungen gerecht werdende Ausweisung der Schulstandorte. Im Endausbau waren wie bei dem 1952 erstellten Raumordnungsplan drei Grundschulstandorte vorgesehen, von denen der am Eichhorster Weg zentral gelegene zusätzlich noch eine Oberschule Praktischen Zweiges (Hauptschule) aufnehmen sollte. Endgültig festgelegt hatte man bisher lediglich den Standort der Grundschule für den Bereich südlich des Wilhelmsruher Dammes, die auf dem Gelände der Kolonie "Grünstreifen" am Tornower Weg entstehen sollte. Zusätzlich zur Schule hatte das Bezirksamt auf dem gleichen Gelände eine Kindertagesstätte und eine Säuglingsfürsorge in die Planung aufgenommen.

Die bei der Freimachung des Geländes von Seiten der Pächter zu erwartenden Schwierigkeiten bereiteten bereits jetzt der Verwaltung Unbehagen. Eine mögliche Verlegung des Schulstandortes auf das stadteigene Areal am Nordgraben lehnte die Verwaltung kategorisch ab, da dieses Vorgehen die Sanierungspläne beeinträchtigen würde. Bei Beginn der Neuordnung des gesamten Gebietes mußten für die Umsetzungsaktion nutzbare unbebaute Flächen vorhanden sein, da ohne eine weitgehende Neuparzellierung des Gebietes eine durchgreifende Sanierung nicht zu verwirklichen wäre. Die zu kleinen Parzellen müßten zusammengelegt und danach neu aufgeteilt werden, was für eine Reihe der Pächter die Aufgabe ihres Pachtlandes bedeuten würde. Als Entschädigung war die Aussiedlung der Betroffenen auf bisherigen Ackerland geplant. Aus diesen zwingenden Gründen kam keine andere Lösung für die Wahl des Schulstandortes in Frage. Die Kolonie "Grünstreifen" war in jedem Fall zu räumen. Zudem war die Kolonie bisher als Kleingartenland ausgewiesen, daß von den Kleingärtnern widerrechtlich mit Wohnlauben bebaut worden war. Eine Sanktionierung des gesetzlich nicht abgedeckten Zustandes konnte nicht erfolgen.

Die Planungsvorstellungen des Senators für Bau- und Wohnungswesen waren eindeutig von der Idee der Nachbarschaft beeinflußt. Das von Clarence A. Perry bereits 1929 ersonnene Schema der "Neighbourhood-Units" nahm der CIAM (Congres Internationaux d'Architecture Moderne) 1930 in sein Programm auf.

Im Gegensatz zu Gebieten mit großstädtischer Bebauung mag in Bereichen mit Ein- oder kleinen Mehrfamilienhäusern die Nachbarschaftsvorstellung wegen des eher dörflichen oder zumindest kleinstädtischen Charakters durchaus geeignet sein. Die Beibehaltung dieser Grundvorstellung auch bei späteren Plänen mit verdichteter Bebauung erscheint dagegen als wenig sinnvoll.

Nach der unter erheblichen Schwierigkeiten erfolgten Räumung der Kolonie "Grünstreifen" begann der Bau der vorgesehenen Grundschule im Jahre 1955. Die Schule war als achtzehnklassige Grundschule mit dazugehörendem Sportplatz konzipiert. Die auf dem nördlichen Teil des Grundstücks geplanten Kindertagesstätte und Säuglingsfürsorge sollten zu einem späteren Zeitpunkt in Angriff genommen werden, da die Mittel für die Kindertagesstätte erst im nächsten Dreijahres-Investitions-Plan zur Verfügung standen.[2] 1957 konnten die Schüler ihre neue Schule einweihen. Kurz darauf begann die Errichtung der Kindertagesstätte und Säuglingsfürsorge, deren Bau sich als außerordentlich dringend erwies.

---

1) Aktenvermerk des Stadtplanungsamtes Reinickendorf vom 2. 6. 1954.
2) Schreiben des Stadtplanungsamtes Reinickendorf vom 14. 4. 1955 an das dortige Gesundheitsamt.

2.4.2.5 Die Initiative des Bau-Ausschusses der Bezirksverordnetenversammlung

1955 empfahl der Bau-Ausschuss die einstimmige Annahme eines Antrages der SPD in der Bezirksverordnetenversammlung, der die Neuordnung im Gebiet des Wilhelmsruher Dammes bezweckte und der sich dafür aussprach, daß seitens des Bezirksamtes jede Privatinitiative zur Neuordnung in diesem Gebiet unterstützt werden sollte.[1]

Dem Stadtplanungsamt kam der erneute Vorstoß der SPD-Fraktion in der Bezirksverordnetenversammlung gelegen. Damit erhielten die ersten eingeleiteten Maßnahmen und alle bisherigen Planungen wiederum die Zustimmung der Reinickendorfer Volksvertretung. Dieser Umstand bedeutete für die Stadtplanungsbehörde Rückenstärkung bei der Ausräumung der einer Gebietsneuordnung entgegenstehenden Schwierigkeiten.

Im Dezember 1954 wies das Stadtplanungsamt zum wiederholten Male die Baupolizei auf die ständige ungenehmigte Bautätigkeit in Wilhelmsruh hin, der in der jetzigen Situation endlich rigoros Einhalt zu gebieten sei. Bei der Vergabe von Baugenehmigungen seien die Richtlinien der Berliner Bauordnung so eng wie möglich auszulegen, da die wilde Bebauung des Kleingartengebietes die Sanierungsbemühungen der Behörde nur unnötig erschwere. Sollte die Überprüfung der genehmigten Bauten eine unzulässige Abweichung ergeben, sei der eine oder andere Abriß durchaus geboten, um die Kleingärtner auf die Rechtswidrigkeit ihrer Bebauung handfest hinzuweisen.[2]

Wiederholt machte das Stadtplanungsamt die Siedler darauf aufmerksam, daß sie durch die ohne Zustimmung des Tiefbau- oder Stadtplanungsamtes getätigten Käufe ihrer Pachtparzellen nicht gesetzlich geschützte Grundeigentümer wurden. Ohne Einholung der behördlichen Unbedenklichkeitserklärung galten diese Grundstückskäufe gesetzlich als nicht vollzogen.[3] Da Teilungen der Koloniegrundstücke von der Behörde versagt wurden, verfielen die Pächter auf eine neue Verfahrensweise. Sie gründeten eingetragene Vereine, die nunmehr die Grundstücke erwarben, während jedes Mitglied nur den seiner Parzellengröße entsprechenden Betrag zum Kauf zusteuerte.

Grundsätzlich wurde die Erhaltung Wilhelmsruhs als "Grüner Ortsteil" angestrebt mit einer vorwiegend aus kleinen Eigenheimen bestehenden Bebauung auf Eigentumsparzellen. Lediglich an zwei Stellen sollte vermittels mehrgeschossiger Bauten ein städtischer Akzent gesetzt werden.

Eine weitere Maßnahme bei den Sanierungsvorbereitungen stellte die Inangriffnahme der Verbreiterung der Straße "An der Nordbahn" dar. Die erforderlichen Mittel in Höhe von 12.100 DM waren im Haushalt 1955 angemeldet, konnten aber nicht eingesetzt werden, da der Erwerb eines für die Verbreiterung benötigten Grundstückes bisher an den überhöhten Forderungen des Grundstückseigentümers scheiterte. Als letzte Möglichkeit zur Durchführung der Baumaßnahme erwog das Stadtplanungsamt nach Fertigstellung des Bebauungsplanes die Enteignung, derer es schließlich nicht bedurfte, da man sich gütlich einigte.[4] Ebenso sollte der S-Bahnhof Wittenau (Nordbahn) einen südlichen Zugang zum Wil-

---

[1] Protokoll der außerordentlichen Sitzung der Bezirksverordnetenversammlung Reinickendorf vom 11. 5. 1955, Antrag Nr. 22 der SPD.
[2] Schreiben des Stadtplanungsamtes Reinickendorf vom 1. 12. 1954 an das Baupolizeiamt Reinickendorf.
[3] Unterlagen zu einer Bürgerschaftsversammlung (vermutlich 1953 - 1955), erstellt vom Stadtplanungsamt Reinickendorf.
[4] Schreiben des Tiefbauamtes Reinickendorf vom 27. 4. 1955 an den Senator für Bau- und Wohnungswesen, Abt. VII.

helmsruher Damm erhalten, um die Zugangswege für die Bewohner zu verkürzen.[1]

2.4.3 Der Richtplanentwurf von 1956 und die folgenden Änderungen

Die sich in der Wiederaufbauphase der fünfziger Jahre abzeichnende Baulandverknappung in Berlin (West) ließ eine Überarbeitung des Raumordnungsplanes für das Wilhelmsruher Gebiet geraten erscheinen. Im Februar 1956 legte das Stadtplanungsamt Reinickendorf einen Entwurf zu einem Richtplan Wilhelmsruh vor (Abb. 14). Dieser Richtplan stellte die Grundlage des neu zu entwickelnden Generalbebauungsplanes dar. Grundsätzlich handelte es sich vorerst nur um einen Plan zur Festigung der zukünftigen Straßenführungen, da zur Bebauungsplanung erst die Einholung eines gründlichen Bodengutachtens zur Voraussetzung gemacht wurde.[2]

Der Senator für Bau- und Wohnungswesen lehnte die vom Stadtplanungsamt vorgeschlagene Versetzung der in den Wilhelmsruher Damm einmündenden Nebenstraßen ab, die zu keinen Kreuzungen geführt hätte. Statt der im Ostteil des Gebietes geplanten Nord-Süd-Straße als Hauptzubringer zur neuen Straße Am Nordgraben sollte jetzt der Straßenzug Bahnsteg-Straße 121 mit einem leichten Bogen vorbei an dem projektierten S-Bahnhof am Nordgraben in die Straße Am Nordgraben münden. Die bisherige Nord-Süd-Achse Hauptweg - Tornower Weg wurde aufgegeben, da sie an der neuen Schule vorbeiführen würde, obwohl der Senat gerade dieser Verbindung große Bedeutung beimaß.[3] Diese Überlegungen fanden dann in einem modifizierten, am 22. 10. 1957 verabschiedeten, Richtplanentwurf ihren Niederschlag.

Bevor es zu den Veränderungen am Richtplanentwurf von 1956 kam, bezeugte die Gagfah (Gemeinnützige Aktiengesellschaft für Angestelltenheimstätten) ihr Interesse an dem Sanierungsvorhaben Wilhelmsruh und nahm mit dem Stadtplanungsamt Reinickendorf Kontakte auf.[4] Die Bestrebungen der Gagfah führten allerdings zu keinem Ergebnis, da die strittige Kanalisationsfrage weiterhin der Klärung harrte.

2.4.3.1 Die Vorarbeiten zur Neufassung des Planes von 1956

In Zusammenhang mit dem 1956 erarbeiteten Straßenplan stellte das Stadtplanungsamt einen Plan über die Art und den Grad der baulichen Nutzung dieses Gebietes auf. Wie bereits bei dem Plan aus dem Jahre 1952 sollte die Sanierung unter weitgehendster Schonung der bestehenden Parzellierung vorgenommen werden. Die generellen Unterschiede bestanden in der Ausbildung des Straßennetzes (in beiden Plänen bildeten die vorhandenen Hauptstraßen das Gerüst), wobei der Anlage der Wohnstraßen unterschiedliche Auffassungen zu Grunde lagen. Auch in der erstmals vorgenommenen Spezifizierung der Bauklassen gab es Unterschiede.

Im Bereich der Kleingartenkolonien "Heinze" und "Glückauf" war die Bauklasse IIa vorgesehen mit zwei bis drei Geschossen. Das gesamte übrige Gebiet, soweit es für Wohnbauten vorgesehen war, gehörte zur Bauklasse II. Endlich würden auch die ordnungsgemäß aufgeschlossenen Siedlungen die seit langem so heiß ersehnte Hochstufung erfahren. Die Bereiche an der Lübarser Straße, dort waren seit längerem schon Industriebetriebe ansässig,

---

1) Schreiben des Stadtplanungsamtes Reinickendorf vom 3. 2. 1956 an Herrn Zitzwitz ("Neue Zeit"). Ebenfalls bereits vorgesehen im Raumordnungsplan Wilhelmsruh vom Februar 1952.
2) Schreiben des Stadtplanungsamtes Reinickendorf vom 26. 11. 1956 an den Senator für Bau- und Wohnungswesen, Abt. II.
3) Schreiben des Senators für Bau- und Wohnungswesen, Abt. VII, vom 27. 6. 1956 an die Abteilung II des Senators für Bau- und Wohnungswesen.
4) Vermerk des Stadtplanungsamtes Reinickendorf vom 13. 3. 1956.

Legende zum Richtplan Wilhelmsruh

▭ Wohngebiet, Bauklasse II - abgeschlossene Parzellierung, erschlossenes Gebiet, bewohnt

▭ Wohngebiet, Bauklasse II - abgeschlossene Parzellierung, nicht erschlossenes Gebiet, bewohnt

▭ Wohngebiet, Bauklasse IIa - 3 Geschosse - Großflächen, z.Z. Pachtparzellen, nicht erschlossenes Gebiet, bewohnt

▭ Wohngebiet, Bauklasse IIa - 2 Geschosse - Großflächen, z.Z. Pachtparzellen, nicht erschlossenes Gebiet, bewohnt

▭ Wohngebiet, Bauklasse II - Großflächen, z.Z. Pachtparzellen, nicht erschlossenes Gebiet, bewohnt

▭ Wohngebiet, Bauklasse II - Großflächen, z.Z. landwirtschaftliche Nutzung, nicht erschlossenes Gebiet, nicht bewohnt

▭ Arbeitsgebiet, derzeitige Nutzung: Gewerbe und Industrie

▭ Arbeitsgebiet, derzeitige Nutzung: Kleingärten und Landwirtschaft

▭ Standorte für öffentl. Einrichtungen

▭ Standorte für kirchl. Einrichtungen

▭ Grünflächen, öffentl. und privat

▭ Grünflächen, Dauerkleingärten

Abb. 14 Entwurf zum Richtplan Wilhelmsruh des Stadtplanungsamtes Reinickendorf vom 3. 2. 56

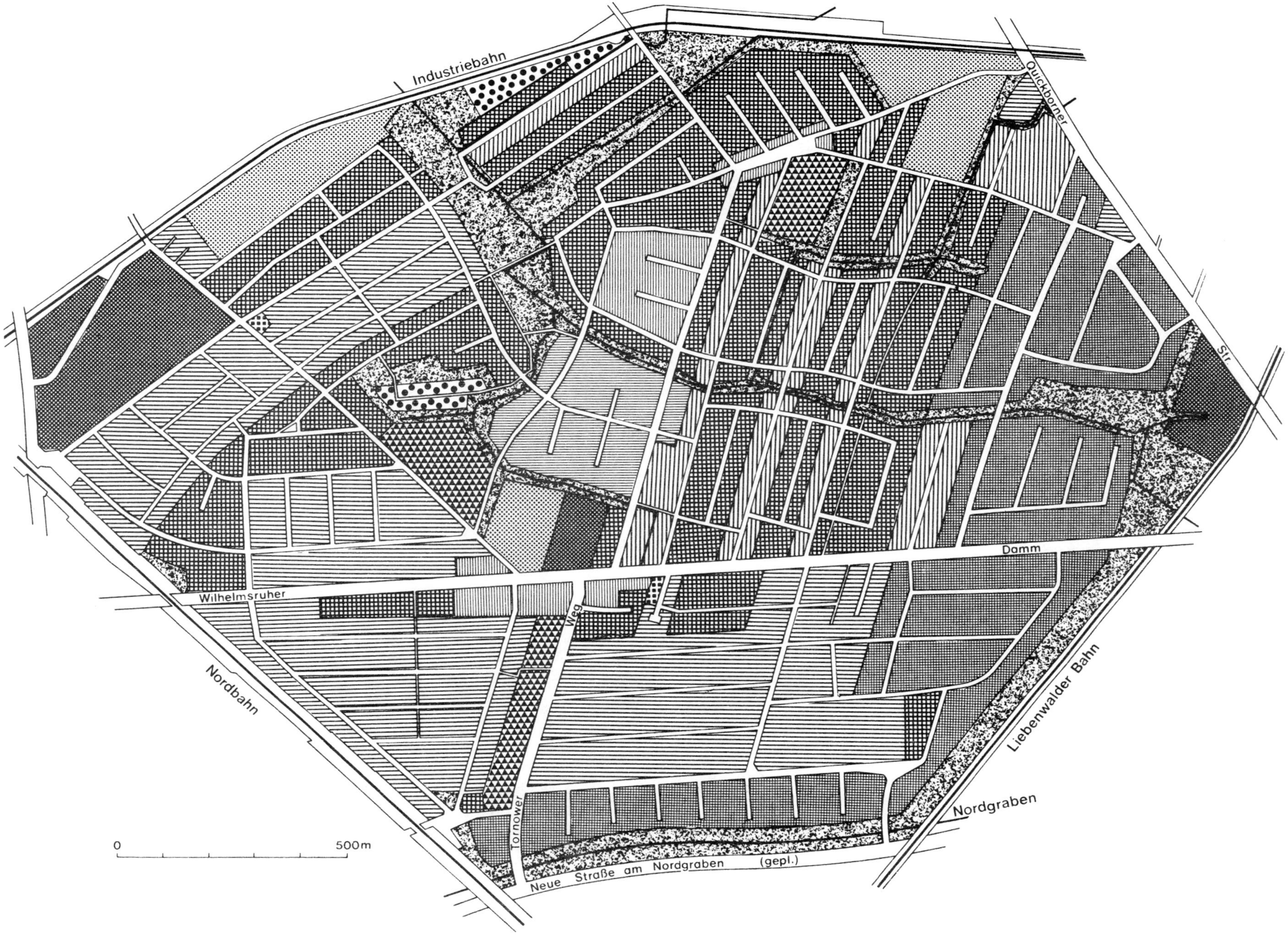

nördlich der Kolonie "Zur Pappel" und zwischen Rebhuhnweg und Quickborner Straße, sollten die Funktion von Arbeitsgebieten übernehmen, ohne daß man nach Industrie- oder Gewerbegebiet unterschied.

Die Grundlage dieses Baunutzungsplanes stellte eine Bevölkerungsberechnung dar, in der geplante Einwohnerzahl und zukünftige Nettoeinwohnerdichte in Relation zum Nettobauland und der vorhandenen Einwohnerzahl gebracht waren. In Zusammenhang mit der künftigen Bauklasseneinteilung ergaben sich innerhalb der Wohnblöcke teilweise erhebliche Bevölkerungsverschiebungen. Die aufgeschlossenen Siedlungen würden nur relativ geringfügige Steigerungen der Einwohnerzahl aufweisen, in den wild besiedelten Kolonien ergaben sich erheblich höhere Zuwachsraten. Den größten Anteil an der Bevölkerungsvergrößerung käme durch die auf bisherigem Ackerland geplanten Siedlungen. Betrug die Einwohnerzahl des Sanierungsgebietes bisher 9.340 Personen, so sollte sie nach vollzogener Sanierung auf 17.061 steigen.

2.4.3.2 Der Richtplan des Jahres 1957

Im Rahmen des Richtplanes aus dem Jahre 1956 hatte man keine Konzeption für die Bebauung entwickelt. Erst im Jahre 1957, nachdem auch das Straßennetz wieder einige Änderungen erfahren hatte, entstand ein Bebauungsvorschlag, der im großen und ganzen auf den 1956 erarbeiteten Baunutzungsvorstellungen basierte. Es überwogen ein- und zweigeschossige freistehende Einfamilienhäuser bzw. Reihenhäuser. Wie in den anderen Plänen vorgesehen, bildete eine drei-, vier- und siebengeschossige Bebauung zwischen Eichhorster Weg, Wilhelmsruher Damm und Hermsdorfer Weg einen kompakten, städtischen Bereich, der die Aufgabe eines Mittelpunktes übernehmen sollte. Gerade hier ergab sich eine umfangreiche Änderung der Straßenführung. Der Eichhorster Weg knickte kurz vor seiner Einmündung in den Wilhelmsruher Damm scharf nach Süden ab, um dann in einem rechten Winkel auf den Wilhelmsruher Damm zu treffen. Der Hermsdorfer Weg übernahm die Aufgabe der Nord-Süd-Verbindung innerhalb von Wilhelmsruh vom Rebhuhnweg über die Schorfheidestraße bis zur neuen Straße Am Nordgraben.

Dieser Bebauungsvorschlag nahm Rücksicht auf die vorhandene Bebauung der ordnungsgemäß aufgeschlossenen Gebiete, die fast vollständig zu erhalten war. Die Bebauung der Laubenkolonien sollte im Rahmen der geplanten Sanierung nach Möglichkeit Berücksichtigung finden. Der schlechte Baugrund, die häufig zu geringen Grundstücksgrößen und eine unzureichende Bauweise machten hier jedoch weitreichende Eingriffe notwendig. Denn gerade dieses Gebiet hatte die Sanierungsbestrebungen der Bezirksverordnetenversammlung ausgelöst und ohne eine durchgreifende Neuordnung würde der eigentliche Sinn des ganzen Vorhabens nicht den gewünschten Effekt zeitigen.

Ohne die vorherige Billigung der vom Stadtplanungsamt erarbeiteten Richtplanentwürfe durch die zuständigen Gremien des Bezirks wäre die Erstellung des Bebauungsvorschlages ohne jegliche Grundlage gewesen und hätte als Beschäftigungstherapie gelten können.[1]
Die endgültige Aufstellung des Richtplanes lag dann in den Händen der Santsverwaltung für Bau- und Wohnungswesen, die ihn zur Beschlußfassung dem Abgeordnetenhaus vorlegen mußte. Stimmte das Abgeordnetenhaus dem Richtplan zu, so stellte der nunmehrige Teil-

---

1) Laut Aktenvermerk des Stadtplanungsamtes Reinickendorf vom 16. 1. 1957 stimmten die Gremien dem 1956 vorgelegten Richtplanentwurf in der folgenden Reihenfolge zu:
1. Baudeputation am 10. 4. 1956, 2. Bezirksamtskollegium am 28. 5. 1956, 3. Ältestenrat der Bezirksverordnetenversammlung am 2. 10. 1956, 4. Bezirksverordnetenversammlung auf einer Sondersitzung am 17. 10. 1956, 5. FDP-Fraktion auf einer Rundfahrt durch Wilhelmsruh am 17. 11. 1956, 6. CDU-Fraktion auf der Fraktionssitzung am 26. 11. 1956, 7. SPD-Fraktion auf der Fraktionssitzung am 10. 12. 1956.

Generalbebauungsplan für die Art und das Maß der baulichen Nutzung, für die Verkehrserschließung und die öffentlichen Einrichtungen die Basis für die abschließende rechtliche Festsetzung von Teilgebieten durch die folgenden Bebauungsplanverfahren dar. Um nach der zu erwartenden Zustimmung des Abgeordnetenhauses sofort mit der Sanierungsdurchführung beginnen zu können, bereitete die Abteilung Stadtentwässerung des Senats die erforderlichen Unterlagen für die Kanalisierung des Gebietes vor.

Das Bezirksamt Reinickendorf stimmte in seiner Sitzung am 29. 1. 1957 dem vom Stadtplanungsamt aufgestellten Richtplanentwurf zu und befürwortete die vom Senator für Bau- und Wohnungswesen einzuleitenden Maßnahmen zur Verwirklichung des Projekts. Nachdem das Bezirksamt seine Zustimmung gegeben hatte, erkannte auch der Senator für Bau- und Wohnungswesen, Abt. II, den Entwurf an. Die bisher fehlende Zustimmung der Abt. VII (Tiefbau) wurde nach der vorgesehenen Abbohrung zur gründlichen Untersuchung der Grundwasser- und Baugrundverhältnisse zugesichert.[1]

Für die Abbohrung mußte das Wasserwirtschaftsamt die erforderlichen Mittel bereitstellen, da von den Grundeigentümern keine Beteiligung an den Kosten zu erwarten war. Anhand der zu erstellenden Nivellements, die vom Stadtplanungsamt Reinickendorf überprüft werden mußten, könnte das Wasserwirtschaftsamt dann nach erfolgter Abbohrung die notwendigen Höhenpläne und Schichtenpläne anfertigen.[2] Ohne diese vorherigen Untersuchungen war keine Entscheidung über die Beschaffenheit des Untergrundes im Detail (wobei eine Änderung der vorgesehenen Bebauung nach Art und Verteilung durchaus im Bereich des Möglichen lag) und den Umfang der Grundwasserabsenkungs- und Kanalisierungsarbeiten zu fällen. Deshalb bemühte sich das Bezirksamt ständig um die Bereitstellung der für die Bohrungen benötigten Mittel, deren Zuweisung eine Senatsvorlage ermöglichen sollte. Dabei wurde immer wieder betont, daß eine Realisierung des Richtplanes von den vorbereitenden wasserwirtschaftlichen Maßnahmen abhinge und eine Verzögerung nicht mehr zu verantworten sei.[3]

2.4.3.3 Die vorgesehene Müllaufschüttung

Für das Stadtplanungsamt Reinickendorf ergab sich zwischenzeitlich ein völlig anders gelagertes Problem. Die Berliner Stadtreinigung trat an den Bezirk mit der Aufforderung heran, für die Müllbeseitigung Gelände zur Aufschüttung des anfallenden Mülls auszuweisen. Mit großer Begeisterung kam das Bezirksamt dieser Aufforderung nicht nach. Freigegeben für Müllschüttungen wurde das Gelände zwischen Industriegraben und der Kolonie "Zur Pappel". Darüberhinaus schlug das Stadtplanungsamt vor, auf dem Gelände nördlich der Straße 150 zwischen Packereigraben und der Kolonie "Zur Pappel", auf dem Gelände nördlich der Kolonie "Roseneck" bis zur Industriebahn und auf dem Gelände der Niederbarnimer Eisenbahn AG ebenfalls Müllschüttungen anzulegen.[4] Bis auf das Gelände der Pappelwiesen wollte die Berliner Stadtreinigung kein weiteres Areal in Anspruch nehmen, da mit der Aufschüttung der Rathenowschen Wiesen in Lübars der Bedarf für die nächsten vier bis fünf Jahre gedeckt sei.

---

1) Aktenvermerk des Stadtplanungsamtes Reinickendorf vom 5. 2. 1957.
2) Aktenvermerk des Stadtplanungsamtes Reinickendorf vom 25. 1. 1957.
3) Schreiben des Stadtplanungsamtes Reinickendorf an den Senator für Bau- und Wohnungswesen, Abt. VII, vom 25. 2. 1957.
4) Vorbereitender Vermerk zur Zwiesprache in Wittenau - Nord des Stadtplanungsamtes Reinickendorf vom 18. 5. 1957.

Um der Müllaufschüttung noch eine positive Seite abzugewinnen, schlug das Bezirksamt eine hügelige Beschüttung vor, die nach dem Abschluß der Arbeiten zu begrünen sei und somit der Bevölkerung als Erholungsgebiet dienen könne. Diesem Vorschlag stimmte die Stadtreinigung zu. Ebenso wurde das Reinickendorfer Angebot angenommen, die Gebiete zwischen Wilhelmsruher Damm und Nordgraben unmittelbar westlich der Niederbarnimer Eisenbahn und das sumpfige Stück in dem Dreieck zwischen Industrie- und Niederbarnimer Eisenbahn als Müllschüttungsgelände in Betracht zu ziehen. Vor 1962 würde man jedoch kaum diese Areale beanspruchen.[1] Durch die Planung des Märkischen Viertels kamen diese Pläne jedoch nicht zur Ausführung.

2.4.3.4 Die Vorbereitung der Sanierung

Dieses Intermezzo konnte die Stadtplaner aber nicht von dem eigentlichen Ziel der nachdrücklichen Verfolgung der Sanierungspläne abbringen. Die Senatsverwaltung für Bau- und Wohnungswesen, Abt. II, wurde ständig gedrängt, bei der Abt. VII E des gleichen Hauses eine Beschleunigung der Vorarbeiten zu erreichen, um endlich die Sanierung in die Wege leiten zu können. Der Hinweis auf die öffentliche Meinung des Bezirks, die interessiert die Planungen und Verhandlungen verfolgte, sollte zur Beschleunigung der Vorbereitungen dienen.[2]

Die 1956 vom Statistischen Landesamt durchgeführte Wohnungserhebung bot die Gelegenheit, einen genauen Überblick der in Wilhelmsruh herrschenden Wohnverhältnisse untergliedert nach den statistischen Blöcken zu erhalten. Deshalb veranlaßte das Stadtplanungsamt den Bezirksbürgermeister Dünnebacke beim Innensenator, dem das Statistische Landesamt untersteht, detaillierte Auszüge aus der Wohnungserhebung zur Vervollständigung der Planungsunterlagen zu erbitten.[3] Auf der Grundlage dieser Daten konnte dann 1959 eine ausführliche Untersuchung vorgenommen werden, deren Ergebnis die "Sozialgeographischen Karten von Wilhelmsruh" darstellten.[4]

In die Sanierungsvorbereitungen hinein platzte der Senator für Wirtschaft und Kredit mit einer Anfrage der Deutschen Bauernsiedlung GmbH an den Senator für Bau- und Wohnungswesen. Die Deutsche Bauernsiedlung GmbH bemühte sich um die Förderung von Eingliederungsmaßnahmen für heimatvertriebene Landwirte und beabsichtigte zwischen Quickborner Straße und Wilhelmsruher Damm ein ca. 4 ha großes Grundstück zur Anlage von zwei oder drei Gartenbaubetrieben zu erwerben.[5] Unter Hinweis auf die bevorstehende Festlegung des Teil-Generalbebauungsplanes, der für diesen Bereich eine aufgelockerte Wohnbebauung vorsah, mußte der Senator für Bau- und Wohnungswesen dieses Ersuchen ablehnen. Bei der Angabe genauerer Daten sagte er jedoch eine Prüfung der Ansiedlungsmöglichkeiten auf einem anderen geeigneten Areal zu, was schließlich zur Niederlassung der Gärtner auf Lübarser Gebiet führte.[6]

---

1) Aktenvermerk des Stadtplanungsamtes Reinickendorf vom 24. 9. 1957 über eine Besprechung mit der Berliner Stadtreinigung.
2) Schreiben des Stadtplanungsamtes Reinickendorf vom 26. 6. 1957 an den Senator für Bau- und Wohnungswesen, Abt. II C.
3) Entwurf eines Schreibens des Bezirksbürgermeisters Dünnebacke an den Innensenator vom 7. 9. 1957.
4) GRATZ, H.J., 1959
5) Schreiben des Senators für Wirtschaft und Kredit vom 7. 10. 1957 an den Senator für Bau- und Wohnungswesen.
6) Schreiben des Senators für Bau- und Wohnungswesen an den Senator für Wirtschaft und Kredit vom 23. 10. 1957.

Die Abteilung VII E des Senators für Bau- und Wohnungswesen hatte mittlerweile die Senatsvorlage für die Beantragung der zur Abbohrung des Geländes notwendigen Mittel erstellt. Für das Haushaltsjahr 1957/58 konnte der Senator für Finanzen nicht mehr die erforderlichen 50.000 DM außerplanmäßig bewilligen, sagte aber die Aufnahme dieser Summe in den Haushalt 1958/59 zu, so daß die Arbeiten frühestens im April 1958 aufgenommen werden konnten.[1]

Die nunmehr für Anfang 1958 in Aussicht gestellte Bohrung veranlaßte das Stadtplanungsamt Reinickendorf, bei der Baupolizei mit der Bitte vorstellig zu werden, bei der Bearbeitung von neuen Bauanträgen für den Bereich Wilhelmsruh besonders strenge Maßstäbe anzulegen. Um das Maß wahrscheinlicher Entschädigungen so niedrig wie möglich zu halten, empfahl man lediglich Sommer- bzw. Kleingartenlauben mit einer Grundfläche von maximal 15 m^2 zuzulassen.[2] Die bisher erfolgte wilde Bautätigkeit würde die Sanierungsbestrebungen des Senats und des Bezirksamts ohnehin genug erschweren. Man empfahl, wie auch in früheren Jahren schon des öfteren geschehen, mit scharfen Maßnahmen gegen ungenehmigte Bauten vorzugehen. Der Erfolg der Baupolizei in den vergangenen Jahren ist somit nicht hoch anzusetzen, wie die vorhandene Bebauung deutlich zeigte.

Bei der Durchführung der Sanierungsmaßnahmen müssen eine ganze Reihe von Pächtern und Parzellenbesitzern ihre Grundstücke räumen. Um ihnen die Möglichkeit des Bleibens zu geben, sah sich das Bezirksamt gezwungen, bereits vor dem Anlaufen der Sanierungsarbeiten über ausreichend Vorratsgelände zu verfügen. Vor allem sollte es sich dabei um bisher unbebautes Gelände handeln, das dann rechtzeitig einem Bauträger mit den dem Verwendungszweck entsprechenden Auflagen zu überlassen sei. Nur auf diesem Wege konnte eine stufenweise Sanierung der Notwohnquartiere erreicht werden. Deshalb bemühte sich das Grundstücksamt mit verkaufswilligen Grundeigentümern in Verhandlungen zu treten. Das Grundstücksamt begann systematisch mit dem Erwerb von Vorratsflächen zu relativ günstigen Preisen, so daß bei den in späteren Jahren durch den Sanierungsträger getätigten Grundstückskäufen zu höheren Preisen das Bezirksamt über preiswerte Austauschflächen für die Infrastruktureinrichtungen verfügte.

2.4.3.5 Die Schwierigkeiten bei der Verkehrsplanung

Obwohl die ersten beiden Versionen des Richtplanentwurfes aus dem Jahre 1956 bereits die Zustimmung der Abt. II des Senators für Bau- und Wohnungswesen gefunden hatten, erklärte sich plötzlich im Jahre 1958 die Abt. VII C nicht mehr mit den vorgelegten Plänen einverstanden. Ihr ging es vor allem um eine Reihe von Verkehrsproblemen, die ihrer Ansicht nach unzureichend gelöst waren. Nachdrücklich machte sie darauf aufmerksam, daß trotz ihrer gegenteiligen Meinung eine Reihe von Straßen direkte Kreuzungen mit dem Wilhelmsruher Damm aufwiesen, die sie keinesfalls befürworten könnten. Der vom Stadtplanungsamt Reinickendorf vertretenen Meinung, die im Osten des Gebiets ursprünglich geplante Anbindung an die projektierte Straße Am Nordgraben sei in verkehrstechnischer Hinsicht entbehrlich, wurde entschieden widersprochen. Die Abt. VII C bestand energisch auf der Herstellung dieser Verbindung, die allerdings später in dem Richtplanentwurf von Düttmann, Müller und Heinrichs wegen der 1961 erfolgten Sperrung der Grenze nach Ost-Berlin ent-

---

1) Vermerk des Senators für Bau- und Wohnungswesen, Abt. VII E, vom 1. 6. 1959.
2) Schreiben des Stadtplanungsamtes Reinickendorf an die Baupolizei vom 18. 11. 1957.

fiel. Auch im Südteil des Sanierungsgebietes vorgesehene Erschließungsstraßen riefen das Mißfallen der Abt. VII C hervor. Die vorgesehene Breite von 7 m wurde als ungenügend und nicht den Vorschriften für öffentliche Straßen im Rechtssinne entsprechend bezeichnet. Vor dem endgültigen Ausbau der Straßen sollte man die Ergebnisse der Boden- und Grundwasseruntersuchungen abwarten, um somit eventuell auftretende Umplanungen und Neubauten zu vermeiden, die zu einer erheblichen Verteuerung der Sanierungsmaßnahmen führen würden.[1]

Da der verwaltungsinterne Streit sich vorwiegend auf die Straßenplanung des Gebietes südlich des Wilhelmsruher Dammes bezog, konnten für das Siedlungsgelände der "Genossenschaft zur Beschaffung von Siedlungsgeländen" die ersten Mittel für den Straßenbau beantragt werden, die dann in den Etat 1960 aufgenommen werden sollten. Bis zum Beginn der Straßenbauarbeiten würden dann auch die Ergebnisse der Grundwasser- und Bodenuntersuchung vorliegen, so daß von Seiten der Tiefbauverwaltung keine Einwendungen mehr gegen die Baumaßnahmen zu erwarten waren. In Zusammenhang mit dem Straßenbau wollte man auch die von der Siedlung "Neue Zeit" geforderte Verbindung zwischen den Straßen 194 und 123 berücksichtigen.[2]

Das anstehende Bebauungsplanverfahren interessierte selbstverständlich auch die Bewohner der bereits vor dem Krieg aufgeschlossenen Siedlungen. Vor allem die Siedler der "Neuen Zeit" hofften, endlich das 1939 wegen des Kriegsbeginns eingestellte und 1949 neu beantragte Verfahren zur Festsetzung der Straßen- und Baufluchtlinien zum Abschluß bringen zu können. Den Siedlern war jedoch nicht bekannt, daß mit dem Inkrafttreten des Planungsgesetzes im Jahre 1949 die schwebenden Fluchtlinienverfahren durch Bebauungsplanverfahren abgelöst wurden. Dem Stadtplanungsamt Reinickendorf erschien es sinnvoll, das Bebauungsplanverfahren erst mit der Verabschiedung durch das Abgeordnetenhaus wieder aufzunehmen.

Der Versuch einiger Siedler in diesem als Allgemeines Wohngebiet ausgewiesenen Bereich entgegen den Bestimmungen des Aufschließungsvertrages nicht zur unmittelbaren Versorgung dienende Gewerbebetriebe einzurichten, ließ die Stadtplaner von ihrem Vorhaben abrücken. Nunmehr wollte man das Bebauungsplanverfahren noch vor der abschließenden Beratung des Richtplanes im Abgeordnetenhaus einleiten. Obwohl die betreffenden Gebiete auch im Richtplan als Wohngebiete ausgewiesen waren, wäre mit dieser rechtlichen Festlegung den Siedlern die trotz allem auf ihnen lastende Ungewißheit genommen. Ein Abschluß des Verfahrens war allerdings erst nach der Auswertung des Boden- und Grundwassergutachtens zu erwarten.[3]

2.4.3.6 Die dritte Fassung des Richtplanentwurfs von 1956

Am 13. 3. 1958 hatte das Stadtplanungsamt Reinickendorf die Arbeiten an der dritten Fassung des Richtplanentwurfs von 1956 beendet. Eine Reihe von größeren Änderungen ergaben sich vor allem bei der Gestaltung des Wohnstraßennetzes. Ebenso entfiel nun endgültig der östliche Anschluß an die projektierte Straße Am Nordgraben, da die westliche Anschlußstraße in der Verlängerung der Straße 121 als ausreichend für die Ableitung des Verkehrs angesehen wurde. Neben der bisherigen Nutzung ist die zukünftige Nutzung angegeben, wobei innerhalb der Wohngebiete noch eine Differenzierung nach der geplanten Geschoßflächenzahl vorgenommen wurde. Die höchste GFZ von 0,6 war dabei wie in den älteren

---

1) Schreiben der Abt. VII C des Senators für Bau- und Wohnungswesen an die Abt. II des Senators für Bau- und Wohnungswesen vom 4. 2. 1958.
2) Stellungnahme des Stadtplanungsamtes Reinickendorf vom 8. 2. 1958 zum Ausbau der Straßen 127 und 123.
3) Aktenvermerk des Stadtplanungsamtes Reinickendorf vom 6. 3. 1958.

Entwürfen auf dem Gelände der Kleingartenkolonien "Fliederbusch", "Heinze" und "Glückauf" vorgesehen. Auch die Standorte für die öffentlichen Einrichtungen sind im wesentlichen geblieben, nur der Schulstandort im östlichen Teil des Sanierungsgebietes ist etwas weiter südlich zum Wilhelmsruher Damm hin verlegt worden. Die aufgeschlossenen Siedlungen behalten auch in diesem Plan wieder ihren alten Umfang bei. Entscheidend für das Maß der neuen Wohnbebauung ist im Gegensatz zu den älteren Entwürfen nicht mehr die Bauklasseneinteilung sondern die Geschoßflächenzahl, die nur über das Verhältnis von Gesamtgrundstücksfläche und bebaubare Fläche aber nicht über die Anzahl der zulässigen Geschosse eine Aussage trifft.

Die Überarbeitung des Richtplanentwurfs mit der 3. Fassung als Ergebnis kann als verfrüht angesehen werden, da das Boden- und Grundwassergutachten, von dem die abschließende Entscheidung der Abteilung VII des Senators für Bau- und Wohnungswesen und vor allem die Beschlußfassung im Abgeordnetenhaus abhingen, noch nicht vorlag. Offensichtlich befand sich das Bezirksamt in einem gewissen Zugzwang unter anderem gegenüber der Öffentlichkeit, die nach jahrelangen Vorbereitungen endlich den Beginn der angekündigten Maßnahmen sehen wollte.

Einen ersten Schritt auf diesem Wege bildete die Entscheidung des Reinickendorfer Bezirksamtskollegiums, der von der Berliner Stadtentwässerung vorgeschlagenen Trassenführung des Schmutzwasser-Vorflutkanals zuzustimmen. Im Straßenland des Eichhorster Weges, des Wittenauer Weges, der Bundesstraße 96 und des Zehntwerder Weges war der Bau des Vorflutkanals geplant. Die ersten drei Straßen sollen teilweise neue Straßenführungen erhalten, für die noch Privatland erworben werden mußte.[1]

2.4.4 Die Abbohrung des Geländes und die Planungsänderungen

Im Juli 1958 begannen die vom Senator für Bau- und Wohnungswesen beauftragten drei Firmen die Abbohrung des Wilhelmsruher Gebietes und beendeten ihre Arbeit im darauffolgenden Monat. Nach dem Abschluß der Bohrarbeiten erfolgte das Höhennivellement des Bohrnetzes in den Monaten September und Oktober des gleichen Jahres. Damit waren die Vorbedingungen für die Auswertung der Untersuchungen geschaffen, die in der Zeit von November 1958 bis April 1959 in Form von 39 Schnitten durchgeführt wurde. Aus den nunmehr vorliegenden Unterlagen erstellte die Abteilung VII E vier Karten, eine steuerte das Vermessungsamt Reinickendorf bei (Höhenlinienplan). Die Karten beinhalten folgende Thematik:
1. Lageplan des Bohrnetzes,
2. Grundwasserhöhenlinienplan,
3. Grundwasserschichtenplan (Abb. 15),
4. Baugrundplan (Abb. 16).[2]

Auf Grund der jetzt vorliegenden Unterlagen stellte sich die Undurchführbarkeit der bisher erarbeiteten Richtpläne heraus. Die Planung mußte nun völlig neu den bekannten Untergrundverhältnissen angepaßt werden. Jetzt war auch die Berliner Stadtentwässerung bereit, die Arbeit an dem endgültigen Entwurf zur wasserwirtschaftlichen Sanierung des Gebietes in Angriff zu nehmen. Als wichtigste Maßnahme wurde dabei die Absenkung des Grundwasserspiegels auf ca. 1,75 m unter Geländekante vorgesehen. Unberührt von den Untersuchungsergebnissen blieben lediglich die Straßenbauprojekte des Wittenauer Weges, des nördlichen Eichhorster Weges, der Lübarser Straße und der Bundesstraße 96. Ungültig wur-

---

1) Protokoll der Sitzung des Bezirksamtskollegiums Reinickendorf vom 12. 5. 1958.
2) Vermerk der Abt. VII E des Senators für Bau- und Wohnungswesen vom 1. 6. 1959.

Abb. 15 Wilhelmsruh, Grundwasserschichtenplan

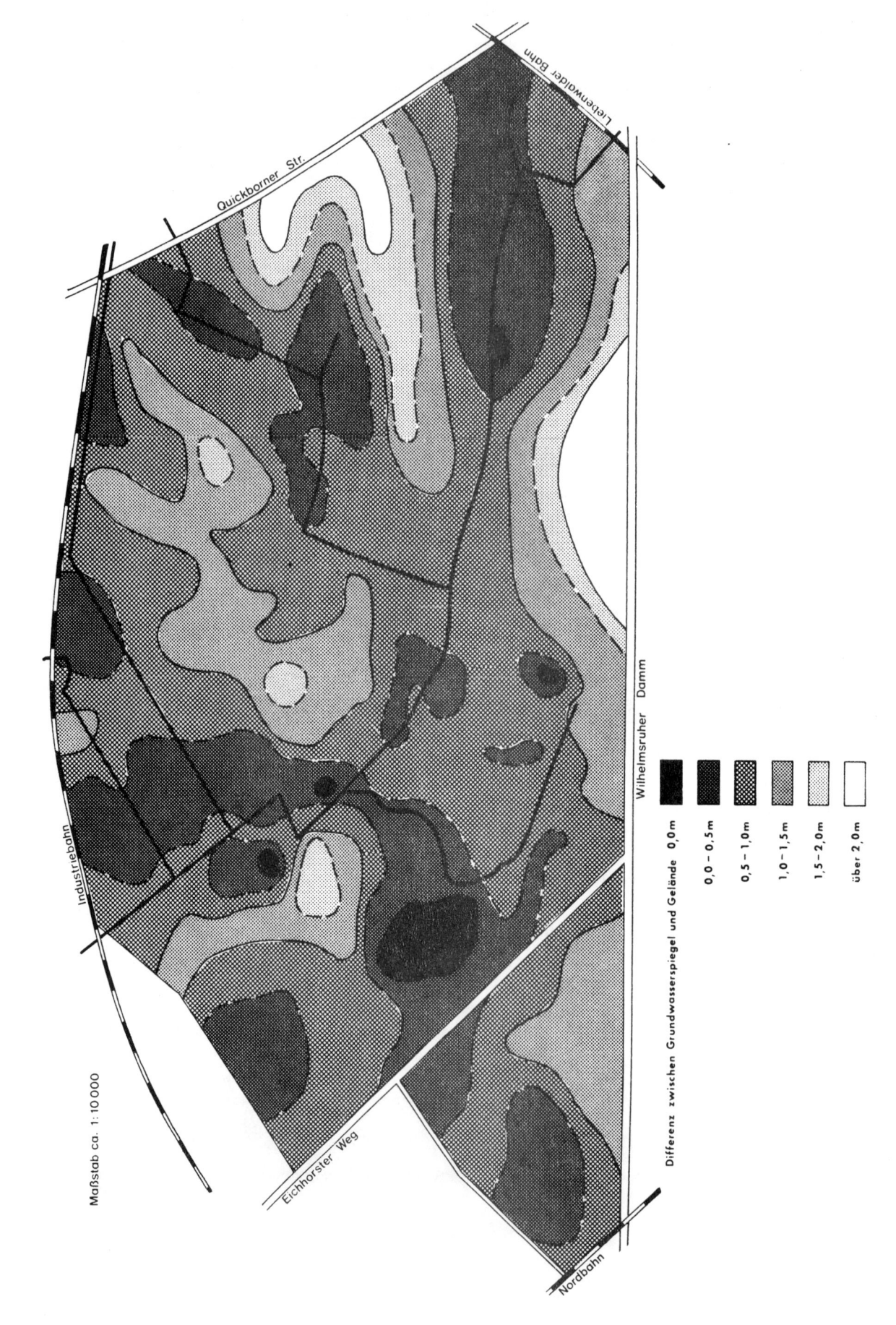

Maßstab ca. 1:10 000

Differenz zwischen Grundwasserspiegel und Gelände 0,0 m
0,0 – 0,5 m
0,5 – 1,0 m
1,0 – 1,5 m
1,5 – 2,0 m
über 2,0 m

Abb. 16

WILHELMSRUH Zonen der Bebaubarkeit nach den Unterlagen des Stadtplanungsamtes Reinickendorf 1959

Maßstab 1:10 000

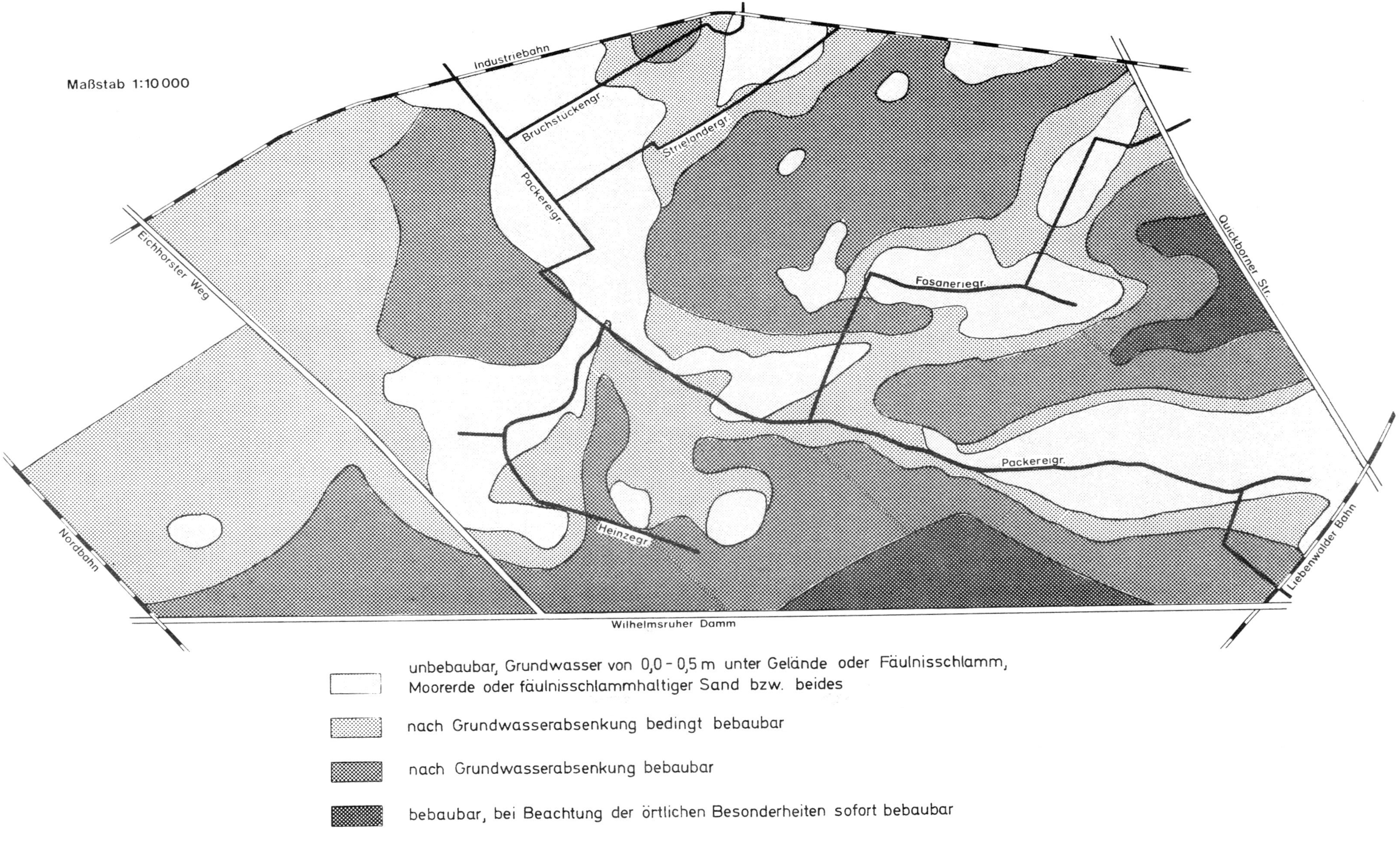

Industriebahn
Bruchstuckengr.
Strielandergr.
Packereigr.
Eichhorster Weg
Fasaneriegr.
Quickborner Str.
Packereigr.
Heinzegr.
Nordbahn
Liebenwalder Bahn
Wilhelmsruher Damm
unbebaubar, Grundwasser von 0,0 - 0,5 m unter Gelände oder Fäulnisschlamm, Moorerde oder fäulnisschlammhaltiger Sand bzw. beides
nach Grundwasserabsenkung bedingt bebaubar
nach Grundwasserabsenkung bebaubar
bebaubar, bei Beachtung der örtlichen Besonderheiten sofort bebaubar

den dagegen alle nach dem 1. 6. 1956 projektierten Fluchtlinien, da sie wegen der veränderten Verhältnisse nicht mehr einzuhalten waren.[1]

2.4.4.1 Die Planungen nach dem Abbohrergebnis

Daß ihre bisher geleistete Arbeit umsonst gewesen war, entmutigte die Stadtplaner in Reinickendorf keineswegs. Hatten sie sich bisher doch auf mehr oder weniger unbekanntem Boden bewegt, jederzeit gegenwärtig um die Früchte ihrer Arbeit gebracht zu werden (was tatsächlich geschah), besaßen sie jetzt mit dem vorhandenen Material wichtige Unterlagen für ihre weitere Arbeit. Um nicht nur im Bereich des Baugrundes durch Untersuchungen gegen unliebsame Überraschungen gewappnet zu sein, begann im Stadtplanungsamt ein Mitarbeiter mit der Erarbeitung "Sozialgeographischer Karten" für das Sanierungsgebiet. Ursprünglich hatte man 13 Themen vorgesehen, die dann auf 12 reduziert wurden (das Thema "Wahlergebnisse" entfiel). Damit wollte man eine sachliche Argumentationsbasis schaffen, die sich nicht allein auf den schlechten Baugrund oder die fehlende Kanalisation als Begründung für die Sanierung stützte.[2]

Eine der wichtigsten Maßnahmen stellte die Mittelbeschaffung für die Kanalisation und Grundwasserabsenkung dar. Da von der Beantragung bis zur Ausweisung im Haushalt mindestens ein bis zwei Jahre verstreichen, mußte man von der 1958 bzw. 1959 zu erfolgenden Anforderung die Bereitstellung etwa zwischen 1959 und 1961 erwarten. In der Zwischenzeit hatte dann die Reinickendorfer Stadtplanung die Möglichkeit, einen neuen Richtplanentwurf zu erarbeiten, der den veränderten Gegebenheiten Rechnung trug.

Im Mai 1959 lagen dann endlich die ausgewerteten Ergebnisse der Abbohrung in Wilhelmsruh vor. 296 Bohrungen hatte man ausgeführt, von denen 12 bis in eine Tiefe von 18 m gingen. Die anfallenden Kosten für die Entwässerung würden nach Ansicht der beteiligten Stellen so hoch zu veranschlagen sein, daß am zweckmäßigsten die Leitung des Projekts aus der Bezirksebene herausgenommen und auf die Senatsebene übertragen werden sollte. Als günstigstes Verfahren sahen Wasserwirtschaftsamt, Stadtentwässerung und Stadtplanungsamt Reinickendorf die Entwässerung mit Hilfe von Sammelbecken und kleinen Pumpwerken an, wodurch eine Senkung des Grundwasserspiegels um 1 - 1,5 m zu erreichen wäre. Betroffen würde von diesen Maßnahmen vor allem das Gelände nördlich des Wilhelmsruher Dammes. Der neue mehrgeschossige Wohnbereich würde dann nicht mehr in dem Gebiet Wilhelmsruher Damm/Eichhorster Weg liegen, sondern sich weiter nach Osten hin zum Dreieck Wilhelmsruher Damm/Quickborner Straße verschieben.

Mit der Fertigstellung des neuen Richtplanentwurfes, dessen Bearbeitung weiterhin beim Stadtplanungsamt Reinickendorf lag, konnte noch bis zum November 1959 gerechnet werden. Nach Abschluß der wasserwirtschaftlichen Maßnahmen und der Billigung des Richtplanes durch den Senator für Bau- und Wohnungswesen und das Abgeordnetenhaus könnte dann mit der Erschließung der unbebauten Gebiete begonnen werden, die den Siedlern zur Umsetzung anzubieten seien. Zur Vermeidung größerer Schwierigkeiten, die in der Verwaltung auch jetzt schon befürchtet wurden, sollte die Schwarzbautätigkeit schärfstens überwacht und rigoros unterbunden werden.[3]

---

1) Schreiben des Stadtplanungsamtes Reinickendorf vom 6. 7. 1959 an das Vermessungsamt Reinickendorf.
2) Gratz: 1959
3) Bericht des Stadtplanungsamtes Reinickendorf über eine Besprechung beim Senator für Bau- und Wohnungswesen, Abt. VII E, die Abbohrungsergebnisse betreffend, vom 27. 4. 1959.

Um nach der notwendigen Zustimmung zum Richtplanentwurf unverzüglich mit der Sanierung beginnen zu können, erstellte das Stadtplanungsamt einen Zeitplan und eine Auflistung der erforderlichen Unterlagen. Anzufertigen waren ein Besitzplan, ein Differenzplan (Schichtenlinien) und eine Baugrundkarte, die als Grundlagen für die Erarbeitung des neuen Richtplanentwurfs dienten. In den Erläuterungen zum Richtplankonzept mußten dann Angaben über die Zahl der geplanten Wohnungen und die voraussichtlichen Kosten aller Sanierungsmaßnahmen enthalten sein.

Nach der Zustimmung von Baudeputation und Bezirksverordnetenversammlung waren diese Unterlagen dann den Abt. II und VII des Senators für Bau- und Wohnungswesen zuzuleiten, die sie nach einer eingehenden Prüfung und eventuell erforderlichen Änderungen dem Abgeordnetenhaus zur Beschlußfassung vorlegen würden.

Maßnahmen	Kosten in DM
Grundwasserabsenkung	5.100.000
Kanalisation (Anschluß an Pumpwerk)	4.350.000
Straßenbau einschl. Versorgung	10.000.000
Geländeankauf für öffentlichen Bedarf ca. 220.000 m^2	500.000
Zwölfklassige Grundschule mit acht Klassen OPZ	2.500.000
Leistungssportplatz	200.000
Zwei Kindertagesstätten mit je 100 Plätzen	700.000
Alterswohnheim mit 100 Plätzen	1.000.000
Clubhaus, Bücherei, Ambulatorium	2.000.000
Grünanlagen ca. 100.000 m^2 zu 6,50 DM/m^2	650.000
INSGESAMT	27.000.000

Tab. 1: Sanierungskosten der öffentlichen Einrichtungen 1959[1]

Bis zur Genehmigung wollte man neben der bereits angesprochenen strengen Überwachung der Bautätigkeit eine Aufklärungskampagne starten, um die Betroffenen und auch die übrige Bevölkerung von der Notwendigkeit der Maßnahmen zu überzeugen. Nicht nur die Verwaltung sollte diese Öffentlichkeitsarbeit leisten, sondern auch die Parteien waren angesprochen, die Bürger mit den Zielen der Neuordnung vertraut zu machen. Überschlagsweise rechnete das Stadtplanungsamt die für die öffentlichen Ordnungsmaßnahmen erforderlichen Mittel durch (Tab. 2).

Dieser Kostenvoranschlag stellte den Stand von 1959 dar. Voraussichtliche Kostensteigerungen fanden in der Aufstellung allerdings keine Berücksichtigung. Trotz der längerfristigen Finanzierung war die Aufbringung der Mittel vom Bezirk allein nicht zu leisten. Deshalb versuchte man über die Ausweisung des Sanierungsvorhabens als Demonstrativprogramm Bundesmittel zu erhalten, die auch zugesagt wurden.

2.4.5   Die "Sozialgeographischen Karten von Wilhelmsruh"

Die bereits angekündigten "Sozialgeographischen Karten von Wilhelmsruh" hatte das Stadtplanungsamt Reinickendorf im Januar 1959 vorgelegt (GRATZ, H.J., 1959). Da die Beschaffung geeigneter Daten sich als außerordentlich schwierig erwies, griff man auf Son-

---

[1] Stadtplanungsamt Reinickendorf vom 30. 6. 1959: Zeitplan für die Arbeiten zur Vorlage des Richtplanes beim Senator für Bau- und Wohnungswesen, Abt. II und VII.

derauswertungen der Wohnungszählung 1956 durch das Statistische Landesamt und der ortshygienischen Aufnahme des Gesundheitsamtes zurück. Man konnte davon ausgehen (da für die folgenden zwei Jahre keine Angaben zur Verfügung standen), daß sich im Untersuchungsgebiet keine grundlegenden Änderungen abgespielt hatten.

Die zwölf Teiluntersuchungen sind in drei Komplexe gegliedert, von denen der erste die Bevölkerungsstruktur, der zweite Art und Nutzung sowie Zustand der Gebäude und der dritte die hygienischen Verhältnisse umfassen.[1] Die Auswertung der Zahlen erfolgte auf der Basis der 42 in Wilhelmsruh vorhandenen Wohnblöcke.

Die "Sozialgeographischen Karten von Wilhelmsruh" boten jetzt die schon lange angestrebte Untermauerung der Sanierungspläne durch ein Gutachten. Vergleicht man die bisher als Begründung für eine Sanierung gebotenen spärlichen Fakten mit dieser Untersuchung, läßt sich deutlich die Zielrichtung des Gutachtens erkennen. Anhand einiger ausgewählter Themenkreise wird die zweifelsohne vorhandene Sanierungsbedürftigkeit des Gebietes nachgewiesen. Für ein umfassendes Gutachten, das weitaus zweckmäßiger von einer neutralen Stelle im Auftrage des Senats hätte verfaßt werden sollen, standen mit Sicherheit die notwendigen Mittel nicht zur Verfügung.

Außerdem begann sich erst im darauffolgenden Jahrzehnt in verstärktem Maße die Grundlagenforschung als Vorbereitung derartiger Projekte durchzusetzen. Um dem anspruchsvollen Titel "Sozialgeographische Karten" gerecht zu werden, hätte noch eine Anzahl weiterer Kriterien für das Gutachten herangezogen werden müssen (siehe WINZ, H., 1950). Immerhin ist es als lobenswerter Versuch zu betrachten, sich über den Sinn eines Vorhabens Gedanken zu machen und auch bestehende Strukturen unter die Lupe zu nehmen. Allerdings müßte eine solche Arbeit auch Hinweise über die Art des einzuschlagenden Weges, z.B. der Verbesserung der Bevölkerungsstruktur, geben. Da dies in der vorliegenden Arbeit nicht der Fall war, kann die Untersuchung nur als ein erster Ansatz auf dem Wege der Grundlagenforschung betrachtet werden. Zudem ist nicht sichtbar, inwieweit die Ergebnisse dieses Werkes Eingang in die Planung gefunden haben.

2.4.6 Der dritte Richtplanentwurf und die Planungsdiskussion bis 1962

2.4.6.1 Der dritte Richtplanentwurf von 1959

Aufgrund der Abbohrungsergebnisse konnte die bisherige Planung nicht beibehalten werden. So ergaben sich im Gebiet nördlich des Wilhelmsruher Dammes Differenzen zwischen Grundwasserspiegel und Geländeoberkante von 0 m bis maximal 2 m. An einigen Stellen tritt das Grundwasser an die Oberfläche, während es sonst vorwiegend zwischen 0,5 m und 1 m Tiefe zu finden ist. Nur in einem kleinen Bereich an der Quickborner Straße und im südlichen Teil der Kolonien "Wurstmacher", "Bruseberg", "Tasche", "Seeger", "Krömker", "Ruhtz" und "Kindermann" sinkt das Grundwasser bis auf 2 m unter die Oberfläche ab.

Neben der Grundwasserkarte ermöglichen die Bohrungen die Herstellung einer geologischen Karte, die ebenfalls eine unerläßliche Grundlage für die neuen Planungen darstellte. Im Untersuchungsgebiet finden sich vorwiegend Geschiebelehm und -mergel, die häufig von Sanden überdeckt sind. Diese Lehm- und Mergelschichten sind es auch, die als Wasserstauer auftreten und den hohen Grundwasserspiegel sowie das Schichtenwasser hervorrufen. Im östlichen Teil der Siedlung "Neue Zeit" im Bereich von Packerei- und Strieländergraben sowie

---

[1] Die Bevölkerungsstruktur für 1956 ist im Kapitel 5 behandelt.
Art, Nutzung und Zustand der Gebäude sind im Kapitel 3.4.6.6 enthalten.

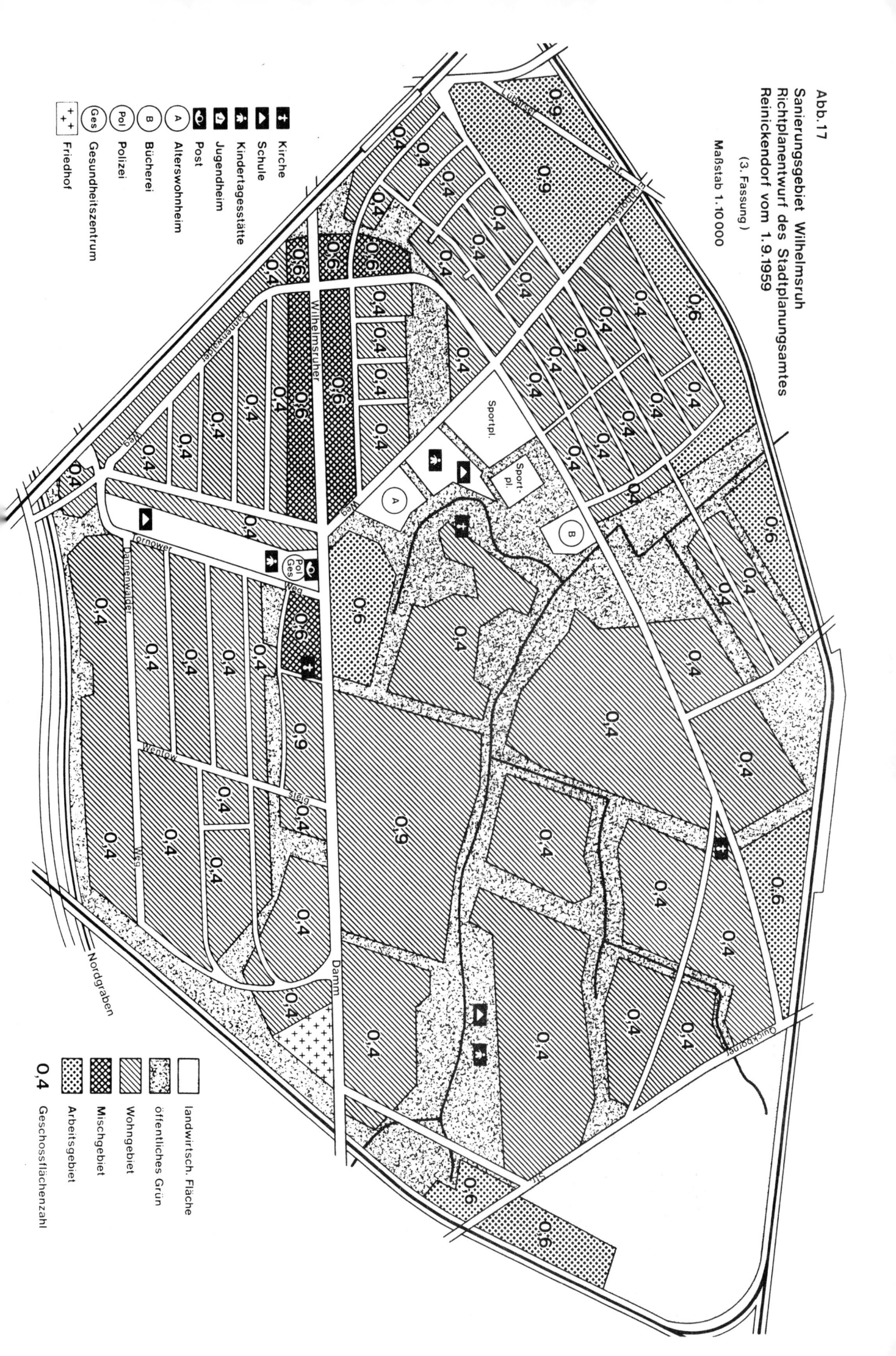

Abb. 17
Sanierungsgebiet Wilhelmsruh
Richtplanentwurf des Stadtplanungsamtes
Reinickendorf vom 1.9.1959
(3. Fassung)

Maßstab 1:10 000

✝	Kirche
▶	Schule
♣	Kindertagesstätte
↻	Jugendheim
Ⓐ	Post
Ⓑ	Alterswohnheim
Pol	Bücherei
Ges	Polizei
+ +	Gesundheitszentrum
+ +	Friedhof

(weiß)	landwirtsch. Fläche
(Punkte)	öffentliches Grün
(Schraffur)	Wohngebiet
(Karo)	Mischgebiet
(Kreuz)	Arbeitsgebiet

0,4 Geschossflächenzahl

- 52 -

in der Umgebung des Pappelgrabens bedecken Moorerde, Faulschlamm und Schlick den Untergrund auf einer größeren zusammenhängenden Fläche. Sonst treten sie nur inselhaft auf.

In dem nunmehr dritten Richtplanentwurf[1]) wurde wegen der Boden- und Grundwasserverhältnisse auf die mehrgeschossige Bebauung im Bereich der Laubenkolonie "Heinze" (siehe Abb. 4) verzichtet (Abb. 17). Mehrgeschossige Bauten waren jetzt in den östlich daran anschließenden Laubenkolonien und in einem Streifen beidseits des Wilhelmsruher Dammes in der Bauklasse IV/3 vorgesehen. Die Haupterschließungsachse des Gebietes stellte wie bisher der Wilhelmsruher Damm dar. Das entlang dieser Achse bis zur Oranienburger Straße geplante mehrgeschossige Mischgebiet bildete eine städtebauliche Verbindung zu dem Einkaufsgebiet an der Oranienburger Straße. Das Mischgebiet sollte das Nahversorgungszentrum und eine Reihe von Infrastruktureinrichtungen aufnehmen. Für die Bauten selbst plante man bis zu sechs Geschosse (etwa GFZ 0,6). Im übrigen blieb der Charakter eines städtischen Randgebietes mit vorwiegender ein- bzw. zweigeschossiger Eigenheimbebauung gewahrt.

Die zur Entwässerung des Gebietes notwendigen Abzugsgräben stellten ein auflockerndes Element dar, so daß kleinere Quartiere entstanden, die durch Wohnstraßen (vorzugsweise in Form von Sackgassen) erschlossen wurden.

Wie in den bisherigen Richtplanentwürfen waren im Nordwesten, am Güterbahnhof Lübars und am Bahnhof Rosenthal reine und beschränkte Arbeitsgebiete ausgewiesen, wobei das Areal am Güterbahnhof Lübars eine Verkleinerung erfuhr.

Innerhalb der öffentlichen Grünflächen lagen wie in den bisherigen Planungen die Standorte der Infrastruktureinrichtungen. So blieben die Stadtplaner auch in dem neuen Plan bei der Zahl von drei Grundschulen und einer Oberschule Praktischen Zweiges (Hauptschule), von denen die Grundschule am Tornower Weg bereits existierte. Die beiden anderen Grundschulen sollten 15 bzw. acht Klassen umfassen, während für die OPZ ebenfalls acht Klassen vorgesehen waren. Für die Betreuung der Kinder im Vor- und Grundschulalter hatten Standort neben der kombinierten Grund- und Hauptschule erhielt, die zweite auf dem Gelände nördlich der Grundschule am Tornower Weg entstand. Am Eichhorster Weg in der Nähe des Wilhelmsruher Dammes war ein Altenwohnheim mit 110 Plätzen geplant. Die Wilhelmsruher Einwohner besaßen bislang innerhalb ihres Wohngebietes keine ausreichende Möglichkeit Sport zu treiben, sondern sie mußten zu diesem Zwecke meistens in die umliegenden Gebiete fahren. Diesem Mangel wollten die Stadtplaner mit einem großen Sportplatz am Eichhorster Weg abhelfen, der gleichzeitig als Schulsportplatz Verwendung finden sollte. Einen kleineren Platz für den Schulsport erhielt die Schule am Tornower Weg. Weitere Einrichtungen, die von den Einwohnern vermißt wurden, so eine Bücherei, eine Poststelle, ein Polizeirevier, Gesundheitsfürsorgestellen oder Kinderspielplätze sollten jetzt ebenfalls entstehen. Die Erstellung dieser Einrichtungen würde einen Platzbedarf von 34 ha verursachen.

Für den Fall, daß gemeinnützige Baugesellschaften größere zusammenhängende Flächen bebauen wollen, könnte der Anteil des öffentlichen Grüns zugunsten privater bzw. halböffentlicher Grünflächen reduziert werden, d.h. die gesamte Grünfläche würde sich nicht verringern sondern nur die Besitzverhältnisse würden eine Änderung erfahren. Als öffentliche Grünflächen wären dann nur noch ca. 100.000 m² zu bezeichnen.

---

1) Erläuterungsbericht zum Richtplan Wilhelmsruh - 3. Fassung vom 10. 12. 1959.

Öffentliche Einrichtungen	Platzbedarf in m²
Öffentliche Grünanlagen mit Spielplätzen und einem Friedhof	202.000
Graben- und Unterhaltsflächen	45.000
Schulen (drei Grundschulen, eine OPZ mit Spielflächen)	30.000
Zwei Kindertagesstätten	6.000
Sportplatz	20.000
Altenwohnheim	20.000
Bücherei, Clubhaus, Restaurant	10.000
Poststelle, Polizeirevier, Gesundheitsfürsorge	7.000
INSGESAMT	340.000

Tab. 2: Flächenbedarf der Infrastruktureinrichtungen 1959[1]

Einen wichtigen Faktor für die Verwirklichung des Projektes stellte die Finanzierung dar. Nach den Preisen von 1959 ergaben sich Kosten in Höhe von ca. 21 Mio. DM alleine für die Baureifmachung des Geländes (Tab. 3).

Baumaßnahmen	Kosten in DM
Grunderwerb für öffentliche Grün- und Freiflächen	700.000
Grundwasserabsenkung	5.100.000
Anschluß der Kanalisation an das Pumpwerk Waidmannslust	4.500.000
Straßenbau einschließlich der Versorgungsanlagen	10.000.000
Anlage der Grünflächen	700.000

Tab. 3: Infrastrukturkosten 1959[2]

Darin sind die Bauten der übrigen Infrastruktureinrichtungen noch nicht enthalten. Deren Kosten belaufen sich auf weitere 7 Mio. DM (Tab. 4).

Infrastruktureinrichtung	Kosten in DM
Altenwohnheim mit 110 Plätzen	1.000.000
Zwei Grundschulen mit 23 Klassen und eine OPZ mit 8 Klassen	3.800.000
Zwei Kindertagesstätten mit je 100 Plätzen	700.000
Ein Sportplatz	200.000
Clubhaus, Bücherei, Poststelle, Polizeirevier und Friedhof	1.300.000
INSGESAMT	7.000.000

Tab. 4: Kosten der sozialen Infrastruktur 1959[2]

Beabsichtigt war bei den hohen Kosten für die Baureifmachung und Erschließung die Hilfe der Bundesrepublik Deutschland in Anspruch zu nehmen, da selbst bei einer Verteilung über drei Jahre Berlin sich außerstande fühlte, die Mittel alleine aufzubringen. An der Finanzierung des Projektes waren ja bekanntlich bislang sämtliche Planungen gescheitert. Jetzt

---

[1] Erläuterungsbericht zum Richtplan Wilhelmsruh (RPW) - 3. Fassung vom 10. 12. 1959.
[2] Erläuterungsbericht zum Richtplan Wilhelmsruh (RPW) - 3. Fassung vom 10. 12. 1959. Gegenüber den im Zeitplan vom 30. 9. 1959 veranschlagten Kosten ergab sich bereits am Ende desselben Jahres eine Erhöhung um 1 Mio. DM.

wollte man unter allen Umständen die Sanierung in Angriff nehmen.

2.4.6.2   Weitere Vorarbeiten zur Sanierung

Bevor an die Bebauung des Gebietes herangegangen werden konnte, mußten zwei grundlegende Arbeiten durchgeführt werden, die wasserwirtschaftlichen Maßnahmen und die teilweise Neuordnung der Besitzverhältnisse. Als von den Kosten her noch vertretbar bezeichnete die Abt. VII E des Senators für Bau- und Wohnungswesen eine Absenkung des Grundwasserspiegels bis auf 1,75 m unter Geländeoberkante. Damit würde aber in den Gebieten mit Grundwasserständen von 0 - 0,5 m immer noch ein relativ hoher Grundwasserspiegel vorhanden sein, der bei der Bebauung Probleme aufwerfen und die Baukosten in die Höhe treiben dürfte.

Der größte Teil dieser Flächen wurde daher im Richtplanentwurf als Grünfläche ausgewiesen, da nur auf diesem Wege die auflaufenden Kosten nicht astronomische Höhen erreichen würden. Der Packerei-, Heinze- und Fasaneriegraben dienten nach ihrem Ausbau als Vorfluter zur Ableitung des Grund- und Schichtenwassers, das nach der Drainierung der Gebiete nördlich des Wilhelmsruher Dammes dort hineingeleitet werden soll. Als Sammelbecken für das anfallende Wasser war die Anlage eines größeren Teiches im sumpfigen Gebiet östlich der Siedlung "Neue Zeit" vorgesehen, von wo aus es dann entweder durch Überlauf oder ein Pumpwerk in den Packereigraben nördlich der Industriebahn oder sogar in den Nordgraben gelangte. Für die Sammlung des Regenwassers wurde eine Verrohrung der Straßen empfohlen. Das in den Rohren gesammelte Regenwasser floß dann in die Vorflutgräben, da eine Ableitung in die städtische Kanalisation zu hohe Kosten verursachen würde. Im Bereich der Bodenordnungsmaßnahmen engte die gewünschte Übernahme möglichst vieler Parzellen in die neue Konzeption natürlich die Handlungsfreiheit der Behörden ein. Vor allem in den Laubenkolonien würde eine Zusammenlegung und anschließende Neuverteilung der Parzellen wegen unzureichender Größe oder ungünstigen Schnitts unumgänglich sein. Dies hätte in den Bereichen nördlich des Wilhelmsruher Dammes eine Verringerung der Parzellenzahl zur Folge, so daß verschiedene Pächter oder sogar Eigentümer nicht mehr in ihrer angestammten Umgebung leben könnten. Zusätzlich kostete die Vergrößerung der Grünflächen noch eine Anzahl Parzellen.

Die öffentliche Hand bemühte sich seit einigen Jahren Grundstücke, vor allem in den bisher landwirtschaftlich genutzten Bereichen aber auch in den Kolonien selbst, anzukaufen, um mit Beginn der Bodenordnung den betroffenen Siedlern und Kolonisten dort Parzellen im Tausch anzubieten. Durch den ständigen Kauf solcher Areale hatte sich Berlin bereits in den Besitz stattlicher Flächen gesetzt.[1]

In engem Zusammenhang mit den Untergrundverhältnissen und der geplanten Bebauung steht die Planung der zukünftigen Verkehrswege. Der Wilhelmsruher Damm wird auch weiterhin die Hauptverkehrsachse in Richtung Berlin (West) bilden, da das Verkehrsaufkommen nach Ost-Berlin durch das Fehlen des Wirtschaftsverkehrs unbedeutend war. Der ausgebaute Grenzweg für den nördlichen und der ebenfalls ausgebauten Dannenwalder Weg für den südlichen Teil sollten Zubringerfunktionen für den Wilhelmsruher Damm übernehmen. Eine durchgehende Nord-Süd-Verbindung zur geplanten Straße Am Nordgraben existierte in dieser Planung nicht mehr. Dafür waren an der Einmündung der Straße 121 und des Tornower Weges in den Dannenwalder Weg und am östlichen Ende des Dannenwalder Weges Verbindungsstraßen zur Straße Am Nordgraben vorgesehen, die keinen Durchgangsverkehr von Norden zum Süden innerhalb des Gebietes erlaubten. Die Erschließung der "Wohnnester" für den Straßenverkehr nahmen Wohnstraßen war, wobei der Verkehr von außen herangeführt wird, ohne die inneren Wohngebiete mehr als unbedingt notwendig zu belasten. Die Verbindung der einzelnen Wohnquartiere z.B. mit den Schulen erfolgte über Fuß- und Radwege, die in den Grünzügen verliefen.

---

[1] 1958 kostete der m^2 im Durchschnitt 2,-- DM, 1959 bereits 3,50 DM. Einzelne Grundstücksbesitzer forderten sogar bis zu 8,-- DM/m^2.

Bei dem notwendigen Erwerb großer Flächen durch die öffentliche Hand mußten die Grundstücksbesitzer damit rechnen, daß den Preisen ein gewisses Limit gesetzt wurde. In dem Bestreben, einen maximalen Profit aus den Grundstücksveräußerungen zu ziehen, begannen einige Eigentümer, so z.B. für die Kolonie "Bruseberg", in aller Eile mit ihren Pächtern Kaufverträge abzuschließen, die dem Bezirksamt für Bauwesen zur Genehmigung vorgelegt werden mußten. Da es sich bei den geplanten Verkäufen um die Veräußerung ideeller Anteile am Gesamtgrundstück handelte, versuchten die Kaufpartner damit die Teilungsgenehmigung zu umgehen. So würde das für Teilungsgenehmigungen zuständige Stadtplanungsamt Reinickendorf die Teilungen versagen, da sie die zukünftige Erschließung und Bebauung des Geländes nach erfolgter Teilung außerordentlich erschweren. Die Kolonien hatten aber schon vor der Genehmigung der Kaufverträge die mit dem Verkäufer festgesetzten Anzahlungen auf die Kaufpreise geleistet. Der Hinweis auf den wahrscheinlichen Verlust der bereits entrichteten Anzahlungen bei Nichtgenehmigung der Teilung erwies sich als haltlos, da die Kaufverträge erst ihre Wirksamkeit mit der Erteilung der Wohnsiedlungsgenehmigung erlangten.[1] Derartige Verzögerungen waren dem Bezirksamt nicht lieb, ließen sich aber bei den Sanierungsvorbereitungen nicht umgehen. Die Situation auf dem Wohnungsmarkt ließ wegen der bedrohlich näher rückenden Einführung des "weißen Kreises" keine günstigen Prognosen für die Zukunft zu. Trotz des Zuganges von über 150.000 Wohnungen zwischen 1949 und 1959 ließ sich eine Beendigung der Wohnungsnot nicht absehen. Die Landesregierung beantragte zwar für Berlin (West) die Aussetzung des "weißen Kreises", unternahm auf der anderen Seite aber alle erdenklichen Anstrengungen zur weiteren Linderung der Wohnungsnot, falls die Bundesregierung dem Antrag nicht stattgeben sollte. Damit wurde die Unterordnung der städtebaulichen Ideen unter den Primat des Wohnungsbaues wie in all den Jahrzehnten zuvor fortgesetzt.

Aus diesen Gründen begann der Senator für Bau- und Wohnungswesen das Stadtplanungsamt Reinickendorf zu drängen, endlich mit der Sanierung des Gebietes anzufangen. In der Hauptverwaltung ging man 1960 davon aus, daß die bisher geplanten Wohnungszahlen angesichts der neuen Lage nicht mehr zu vertreten seien und eine höhere Anzahl neuer Wohnungen in die Planung aufgenommen werden müßte. Die Reinickendorfer Stadtplaner verschlossen sich keineswegs den Überlegungen, die zu diesen veränderten Vorstellungen führten. Allerdings wehrten sie sich energisch dagegen, daß die eigentlichen Gründe für die Sanierung, also vor allem die Änderung der Sozialstruktur der Bevölkerung, nun völlig in den Hintergrund zu treten hatten. Die 1951 von der Bezirksverordnetenversammlung Reinickendorf an das Stadtplanungsamt gestellte Aufgabe könnte nicht mehr in dem geforderten Sinn durchgeführt werden. Deshalb präzisierte das Stadtplanungsamt noch einmal im Jahre 1960 die Aufgabenstellung der Sanierung von Wilhelmsruh, so wie sie seiner Meinung nach von der Bezirksverordnetenversammlung gefordert wurde.[2]

Besonders hervorgehoben wurde der sozialpolitische Aspekt, der im Vordergrund aller Sanierungsüberlegungen stand, was offenbar beim Senator für Bau- und Wohnungswesen unter dem Druck der auf Berlin zukommenden wohnungspolitischen Ereignisse etwas in Vergessenheit geriet. Aus dem 1956 erstellten Gutachten und den "Sozialgeographischen Karten" aus dem Jahre 1959 (GRATZ, H.J., 1959) leiteten die Reinickendorfer Stadtplaner die gegebene Notwendigkeit der Sanierung her.

Neben den hygienischen Verhältnissen, deren Verbesserung allein ein technisches und vor

---

1) Protokoll der 15. Sitzung der Baudeputation Reinickendorf vom 8. 3. 1960, Punkt 5.
2) Formulierung der Aufgabenstellung zur Sanierung des Ortsteiles Wittenau-Nord (1960), verfaßt vom Stadtplanungsamt Reinickendorf.

allem ein finanzielles Problem darstellte, bedeuteten die ungünstige soziale Struktur der Bevölkerung und die Häufung von negativen Erscheinungen[1] einen grundlegenden Anlaß zur Sanierung. Ungünstig wirkte sich auch das niedrige Einkommensniveau der Einwohner aus. Da aber auch ein deutlich erkennbarer Wille zur Siedlertätigkeit spürbar war, der entgegen allen anderslautenden Behauptungen auch heute noch zu erkennen war (wachsende "Häuser", gut erhaltene Gärten), konnte hier nicht von einem echten "Slum" sondern nur von einer Ballung einkommensschwacher Bevölkerung gesprochen werden, die im ständigen Kampf mit materiellen und technischen Schwierigkeiten ein Milieu entwickeln mußte, das den ständigen Trend zum Negativen ohne äußere Hilfe nicht mehr aufzuhalten in der Lage war.

Demzufolge mußte unter allen Umständen sichergestellt werden, daß die von der Sanierung betroffenen Siedler und Kolonisten unter Ausschöpfung aller zur Verfügung stehenden gesetzlichen Finanzierungsmöglichkeiten und der Gewährung von Sonderzuschüssen in einkommensgerechten Familienheimen Unterkunft fanden. Statt in Wohnlauben unter ungesunden Verhältnissen sollten die Menschen dann in stabilen Siedlerhäuschen mit allen wichtigen Ver- und Entsorgungseinrichtungen auf eigenem Grund und Boden wohnen. Der Charakter eines Eigenheimgebietes sollte erhalten bleiben, allerdings unter unvergleichbar besseren Bedingungen. Zur Durchführung dieser Gedanken forderte das Stadtplanungsamt Reinickendorf die Entwicklung von preiswerten Haustypen, die vom zukünftigen Besitzer in Eigenarbeit je nach Wunsch Vergrößerungen der Grundfläche zuließen.

Die vom Senator für Bau- und Wohnungswesen ins Auge gefaßte Zahl von 200 Einwohnern pro ha wies das Reinickendorfer Stadtplanungsamt als entschieden zu hoch zurück. Unter Bezugnahme auf Vergleichswerte aus anderen Bezirken wurde nachgewiesen, daß man mit diesem Wert um 43 E/ha über dem Bezirk Schöneberg (157 E/ha) liegen würde, was für einen Außenbezirk nicht zu akzeptieren sei. Selbst der Bezirk Steglitz (58 E/ha) würde erheblich unter dem zukünftigen Wilhelmsruher Wert liegen.[2] Zwar erforderten die hohen Erschließungs- und Baureifmachungskosten eine intensive bauliche Nutzung, doch sei vom städtebaulichen Standpunkt die geforderte intensive Nutzung nicht zu vertreten. Als maximale Einwohnerdichte wären 58 E/ha anzustreben.

Die Endzahl der Wohnungen sollte deshalb auch nicht 6.500 bis 7.000 übersteigen. Unterschwellig schwingt in den Ausführungen die Verärgerung des Stadtplanungsamtes Reinickendorf über die Stadtplaner beim Senator für Bau- und Wohnungswesen mit, die sich in die Belange des Bezirksamtes einmischten. Die Notwendigkeit einer allseits dichteren Bebauung als Folge der sich abzeichnenden Baulandverknappung wurde bejaht. Doch für eine innerstädtischen Maßstäben entsprechende Bebauung sei dieses Stadtrandgebiet kein geeignetes Objekt.

Es kann nur vermutet werden, daß diese Idee des Senators für Bau- und Wohnungswesen nach einer Erhöhung der Einwohnerdichte einen ersten Test der Reaktion des Bezirksamtes in bezug auf eine grundsätzliche Veränderung der Bezirksamtspläne darstellte. Möglicherweise veranlaßte dieses Festhalten an der Grundkonzeption den Senat, 1962 die weitere Richtplanung dem Bezirksamt aus den Händen zu nehmen und einer Gruppe von drei Architekten zu übertragen, die eine den Senatswünschen entgegenkommendere Planung vorlegen würde. Zu beweisen ist diese Überlegung nicht, doch stellt sie eine logische Schlußfolgerung aus den weiteren Ereignissen dar.

---

[1] Z.B. Kriminalität, hoher Arbeitslosenanteil, hoher Anteil an Sozialhilfeempfängern.
[2] Statistisches Jahrbuch Berlin 1962, S. 21 und 25.

2.4.6.3 Der vierte Richtplanentwurf von 1960

Die nach den Bohrergebnissen der Abt. VII E des Senators für Bau- und Wohnungswesen erstellte Karte der "Zonen der Bebaubarkeit" (Abb. 16) bedeutete die Grundlage für die Entwicklung der Struktur des Sanierungsgebietes. Eine Ausweitung der Wohnbebauung auf die nur bedingt bebaubaren Flächen war zu vermeiden, da vor allem dort die Standorte von Infrastruktureinrichtungen geplant waren. Nur diejenigen Bereiche, die man in den bedingt bebaubaren Gebieten bereits für die Wohnbebauung vorsah, sollten mit einer ein- bis zweigeschossigen Bebauung versehen werden. Das Stadtplanungsamt hielt es für günstiger, wenn die Miethausbebauung einen möglichst geringen Anteil an der Bebauung darstellte. Den Einwohnern waren zudem erhöhte Kosten, die bei der Bebauung der bedingt bebaubaren Bereiche durch zusätzliche Gründungskosten entstehen würden, nicht zuzumuten. Die öffentliche Hand sah sich eher in der Lage, Mehrkosten aufzufangen.

Die besondere soziologische Situation erforderte nach Ansicht des Stadtplanungsamtes Reinickendorf eine gewisse Selbständigkeit des Gebietes, was wiederum zusätzliche Infrastruktureinrichtungen notwendig machte. Diese Gedanken deuteten demnach auf die Schaffung einer Sonderstellung eines Bereichs innerhalb des Berliner (West) Stadtgefüges hin, was allerdings nicht der Inhalt stadtplanerischer Bestrebungen sein sollte. Die Versorgung der Bevölkerung eines abgegrenzten Gebietes mit Gütern und Dienstleistungen bedeutete keine Abgrenzung sondern eine Erleichterung für die Bevölkerung. Zusätzliche Einrichtungen könnten sogar zu einer Inanspruchnahme durch außerhalb des Gebietes wohnende Bevölkerungskreise führen, so daß einer Isolierung nicht nur von innen heraus sondern auch von außen entgegengewirkt würde.

Ob nun die angesprochene Isolierung gewünscht wurde, weil die schlechte Bevölkerungsstruktur auf einen überschaubaren Bereich begrenzt bleiben sollte oder welche Beweggründe auch immer dafür ausschlaggebend gewesen sein mögen, so bleibt diese Vorstellung etwas merkwürdig. Damit wäre der eigentliche soziale Hintergrund der Sanierung in Frage gestellt, ohne den eine sinnvolle Umstrukturierung des Gebietes nicht durchzuführen war. Die vom Bezirksamt vorgesehene maximale Einwohnerzahl sollte höchstens 20.000 Personen betragen, was einer Bevölkerungsdichte von ca. 52 E/ha entsprechen würde. Diesen Zahlen zufolge sind zusätzliche Infrastruktureinrichtungen erforderlich.

Infrastruktureinrichtung	Veränderung gegenüber dem Plan von 1959
2 Grundschulen mit 40 Klassen	+ 17 Klassen
1 OPZ mit 18 Klassen	+ 10 Klassen
3 Kindertagesstätten mit 300 Plätzen	+ 100 Plätze
Altersheim, Altenwohnheim, Rentnerhäuser mit 300 Plätzen	+ 190 Plätze
1 Freizeitheim mit 2.000 m^2 Nutzfläche	zusätzlich
1 Jugendheim mit 100 Plätzen	zusätzlich
1 privates Ambulatorium mit 1.000 m^2 Nutzfläche	zusätzlich
1 Büchereizweigstelle mit 300 m^2 Nutzfläche	-
1 Poststelle und 1 Polizeirevier	-
Sport- und Spielplätze (5 m^2/E), davon eine Großanlage als Robinsonplatz	
Kleingärten und Hausgärten mit je 200 m^2, ca. 400 Parzellen	zusätzlich

Tab. 5: Soziale Infrastruktur 1960[1]

---

1) Formulierung der Aufgabenstellung zur Sanierung des Ortsteiles Wittenau-Nord (1960).

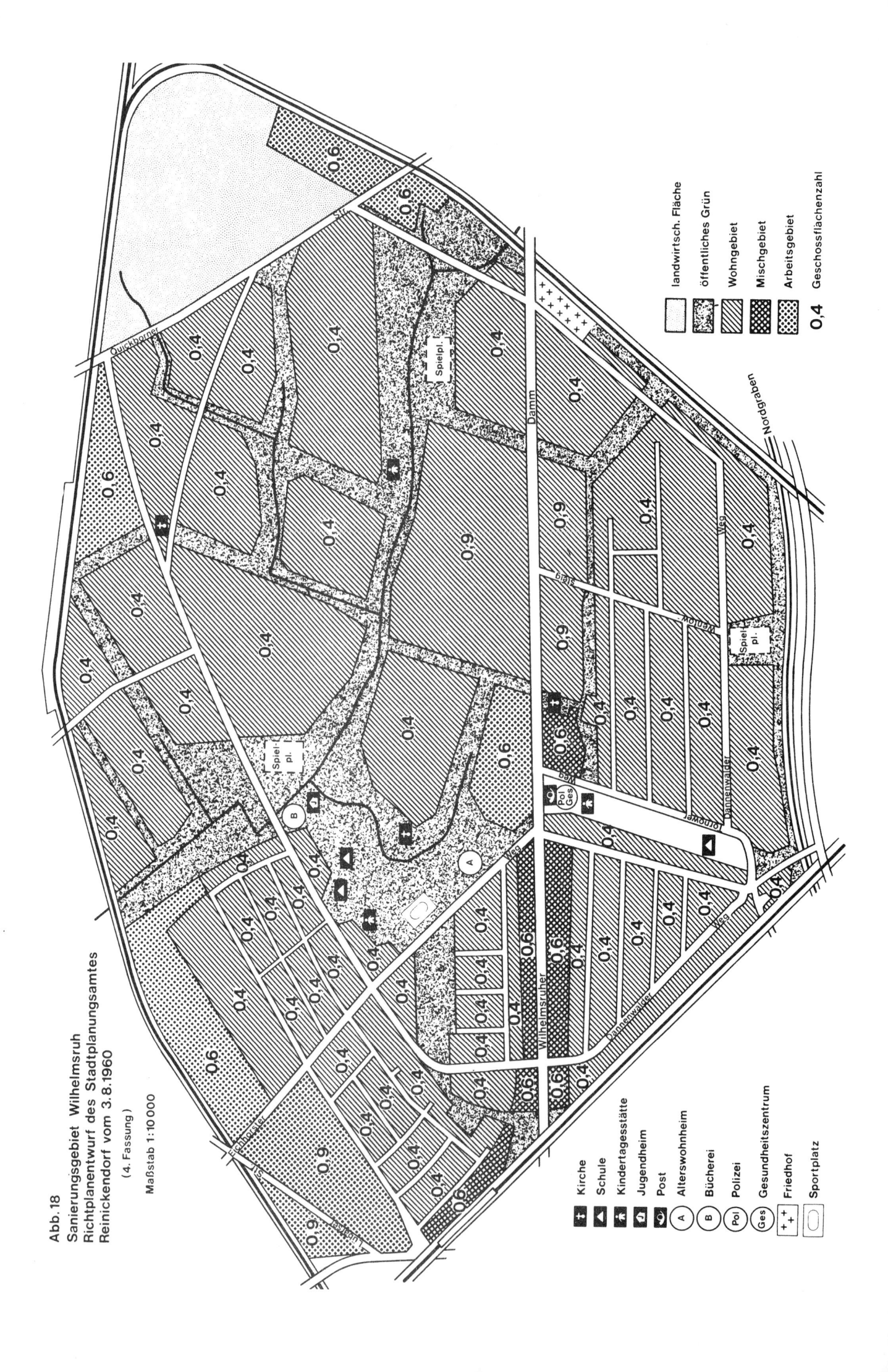

Abb. 18
Sanierungsgebiet Wilhelmsruh
Richtplanentwurf des Stadtplanungsamtes
Reinickendorf vom 3.8.1960
(4. Fassung)
Maßstab 1:10 000

Sinnvoll wäre auch eine Realschule gewesen, selbst wenn die Sozialstruktur die Notwendigkeit einer solchen Einrichtung vielleicht nicht vermuten ließe. Denn der soziale Sinn einer Sanierung besteht auch darin, die Bevölkerung nicht auf der niedrigen sozialen Stufe verbleiben zu lassen, sondern eine Strukturverbesserung durch ein günstiges Milieu zu bewirken.

In der nunmehr vierten Fassung des Richtplanes (Abb. 18), die im September 1960 vom Reinickendorfer Stadtplanungsamt vorgelegt wurde, ergaben sich vor allem für den Grad der baulichen Ausnutzung des Geländes einige Veränderungen. So war jetzt in der Gegend des Wentowsteigs zu beiden Seiten des Wilhelmsruher Dammes eine GFZ von 0,9 zulässig, während die GFZ beiderseits des Wilhelmsruher Dammes in westlicher Richtung bei 0,6 blieb. In den übrigen als Wohngebiet ausgewiesenen Bereichen war eine GFZ von 0,5 vorgeschrieben, wodurch die Größe der Gebäude zwangsläufig eine Beschränkung auf Ein- bis Zweifamilienhäuser, bestenfalls kleine Miethäuser, erfuhr. Die bereits ausgewiesenen Infrastrukturstandorte wurden den neuen Planungen entsprechend nur erweitert.

Auffallend sind die Änderungen des Straßennetzes. Statt der bislang im Ostteil des Gebietes vorgesehenen Anbindung des Straßennetzes an die neue Straße Am Nordgraben ist jetzt nur noch die Verbindungsstraße im Westteil des Gebietes an der S-Bahn geplant. Stattdessen wird der Dannenwalder Weg an seinem östlichen Ende parallel zur Niederbarnimer Eisenbahn bis zur Quickborner Straße geführt, so daß die schon immer gewünschte Nord-Süd-Verbindung im östlichen Teil erzielt wird. Das Straßennetz in den bisherigen Laubenkolonien erfährt eine völlige Überarbeitung. Als Ergänzung zu den befestigten Straßen ist jetzt ein Netz von Fußgänger- und Fahrradwegen hinzugekommen, das der Bevölkerung ein gefahrloses Erreichen der einzelnen Teile Wilhelmsruhs gestatten sollte.

Die Abteilung II C des Senators für Bau- und Wohnungswesen erklärte sich schließlich mit der 4. Fassung des Richtplanentwurfs einverstanden und beschloß, sie als Grundlage für die weiteren Planungen, die noch zur Beschlußfassung im Abgeordnetenhaus notwendig waren, zu benutzen. Von grundlegender Bedeutung für den Beginn der Sanierungsarbeiten war neben der Leitplanung die Bewilligung der für die Grundwasserabsenkung notwendigen Haushaltsmittel. Da die Frist für eine Beantragung der Gelder im Haushalt 1962 bereits verstrichen war, erwirkte die Abteilung VII E beim Senator für Finanzen eine Verlängerung der Beantragungsfrist.

2.4.6.4 Die Vorbereitungsphase der Bebauungsplanung

Der Senator für Bau- und Wohnungswesen forcierte das Planungstempo jetzt vor allem, weil die Verabschiedung des Bundesbaugesetzes im Bundestag und somit auch die baldige Übernahme für Berlin (West) kurz bevorstand. Damit hätte der Richtplan öffentlich ausliegen müssen, um der Bevölkerung die Möglichkeit von Einsprüchen zu geben.[1] Als Begründung wird zwar die dadurch entstehende erhebliche Verzögerung der Bauarbeiten angegeben, was aber wohl eher als Schutzbehauptung angesehen werden kann. Eine seit nunmehr neun Jahren andauernde Planung, wird mit Sicherheit wegen einer Verzögerung des Baubeginns um einige Monate nicht hinfällig. Trotz der vom Bezirksamt betriebenen Informationsarbeit unter den betroffenen Einwohnern ist eine gewisse Öffentlichkeitsscheu der Senatsbauverwaltung zu vermuten. Aus welchem Grund ist allerdings nicht ganz ersichtlich, da die vorgesehene Bebauung durchaus für ein Stadtrandgebiet zu vertreten war, und die bereits vorliegenden und noch zu erwartenden Widersprüche aus der Wilhelmsruher Einwohnerschaft mit den erar-

---

1) Vermerk über eine Besprechung beim Senator für Bau- und Wohnungswesen am 13. 9. 1960.

beiteten Planungsunterlagen widerlegt werden konnten. Bedauerlicherweise ist es des öfteren der Fall, daß die öffentliche Verwaltung bei ihrer Arbeit die Öffentlichkeit meidet, um sie dann vor vollendete Tatsachen zu stellen.

Zusätzlich bestand ein Interesse, die Vollbeschäftigung der Berliner (West) Bauindustrie für die nächsten Jahre zu sichern. Nachdem der größte Teil der Kriegsschäden im Stadtgebiet beseitigt war, würden sich für eine auf Hochkonjunktur eingestellte Bauwirtschaft große Schwierigkeiten mit dem Abflauen der Bautätigkeit ergeben. Andererseits bestand weiterhin ein erheblicher Wohnungsbedarf, der nur durch verstärkte Bautätigkeit in den Außenbezirken abzubauen war. Nach der Erschöpfung der meisten Baulandreserven sah die Bauwirtschaft in der demnächst beginnenden Stadtsanierung zwar ein neues Aufgabengebiet, doch würde ein Baukapazitätsüberhang bestehen, da im Rahmen der Sanierung jährlich bestenfalls 5.000 neue Wohnungen geschaffen werden sollten. Die dadurch brachliegende Kapazität der Bauwirtschaft könnte somit durch die Errichtung größerer Siedlungen in den Außenbezirken sinnvoll eingesetzt werden, womit gleichzeitig eine Verbesserung der Situation auf dem Wohnungsmarkt zu erreichen wäre.

Die Vorarbeiten zur Sanierung näherten sich ihrem Ende und auch das Stadtplanungsamt Reinickendorf hoffte, endlich den letzten Richtplanentwurf abgeliefert zu haben. Deshalb machte man sich jetzt in Reinickendorf Gedanken, wie die Straßen sinnvoll und eindeutig in ein ihrer Funktion entsprechendes System einzuordnen wären. Die Namensgebung wollte man nach Orten aus der Mark Brandenburg vornehmen; für das Gebiet südlich des Wilhelmsruher Dammes aus dem Spreewald und der Lausitz und für die nördlich des Wilhelmsruher Dammes liegenden Bereiche aus den Landschaften im Norden Berlins. Zusätzlich waren die Bezeichnungen "Damm" für die Haupterschließungsstraßen, "Straße" für die Zubringerstraßen und Verkehrswege, "Weg" und "Steig" für die Anliegerstraßen vorgesehen. Die vorgeschlagene Namensgebung und auch teilweise die Differenzierung nach den Straßenarten sind in den folgenden Jahren durchgeführt worden.

Den Dienststellen bereitete die Mittelbeschaffung für die vorbereitenden Sanierungsmaßnahmen Kopfschmerzen. Bedingung wären z.B. konkrete Straßenbaumaßnahmen oder ein bestimmtes Wohnungsbauvorhaben, um eine Kanalisation einbauen zu können. Da beides noch nicht vorlag, hatte der Senator für Bau- und Wohnungswesen diese Mittel zweckgebunden direkt anzufordern. Sollten bis 1962 die Arbeiten nicht begonnen sein, müßte die DeGeWo (Deutsche Gesellschaft zur Förderung des Wohnungsbaues) bei ihrem 1962/63 geplanten Bauvorhaben in diesem Bereich mit erheblichen zusätzlichen Aufwendungen für einen provisorischen Druckrohranschluß mit Hebeanlage an das bestehende Kanalisationsnetz rechnen, die bei dem vorgesehenen Anschluß an den geplanten Sammelkanal ohne Sinn wären. Auch deshalb war auf die beschleunigte Geldbeschaffung zu dringen.[1]

2.4.6.5 Die abschließenden Sanierungsvorbereitungen

Da sich die öffentliche Hand nicht in der Lage sah, als Sanierungsträger aufzutreten, betraute man am 13. 12. 1962 eine gemeinnützige Baugesellschaft mit dieser Aufgabe, die Gesellschaft für sozialen Wohnungsbau (Gesobau). Die Gesobau war natürlich daran interessiert, die Bebauung des Gebietes innerhalb kürzester Zeit zu beginnen. Deshalb drängte sie das Bezirksamt, die Arbeiten zur Baureifmachung des Geländes zwischen Packereigraben und Lübarser Straße zu beschleunigen. Zu diesem Zweck schien eine Koordinierung der not-

---

[1] Vermerk über eine Besprechung beim Senator für Bau- und Wohnungswesen, Abt. VII C, am 30. 11. 1960.

wendigen Maßnahmen zwischen Bezirksamt, der Berliner Stadtentwässerung und der Abt. VII des Senators für Bau- und Wohnungswesen unbedingt notwendig. Vor der Sanierung des Geländes nördlich des Wilhelmsruher Dammes mußten die Bauarbeiten der für die Umsetzsiedler bestimmten Bauten am Packereigraben und südlich des Dannenwalder Weges abgeschlossen sein. Mit dem Beginn dieser Baumaßnahmen war 1964 zu rechnen. Dringlich wurde jetzt auch die Freimachung der Parzellen, die für den Ausbau der Vorflutgräben benötigt wurden. Das Grundstücksamt des Bezirkes erhielt deshalb den Auftrag, nach der Anfertigung der notwendigen Erwerbspläne durch das Vermessungsamt die erforderlichen Schritte zum Erwerb der Ausbaustreifen (je 10 m rechts und links der Grabenachse) einzuleiten.

Die Gesobau machte dem Bezirksamt den Vorschlag, die endgültige Bebauungsform des Gebietes durch einen Architektenwettbewerb zu ermitteln. Das Bezirksamt lehnte dieses Angebot unter Hinweis auf die dadurch entstehenden Verzögerungen ab.

Die Gesobau hatte schon vor ihrer Bestimmung zum Sanierungsträger Bauabsichten für das Gelände am Packereigraben gehegt, dessen Bebauung als erstes Vorhaben im Rahmen des Wohnungsbauprogrammes 1963 entstehen sollte (ca. 600 Wohnungen). Obwohl die wasserwirtschaftlichen Maßnahmen bis zu diesem Termin noch nicht abgeschlossen werden konnten, bereitete die Bebauung keine großen Schwierigkeiten, da der dort vorhandene Untergrund sich als bebaubar herausgestellt hatte. Lediglich der Anschluß an das Kanalisationsnetz mußte bis zu diesem Zeitpunkt hergestellt sein. Voraussichtlicher Baubeginn dürfte 1962 sein, so daß sich die Kanalisationsarbeiten bis in die erste Bauphase der Gesobau hineinziehen würden. Mit dem Abschluß der ersten Bauphase war auch die Fertigstellung des Schmutzwasserkanals und der Hausanschlüsse geplant.

Die Gesobau teilte die Auffassung des Bezirksamtes, einen Teil der Wohnungen am Packereigraben für die Umsetzung interessierter Siedler aus dem Kerngebiet bereitzustellen. Voraussetzung der Sanierung war die Umsetzung aller betroffenen Siedler. Mit diesem Angebot hoffte die Gesobau die Zahl der nicht Räumungswilligen so gering wie möglich zu halten, da sonst erhebliche Verzögerungen im ganzen Planungsablauf eintreten würden. Die Idee, schon so früh mit dem Wohnungsbau in diesem Gebiet zu beginnen, erschien nach Meinung der Senatstiefbauverwaltung illusorisch, da vor 1964 nicht mit der Bewilligung der erforderlichen Mittel zu rechnen sei. Ebenfalls nicht vor dem Haushaltsjahr 1964 war die Freigabe einer Summe von 0,8 bis 1 Mio. DM für die Erschließung des Geländes (Bau einer Erschließungsstraße zwischen Eichhorster Weg und Rebhuhnweg) zu erwarten.[1]

Statt der ursprünglich geplanten Absenkung des Grund- und Schichtenwasserstandes auf 1,75 m unter Geländeoberkante wollte sich die Senatsbauverwaltung jetzt aus Kostengründen auf 1,25 m Absenkung beschränken.

Die Einsparungen der Wasserbauseite würden teilweise eine Erhöhung der Hochbaukosten bedeuten. Die Bauten können nicht mehr in der vorgesehenen Tiefe gegründet werden, so daß nunmehr eine teilweise Einschüttung der Bauten notwendig wäre. Bei niedrigen Bauten wirkt sich dieses Problem in keiner allzu gravierenden Weise aus, da unter anderem auch Abstell- oder Heizungsräume bei Einfamilienhäusern ebenerdig angelegt werden können. Bei den höheren Gebäuden, die bis zu zehn Geschosse erhalten sollen, wird die Lage schon schwieriger, denn die Gründungstiefe dieser Bauten ist wegen der Baumasse entsprechend tiefer anzusetzen.

Die Abt. VII der Senatsbauverwaltung vertrat die Ansicht, daß die beim Ausbau der Vorflutgräben anfallende ca. 20.000 bis 30.000 m^3 Boden für die entsprechenden Auf-

---

1) Vermerk des Stadtplanungsamtes Reinickendorf über die Besprechung beim Senator für Bau- und Wohnungswesen, Abt. IV, vom 31. 10. 1961.

schüttungen ausreichen. Außerdem kann man bei den hohen Häusern zwischen den einzelnen Kellergeschossen Grundwasserdichtungen einbauen, die ein Tiefergehen der Kellergeschosse bis in oder sogar unter den Grundwasserspiegelbereich gestatten. Diese Argumentation leuchtete den Stadtplanern in Reinickendorf und bei der Senatsbauverwaltung, Abt. II, ein, so daß sie zustimmten. Bei der Beauftragung der Haushaltsmittel für die wasserwirtschaftlichen Maßnahmen war auch der Bau des Rückhaltebeckens im Bereich des Packereigrabens zu berücksichtigen.

Die rechtliche Handhabe für die Sanierungsdurchführung bildeten jetzt neben den Bestimmungen des BBauG aus dem Jahre 1960 die vom Senator für Bau- und Wohnungswesen herausgegebenen Richtlinien für städtebauliche Sanierungsmaßnahmen.[1] Zwar stellten diese Sanierungsrichtlinien kein Gesetz dar sondern nur eine Verordnung der Berliner Verwaltung, doch gab es damit erstmals ausführliche Unterlagen für die bei Sanierungsmaßnahmen zu beachtenden Faktoren. Im Sinne dieser Verordnung fungierte das Stadtplanungsamt Reinickendorf laut Bezirksamtsbeschluß vom 19. 2. 1962 als Sanierungsverwaltungsstelle. Wegen des bereits vorhandenen Engagements der Gesobau sollte diese Gesellschaft die Rolle des Sanierungsträgers übernehmen. Um vor allem die notwendige Bodenordnung vornehmen zu können, arbeitete der Senator für Finanzen eine Rechtsverordnung nach §§ 24-28 BBauG zur Sicherung des Vorkaufsrechts aus.

Maßnahme	Kosten in Mio. DM
Anschluß an die Kanalisation	5,0
Straßenbau einschl. Beleuchtung	13,0
Grünanlagen einschl. Grunderwerb	2,0
Grundwasserabsenkung, öffentliche Bauten einschl. Grunderwerb und Einrichtung	10,0
Entschädigung und Umsetzung	30,0
INSGESAMT	65,0

Tab. 6: Aufstellung der öffentlichen Kosten 1962[2]

In Zusammenarbeit mit der Abt. II der Senatsbauverwaltung stellte das Stadtplanungsamt Reinickendorf eine vorläufige Schätzung aller zu erwartenden Kosten auf (Tab. 6). Diese Kosten fallen jedoch nicht vollständig auf die öffentliche Hand zurück, sondern vor allem die Rubrik "Entschädigung und Umsetzung" belastet den Sanierungsträger.

2.4.6.6 Besitzverhältnisse, Bebauung und Nutzung

2.4.6.6.1 Besitzverhältnisse

Von den ca. 370 ha des Planungsgebietes entfallen auf städtischen Besitz ca. 20 ha, auf Kleineigentum (ca. 1.220 Grundstücke mit einer Durchschnittsgröße von 800 m^2) ca. 98 ha und auf privaten Großbesitz (etwa 40 Eigentümer) ca. 242 ha. In dem privaten Großbesitz sind die 16 ha Grundbesitz des Kreises Niederbarnim enthalten.[3]

Für die vorhandene Bebauung und die zukünftige Nutzung sah man bei dem städtischen Besitz 30 ha vor.

---
[1] Amtsblatt für Berlin 1962, Nr. 5.
[2] Bericht des Stadtplanungsamtes Reinickendorf über die Durchführung der Sanierungsmaßnahmen in Wittenau-Nord vom 22. 3. 1962.
[3] Erläuterungsbericht für den Richtplan zur Erschließung und Neuordnung des Gebietes beiderseits des Wilhelmsruher Dammes im Bezirk Reinickendorf, Ortsteil Wittenau/Lübars vom 8. 3. 1961. Die in den verschiedenen Quellen angegebene Flächengröße des Gebietes schwankt zwischen ca. 370 ha und 385 ha.

Nutzung	Fläche in ha
Bebaut mit Schule und Kindertagesstätte	3,2
Als Grünflächen ausgewiesen	9,2
Als öffentlicher Standort ausgewiesen	0,6
Als Gewerbegrundstücke ausgewiesen	6,0
Als Wohnbebauung ausgewiesen	11,0
INSGESAMT	30,0

Tab. 7: Vorhandene Bebauung und zukünftige Nutzung des städtischen Besitzes 1961[1]

Von den ca. 1.220 Kleingrundstücken sind etwa 90 % mit Einfamilienhäusern bebaut, von denen wiederum etwa ein Drittel an nicht anbaufähigen Straßen liegt. Das würde bedeuten, daß nur ca. 760 Einfamilienhäuser bestehen bleiben können. Bei dem privaten Großbesitz handelt es sich vor allem um Flächen landwirtschaftlicher Nutzung (66 ha) und um Kleingartengebiete (176 ha).

Wohnsiedlungsbescheide, die für die Teilung und Bebauung von Grundstücken notwendig sind, ergingen nur noch an Besitzer, deren Grundstücke an ausbaufähigen öffentlichen Straßen lagen. Aus diesem Grund wurde den Pächtern der Kolonie "Bruseberg" der Kauf ihrer Pachtparzellen untersagt, da für das Gebiet der Kolonie eine GFZ von 0,9 vorgesehen war und außerdem die Formulierungen des Kaufvertrages auf eine verschleierte Realteilung schließen ließen. Gegen die Ablehnung durch den Senator für Bau- und Wohnungswesen, Abt. II B, erhoben die Siedler am 23. 2. 1961 Klage beim Verwaltungsgericht.[2] Die Klage wurde vom Gericht abgewiesen, womit die Grunderwerbssituation für die Stadt Berlin keine zusätzliche Komplizierung erfuhr. Dem Senat war allerdings der Hinweis auf den genehmigten Verkauf der Parzellen in der Kolonie "Karlshorst" äußerst peinlich, da die Verwaltung in diesem Fall offensichtlich dem sanften Büroschlaf verfallen war und die Genehmigung heute liebend gern ungeschehen gemacht hätte.

Für die ordnungsgemäß erschlossenen Kolonien erhielten die Bauinteressenten nach den vorliegenden rechtlichen Bestimmungen ihre Baugenehmigung. In den Kleingartengebieten durften nur Lauben (nach den Bestimmungen der Bauordnung) errichtet werden. Die mit einem zwinkernden Auge von Seiten der Kleingärtner zugegebene unzulässige Bebauung der Kleingartenparzellen wollte man strikt unterbinden, doch ist es offensichtlich zu keinem Zwangsabriß gekommen.

2.4.6.6.2 Baulicher Zustand

Die Skala der Bauten in Wilhelmruh reicht vom bescheidenen Eigenheim bis hin zur primitiven Bretterbude (Abb. 19). Am häufigsten vertreten sind die Wohnlauben, zum Teil erweitert und daher des öfteren eine recht große Grundfläche bedeckend (in Einzelfällen bis 100 m^2), die den flächenmäßig größten Anteil des bebauten Gebietes die Laubenkolonien einnehmen. Diese Wohnlauben bestehen oft aus den verschiedensten Baumaterialien, die vorwiegend aus Abbruchhäusern stammen, so daß auf diesem Wege die Baukosten recht niedrig gehalten werden konnten.

---

1) Erläuterungsbericht für den Richtplan zur Erschließung und Neuordnung des Gebietes beiderseits des Wilhelmsruher Dammes im Bezirk Reinickendorf, Ortsteil Wittenau/Lübars vom 8. 3. 1961.
2) Protokoll der Klage der Käufergemeinschaft Siedlung "Bruseberg" gegen die Stadt Berlin vom 23. 2. 1961.

Legende

zur Gebäudesubstanz Wilhelmsruh

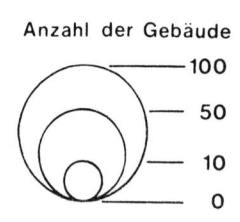

- Notwohngebäude
- Massive Nichtwohngebäude
- Behelfsheim über 30 m^2
- Kleinsiedler- und Nebenerwerbsstelle
- Ein- und Zweifamilienhaus
- Mehrfamilienhaus

Anzahl der Gebäude
— 100
— 50
— 10
— 0

Abb. 19
Wilhelmsruh
Gebäudesubstanz 1956
(aus: MV-Plandokumentation, 1972, S. 27)

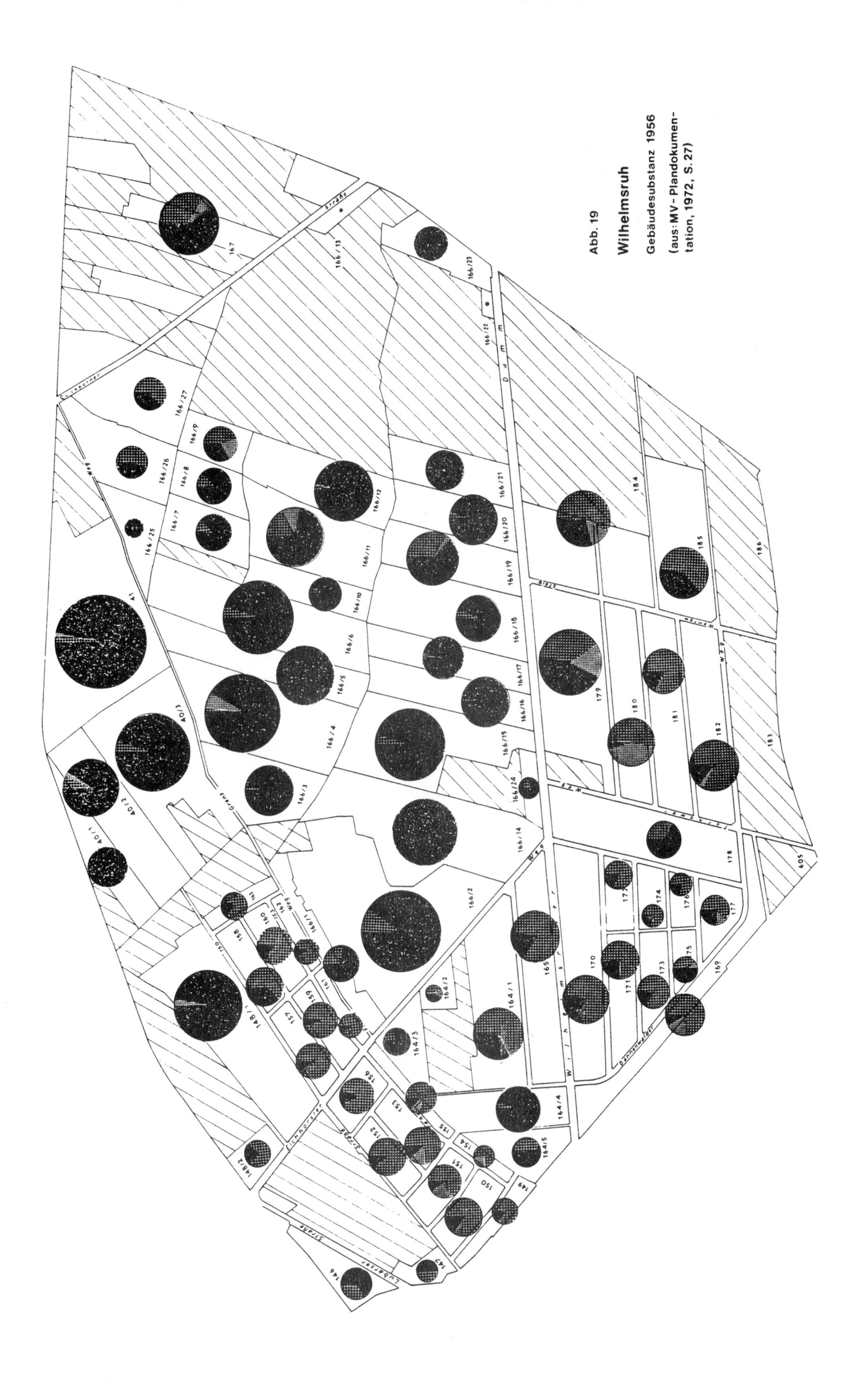

Viele Einwohner mußten zwangsläufig diesen Weg gehen, da ihnen aufgrund ihrer beschränkten finanziellen Verhältnisse nur diese Möglichkeit blieb. Die selten sachgemäß aufgeführten Wohnlaubenbauten sind eine ständige Quelle notwendiger Reparaturen.

Ein besonderes Zeichen dieser Wohnlauben stellte die "Winterfestmachung" dar. Da Fundamente und Isolierungen meistens fehlten oder zumindest mangelhaft waren, umgaben die Laubenbesitzer ihre Bauten mit einer massiven, ca. 12 cm starken Umwandung, die einen besseren Schutz gegen Kälte und Nässe darstellen sollte. Dafür drangen aus dem Boden Feuchtigkeit und Kälte in die Gebäude ein, was zu Fäulnis- und Schwammbildung und zu außerordentlich ungesunden Wohnverhältnissen führte. Während der warmen Jahreszeit mocht manchem die Wohnsituation als akzeptabel erscheinen, die Gefährdung setzte mit der feuchten und kühlen Witterung ein (GRATZ, H.J., 1959). Die Situation in den ordnungsgemäß aufgeschlossenen Siedlungen sah erheblich besser aus, obwohl auch hier einkommensschwache Schichten wohnten. Da in diesen Gebieten auch die Grundeigentumsverhältnisse geklärt waren, d.h. die Siedler ihre Parzellen als Eigentum besaßen, war das Interesse dieser Einwohner viel stärker auf die Errichtung eines massiven Hauses gerichtet, obwohl die bestehende Bauordnung und vor allem die fehlende Kanalisation den gewünschten Ausbau nicht zuließen (GRATZ, H.J., 1959). Hier holten die Siedler vor der Errichtung ihrer Häuschen die baupolizeiliche Genehmigung ein, wenn auch mit Dispensen, was bei den Kleingärtnern nicht der Fall war. Sie errichteten ihre Wohnlauben ohne Baugenehmigung, die sie lediglich für eine Sommerlaube erhalten hätten. Meistens erteilte die Baupolizei noch nachträglich sehr widerstrebend eine befristete Baugenehmigung, ohne daß nach dem Ablauf der Frist ein behördlich angeordneter Abriß erfolgt wäre.

Bei einer Neuordnung des Grundbesitzes wäre es durchaus möglich, einige Wohnlauben bestehen zu lassen, sofern die Schnitte der Parzellen keine gravierenden Veränderungen erfahren sollten. Diese Wohnlauben entsprachen in ihrem Habitus und in ihrer Ausführung durchaus massiven kleinen Häusern, da sie von Bauhandwerkern bautechnisch einwandfrei errichtet wurden. In Grenzfällen, wo Wohnlauben nicht voll den an ein massives Haus gestellten Anforderungen entsprachen, sollte man prüfen, ob durch die Gewährung eines günstigen Kredites ein Umbau zum massiven Eigenheim sinnvoll wäre.

Vollständig frei von Notwohngebäuden, d.h. überwiegend Wohnlauben, sind auch die aufgeschlossenen Siedlungen nicht. Dies dürften noch Relikte aus der ersten Zeit der Bebauung vor dem 2. Weltkrieg sein, da vor der Aufschließung diese Gebiete ebenfalls nur den Status von Laubenkolonien besaßen, die Kolonisten sich vielfach aber nicht mit den genehmigten Sommerlauben zufriedengaben und illegal Wohnlauben zum ständigen Wohnen errichteten. Nach der Parzellierung als Eigentum und der Aufschließung wurden die bisher noch freien Parzellen nunmehr mit kleinen massiven Wohnbauten besetzt, bzw. ein Teil der Siedler ersetzte nach dem wirtschaftlichen Aufschwung seine Wohnlauben durch Massivbauten.

Daß die Anzahl der Notwohnungen in Wilhelmsruh extrem hoch war sollen die folgenden Zahlen verdeutlichen. In Wilhelmsruh kommen auf 1.000 Normalwohnungen 652 Notwohnungen. Der gesamte Bestand an Notwohnungen betrug in diesem "größten geschlossenen Wohnlaubengebiet von Berlin (West)" mindestens 1.380 (GRATZ, H.J., 1972, S. 30). An anderer Stelle wird sogar von 1.650 Notwohnungen gesprochen (GRATZ, H.J., 1972, S. 26), wobei der letztere Wert durchaus realistisch erscheint, da viele Wohnlaubenbesitzer ihre Behausungen in Selbstüberschätzung und Idealisierung der Tatsachen als Normalwohnung eingestuft haben. Bei einem Gesamtbestand von 2.953 Wohnungen in Wilhelmsruh beträgt der Anteil der Notwohnungen etwa 50 %.

Somit wohnt die Hälfte der Wilhelmsruher Einwohner in baulich und wohnhygienisch außerordentlich ungünstigen Verhältnissen. Während in den innerstädtischen Bereichen Wohnlauben als Notwohnungen nicht auftreten, sind dafür Keller- oder Dachwohnungen zu finden.

Von diesen beiden Notwohnungsarten kommt dagegen in Wilhelmsruh nur die Dachwohnung in vier Wohnblöcken vor, und zwar in 146, 160, 165 und 177, alles aufgeschlossene Siedlungen. Da im gesamten Gebiet die eingeschossige Bauweise überwiegt, ist diese Tatsache nicht verwunderlich. Kellerwohnungen kommen wegen des hohen Grundwasserstandes oder des Schichtenwassers nicht vor. Der Notwohnungsanteil pro 1.000 Normalwohnungen ist im gesamten Bezirk Reinickendorf erheblich niedriger, obwohl das Vorhandensein verschiedener Notwohnungsgebiete am Rande der Stadt das Verhältnis negativ beeinflußt. So kommen in Reinickendorf auf 1.000 Normalwohnungen 126 Notwohnungen, was immer noch ein recht hoher Wert ist. Der Durchschnittswert für Berlin (West) liegt dagegen bei 43 Notwohnungen auf 1.000 Normalwohnungen. Damit liegt Wilhelmsruh mit seinem Notwohnungsdurchschnitt um 1.516 % über dem Berliner (West) Wert.

2.4.6.6.3 Baualter

Eine Klassifizierung der Gebäude nach dem Baualter ist zwar anhand der verfügbaren Daten möglich, spiegelt aber die Situation nicht korrekt wieder, da die Altersschwellen 1956 vom Statistischen Landesamt Berlin unglücklich gewählt wurden. So erfolgte lediglich eine Unterteilung in drei Altersgruppen (GRATZ, H.J., 1959):

1. Gebäude, die vor dem 1. 7. 1918 entstanden,
2. Gebäude, die zwischen dem 1. 7. 1918 und dem 24. 6. 1948 entstanden,
3. Gebäude, die nach dem 25. 6. 1948 gebaut wurden.

Bei der Wahl des 24. 6. 1948 ging das Statistische Landesamt von der Annahme aus, daß in den ersten Nachkriegsjahren bis 1948 die Bautätigkeit so gering war, daß dieser Wert vernachlässigt werden konnte. Für den Bereich des regulären Wohnungsbaus ist diese Vermutung durchaus zutreffend, jedoch nicht für den Bau von Notwohnungen, der gerade in dieser schlechten Zeit einen außerordentlichen Aufschwung erlebte. Dadurch ist eine Erfassung der Bautätigkeit während dieser drei Jahre bedauerlicherweise nicht gegeben. Die Verbesserung der wirtschaftlichen Lage vor allem nach der Beendigung der Blockade im Jahre 1949 hatte ein Absinken des wilden Notwohnungsbaues zur Folge.

Für die aufgeschlossenen Siedlungen kann gelten, daß der größte Teil der Bauten bereits vor 1945 erstellt war, was auch aus der Baualterskartierung (Abb. 7) hervorgeht. Nach dem 25. 6. 1948 bis zur Wohnungsstatistik am 25. 9. 1956 betraf die Bautätigkeit bis auf vier Ausnahmen (Wohnblöcke 166/7, 153, 178 und 181) weniger als 25 % der zum Zeitpunkt der Zählung vorhandenen Bauten.

Die altersmäßige Erfassung der baulichen Substanz (nach den vorhandenen Daten) zeigt, daß vor 1918 die Bebauung nicht nennenswert war. In den folgenden Jahren, vor allem nach 1930, entstand eine Vielzahl neuer Bauten. Die Besiedelung ist teilweise als Folgeerscheinung der verlorenen Kriege, der Kriegszerstörungen und der Weltwirtschaftskrise zwischen den beiden Weltkriegen zu werten. Ausschlaggebend für die wilde Bautätigkeit, die hauptsächlich die Notwohnungen betraf, waren Arbeitslosigkeit, Wohnungsnot, wirtschaftliche und demzufolge auch finanzielle Notlage, unzureichende Versorgung mit Lebensmitteln sowie die in der Nachkriegszeit herrschende Rechtsunsicherheit. Nur so ist die Entstehung eines derartig umfangreichen Notwohngebietes zu erklären.

Die in den Jahren nach 1948 zu verzeichnende Bautätigkeit ist zum Teil eine Folge der Bebauung ähnlicher Wohnlaubengebiete an anderen Stellen der Stadt. Außerdem setzte mit der wirtschaftlichen Stabilisierung wieder ein durch Regierungsunterstützung verstärkter Trend zum Eigenheim ein, wobei zuerst der preiswerte Grund und Boden von nicht immer den finanzkräftigsten Bevölkerungsschichten bebaut wurde.

Das älteste Gebäude soll das bereits im vorigen Jahrhundert entstandene Anwesen der Familie Heinze am Wilhelmsruher Damm östlich des Eichhorster Weges gewesen sein. Ebenfalls vor 1918 sollen auch die Fabrikgebäude westlich des Bahnhofs Rosenthal entstanden sein.

2.4.6.6.4 Industrie- und Gewerbebauten

Wilhelmsruh besitzt vor allem als Wohngebiet Bedeutung. Innerhalb des Areals befinden sich allerdings drei Standorte, die industriell genutzt werden. Dabei handelt es sich einmal um den Bereich im Nordwesten, wo sich bereits vor dem 2. Weltkrieg ein Unternehmen der metallverarbeitenden Branche niedergelassen hatte. Dieses 1932 gegründete Unternehmen stellt Werkzeugmaschinen her und beschäftigte 1955 (für 1956 lagen keine Angaben vor) 380 Arbeitnehmer. Auf dem gleichen Gelände besteht seit 1913 ein Betrieb der Stahlblechverformung, der ca. 150 Menschen beschäftigte (1965).

Ein zweites kleineres Industrie- und Gewerbegebiet bildete sich am Wilhelmsruher Damm. Dort wählte 1948 eine Möbelfabrik ihren Standort, die außer Möbel noch Fenster und Türen herstellte sowie Innenausbauten vornahm. 1954 waren in diesem Betrieb 33 Menschen tätig. Dieses Gewerbegebiet sollte nach den bisherigen Sanierungsrichtplänen ebenso wie das an der Lübarser Straße gelegene und der Bereich im Nordosten bestehen bleiben. In dem Dreieck zwischen Quickborner Straße und Niederbarnimer Eisenbahn hatte sich 1915 ein Stahlbauunternehmen angesiedelt, das sich auf Blechkonstruktionen, Stahl- und Fensterbau sowie die Herstellung und Vermietung von Stahlrohrrüstungen spezialisiert hatte. Von allen im Sanierungsgebiet vorhandenen Betrieben verfügte dieses Unternehmen über die größte Belegschaft (1957: 592 Beschäftigte). Auf der südlichen Seite der Quickborner Straße gegenüber dem Stahlbaubetrieb lag ein Sägewerk mit einigen Lagerschuppen, dessen Betrieb 1957 eingestellt war.

Neben diesen Industrieunternehmen hatten sich auch einige Gärtnereien in Wilhelmsruh niedergelassen. Sie konzentrierten sich jedoch nicht auf einen bestimmten Bereich, sondern verteilten sich über das noch nicht aufgeschlossene Gelände. So lag eine große Gärtnerei auf der Westseite des Eichhorster Weges (Nr. 23 - 31), die der späteren Sanierung im Wege war und umgesetzt werden mußte, wobei die Umsetzung beträchtliche Schwierigkeiten verursachte. Eine weitere Gärtnerei hatte ihre Betriebsfläche südlich des Wilhelmsruher Dammes (Nr. 141 - 145) und lag damit ebenfalls in dem von der Sanierung betroffenen Bereich. Da sich im südlich des Wilhelmsruher Dammes gelegenen Teilgebiet auch durch die 1959 ausgewerteten Bohrergebnisse keine grundlegende Veränderung der Planungen ergab, lag diese Gärtnerei genau in dem für das Einkaufszentrum vorgesehenen Gelände.

In dem von der Parzellierung bislang nur wenig erfaßten Bereich zwischen Quickborner Straße, Industriebahn und Niederbarnimer Eisenbahn bestand ein weiterer Gartenbaubetrieb. Da in diesem Gebiet wegen der bekannten schlechten Untergrundverhältnisse lediglich eine landwirtschaftliche Nutzung vorgesehen war, ergaben sich mit diesem Betrieb bei den Planungen keine Schwierigkeiten, da er seinen angestammten Standort behalten würde. Außer den drei erwähnten großen Gärtnereien bestand noch ein kleiner Gartenbaubetrieb am Wilhelmsruher Damm 110 - 112, der ebenfalls den Sanierungsmaßnahmen zum Opfer fallen würde.

In dem stark kleingärtnerisch orientierten Gebiet finden sich auf kleineren und größeren Parzellen eine ganze Reihe weiterer mit der Produktion landwirtschaftlicher Güter beschäftigte Unternehmen, die meistenteils als Einmannbetriebe bewirtschaftet wurden. Dabei handelt es sich vor allem um Geflügelzüchtereien, Hühnerhaltungen oder Schweinemästereien.

Der Anteil von 6,5 % Selbständigen unter den Haushaltungsvorständen läßt das Vorhandensein einer Anzahl kleiner Gewerbebetriebe vermuten, obwohl selbstverständlich nicht die Arbeitsstätte eines jeden Selbständigen in Wilhelmruh liegen muß. Während in den innerstädtischen Bereichen mit vorwiegender Miethausbebauung hauptsächlich Dienstleistungsbetriebe, aber auch kleine Gewerbebetriebe zu finden sind, erleichtert die offene Bauweise auf den mehrere hundert Quadratmeter großen Grundstücken die Eröffnung von Gewerbebetrieben mit größerem Platzbedarf.

Bis 1956 sind neben kleinen Geschäften zur Versorgung der Bevölkerung mit Gütern des täglichen Bedarfs eine ganze Zahl von Handwerks- und Fuhrbetrieben zu finden. Für einige Betriebe liegen die Genehmigungsunterlagen für den Betrieb eines Gewerbeunternehmens mit Angabe der Straße und Hausnummer vor. Da jedoch gerade diese Betriebe vorwiegend in den Kleingartenkolonien eröffnet wurden, jede Kleingartenkolonie trotz Parzellierung nur als ein Grundstück gilt mit nur einer Hausnummer, ist die Lokalisierung der lediglich schriftlich fixierten Standorte teilweise kartographisch unmöglich.

2.4.6.7 Bestand und Kosten der geplanten sozialen Infrastruktur

Die Versorgung der Bevölkerung mit Einrichtungen der sozialen Infrastruktur ist völlig ungenügend und beschränkt sich auf die evangelische Kirche mit einem kleinen Gemeindezentrum am Eichhorster Weg 60. Diese 1936 errichtete Kirche stellte bis zur Fertigstellung der Grundschule am Tornower Weg und der auf dem gleichen Gelände entstandenen Kindertagesstätte die einzige öffentliche Einrichtung in Wilhelmsruh dar. Der Bau weiterer notwendiger und auch in den Richtplänen vorgesehener Infrastruktureinrichtungen scheiterte bislang an der fehlenden Rechtsverbindlichkeit der Richtpläne, die erst nach der Klärung der Boden- und Grundwasserverhältnisse und der Finanzierung der notwendigen Kanalisierung und Grundwasserabsenkung zu erwarten war. Bis dahin sah sich die Bevölkerung gezwungen, die jenseits der Nordbahn liegenden Einrichtungen aufzusuchen.

Flächenbedarf	Größe in ha	in % vom Gesamtgelände
Gesamtgelände	370,00	100,0
Straßenland	37,64	10,1
Wasserwirtschaft	27,73	7,5
Gartenbauamt	20,83	5,7
Öffentliche Einrichtungen	11,82	3,0
Landw. Grün, Gärtnereien	28,70	7,8
Spielplätze	2,16	0,6
Privates Grün im Bereich der Grünzüge	3,67	1,0
Kleingärten	6,42	1,8
INSGESAMT	138,33	37,5

Tab. 8: Flächenbedarf der öffentlichen Hand 1961[1]

Die bisherigen Schätzungen über den Umfang der Neubebauung ließen keine korrekten Angaben der zu erwartenden Kosten und des Flächenbedarfs zu. Deshalb fertigte das Reinickendorfer Stadtplanungsamt eine detaillierte Auflistung der benötigten Flächen für den öffentlichen Bedarf an (Tab. 8).

Die Größe der Einfamilienhäuser wurde mit durchschnittlich 75 m^2 angenommen. Die Geschoß-

---

[1] Anlage zu den Plänen 1:4000 des Stadtplanungsamtes Reinickendorf vom 18. 3. 1961.

mietwohnungen setzte man mit 53 m^2 kleiner an, da sie vor allem den Bedarf an Ein- und Zweizimmer-Wohnungen decken sollen. Für die mit einer GFZ von 0,4 ausgewiesenen Gebiete bedeutet das eine Zahl von 2.900 Eigenheimen. Die mit einer GFZ von 0,9 bedachten Bereiche würden dann 1.800 Mietwohnungen aufnehmen. Insgesamt ergibt sich daraus eine Zahl von 4.700 neuen Wohnungen.

Gegenüber den bisherigen Schätzungen ergibt sich eine zusätzliche Zahl von 900 neuen Einfamilienhäusern, während die Anzahl der Geschoßwohnungen keine Veränderung erfährt.

Nachdem der Richtplan die Zustimmung aller beteiligten Dienststellen gefunden hatte, war jetzt der Beginn der Detailplanung möglich.[1] Besondere Beachtung sollte, wie des öfteren schon betont, der weitgehenden Erhaltung der aufgeschlossenen Gebiete und Grundstücke gelten. Mit dem Beginn der Einzelplanung ergaben sich wieder einige Änderungen bei den freizumachenden Flächen. Es stellte sich heraus, daß bisher die zu räumenden Flächen zu gering angesetzt waren. Nunmehr ergab sich ein etwas anderes Bild (Tab. 9).

Baumaßnahmen	zu räumende Flächen in m^2
Unbebaute Wiesen-, Wege-, Grabenparzellen	100.400
Zur Abräumung vorgesehen für Grundwasserabsenkung	90.550
Für Straßenbau	55.600
Für öffentliche Standorte	83.400
Für öffentliches Grün	97.150
Für Wohnen und Mischgebiete	568.300
Für Gewerbeflächen	28.300
INSGESAMT	1.023.700

Tab. 9: Flächenbedarf 1961[2]

Die seit den ersten Kostenaufstellungen gestiegenen Baupreise machten in dem fortgeschrittenen Stadium der Planung eine Korrektur der Kostenvoranschläge notwendig, um rechtzeitig die erforderlichen Mittel im Haushalt beantragen zu können. Deshalb fertigte das Stadtplanungsamt Reinickendorf eine Neuaufstellung der voraussichtlichen Hochbaukosten an (Tab. 10).

Infrastruktureinrichtung	Kosten in DM
2 Kindertagesstätten mit je 100 Plätzen	820.000
1 Grundschule mit 12 Klassen und 1 OPZ mit 8 Klassen	2.750.000
1 Altenwohnheim mit ca. 110 Plätzen	2.500.000
1 Clubhaus mit 5.000 m^2 zu 140 DM/m^2	700.000
1 Bücherei mit ca. 9.000 Bänden (200 m^2 Nutzfläche)	250.000
1 Jugendheim (100 Plätze) mit Tonstudio	750.000
1 Postamt mit 3.000 m^2 zu 140 DM/m^2	420.000
1 Polizeirevier mit 1.500 m^2 zu 120 DM/m^2	180.000
1 Ambulatorium mit 3.500 m^2 zu 200 DM/m^2	700.000
INSGESAMT	9.070.000

Tab. 10: Kosten der Infrastruktur 1961[3]

Für die geplanten Einrichtungen der sozialen Infrastruktur ergab sich die Notwendigkeit der Räumung einer größeren Zahl von Pachtparzellen (Tab. 11).

---

[1] Protokoll der 30. Bau-Deputationssitzung Reinickendorf am 11. 4. 1961, Tagesordnungspunkt 5.
[2] Schreiben des Stadtplanungsamtes Reinickendorf vom 9. 5. 1961 an den Senator für Bau- und Wohnungswesen, Abt. II C.
[3] Aufstellung der Hochbaukosten vom Stadtplanungsamt Reinickendorf vom 8. 6. 1961.

Einrichtung	Haushalte	abzureißende Pachtparzellen		Gewerbeparzellen		
		bebaute Fläche in m^2	Grundst. fläche in m^2	Haushalte	beb. Fläche m^2	Grundstück- m^2
Bücherei, Clubhaus, Jugendheim mit Spielplatz	21	1.110	10.150	-	-	-
Spielplatz nö. des Packereigrabens	10	510	5.600	-	-	-
Schule	30	1.800	19.500	-	-	-
Kita	3	200	4.900	-	-	-
Sportplatz am Eichh.Weg	26	1.500	20.400	-	-	-
Altenwohnh.	23	1.300	14.400	1	70	600
Öffent. Grün	25	1.500	14.450	1	70	600
Kirche (kath.) am Heinzegrab.	3	110	3.000	-	-	-
Kirche (ev.) am Grenzweg	5	360	3.200	1	70	800
Post, Polizei, Gesundheitsfürsorge (Wilhelmsruher Damm 147 - 155)	11	700	5.800	1	100	500
INSGESAMT	157	9.090	101.400	4	310	2.500

Tab. 11: Abzuräumende Flächen 1961[1])

Gegenüber der Aufstellung von 1959 sind zusätzlich aufgenommen worden ein Jugendheim und ein Ambulatorium. Dagegen entfallen eine Grundschule, der Sportplatz und der Friedhof. Trotzdem weist die Kostenaufstellung (Tab. 10) eine Kostensteigerung von 2.070.000 DM gegenüber 1959 auf. Allerdings sind in beiden Voranschlägen die Kosten für den Grundstückserwerb und die Baureifmachung nicht berücksichtigt, da für diese Kosten ein anderer Haushaltstitel in Anspruch genommen wird.

2.4.6.8 Verkehrsverhältnisse und Straßenbaumaßnahmen

Der das Gebiet verlassende Verkehr verzweigt sich westlich des Gebietes in drei Hauptrichtungen, die der Roedern Allee, der Oranienburger Straße und dem Eichborndamm folgen. Die wichtigste Straßenverbindung zur Innenstadt ist dabei die Oranienburger Straße, deren Ausbau auf die geplante Breite noch nicht in allen Abschnitten erfolgt ist. Der Wilhelmsruher Damm als Hauptverkehrsstraße weist bisher eine Breite von 18 m auf. Im Zuge der Sanierung soll er zwischen Dannenwalder Weg und Oranienburger Straße eine Breite von 24 bzw. 28 m erhalten und als Wohnsammelstraße fungieren. Der Eichhorster Weg, die Quickborner Straße, der Tornower Weg und der Wentowsteig sind in ihren vorgesehenen Breiten freigelegt und besitzen bereits eine feste Straßendecke. Die innerhalb der aufgeschlossenen Wohnsiedlungen bestehenden Wohnstraßen 117 bis 131 und 150 bis 159 sind nur provisorisch befestigt, da man vor dem Einbau der Kanalisation nicht mit dem endgültigen Straßenbau beginnen wollte.

Wegen der Abgrenzung Wilhelmsruhs durch drei Eisenbahnlinien gegen das übrige Stadtgebiet und vor allem auch durch die Lage in einem nach Osten reichenden Vorsprung, der im Süden und Osten von der Grenze nach Ost-Berlin begrenzt wird, ist die Lage im Berliner (West) Verkehrsnetz als recht ungünstig zu bezeichnen. Obwohl eine Isolierung nicht beabsichtigt ist und auch nicht sein darf, erschwert die separate Lage natürlich eine Integration in

---

[1]) Schreiben des Stadtplanungsamtes Reinickendorf vom 19. 4. 1961 an den Senator für Bau- und Wohnungswesen, Abt. II C.

den Berliner (West) Stadtkörper. Der geplante Ausbau der Straße Am Nordgraben wird die verkehrliche Anbindung an Berlin (West) erleichtern. Ebenso wird der vorgesehene S-Bahnhof im Süden von Wilhelmsruh an der Kreuzung mit der zukünftigen Straße Am Nordgraben (dessen Bau allerdings noch nicht abzusehen ist) für die Einwohner des Südteils die Verkehrssituation erheblich verbessern.

Bisher bediente lediglich die Buslinie A 21 der BVG das Gebiet entlang des Wilhelmsruher Dammes bis zum Wentowsteig. Die Buslinie A 62 war nur an der Oranienburger Straße zu erreichen und die Buslinie A 15 nach Frohnau und Tegel fuhr die Oranienburger und die Lübarser Straße entlang. Die Bedienung mit öffentlichen Verkehrsmitteln war demzufolge unzureichend. Vor allem protestierte immer wieder die Betriebsleitung der Firma Rieth & Sohn an der Quickborner Straße über die unzumutbaren Straßenzustände und die schlechte BVG-Verbindung. Eine Besserung der Verkehrsanbindung würde aber erst nach Abschluß der Bebauung möglich sein.

Nicht nur die geplanten Straßen verursachten Kosten. Die bestehenden Straßen waren überwiegend nicht ausgebaut und bedurften noch größerer Investitionen. Die Gesamtkosten der Straßenbaumaßnahmen beliefen sich auf insgesamt 13.006.025 DM.[1]

---

[1] Schreiben des Stadtplanungsamtes Reinickendorf vom 18. 3. 1961 an den Senator für Bau- und Wohnungswesen, Abt. II C.

Abb. 20
Sanierungsgebiet Wilhelmsruh
Richtplanentwurf des Stadtplanungsamtes
Reinickendorf vom 7. 3. 1962
(Originalmaßstab 1:2 000)

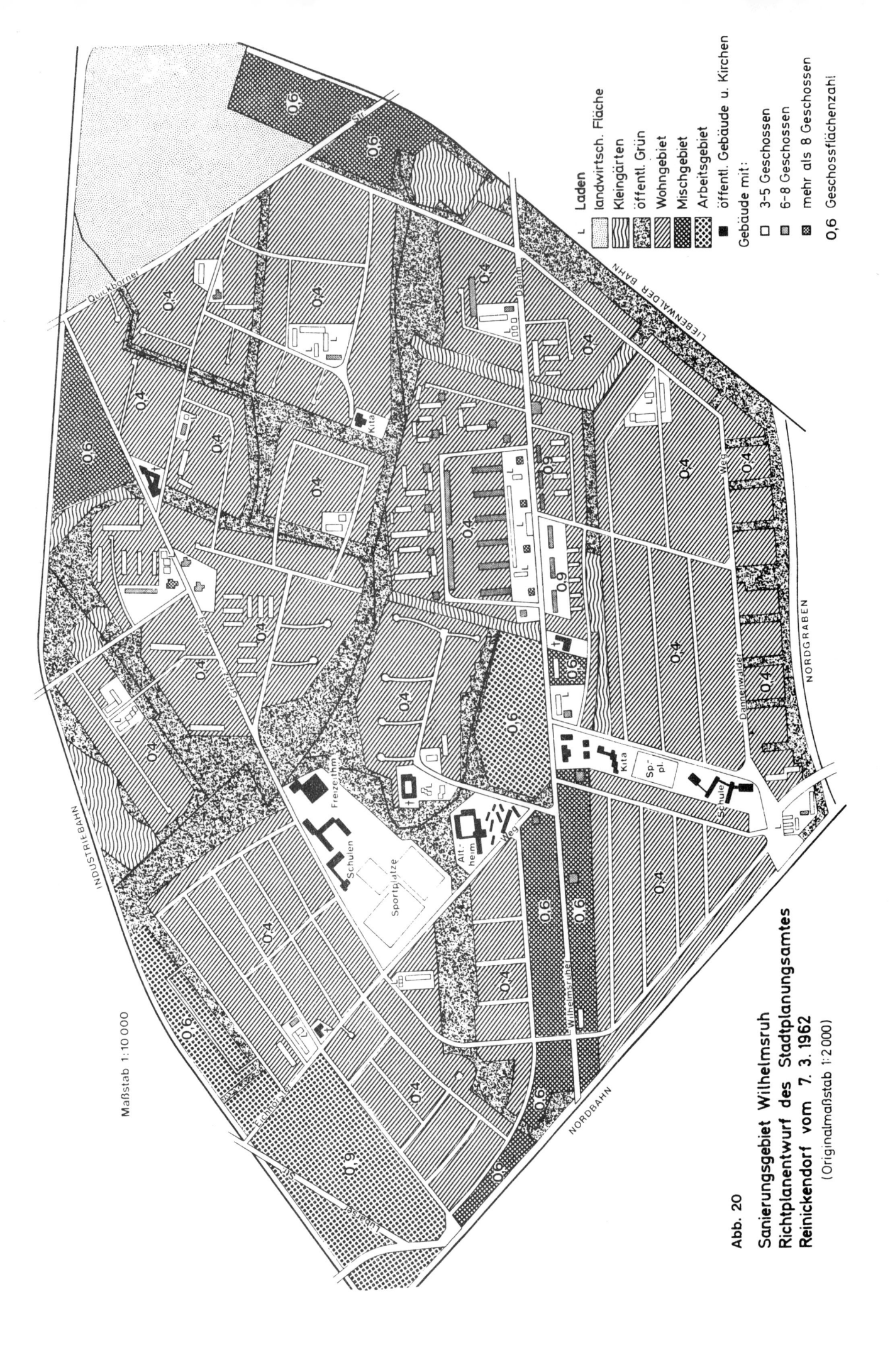

3 DIE ENTSTEHUNG DES MÄRKISCHEN VIERTELS SEIT 1962

3.1 Der Richtplanentwurf vom 7. 3. 1962

Erst in der 42. Sitzung am 13. 3. 1962 wurde die Reinickendorfer Baudeputation davon unterrichtet, daß zur Komplettierung der Planungen vorgesehen war, zwei freischaffende Architekten durch den Senator für Bau- und Wohnungswesen zu beauftragen, die bis zum 15. 7. 1962 den endgültigen Bebauungsvorschlag - in ständiger Zusammenarbeit mit dem Senator für Bau- und Wohnungswesen und dem Bezirk - vorzulegen hatten, damit das Tiefbauamt zum Herbst 1962 die Projektierung der Straßen durchführen und an die Stadtentwässerung zur Ausarbeitung ihrer Leitungspläne weitergeben konnte.[1] Grundlage dieser Zuschaltung zweier freier Architekten sollte zwar der Richtplanentwurf des Bezirksamtes vom 3. 8. 1960 bleiben, doch schien sich eine gewisse Skepsis innerhalb der Bezirksverwaltung auszubreiten, die diesen Versicherungen nicht so recht glauben mochte.

Hatte das Bezirksstadtplanungsamt doch gerade erst am 7. 3. 1962 einen weiteren Richtplanentwurf fertiggestellt (Abb. 20), der den Reinickendorfer Sanierungsvorstellungen entsprach.[2] Das ganze Gebiet erfuhr eine Unterteilung in 13 Quartiere. Diese Gliederung ist teilweise ein Ergebnis der vorgesehenen Grünflächenplanung (stark gliederndes Element) aber auch der unterschiedlichen Bebauung. Arbeitsgebiete sind von vornherein ausgeklammert. Die zukünftige Wohnungszahl in den 13 Quartieren sollte sich auf 6.598 belaufen.[3] Nachdem die möglicherweise endgültige Wohnungsanzahl feststand und vor allem in einem Jahr mit dem Bau der ersten 500 Wohnungen zu rechnen war, mußte man sich Klarheit über die Größe der zu bauenden Wohnungen verschaffen. 1960 waren in Berlin (West) rund 850.000 Wohnungen vorhanden, von denen ca. 29 % zu den Einraum- bzw. Einzimmer-Wohnungen, ca. 40 % zu den Zweizimmer-Wohnungen, ca. 21 % zu den Dreizimmer-Wohnungen und ca. 10 % zu den Vier- und Mehrzimmer-Wohnungen gehörten. Daraus ergab sich ein Bedarf vor allem an großen, familiengerechten Wohnungen für kinderreiche Familien. Interessant wären für diesen Zweck Wohnungen mit 2 2/2 und 3 1/2 Zimmern für Familien mit fünf Köpfen sowie Wohnungsgrößen von 3 2/2 oder 2 3/2 Zimmer für sechs und mehr Personen. Die Bevölkerungsstruktur in Wilhelmsruh erforderte dann den Bau einer größeren Zahl kleiner Wohnungen für ein bis zwei Personen und größerer Wohnungen für fünf und mehr Personen.[4]

Die bisherigen Wohnungsbauprogramme Berlins (West) waren auf die Produktion vieler Wohnungen mit dem vorhandenen Geld abgestellt. Da die Beseitigung der Wohnungsnot das vordringlichste Problem darstellte, wurden viele kleine Wohnungen gebaut, um den wohnungslosen Familien erst einmal ein Dach über dem Kopf zu verschaffen. Mit der Beseitigung der größten Wohnungsnot konnte man jetzt darangehen, die Wohnungsgrößen dem Bedarf anzupassen.

3.2 Die Konzeption der freien Architektengemeinschaft

Am 14. 4. 1962 schloß der Senator für Bau- und Wohnungswesen, Abt. II C, einen Vertrag mit der Architektengemeinschaft Müller, Heinrichs und Fleig über die Anfertigung einer Generalkonzeption für Wilhelmsruh. Diese Konzeption sollte die wirtschaftliche Ausnutzung

---

[1] Protokoll über die 42. Sitzung der Baudeputation Reinickendorf am 13. 3. 1962.
[2] Bebauungsvorschlag für das Sanierungsgebiet Wilhelmsruh vom 7. 3. 1962 des Stadtplanungsamtes Reinickendorf.
[3] Tabelle des Wohnungsbestandes nach dem Bebauungsvorschlag des Stadtplanungsamtes Reinickendorf vom 10. 1. 1962 für das Sanierungsgebiet Wilhelmsruh.
[4] Schreiben des Senators für Bau- und Wohnungswesen vom 23. 3. 1962 an Bezirksstadtrat Schäfer.

des zur Verfügung stehenden Baulandes im Rahmen einer deutlich sichtbaren städtebaulichen Ordnung ermöglichen.[1] In mehreren Besprechungen zwischen der Senatsbauverwaltung und dem Bezirksamt Reinickendorf wurden die bestehenden Vorstellungen vollständig überarbeitet. Von dem bisherigen Richtplanentwurf des Stadtplanungsamtes Reinickendorf blieb so gut wie nichts bestehen. An die Stelle der Sanierung in sozialem Sinne sollte lediglich eine maximale Ausnutzung des vorhandenen Baulandes treten. Allzu beglückt über diese Entwicklung waren die Bezirksplaner nicht, da ihnen die Planungsbefugnis aus der Hand genommen wurde. Die entscheidenden inhaltlichen Divergenzen hatten erst nach einiger Zeit die sich daran erhitzenden Gemüter wieder abkühlen lassen. Diese Umstellung der Planung war auch der Grund für die monatelange planerische Abstinenz des Bezirksstadtplanungsamtes, die nach den vorangegangenen Zeiten intensiver planerischer Tätigkeit seltsam auffiel.

Neben die des öfteren angeführten Gründe für die Sanierung des Gebietes, d.h. die Verbesserung der hygienischen Verhältnisse und die Umstrukturierung der sozialen Zusammensetzung der Bevölkerung, treten jetzt zwei weitere Gründe.

1. Der Mangel an zusammenhängenden großen Baulandreserven in Berlin (West).
2. Die Gelegenheit, "unmittelbar an der Grenze zu unseren Mitbürgern in Ost-Berlin gewissermaßen ein zweites Hansaviertel zu bauen ... und gerade mit Rücksicht auf den 13. August 1961 hier Freiheit und Wohlstand durch Leistung zu manifestieren".[2]

Der von dem Architektenteam zu erstellende Plan würde der endgültige Richtplanentwurf sein, da bereits einen Monat nach seiner Fertigstellung das Reinickendorfer Tiefbauamt die Entwürfe für die Straßenpläne einschließlich definitiver Höhenangaben anzufertigen hat. Diese Termine sind einzuhalten, da in den Haushalten 1963 und 1964 Mittel für den Bau der Schmutzwasserleitung vom Pumpwerk Waidmannslust in das Sanierungsgebiet hinein vorgesehen waren. Die Arbeiten zur Absenkung des Grundwasserspiegels sollten ebenfalls 1964 beginnen, da für dieses Jahr die erste Rate in Höhe von 700.000 DM der voraussichtlichen Gesamtsumme von ca. 4 Mio. DM beantragt war. Erst 1965 bzw. 1966 nach dem Einbau der Kanalisation in die Straßen könnte man in der Baudeputation die Verteilung der zur Verfügung stehenden Mittel für den Ausbau der Altsiedelstraßen vornehmen.

Wie bisher vorgesehen, sollte der erste Bauabschnitt der Gesobau 400 bis 500 Wohnungen umfassen, nur änderte sich jetzt der dafür vorgesehene Standort. Sollten diese Wohnungen ursprünglich zwischen Packereigraben und Industriebahn entstehen, so war ihr Bau jetzt auf dem Gelände zwischen Nordgraben und Dannenwalder Weg geplant, da dort noch eine Anschlußmöglichkeit an das Kanalisationsnetz in westlicher Richtung bestand. Außerdem hatte ein von der Gesobau in Auftrag gegebenes Baugrundgutachten für dieses Areal ein positives Ergebnis gezeigt. Das Gelände am Packereigraben war nun erst für den zweiten Bauabschnitt mit ebenfalls ca. 500 Wohnungen eingeplant. Baubeginn wird dort jedoch erst mit Fertigstellung des Schmutzwasserkanals sein, also nicht vor Ende 1963 oder Anfang 1964. Die Lage der weiteren Bauabschnitte wurde von dem Plan der Architektengruppe abhängig gemacht.

Bekannt war von dem Architektenplan bisher nur, daß die Zahl der Wohnungen auf wenigstens 10.000 gesteigert wurde mit einer zu erwartenden Bevölkerung zwischen 30.000 und 35.000 Personen, d.h. fast eine Verdoppelung der bislang geplanten Einwohnerzahlen. Mit diesen Vorstellungen wird mit Sicherheit die Art der Bebauung in Richtung auf das Vorherrschen des Miethauses verändert, da für diese Einwohnerzahl keine Unterbringungsmöglichkeit in Einfamilienhäusern besteht. Weiterhin wird ein größerer Teil der Bewohner als bisher geplant seine Parzellen räumen müssen, so daß in den Laubenkolonien entgegen der bisherigen Planung wohl keine Einfamilienhäuser mehr bestehen bleiben.

---

1) Schreiben des Senators für Bau- und Wohnungswesen vom 14.8.1962 an das Bezirksamt Reinickendorf.
2) Protokoll der 37. (ordentlichen) Sitzung der Bezirksverordnetenversammlung Reinickendorf am 6. 6. 1962, TOP 4, S. 24.

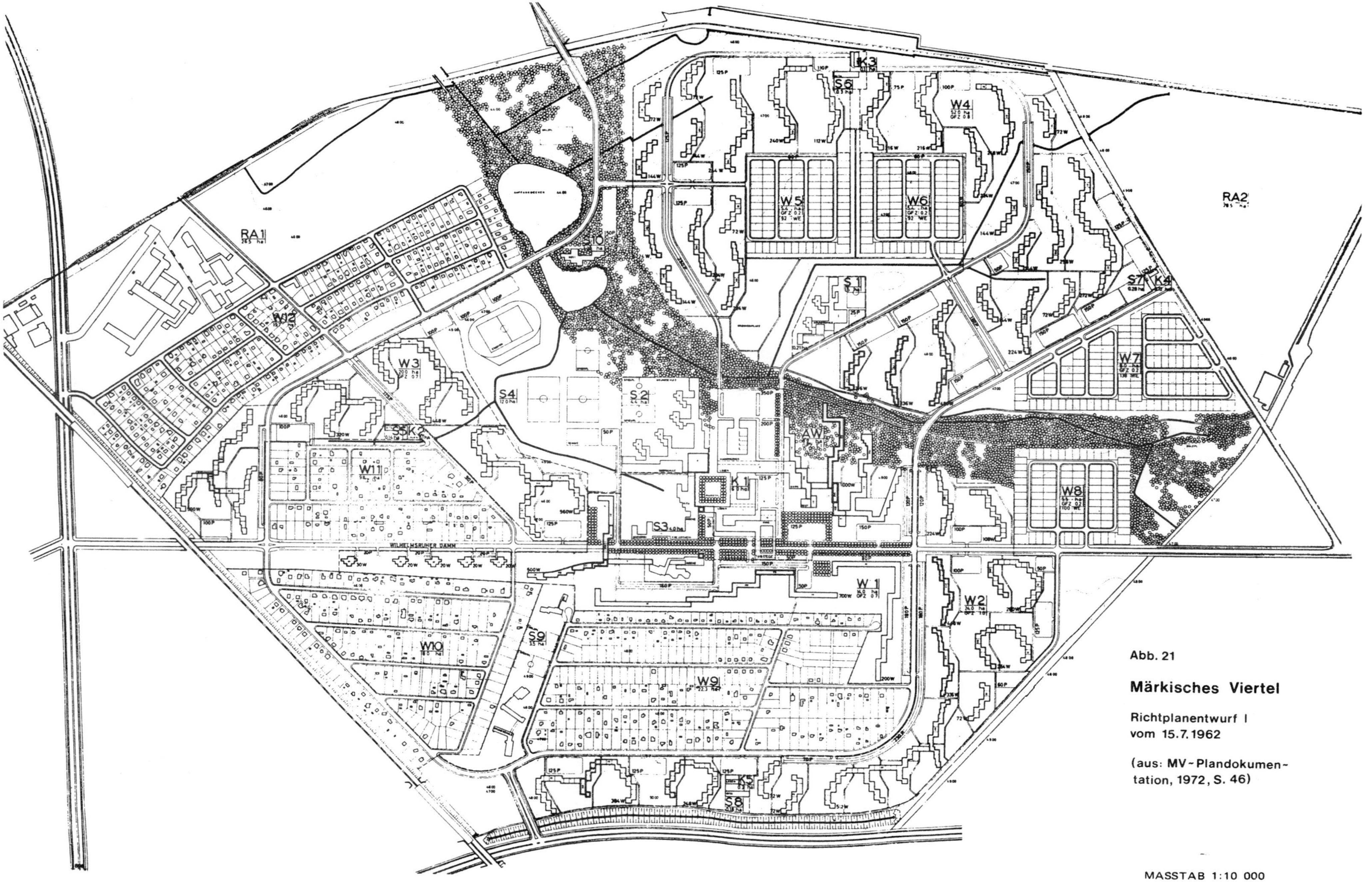

Abb. 21
Märkisches Viertel
Richtplanentwurf I
vom 15.7.1962

(aus: MV-Plandokumen-
tation, 1972, S. 46)

MASSTAB 1:10 000

Die bisherigen Verlautbarungen der Architekten ergaben, daß von der gesamten Wohnbebauung nur die aufgeschlossenen Siedlungen bestehen bleiben sollen. Von den laut Volkszählung vom 6. 6. 1961 in dem Gebiet lebenden 8.069 Einwohnern werden 5.391 durch die Räumung ihrer Parzellen direkt betroffen. Die restlichen 2.678 Einwohner können auf ihren Grundstücken bleiben.

Am 15. Juli 1962 legte die Architektengruppe, in die für den ausgeschiedenen Architekten Fleig Senatsbaudirektor Düttmann eingetreten war, vertragsgemäß ihren Vorentwurf vor (Abb. 21). "Durch seine Lage im Stadtgebiet und im Verkehrsnetz erhält das Sanierungsgebiet den Charakter einer Trabantenstadt.[1] Alle Wohnformen und Versorgungseinrichtungen einer echten Stadt mit 40.000 geplanten Einwohnern sind vorgesehen."[2] Es sollte keine Schlafstadt entstehen, wie sie in vielen Großstädten der Bundesrepublik bereits vorhanden waren, sondern man wollte alle die bisherigen Fehler der Stadtplaner vermeiden und ein attraktives von sprudelndem Leben erfülltes urbanes Gebilde schaffen.

In drei großen Armen soll die neue vielgeschossige Mietshausbebauung die verbleibenden Einfamilienhausgebiete aber auch das nördliche Areal mit neuen Einfamilienhäusern umfassen. Mit Hilfe dieser ausgeprägten räumlichen Gliederung der Bebauung will man einen eigenen städtebaulichen Akzent setzen; das Unverwechselbare wird zur Dominante. Mit der vorgenommenen Differenzierung der Bauten in Form und Höhe, der wellenförmigen Anordnung der Geschoßhöhen von einem hohen Punkt am Außenende des Bebauungsarmes über ein Sinken ins Wellental, um dann das Zentrum wieder mit einem Wellenberg mit den größten Geschoßzahlen zu erklimmen, ist die Abkehr von den monotonen Zeilenbauten der Nachkriegszeit vollzogen. Diese stadtplanerischen Vorstellungen sind dann nur noch von den Architekten in ihrem Metier nachzuvollziehen. Mit dieser starken Gliederung der Bauten und der Orientierung zum Zentrum hin versuchen die Stadtplaner ein Gefühl der Zusammengehörigkeit zu erwecken. Mit der extra betonten, eigentlich jedoch selbstverständlichen großzügigen Ausweisung der öffentlichen Standorte "wird hier der Versuch einer vorbildlichen Stadtrandsanierung propagiert".[3]

Inmitten des Gebietes sahen die Planer ein Einkaufszentrum vor, das durch vier kleine Nebenzentren ergänzt wird, die den Bewohnern der näheren Umgebung zur Versorgung mit Gütern des täglichen Bedarfs dienen.

Im westlichen und in großen Teilen des südlichen Bebauungsarmes ist die Anlage der Bauten in Form von weiten nach Süden (in zwei Fällen nach Osten bzw. Norden) geöffneten Wohnhöfen geplant, die den Bewohnern als Treffpunkt zur besseren Kontaktpflege dienen sollen. Der nördliche, zwei neue Einfamilienhausgebiete umfassende Bebauungsarm besteht aus stark gegliederten, in Nord-Süd-Richtung sich erstreckenden Bauten. Ebenfalls am Ostrand des Dannenwalder Weges zieht sich eine aus drei Blöcken bestehende langgestreckte, gegliederte Zeilenbebauung hin, die an die Wohnhofbauten anschließt. Die Verbindung der einzelnen Bebauungsarme stellt eine abgestufte Zeilenbebauung an der Südseite des Wilhelmsruher Dammes her, deren Abschluß westlich der Schorfheidestraße vier Punkthäuser mit je vier Geschossen und ein Punkthaus mit sechs Geschossen bilden.

---

1) Dieser Aussage muß energisch widersprochen werden. Offensichtlich war den Autoren ebenso wie der Presse die Diskussion um den Trabantenstadtbegriff unbekannt, daß sie zu solch merkwürdiger Behauptung gelangen.
2) Erläuterungsbericht für den Richtplan zur Erschließung und Neubebauung des Gebietes Wittenau-Nord (Wilhelmsruh) der Architekten Düttmann/Heinrichs/Müller vom 15. 1. 1963 (Anlage 3).
3) Erläuterungsbericht für den Richtplan zur Erschließung und Neubebauung des Gebietes Wittenau-Nord (Wilhelmsruh) der Architekten Düttmann/Heinrichs/Müller vom 15. 1. 1963.

Der in den Richtplanentwürfen des Reinickendorfer Stadtplanungsamtes ausgewiesene Grünzug, der sich von der Sektorengrenze im Bereich der Kolonie "Fechner" entlang des Grabensystems in einem Bogen bis in die Nähe des Güterbahnhofs Lübars hinzieht, bleibt wegen des dort vorhandenen schlechten Baugrundes auch in der neuen Planung erhalten. Die offene Bauweise erleichtert eine Einbeziehung des öffentlichen Grüns bis hinein in den halböffentlichen Bereich, so daß eine strenge Abgrenzung vermieden wird. Gleichzeitig werden die zu erhaltenden Einfamilienhausgebiete mit ihren Gärten und dem alten Baumbestand als Grüngebiete bezeichnet, zu denen sie zumindest als privates Grün gehören. Nur im Bereich von vier neuen Gebieten mit Einfamilienhäusern (im Richtplan mit W 5 - 8 bezeichnet) läßt die Planung Anklänge an die stadtplanerischen Intentionen des Stadtplanungsamtes Reinickendorf erkennen, die für die umzusetzenden Pächter die Möglichkeit des Erwerbs von Eigentum vorsahen. Die Gesamtzahl der neuen Wohnungen sollte 12.770 Mietwohnungen und 422 Einfamilienhäuser umfassen. Gegenüber den Reinickendorfer Planungen, die den Vorstadtcharakter bewahren wollten, ergibt sich eine Steigerung der Wohnungszahlen um über 100 %.

Erhalten bleiben die Gebiete der Siedlungen "Neue Zeit", "Genossenschaft zur Beschaffung von Siedlungsgeländen", "Nordbahn", "Laszlo", "Hampel" und "Rosenthaler Höhe" mit ungefähr 860 Einfamilienhäusern.

Als Industrie- und Gewerbegebiete sind im Nordwesten des Geländes einmal das bestehende Industriegebiet an der Lübarser Straße und das Gelände der Kolonie "Zur Pappel" mit den nördlich daran anschließenden Pappelwiesen vorgesehen. Das ursprünglich geplante Gewerbegebiet zwischen der Quickborner Straße und dem Güterbahnhof Lübars entfällt. Dafür ist das bisher als landwirtschaftliche Nutzfläche ausgewiesene Areal östlich der Quickborner Straße für Industrie- und Gewerbeansiedlungen gedacht. Die Zahl der sozialen Infrastruktureinrichtungen entsprach nach den bisherigen Planungen einer Bevölkerungszahl von maximal 20.000 Einwohnern und reichte dementsprechend für eine jetzt geplante Bevölkerung von 40.000 Menschen bei weitem nicht mehr aus. Deshalb war eine Erweiterung und Vermehrung der entsprechenden Einrichtungen notwendig. Der neue Richtplanentwurf sah jetzt zehn derartige Einrichtungen vor.

Standortnummer	Einrichtung
S 1	Grundschule und Kindertagesstätte
S 2	Oberschule
S 3	Kirche, Bücherei, Freizeitzentrum
S 4	Sportanlagen
S 5	Kindertagesstätte
S 6	Kindertagesstätte
S 7	Kindertagesstätte
S 8	Kindertagesstätte
S 9	Grundschule und Kindertagesstätte
S 10	Restaurant

Tab. 12: Einrichtungen der sozialen Infrastruktur 1962[1]

Das Straßennetz wurde aufgrund der neuen Bebauung völlig verändert. Lediglich in den aufgeschlossenen Siedlungen blieben die Straßen bestehen. In den Bereichen der vielgeschossigen Miethausbebauung war das verzweigte Netz der Siedlungsstraßen nicht mehr notwendig und wurde von einer geringeren Zahl Wohnstraßen abgelöst. Die Verkehrserschließung zwischen Packereigraben und Quickborner Straße erfolgte jetzt durch eine birnenförmige

---

[1] Erläuterung zum Richtplanentwurf vom 15. 7. 1962.

Schleife mit der Einmündung in den Wilhelmsruher Damm. Der Dannenwalder Weg knickte rechtwinklig nach Norden ab und führte nach der Überquerung des Wilhelmsruher Dammes nach einem erneuten Knick von etwa 135° senkrecht auf die Quickborner Straße zu. Außerdem wurde der Dannenwalder Weg parallel zur Nordbahn an die geplante Straße Am Nordgraben angebunden, obwohl seit 1961 die Grenze nach Ost-Berlin gesperrt war. Die Straße 123 bog vor der Siedlung "Neue Zeit" nach Nordosten ab und verlief etwa parallel der Siedlung.

3.3 Die Planungsphilosophie des Planungsteams

Für die Gestaltung der Bebauungsarme lassen sich nur ästhetische aber keine funktionalen Gesichtspunkte finden. Daraus ergibt sich auch die Erklärung der Gedankengänge der drei Planer: "Die seit der Charta von Athen propagierte und inzwischen überall realisierte Form durchgrünter Siedlungen in Zeilenform genügt sicherlich den soziologischen, jedoch nicht immer den optisch ästhetischen Anforderungen: In Berlin selbst ist die Wohnzeile seit den zwanziger Jahren, seit Hegemanns Protest gegen das "steinerne Berlin", die Wohnform vieler Menschen geworden ... Die Anonymität der Serie hat jedoch zu einem Gesichtsverlust der neuen Stadtteile geführt ... Darum der Versuch, ohne die Erkenntnisse des zu Recht geforderten "gesunden Wohnens" aufzugeben, mit dem Thema Wohnungsbau nun auch wieder Stadtphysiognomie zu treiben, das Unverwechselbare - die unverlierbare Situation - zu suchen als Identität der Bemühungen um den Außenraum, gekoppelt mit der um den Innenraum, der Wohnung ... Wir wollten versuchen, ob nicht unter Wahrung der Baurationalisierung es möglich ist, aus der Monotonie der konventionellen Vorfabrikation auszubrechen und mit dem Instrument der Großtafeln bzw. des vorgefertigten Bauelements ähnlich wie früher den Ziegelsteinen zu hantieren, d.h. zu differenzierteren Baugebilden zu kommen, durch die eine Anonymität vermieden und die Physiognomie des Hauses der Individualität der einzelnen Wohnungen entspricht" (JUCKEL, L., 1968, S. 59 - 61).

Die Ästhetik der äußeren Gestalt feiert einen großartigen Triumph über den Benutzer dieser "Stadtphysiognomie". Die Idee der aufgelockerten und gegliederten Stadt entsteht in verfeinerter Form und widerspricht den ständigen Äußerungen von der Schaffung eines urbanen Gebildes mit städtischem Leben. Der Wunsch nach Urbanität erfährt seine "Verwirklichung" unter Anwendung rein formaler Gesichtspunkte, d.h. durch die Verdichtung der Baumassen. Die diesen Vorstellungen anhängenden Architekten verfallen nicht als erste dem grundlegenden Irrtum, daß dichte Bebauung und hohe Bevölkerungszahlen bereits ein Kriterium für Urbanität sind. Die in dem Entwurf ausgesprochene Forderung nach der Überwindung des Nachkriegs-Städtebaus läßt sich dergestalt nicht realisieren. Dem bisher betriebenen Städtebau wird lediglich eine ästhetische Variante hinzugefügt. "Der Wunsch nach Raumausdruck und Raumbildung geht über die Großräume auch aus den einzelnen Gebäudegruppen hervor" (LIMBERG & Co. KG, W. (Hrsg.), 1967, S. 9).

Als Gegengewicht zu den Einfamilienhausgebieten nahm man die Konzentration der Baumassen vor, um einen ordnenden Faktor in das Siedlungsbild aufzunehmen. Diese Erklärung ist etwas zu vordergründig, denn die von der Senatsbauverwaltung geforderte hohe Bevölkerungszahl ließ sich in dem Gebiet nur bei einer entsprechenden Verdichtung der Bebauung realisieren. Offensichtlich wird versucht, dem Sachzwang nachträglich eine künstlerische Erklärung zu verleihen. Obwohl rein formal die Nachbarschaftsstruktur bestehen bleibt, wird sie real ersetzt durch ein System von Höfen und gegliederten Wohnbändern.

Die drei Bebauungsarme stellen die größten Hofräume dar, während vom südlichen in den nördlichen Arm übergehend die Auflösung der Hofräume zu Wohnbändern erfolgt, wiederholen sich die großen Hofräume in kleinerer Form im Süd- und Westarm. Die Bebauungsarme im

Süden und Westen entspringen nicht großartigen städtebaulichen Überlegungen sondern sind lediglich eine konsequente Ausnutzung der zwischen den verbleibenden Einfamilienhausgebieten freiwerdenden Flächen. In Anlehnung an dieses Bebauungsprinzips erschien eine Fortführung im zu bebauenden Nordteil sinnvoll. Die Konzipierung einer formalen Einheit der Baukörper impliziert jedoch nicht von vornherein die innere Geschlossenheit. Auf dem Wege des Formalismus wird der Versuch unternommen, eine synthetische Stadtstruktur zu schaffen, wobei sich der darin enthaltene gedankliche Fehlschluß deutlich herauskristallisiert.

Als Begründung für die städtebauliche Gestaltung dieser Großsiedlung wird der Begriff der Stadtlandschaft angeführt. "Die Stadtlandschaft ist das Gestaltungsprinzip des Städtebauers, um der Großsiedlung Herr zu werden. Durch sie ist es möglich, Unüberschaubares, Maßstabloses in übersehbare, maßvolle Teile zu gliedern und die Teile so zueinander zu ordnen wie Wald und Wiese, Berg und See in einer schönen Landschaft zusammenwirken. Die Stadtlandschaft zeigt nicht die eine Silhouette, sondern von den Teilen der Stadtlandschaft hat jeder seine eigene, seinem Inhalt entsprechende Silhouette. Eine neue Wohnstadt im Norden Berlins will an die Stadtlandschaft anknüpfen".[1] Dieser völlig unreflektierte Gebrauch des Begriffes "Stadtlandschaft" läßt die verzweifelten Versuche der Stadtplaner erkennen, eine Planungsphilosophie als Hintergrund für ihre Tätigkeit sichtbar werden zu lassen. Nicht das äußere Erscheinungsbild ergibt bereits eine Landschaft sondern die Summe aller Geofaktoren, die für einen Bereich typisch sind, gestatten erst die Bezeichnung Landschaft.

In dem Zitat wird ein weiterer Widerspruch zu den Vorstellungen der Stadtplaner sichtbar. Soll einerseits die neue Siedlung nicht den Charakter einer Schlafstadt erhalten, wie ihn die meisten vergleichbaren Großsiedlungen besitzen, so wird in der Tonbandaufzeichnung von einer Wohnstadt gesprochen, womit das Ergebnis bisheriger Städtebaukunst nicht verbessert wäre. Die Bedeutung "technischer, wirtschaftlicher, soziologischer und politischer Elemente" (LIMBERG & Co. KG (Hrsg.), 1967, S. 9) wird nicht geleugnet, doch geht prinzipiell die städtebauliche Motivation weniger von der funktionalen als von der künstlerischen Konzeption aus. Das einzige dieser Auffassung entspringende nichtkünstlerische Moment stellt eine ins Ideale verklärte Kommunikation dar, die sich nach dem Willen der Planer als Ergebnis der künstlerischen Gesamtdarstellung ergeben wird. Damit verdeutlicht sich die Einseitigkeit der architektonisch geprägten Stadtbaukunst, die den Funktionalismus eindeutig dem Ästhetizismus unterordnet.

Das soll nicht etwa heißen, daß die künstlerische Ausdrucksform gänzlich in den Hintergrund zu rücken sei und die technokratische Denkweise als das Maß aller Dinge zu gelten habe. Ein sinnvolles Zusammenspiel von funktionsgerechter Gestaltung und ästhetischer Darstellung wäre eine wünschenswerte Lösung städtebaulicher Probleme. Der Mensch als Wesen mit ästhetischem Empfinden würde die Vernachlässigung der künstlerischen Komponente als unangenehm empfinden. Das Bemühen der Stadtplaner von der herkömmlichen, einfallslosen Aneinanderreihung von Hauszeilen (selbstverständlich gibt es Ausnahmen, siehe die Hufeisensiedlung in Neukölln) loszukommen, ist als durchaus positiv zu werten. Doch das Ausbrechen aus eingefahrenen architektonischen Geleisen genügt nicht zur Befriedigung des städtebaulichen Anspruchs. Mit dem gedanklichen Rückfall in die Vorstellungswelt der Gartenstadtbewegung führen die Stadtplaner ihren Wunsch nach Schaffung eines urbanen Gebildes ad absurdum. Allein mit der beschworenen sozialen Verpflichtung des Architekten ist die Lösung der im sozialen Bereich vorhandenen Probleme nicht möglich, da ohne die Be-

---

1) Tonbandaufzeichnung im ehemaligen Informationspavillon des MV, zitiert nach "Planungs- und Entscheidungsprozess im Märkischen Viertel", 1971, S. 52.

rücksichtigung der sozialen Problemfaktoren in der Stadtplanung jeder Lösungsversuch Stückwerk bleiben muß.

3.4 Das Selbstverständnis der beteiligten Architekten[1]

Die Tätigkeit des Architekten wird gemeinhin von zwei unterschiedlichen Warten aus betrachtet. Er selbst versteht sich als Künstler, der die schwierige Aufgabe übernommen hat, technische Sachzwänge künstlerisch und ästhetisch zu realisieren. Der Laie sieht in ihm den Technokraten, der allein unter technischen Gesichtspunkten seine Arbeit verrichtet. Welche Voraussetzungen fanden die an der Planung des Märkischen Viertels beteiligten Architekten nun vor, und welche Ansichten versuchten sie bei der Gestaltung ihrer Bauwerke einfließen zu lassen?

Dem freien Entfaltungsdrang waren recht enge Grenzen gesetzt. So schrieb einmal der Untergrund in großen Zügen die städtebauliche Gestaltung in Form des nördlichen Bebauungsarmes vor. Die Berücksichtigung der zu erhaltenden Einfamilienhausgebiete ließ keine andere Form des westlichen und südlichen Bebauungsarmes zu, ebenso wie die Ost-West-Zeile entlang des Wilhelmsruher Dammes. Weiterhin schränkte die Unterteilung in Bauabschnitte bzw. Wohngebiete den Planungsbereich der einzelnen Architekten ein. Mit der Vorgabe der sich vom Zentrum aus zum Mittelteil der Bebauungsarme hin verringernden Gebäudehöhen und einem erneuten Anstieg am äußeren Ende der Bebauungsarme erfuhr der freie Planungsspielraum eine Einengung. Andererseits ist es eine Selbstverständlichkeit, daß der Architekt sein Schaffen stadtplanerischen Sachzwängen unterordnet, um dem städtebaulichen Chaos zu entgehen.

Außer den von den Stadtplanern geforderten Vorbedingungen sahen sich die Architekten noch dem Zwang des von der Gesobau aufgestellten Wohnungsschlüssels gegenüber. Eine weitere Einschränkung der planerischen Bewegungsfreiheit brachte die Finanzierung des Bauvorhabens aus Mitteln des sozialen Wohnungsbaues mit sich. Dieser Umstand ist insofern nicht unbedingt als negativ zu werten, da auch der für den freifinanzierten Wohnungsbau tätige Architekt dem Zwang der späteren Wirtschaftlichkeit seines Baues unterliegt.

Ein wichtiges planerisches Detail der Wohnbauten ist auf die trotz der vorgenommenen Grund- und Schichtenwasserabsenkung ungünstigen Baugrundverhältnisse zurückzuführen. Um aufwendige Isolierungsarbeiten zu vermeiden, liegen die Abstellräume entweder im Erd- bzw. 1. Obergeschoß oder sind in speziellen Zwischengeschossen (Gisel) bzw. direkt in der Wohnung (Düttmann) angeordnet.

Die Form des Wohnhofes ist nicht mehr von allen Architekten konsequent durchgeführt. Die Planungsintentionen der ersten Häuser am Dannenwalder Weg beruhten auf der Bereitstellung dieser Wohnungen für die im Märkischen Viertel umzusetzenden Siedler, die "in den Höfen ein Feierabendfeld finden"[2] sollten, um "durch Begegnung und gemeinsame Arbeit die alte Siedlergemeinschaft wieder entstehen"[2] zu lassen.

Die Architekten sprechen bei der von ihnen vorgenommenen Anordnung der Wohnräume von einem "Hineinwohnen"[3] ins Grüne, wobei auf eine ausreichende Besonnung geachtet wurde. Die Wohnhöfe und die Einfamilienhausgebiete übernehmen die Funktion des sanitären Grüns,

---

1) Dieser Abschnitt bezieht sich vorwiegend auf die in der "Bauwelt", Jg. 1967, Seite 1190 - 1193 beantworteten Fragen an die Architekten.
2) Planungsbüro der DeGeWo, in: Bauwelt 1967, S. 1193
3) PLARRE, R., in: Bauwelt 1967, S. 1190.

wobei wahrscheinlich auch mehr an den psychologischen Effekt als an die gliedernde Aufgabe, die von den Gräben übernommen wurde, gedacht ist. Aus der Priorität, die der günstigsten Besonnung eingeräumt wurde, erklärt sich auch das häufige Auftreten von Eckwohnungen bei Stranz. Fleig will mit den an der Nordseite seines Blockes charakteristischen Eckfenstern den Bewohnern ständig neue Blickwinkel eröffnen und zugleich ein Maximum an Morgen- und Abendsonne einfangen.

Der parallel zum Wilhelmsruher Damm verlaufende Bau von R. Gagés schließt den zentralen Bereich des Märkischen Viertels nach Süden ab.

"Sonne", "Licht" und "Grün" sind die bei Begründungen der vorliegenden Konzeption der Architekten ständig wiederkehrende Worte. In dem Bauen "von Blumen und Märchen"[1] scheint sich die architektonische Vorstellungswelt zu erschöpfen. Fragen nach dem sozialen Bezug ihrer Planungen beantworteten die Architekten mit dem Hinweis auf das Entstehen des Märkischen Viertels im sozialen Wohnungsbau. Ein breites Angebot verschiedener Wohnungstypen eröffnet bei veränderten Wohnbedürfnissen die Möglichkeit, sie auch befriedigen zu können.

Der Zwang zum Kollektivismus wird berechtigterweise abgelehnt, und die im Rahmen einer Hausgemeinschaft zu knüpfenden mehr oder weniger festen Kontakte der Initiative des einzelnen überlassen und diese Ansicht als großartiges Postulat dargestellt. Mit Selbstverständlichkeiten, die nicht der verbalen Unterstreichung durch die Architekten bedürfen, glauben sie offenbar ihrer sozialen Verpflichtung genüge zu tun. Bei ihren Planungen wurden die Architekten nicht von sozialen Gedanken ihrer Verpflichtung dem Mitmenschen gegenüber geleitet sondern von technischen Voraussetzungen und Lösungsmöglichkeiten. Der Ausspruch: "Individualismus der Einzelwohnung im Arrangement, durch Staffelung und Farbe betont: das ist Demokratie"[2] sind hohle Worte. Es ergibt sich daraus zwangsläufig die Frage: Was haben die erwähnten technischen Details mit Demokratie zu tun? Wird etwa als Demokratie die farbliche und lagemäßige Differenzierung der einzelnen Wohnungen bezeichnet? Oder kommt der Individualismus der Einzelwohnung dem Demokratiebegriff nahe?

Die elitären Vorstellungen der Architekten (und auch der Stadtplaner) verbunden mit einem Sendungsbewußtsein scheinen ihr Verständnis von den gesellschaftlichen Verhältnissen und Prozessen als wahren Begriff der Demokratie zu verstehen. Dieses Denken führt zu der intendierten Interpretation des Demokratiebegriffs, obwohl unter Demokratie "eine Gestalt des politischen Lebens, die die Willensbildung der Gemeinschaft oder des Staates vom Willen des gesamten Volkes ableitet"[3] verstanden wird. Wahre Verbundenheit der sozialen Verpflichtung und wahre Demokratie müßten von den Bedürfnissen aller Menschen ausgehen.

Gerade der Architekt projiziert seine eigene meist bürgerliche Vorstellungselt auf die Bedürfniswelt der von seinen Planungen betroffenen Menschen. Sinnvoller und demokratischer wäre es, wenn er sich durch intensive Kontakte mit diesen Bevölkerungsgruppen über deren Vorstellungen informierte, um dann seine Planungen mit den sozialen Bedürfnissen in Einklang zu bringen.

Die von den Stadtplanern von den Wohngebieten getrennt vorgenommene Ausweisung der Industrie- und Gewerbegebiete entspricht den Vorstellungen der Charta von Athen, die von der jüngeren Stadtplanergeneration teilweise heftig angegriffen wird. Stellenweise verfielen die Verfasser dieser städtebaulichen Vorstellungen aufgrund des bis zum 1. Weltkrieg praktizierten Städtebaus in das andere Extrem, indem sie eine vollständige Trennung der einzelnen Funktionen propagierten.

---

1) STRANZ, in: Bauwelt 1967, S. 1192.
2) STRANZ, in: Bauwelt 1967, S. 1192.
3) Stichwort: Demokratie, in: Brockhaus-Enzyklopädie, 1968, Bd. 4, S. 406.

Die Trennung der Industriegebiete von den Wohnbereichen ist als durchaus sinnvoll anzusehen, wohingegen die Separierung der Bereiche des tertiären Sektors als urbanitätsfeindlich bezeichnet werden muß. Zwar erzeugt eine Verdichtung der Baumassen keine Urbanität, sondern in Zusammenhang mit der Verdichtung müssen eine sinnvolle Funktionsvielfalt und vor allem die Herstellung einer Öffentlichkeit einhergehen. An die ersten beiden Punkte haben Architekten und Stadtplaner gedacht und an ihre Ausgestaltung einige Mühe verwendet. Der letzte und wichtigste Punkt scheint ihnen unbekannt oder inhaltlich völlig mißverständlich zu sein, sofern sie die Herstellung einer Öffentlichkeit lediglich auf das Funktionieren der Hausgemeinschaft beziehen.[1]

3.5 Änderungsvorschläge zum Entwurf vom 7. 3. 1962

Den Vorentwurf bekamen alle mit der Sanierung beschäftigten Dienststellen mit der Bitte um Überprüfung zugestellt. Auf die Kritik der Abt. II C des Senators für Bau- und Wohnungswesen stießen die ausgewiesenen öffentlichen Standorte. Nicht nur die Zahl sondern auch ihre Verteilung wurden bemängelt.[2] Die Zahl von zwei Grundschulen wird als völlig unzureichend bezeichnet, zumal der Standort der Grundschule am Tornower Weg innerhalb des Gebietes sich äußerst ungünstig in die vorliegende Planung einfügt. Daraufhin bildete der Senat vier Nachbarschaften, die mit Grundschulbereichen identisch waren. Jedem Grundschulbereich wurde eine Grundschule zugeordnet mit einer Fläche von 1,5 ha mit zusätzlich 1 ha für einen Schulsportplatz. Zweckmäßigerweise sollte jede Grundschule etwa im Zentrum der zu ihr gehörenden Nachbarschaft liegen, um den Schülern kurze und gefahrlose Wege zu gewährleisten. Die Standortwahl der beiden Grundschulen war deshalb sehr unglücklich und mußte völlig verändert werden. Die bisherige Grundschule S 9 ist nicht mehr als Grundschule zu gebrauchen und müßte einer anderen Nutzung zugeführt werden. Die geplante Grundschule S 1 muß ihrer ungünstigen Lage wegen entfallen. Lediglich die geplante Oberschule S 2 am Hauptzentrum kann an ihrem Standort bestehen bleiben.

Nach den Vorstellungen der Senatsbauverwaltung sind außer den vier Grundschulen drei Oberschulen zur Erzielung eines ausreichenden Schulangebots notwendig. Die drei Oberschulen gliedern sich auf in eine OPZ (Oberschule Praktischer Zweig - Hauptschule) mit 19 - 20 Klassenräumen, eine OTZ (Oberschule Technischer Zweig - Realschule) mit 20 Klassenräumen und eine OWZ (Oberschule Wissenschaftlicher Zweig - Gymnasium) mit 19 - 20 Klassenräumen. Damit ist zum ersten Mal die Notwendigkeit eines Gymnasiums für das Sanierungsgebiet angesprochen. Nach den von DAHLHAUS/MARX (1968, SD. 30) ermittelten Kriterien war die Nichtberücksichtigung der gymnasialen Oberstufe in den bisherigen Planungen durchaus zu vertreten, da erst bei einer Einwohnerzahl von 30 - 40.000 ein Gymnasium erforderlich ist. Von ähnlichen Werten ging die Stadtplanungsbehörde bei ihren früheren Planungen ebenfalls aus, da erst mit Beginn der sechziger Jahre ein verstärkter Schülerstrom auf die Gymnasien einsetzte, der heute bei der ursprünglichen Zahl von ca. 20.000 Einwohnern die Einrichtung eines Gymnasiums notwendig machen würde. Die OWZ und eine der beiden weiteren Oberschulen können den Standort S 2 einnehmen. Die dritte Oberschule könnte dagegen die Gebäude der Grundschule am Tornower Weg übernehmen, für die ein besserer Standort auszuweisen ist. Zusätzlich wäre unbedingt die Errichtung einer Hilfsschule mit 14 Klassenräumen zu berücksichtigen, für die bei einer Einwohnerzahl von rund 40.000 mit Sicherheit ein Bedarf bestehen wird. Für die Hilfsschule würde sich als Standort das Geländedreieck nördlich des Wilhelmsruher Dammes direkt östlich der S-Bahn anbieten, das im Vorentwurf mit 500 Wohnungen bebaut werden sollte. In Zusammenhang mit

---

1) Aussagen der Architekten, in: Bauwelt 1967, S. 1192/93.
2) Stellungnahme des Senators für Bau- und Wohnungswesen, Abt. II C, vom 5. 11. 1962 zum Bedarf an öffentlichen Standorten.

dem Hilfsschulbau wäre auf diesem Grundstück gleichzeitig die Errichtung der für die Nachbarschaft 29 zuständigen Grundschule in Erwägung zu ziehen.

Die Überlegungen des Senators für Jugend und Sport gingen dahin, für mindestens 15 % der Kinder im Alter bis zu 15 Jahren Plätze in Kindertagesstätten vorzusehen. Setzt man bei einer geplanten Bevölkerungszahl von 44.500 den Anteil der unter Fünfzehnjährigen nur mit 1 % pro Jahrgang an, so gehören etwa 6.700 Personen dieser Altersgruppe an. Demnach würde sich ein Bedarf von ca. 1.000 Plätzen ergeben, der mit den geplanten sechs Tagesstätten nicht gedeckt werden kann, zumal zwei von ihnen zu kleine Grundstücke aufweisen. Um dem Bedarf gerecht zu werden, sind neun Kindertagesstätten vorzusehen, von denen eine mit 86 Plätzen am Tornower Weg bereits existiert. Neben der Neuausweisung von Standorten ist eine entsprechende Vergrößerung fast aller Grundstücke erforderlich. Zusätzliche Tagesstätten sollen auf dem Gelände S 3 der kathaolischen Kirche, im evangelischen Gemeindezentrum am Wilhelmsruher Damm, im östlichen Bereich der Nachbarschaft 32 und im Hauptgrünzug der Nachbarschaft 31 entstehen.

Die Ausweisung von Flächen für Jugendfreizeitheime sah der Vorentwurf nicht vor. Da solche Einrichtungen als Freizeitangebot für Jugendliche erhebliche Bedeutung besitzen, schlug die Senatsbauverwaltung den Bau von zwei Freizeitheimen vor. Ein Standort wäre zwischen dem Hauptzentrum und den Sportplätzen wünschenswert, während das zweite Freizeitheim auf dem Schulstandort S 1 unterzubringen wäre.

Ein Problem, dessen Lösung in der Innenstadt immer wieder auf große Schwierigkeiten stößt, das in einem solchen Neubaugebiet jedoch großzügig gelöst werden kann, ist die Ausweisung ausreichender Spiel- und Sportplätze. Für einen Teil der Spielplätze ist der jeweilige Bauträger zuständig, da sie grundsätzlich innerhalb der Wohnsiedlungen einzurichten sind. Vorgeschrieben ist mit 1 m^2 pro Kopf der Bevölkerung die nutzbare Spielfläche, wovon wiederum ca. 50 % als Spiel- und ca. 50 % als Tummelplatz dienen sollen. Dabei ist die untere Größe für einen Spielplatz mit 150 m^2 festgelegt, um nicht die Ausweisung jeder ungenutzten winzigen Ecke als Spielplatz zu gestatten. Außer einem im Hauptgrünzug bereits ausgewiesenen Robinson-Spielplatz sind noch zwei bis drei Tummelplätze mit 2.500 - 3.000 m^2 Fläche zusätzlich dort anzulegen.

Sportplätze sind Einrichtungen mit hohem Flächenbedarf. Deshalb sind auch 3 m^2 pro Kopf der Bevölkerung als Mindestmaß festgelegt. so daß 130.350 m^2 benötigt werden, was einer Bruttogrundstücksfläche von etwa 200.000 m^2 entspricht. Zusammen mit dem bestehenden Schulsportplatz am Tornower Weg und dem geplanten Robinson-Spielplatz ergab sich nur eine ausgewiesene Fläche von 165.000 m^2. Deshalb wurden die Anlage eines weiteren Sportplatzes mit ca. 20.000 m^2 Fläche auf dem entfallenen Schulstandort S 1 und eines 10 - 15.000 m^2 großen Tennisplatzes im Hauptgrünzug vorgeschlagen. Das in der Mitte des Gebietes gelegene Sportzentrum soll eine Sporthalle, die von den Schülern der geplanten Oberschulen mitzubenutzen ist, und ein Hallenschwimmbad erhalten.

Zusätzlich zu der bestehenden Säuglings- und Schulgesundheitsfürsorge am Tornower Weg forderte das Bezirksgesundheitsamt den Bau einer zweiten Fürsorgeeinrichtung, die eine Säuglings- und Kleinkinderfürsorge, eine Schulgesundheitsfürsorge und einen orthopädischen Turnsaal erhalten soll. Dafür wäre die Bereitstellung eines ca. 1.000 m^2 großen Grundstücks notwendig.

Nach Auskunft des Senators für Sozialwesen ist mit einem Bedarf von 500 Plätzen in Altenwohnheimen zu rechnen. Für ein Altenheim bestand nach Ansicht des Senats in diesem Gebiet keine ausreichende Nachfrage. Die Altenwohnheime sind nach dem bewährten Muster von den Bauträgern zu errichten und werden dann von der Sozialabteilung des Bezirksamtes angemietet.

3.6 Die Diskussion zwischen dem Senat und dem Bezirksamt

Die Vorlage des Vorentwurfs hatte eine intensive Diskussion der einzelnen Dienststellen des Bezirks und der Senatsbauverwaltung eingeleitet. Die Bezirksgremien waren sich darüber im Klaren, daß eine grundlegende Änderung des vorliegenden Vorentwurfs nicht mehr zu erreichen war und hatten sich deshalb generell mit der Entscheidung des Senators für Bau- und Wohnungswesen abgefunden. Jetzt ging es vor allem um die Bereinigung planerischer Fehlschlüsse. Vor allem bei der zukünftigen Verkehrserschließung prallten die Meinungen der Bezirksstadtplaner und der Senatsbauverwaltung hart aufeinander. Grundlage der Überlegungen der Hauptverwaltung bildete ein von der Abteilung II C aufgestellter Plan über das zukünftige Verkehrsaufkommen, der auf einer angenommenen Motorisierungsquote von einem Kfz auf fünf Einwohner basierte. Aus dem Produkt der Wohnungszahl und der Belegungszahl von 2,6 Einwohner pro Wohnung ergaben sich die Kraftfahrzeugzahlen der einzelnen Wohnquartiere. Für den abfließenden Verkehr wählte man die jeweils günstigste Richtung. Daraus ergab sich, daß die Kreuzung des Wilhelmsruher Dammes mit der Oranienburger Straße im Berufsverkehr von ca. 1.710 Kfz belastet würde, die geplante Straße am Nordgraben von 586 Fahrzeugen befahren würde. Der aus der Siedlung "Neue Zeit" in die Oranienburger Straße fließende Verkehr von ca. 33 Kfz ist unbedeutend. Das Bezirksamt wies darauf hin[1], daß für die Bewältigung des Verkehrs an der Kreuzung Wilhelmsruher Damm/Oranienburger Straße ein kostspieliger Ausbau der Kreuzung vorzunehmen sei, wobei über das Fassungsvermögen der Oranienburger Straße noch keine Klarheit bestand. Günstiger wäre dagegen ein Ausbau der geplanten Nordgrabenstraße bis zum Eichborndamm oder sogar bis zur Holzhauser Straße, da der Berufsverkehr hauptsächlich in südlicher bzw. westlicher Richtung orientiert sei.

Um nicht trotzdem einen übermäßig starken Verkehr entlang des Wilhelmsruher Dammes zu erhalten, ist die Verhinderung eines zügigen Verkehrs notwendig. Es wird die Vorfahrtsberechtigung der den Wilhelmsruher Damm kreuzenden Sammelstraßen empfohlen sowie die Unterbrechung der gradlinigen Fahrbahn etwa in Höhe des Zentrums. Diese Maßnahmen sollen den Verkehr zwingen, seinen Weg über die Straße Am Nordgraben zu nehmen.

Zum ersten Male tauchte auch der Gedanke einer Erschließung durch eine U-Bahn auf. Man dachte an eine Verlängerung der Linie D (Leinestraße - Gesundbrunnen) über Residenzstraße - Kopenhagener Straße - Hauptstraße in Wilhelmsruh (Ost-Berlin) - Wilhelmsruher Damm mit Endstation am Einkaufszentrum. Die Teilung der Stadt verhinderte aber eine derartige Linienführung, so daß eine Ausweichtrasse über die Roedernallee realistischer erschien. Eine Aufnahme dieser Überlegungen in die U-Bahnausbaupläne wurde im Augenblick noch nicht erwogen.

Weitere Differenzen zwischen dem Bezirksamt und der Senatsbauverwaltung ergaben sich bei der Bemessung der sozialen Infrastruktureinrichtungen. So hielt das Bezirksamt im Gegensatz zur Abteilung II des Senators für Bau- und Wohnungswesen vier Grundschulen, zwei OPZ und eine OTZ für ausreichend. Im Bezirksamt ging man bei diesem Vorschlag, der zwei OPZ aber keine OWZ enthält davon aus, daß in diesem Gebiet sich gegenüber der bestehenden Sozialstruktur keine Veränderungen ergeben werden. Diese Meinung negiert die im schulischen Bereich sichtbare Tendenz zum verstärkten Besuch der Realschulen und Gymnasien, für die in einem später von über 40.000 Menschen bewohnten Gebiet unbedingt die Einrichtung derartiger Schulen notwendig ist.

Ebenso berücksichtigt man nicht das wahrscheinliche Vorhandensein von geschädigten Kin-

---

[1] Schreiben des Stadtplanungsamtes Reinickendorf vom 12. 10. 1962 an den Senator für Bau- und Wohnungswesen, Abteilung II C.

dern, für die sich der Besuch einer Sonderschule als notwendig erweist. Ähnlich besitzt das Bezirksstadtplanungsamt anscheinend keine Vorstellung von dem Bedarf an Kindertagesstättenplätzen, den es mit lediglich 600 beziffert. In dieser Hinsicht sind die vom Senat angemeldeten Wünsche erheblich realistischer. Nur für den Bau von Altenwohnungen wird ein zusätzlicher Bedarf angemeldet. Aus den Äußerungen des Bezirksamtes geht eindeutig hervor, daß man dort immer noch mit den für dieses Gebiet spezifischen Daten operiert ohne zu bedenken, daß die gegenüber dem derzeitigen Zustand um wenigstens das Vierfache höhere Bevölkerungszahl zu einer veränderten Bevölkerungsstruktur führen wird. Die nach den Angaben des Bezirksamtes zu vermutende Außerachtlassung der veränderten Bevölkerungsstruktur würde zu schwerwiegenden Planungsfehlern führen. Obwohl die Senatsbauverwaltung von einem größeren Bedarf ausgeht, reicht die Bezugnahme auf die durchschnittlichen Berliner (West) Verhältnisse für eine optimale Planung nicht aus, wie es sich einige Jahre später gezeigt hat.

Die zentrale Lage des Haupteinkaufszentrums wird von allen beteiligten Stellen als optimal angesehen. Ein von der Industrie- und Handelskammer und der Handwerkskammer erstelltes Gutachten über den Umfang aller Einkaufszentren übernahm die Gesobau für ihre Verhandlungen mit kapitalkräftigen Bauträgern derartiger Einrichtungen. Bei der Festlegung der flächenmäßigen Ausdehnung traten noch Schwierigkeiten auf, da eine Klärung der angestrebten Geschoßzahl und ihre Gestaltung noch nicht erfolgte. Vorgeschlagen wurde eine niedrige Bebauung mit maximal zwei Geschossen, die auch die Billigung des Bausenats fand.

Die vier Nebenzentren fanden in der vorgeschlagenen Form keine Gegenliebe bei der öffentlichen Verwaltung und den Gutachtern. Nach den Ideen der Architekten sind sie als "Frühstückszentren" zu errichten, worunter Großautomaten zu verstehen sind. Solche "Großautomatenzentren" werden als wenig effektiv angesehen und sollen deshalb einer Reihe von jeweils sechs - sieben Geschäften weichen. Ein sehr günstiger Effekt würde sich bei einer Kombination dieser Nebenzentren mit öffentlichen Einrichtungen wie z.B. Kindertagesstätten erzielen lassen. Die bisher für die Nebenzentren vorgesehenen Flächen sind für diese Entwicklung zu klein, was teilweise zu Verschiebungen führen wird, um die geforderten Flächen zu erhalten. So liegt z.B. K 3 zu peripher und muß einen südlicheren Standort erhalten. Der Standort des K 5 am Nordgraben erscheint auch unglücklich gewählt und sollte nach Ansicht der Senatsbauverwaltung in die Nähe des geplanten S-Bahnhofes und der Erschließungsstraße zur Straße Am Nordgraben verlegt werden.

Bemängelt wird an dem Vorentwurf weiterhin, daß sich die Architekten nicht an die von der Abteilung VII der Senatsbauverwaltung geforderten Abstände von den Entwässerungsgräben hielten und außerdem einige Bereiche mit besonders hohen Grundwasserständen in die zu bebauenden Gebiete einbezogen. Diese wunden Punkte müßten die Architekten noch einmal gründlich überarbeiten. Außerdem sei bei der Bebauung zu beachten, daß der in ca. 2 m Tiefe auftretende Mergel zwar theoretisch einen guten Baugrund darstellt, das häufige Schichtenwasser ihn aber in eine pastose Masse verwandelte, die sich als Baugrund nun gar nicht mehr so besonders gut eignet. Selbst nach der Grund- und Schichtenwasserabsenkung sei mit erheblichen Kosten für die Gründung der Bauten zu rechnen. Deshalb sollte man solche ungünstigen Baugebiete möglichst meiden. Für die Stadtentwässerung und die Wasserwerke war die Zeit des Wartens nun vorüber. Die grundsätzliche Festsetzung der wahrscheinlichen Bebauung ermöglichte den Beginn der Planungsarbeiten für die Leitungsverlegungen. Das für den Leitungsbau benötigte Straßenland stand kostenlos zur Verfügung.

Die Generalkonzeption des Planungsteams hatte die Zustimmung aller Stellen erhalten. Dagegen machten die geäußerten Bedenken, Anregungen und Änderungsvorschläge eine Überarbeitung verschiedener Details notwendig. Die Architekten wurden angehalten, die Überarbeitung schnellstmöglich vorzunehmen, denn auf der Basis der Überarbeitung waren das Verkehrsnetz und die Abgrenzung der Flächennutzungen festzulegen. Die beschleunigte

Durchführung aller Planungen sollte das Bezirksamt in die Lage versetzen, ohne Verzögerungen das Bebauungsplanverfahren einzuleiten und abzuschließen.

Eine Vorlage bzw. Kenntnisnahme des Vorentwurfs beim Bezirksamt Reinickendorf war nach Ansicht des Baustadtrats derzeit nicht angebracht, da erst die Neufassung des Planes abgewartet werden sollte. Die übrigen Bezirksgremien wie Baudeputation und Planungsausschuß sollten erst nach der Konstituierung der neuen Bezirksverordnetenversammlung, der Wahl der Deputationen und der Neubesetzung der Ausschüsse im Frühjahr 1963 unterrichtet werden.[1] Vorher wäre eine Beschäftigung der Gremien mit der Vorlage wenig sinnvoll, da die Legislaturperiode zu Ende ging und die neubesetzten Gremien sich nach der Wahl wieder in die Materie einarbeiten müßten. Zur Unterrichtung der interessierten Öffentlichkeit, die bislang nur auf die recht allgemein gehaltenen Pressenotizen angewiesen war, wäre eine Beschäftigung mit Detailfragen für die Kommunalpolitiker wünschenswert gewesen. Vor allem wäre man dem Ziel der angestrebten Informationsarbeit, "das Verständnis der Mitbürger für die Notwendigkeit der Stadterneuerungsmaßnahmen sowie ihre Bereitschaft zu verstärken"[2], nähergekommen. Diese Öffentlichkeitsarbeit wurde nicht in dem erforderlichen Maße geleistet, so daß auch keine Anregungen aus dem Kreis der Bürger kommen konnten, die erst den endgültigen Plan zur Information vorgelegt bekamen. Wunsch und Wirklichkeit der stadtplanerischen Arbeit gehen hier auseinander.

3.7 Folgerungen aus der Diskussion für das Planungsteam

Die Forderungen erwiesen, daß die Mitarbeiter des Planungsteams von völlig unzureichenden Voraussetzungen in bezug auf Standortwahl und Kapazitätsberechnung der sozialen Infrastruktureinrichtungen ausgingen. Da dem Leiter der Planungsgruppe, Senatsbaudirektor Düttmann, die Richtwerte der Stadtplanungsbehörden bekannt sein mußten, ist eine Erklärung für die auftretenden Mängel nicht leicht. Es ist natürlich schwierig, ohne die Erarbeitung eines Wohnungsschlüssels, der gewisse Anhaltspunkte über die zu erwartende Altersstruktur der Bevölkerung geben könnte, den Bedarf der sozialen Infrastruktureinrichtungen auch nur annähernd zu bestimmen. Andererseits hätte dann zumindest die Bereitstellung von Reserveflächen für zusätzliche Einrichtungen erfolgen müssen, die eine Anpassung an veränderte Verhältnisse ermöglicht.

Auch wenn die Senatsbauverwaltung die Aufnahme zusätzlicher sozialer Infrastrukturstandorte für unbedingt notwendig hält, kann sie wegen der fehlenden Grundlagen ihre Forderungen nur an den Durchschnittswerten der Berliner (West) Bevölkerung orientieren. Genauere Bedarfsberechnungen könnten nur auf einer zusätzlichen Analyse der Wohnungssuchenden basieren. Wäre dies möglich, könnten weitere Anforderungen durch die großzügige Konzipierung der städtischen Reserveflächen je nach Bedarf ausgeglichen werden. Den verantwortlichen Planern ist ein gewisses Maß an Unwissenheit bis Unvermögen zuzuschreiben. Die Unterstellung einer Standortwahl aus ideologischen Motiven heraus, die auf eine "Erhaltung des Status Quo der sozialen Schichtung, die Entpolitisierung und Entaktualisierung des Bildungswesens"[3] abzielt, ist allerdings schlichtweg böswillig.

---

1) Schreiben des Stadtplanungsamtes Reinickendorf vom 6. 11. 1962 an den Bezirksstadtrat für das Bau- und Wohnungswesen Schäfer.
2) Stadterneuerung in Berlin, 1964, S. 5.
3) Seminar für Stadt- und Regionalplanung der TU Berlin, 1971, S. 185.

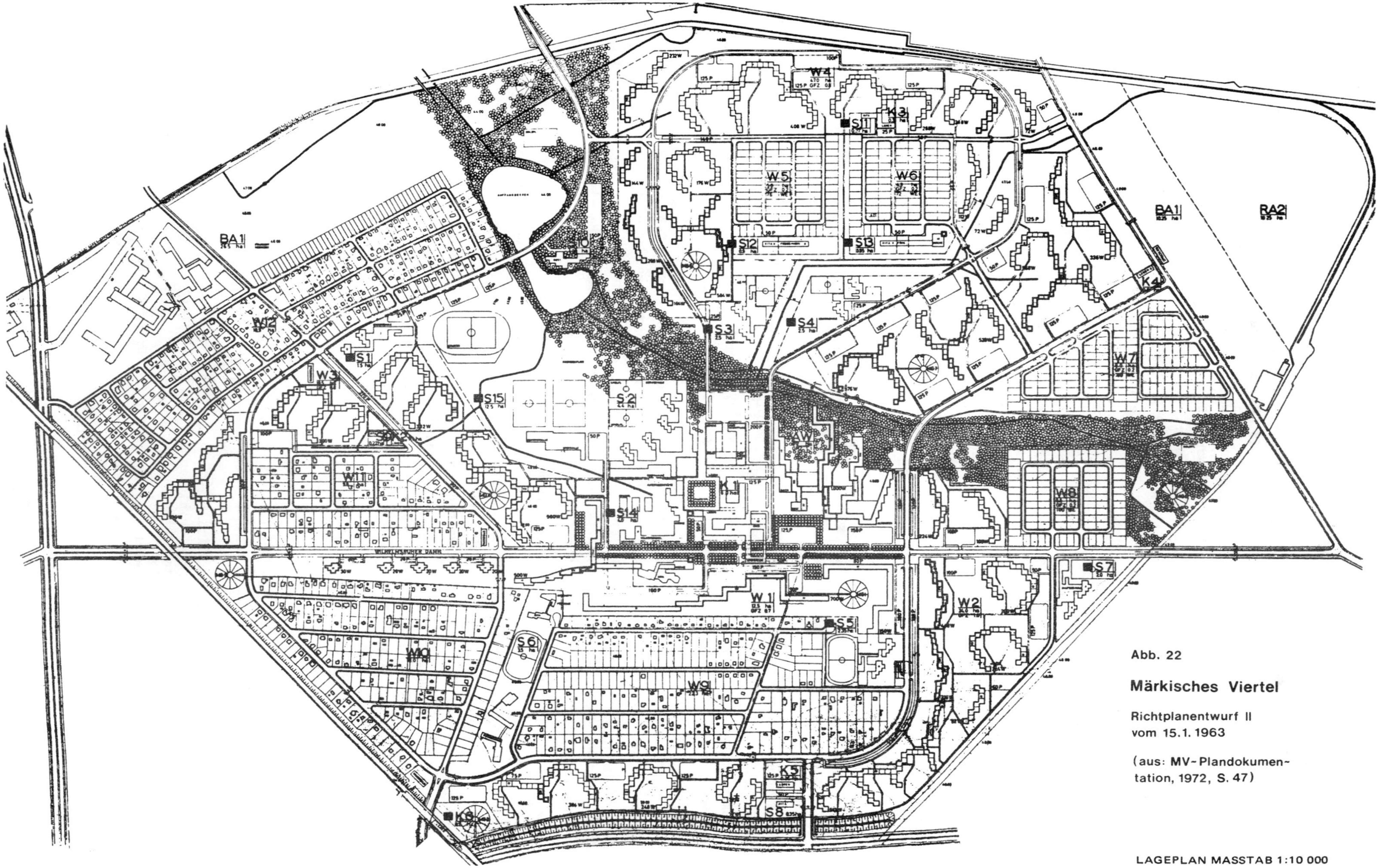

Abb. 22 **Märkisches Viertel**
Richtplanentwurf II
vom 15.1.1963

(aus: **MV-Plandokumentation**, 1972, S. 47)

LAGEPLAN MASSTAB 1:10 000

3.8 Der Plan vom 15. 1. 1963 und seine Auswirkungen

3.8.1 Kindertagesstätten

Nach dem Eingang der Äußerungen der einzelnen Fachabteilungen beauftragte der Senator für Bau- und Wohnungswesen die drei Architekten mit der Überarbeitung des Vorentwurfs. Innerhalb von kaum zwei Monaten bewältigten sie diese Aufgabe und legten am 15. 1. 1963 die neue Fassung des Planes vor (Abb. 22), die einige wichtige Änderungen in den Bereichen der sozialen Infrastruktur, der Grundrißgestaltung der Wohnbebauung, der Industriegebiete und der Straßenführung aufwies. Die kritischen Äußerungen der Senatsbauverwaltung zu der zu niedrig angesetzten Zahl sozialer Infrastruktureinrichtungen hatten ihren Niederschlag in der Bereitstellung zusätzlicher Standorte gefunden. So hatte man die Zahl der Kindertagesstätten auf neun und die Zahl der Grundschulen auf fünf erhöht und erreichte damit die von der Senatsbauverwaltung als notwendig erachteten Zahlen.

Standort	Zahl der Plätze
1. Standort am Hauptzentrum, kath. Kirche	65
2. Standort S 9, städtisch	141
3. Standort S 11, städtisch	105
4. Standort S 12, städtisch	141
5. Standort am Hauptgrünzug, städtisch	65
6. Standort S 13, städtisch	141
7. Standort S 6, städtisch (vorhanden)	86
8. Standort S 8, städtisch	141
9. Ev. Kirche am Zentrum	65
INSGESAMT	950

Tab. 13.: Verteilung der Kindertagesstätten 1963[1]

Der vom Senator für Bau- und Wohnungswesen, Abt. II, errechnete Bedarf auf der Basis von ca. 42.000 Einwohnern belief sich auf 945 Plätze. Geplant sind nunmehr 950 Plätze, wobei zwei weitere Standorte am Wilhelmsruher Damm 39 und am Eichhorster Weg 60 als Reserve zurückbehalten werden können.

3.8.2 Schulen

Jede Nachbarschaft erhält eine Grundschule mit je 18 Klassen. Drei Grundschulen ist jeweils ein ca. 10.000 m^2 großer Sportplatz zugeordnet, die vierte Grundschule liegt direkt neben der geplanten Großsportanlage, die von ihr mitbenutzt werden kann. Die in dem Richtplanentwurf vorhandene fünfte Grundschule am Tornower Weg, die bereits besteht, wird ihrer ungünstigen Lage wegen aufgelöst und soll die OTZ aufnehmen.

Die geplanten 72 Klassen entsprechen bei einer Schülerzahl von 1 % pro Jahrgang und einer Klassenfrequenz von 35 Schülern mit insgesamt 2.520 grundschulpflichtigen Kindern exakt der berechneten Zahl. Eine Zunahme der Grundschülerzahl ist nicht aufzufangen (höchstens über höhere Klassenfrequenzen). Für die Oberschulen wurden folgende Zahlen er-

---

[1] Schreiben des Senators für Bau- und Wohnungswesen, Abt. II C, an den Senator für Jugend und Sport, Abt. II, vom 14. 3. 1963.

mittelt[1]:

OPZ: 528 Schüler gleich 18 Klassenräume
OTZ: 540 Schüler gleich 18 Klassenräume
OWZ: 500 Schüler gleich 19 Klassenräume
Hilfsschule: 153 Schüler gleich 8 1/2 Klassenräume

Erstaunlich ist bei der Rechenoperation der Senatsbauverwaltung, daß ein Zustand, z.B. im Bereich der Klassenfrequenzen festgeschrieben wird, ohne die Möglichkeit einer späteren Verringerung vorauszusehen, geschweige denn zu berücksichtigen.

3.8.3 Altenwohnheime

Für die Deckung des Bedarfs an altengerechten Wohnungen gab es zwei vorherrschende Meinungen. Die Gesobau sprach sich gegen die Errichtung reiner Altenwohnheime aus und befürwortete die Schaffung eingestreuter Kleinwohnungen.

Die Senatsbauverwaltung vertrat die Auffassung, daß keine Altengettos geschaffen werden dürften. Die auf die Blöcke verteilten Wohnungen für ältere Menschen könnten nur schwer funktionsgerecht gestaltet werden. So sollten diese Wohnungen einmal auf die alten Menschen zugeschnitten sein, eine günstige Lage zum Einkaufszentrum aufweisen und möglichst in den unteren Geschossen liegen. Diese Forderungen wären von kleinen, eingestreuten Altenwohnheimgruppen am besten zu erfüllen.

Nach den Vorstellungen der Abteilung Sozialwesen des Bezirks würden 465 Altenwohnheimplätze zur Bedarfsdeckung ausreichen, die sich auf 40 Einraumwohnungen, drei Altenwohnheime mit je 75 Plätzen und ein Altenwohnheim mit 200 Plätzen verteilen. Vom Senator für Arbeit und Sozialwesen wurde ein Altenheim als nicht notwendig erachtet, wohingegen sich das Bezirksamt für die Planung einer derartigen Einrichtung stark machte.[2] Ebenso wurde die Einrichtung einer Altentagesstätte in dem zentral gelegenen Wohnheim angeregt.[3]

3.8.4 Wohn- und Arbeitsgebiete

In der Grundrißgestaltung der Wohnbebauung nahmen die Architekten ebenfalls einige Änderungen vor. So wurde jetzt auch im nördlichen Bebauungsarm fast vollständig auf das Prinzip der Wohnhöfe übergegangen. Das vom Senator für Bau- und Wohnungswesen bemängelte

---

1) Schreiben des Senators für Bau- und Wohnungswesen, Abt. II C, an den Senator für Schulwesen, Abt. II, vom 14. 3. 1963.
Die angegebenen Zahlen wurden nach folgendem Schlüssel berechnet: Ein Schülerjahrgang = 1 % der Bevölkerung = 420 Schüler/Jahrgang. Davon wurden abgezogen 5 % = Hilfs- und B-Klassenschüler/Jahrg. Ein Oberschuljahrgang hat demzufolge 399 Schüler. Die OPZ besuchen 44 % der Jahrgänge von der 7. bis zur 9. Klasse = 176 Schüler/Jahrgang. Bei einer zugrundegelegten Klassenfrequenz von 30 Schülern ergibt sich ein Bedarf von 18 Klassenräumen.
Die OTZ besuchen 34 % der Jahrgänge der Klassen 7 bis 10 = 131 Schüler/Jahrgang = 540 Schüler. Bei einer Klassenfrequenz von 30 Schülern ergibt sich ein Bedarf von 18 Klassenräumen.
Die OWZ besuchen nur 22 % der Jahrgänge der 7. bis zur 13. Klasse = 88 Schüler/Jahrgang. Die Klassen 7 bis 9 sind mit der vollen Stärke, die Klassen 10 bis 13 nur mit 2/3 ihrer vollen Belegung berechnet. Das ergibt eine Gesamtschülerzahl von 500. Bei einer Klassenfrequenz von 26 Schülern besteht ein Bedarf von 19 Klassenräumen.
Rechnet man mit einem vierprozentigen Anteil an Hilfsschülern/Jahrgang, so bedeutet das eine Zahl von 153 Hilfsschüler. Bei einer Klassenfrequenz von 18 Schülern sind 8 1/2 Klassenräume erforderlich.
2) Schreiben des Bezirksamtes Reinickendorf, Abt. Gesundheitswesen, an den Senator für Gesundheitswesen vom 1. 3. 1963.
3) Schreiben des Senators für Bau- und Wohnungswesen, Abt. II C, an den Senator für Arbeit und Sozialwesen vom 21. 2. 1963.

Hineinragen der Baukörper des Allgemeinen Wohngebietes in den Hauptgrünzug beseitigten die Planer nicht. Dafür sind die beiden Einfamilienhausgebiete W 5 und W 6 etwas nach Norden gezogen worden, um für zusätzliche Infrastruktureinrichtungen im südlich daran anschließenden Innenbereich Platz zu schaffen. 13 Privatgrundstücke des Wohngebietes W 9 mußten der zusätzlich in die Planung aufgenommenen Grundschule S 5 und dem Schulsportplatz weichen. Ein Streifen des Geländes der Kolonie "Zur Pappel" entlang der Siedlung "Neue Zeit" ist nun für Eigenheimbebauung vorgesehen.

Die bislang als reine Arbeitsgebiete ausgewiesenen Bereiche im Nordosten und Nordwesten erfuhren in ihrer Bestimmung Änderungen. So ist der nordwestliche Bereich nur noch als beschränktes Arbeitsgebiet zugelassen ebenso wie ein ca. 130 m breiter Streifen parallel zur Quickborner Straße im östlichen Bereich. Die Restfläche bis zum Verbindungsgleis zwischen der Industrie- und der Niederbarnimer Eisenbahn gilt als reines Arbeitsgebiet.

3.9 Die weitere Entwicklung des Richtplans vom 15. 1. 1963

3.9.1 Änderungen der verschiedenen Dienststellen

Nachdem der im Januar 1963 vorgelegte überarbeitete Richtplanentwurf (Abb. 22) generell die Billigung aller beteiligten Dienststellen gefunden hatte, begann das Stadtplanungsamt mit der Aufstellung eines Flächennutzungsplanes, der als Bestandteil der vorbereitenden Bauleitplanung vor der Erstellung der Bebauungspläne vorliegen mußte. Die Grundlage des Flächennutzungsplanentwurfs bildete der Richtplanentwurf von Düttmann/Müller/Heinrichs.

Soweit es sich um die Wohnbebauung handelte, wurden die Geschoßflächenzahlen der einzelnen Wohngebiete festgelegt, in den Gewerbe- und Industriegebieten fixierte man die Baumassenzahlen.[1] Die Einfamilienhausgebiete erhielten eine GFZ von 0,4, während die Geschoßbauten vorzugsweise mit einer GFZ von 0,7 bzw. 0,9, im Allgemeinen Wohngebiet sogar 1,2, eingestuft wurden. Die BMZ (Baumassenzahl) für die Gewerbebetriebe und das Einkaufszentrum betrug 4,2.

Die im Richtplan ausgewiesenen Klein- und Mietergärten fanden nicht den Beifall des Gartenbauamtes. Als für Kleingärten besonders geeignet bot sich der zentrale Grünzug an, in dem die geforderten 300 Kleingärten ohne weiteres untergebracht werden könnten. Die im nördlichen und östlichen Teil des Grünzuges verzeichneten Mietergärten sind keineswegs als solche anzusprechen, da die unmittelbare Verbindung mit den Wohngebäuden fehlt, so daß sie unter die Bestimmungen der Kleingarten- und Kleinpachtlandordnung vom 31. 7. 1919 fallen. Die im Nordteil des Grünzuges vorgesehene Wasserfläche wurde als Regenauffangbecken geplant und würde somit nur nach starken Regenfällen Wasser führen. Empfehlenswert wäre die Anlage eines ständig unter Wasser stehenden kleinen Sees, der in Verbindung mit dem geplanten Restaurant ein interessantes Naherholungsziel darstellen könnte.

Nach dem Beschluß der Senatsbauverwaltung den Richtplanentwurf vom 15. 1. 1963 als maßgebend für die weitere Planung anzusehen, beschäftigte sich die Reinickendorfer Baudeputation mit dem vorliegenden Richtplan und den Änderungsvorschlägen der einzelnen Verwaltungen.[2] Die Baudeputierten erklärten sich mit den vorgetragenen Stellungnahmen einverstanden. Die persönliche Aversion eines Deputierten gegen eine Hochhausbebauung bedeutete keine Einflußnahme auf die angestrebte Bebauung.[3]

---

[1] Die Baumassenzahl (BMZ) gibt an, wieviel m^3 Baumasse je m^2 Grundstücksfläche zulässig sind.
[2] Protokoll über die 3. (außerordentliche) Sitzung der Baudeputation am 28.5.1963.
[3] Besprechung zwischen dem Stadtplanungsamt und dem Tiefbauamt Reinickendorf am 10. 4. 1963.

Abb. 23 Geplante Führung der Autobuslinien im Märkischen Viertel

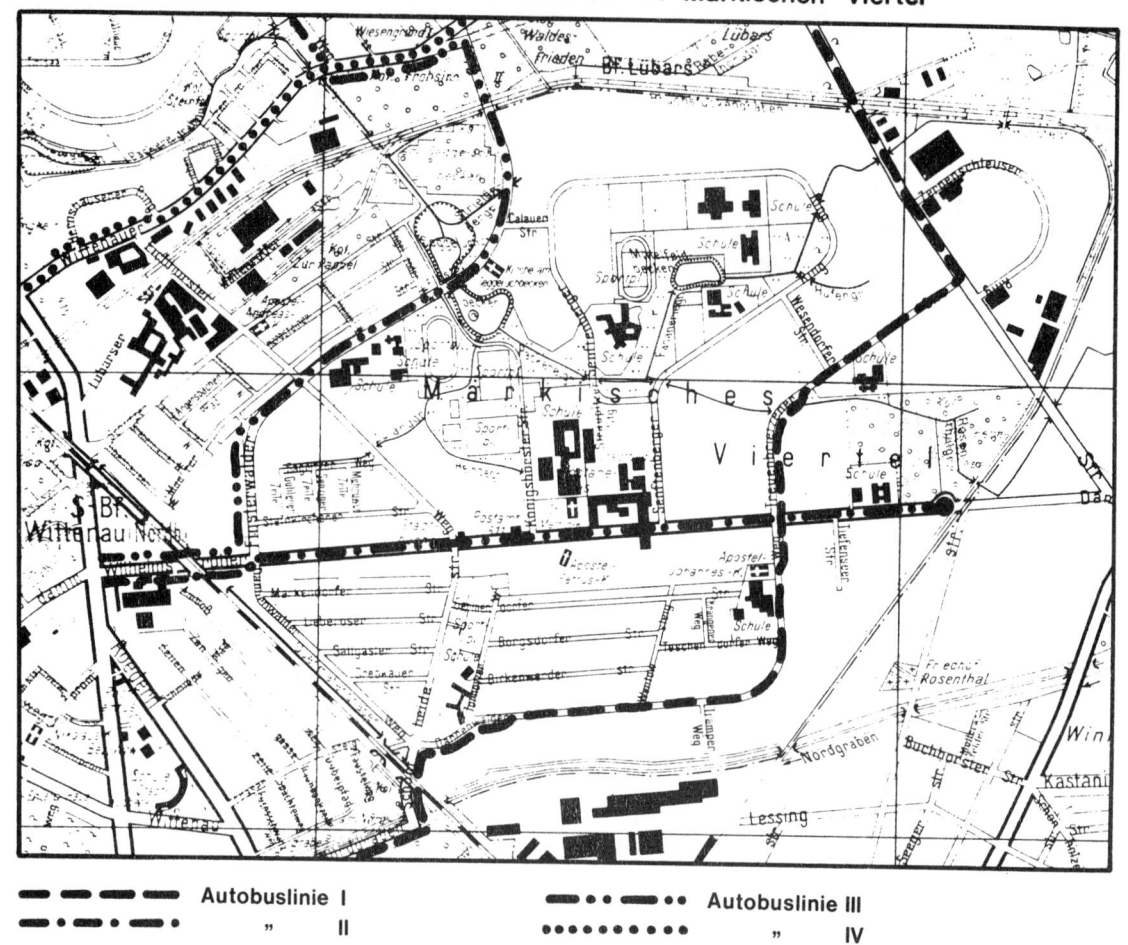

━━━━━ Autobuslinie I   ━━··━━·· Autobuslinie III
━·━·━· „ II   ········· „ IV

Stand: 10.4.1963   Kartengrundlage: Karte des Bezirks Reinickendorf, 1:20 000

Abb. 24 Vorschlag der BVG zur Führung der Autobuslinien im Märkischen Viertel

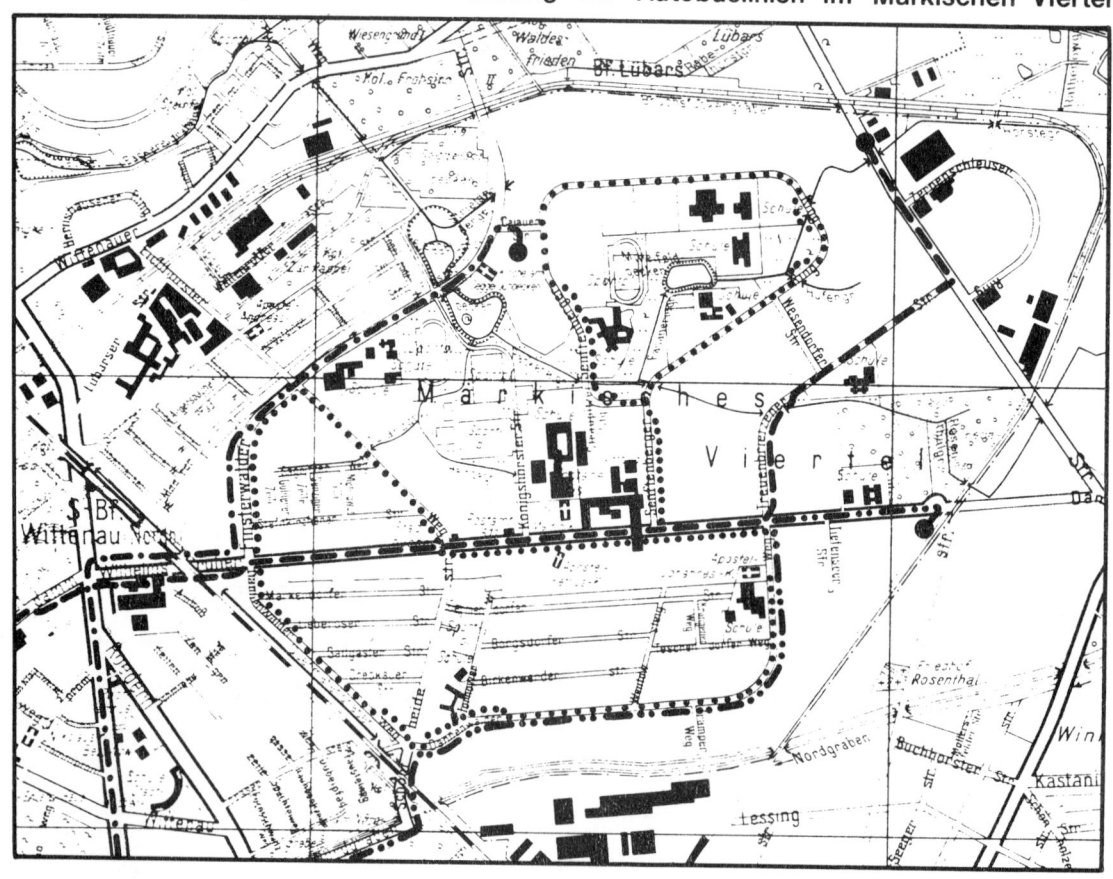

━━━━
━·━·━· } gepl. Autobuslinien   ········· gepl. Autobusringlinie
━··━··

Stand: 17.9.1963   Kartengrundlage: Karte des Bezirks Reinickendorf

3.9.2 Verkehrsplanung

Im Zusammenhang mit der Bebauung des Gebietes muß auch die Frage der Verkehrserschließung gesehen werden. Ausser der bereits mehrfach erwähnten S-Bahn am Westrand des Viertels, die nur für die im nordwestlichen Bereich lebenden Einwohner von Interesse ist, soll die Bedienung des Gebietes mit öffentlichen Verkehrsmitteln durch Autobusse erfolgen. Die einmal in Erwägung gezogene Verlängerung der U-Bahnlinie Leinestraße-Gesundbrunnen war aus allen diesbezüglichen Überlegungen verschwunden. Nach den Vorstellungen des Stadtplanungsamtes sollen vier Autobuslinien in das Märkische Viertel führen (Abb. 23).[1]

Linie   I: Von Süden her über die geplante Straße Am Nordgraben, unter der neuen S-Bahnbrücke hindurch über die Straße 426, den Dannenwalder Weg, die Straße 437 und die Quickborner Straße nach Lübars.
Linie II: Die bisherige Linienführung des Autobusses A 21 verlängert bis zum Ostende des Wilhelmsruher Dammes.
Linie III: Über den Wilhelmsruher Damm, die Straße 123, die Straße 431 und den Wittenauer Weg in Richtung Zabel-Krüger-Damm.
Linie IV: Von der Oranienburger Straße in die Straße 405 bis zum Wittenauer Weg.

Das Stadtplanungsamt wies darauf hin, daß trotz der durch das Zentrum führenden Linien einige Wohngebiete schlecht an das Busnetz angeschlossen und teilweise nur durch Umsteigen oder längere Fußwege zu erreichen wären. Damit würde einer unerwünschten verstärkten Benutzung des privaten PKW Vorschub geleistet.

Die BVG bot mit der Planung einer Ringlinie eine Lösung an, die im Stadtplanungsamt auf Interesse stieß.[2] Die in das Märkische Viertel führenden Linien könnten die Haupterschließungsstraßen benutzen, während die Ringlinie die Wohngebiete an das überörtliche Verkehrsnetz anbindet und das Zentrum ohne Umsteigen erreichbar macht (Abb. 24).

3.9.3 Die Richtplanänderungen des Jahres 1965

Mit dem herannahenden Termin der Aufhebung der Wohnraumbewirtschaftung wuchs im Senat die Sorge, daß der noch bestehende Wohnungsbedarf zu einer ungesunden und vor allem unsozialen Mietpreisentwicklung führen könnte. Deshalb erfuhr der aus dem Jahre 1963 stammende Richtplan im Laufe des Jahres 1965 eine dreimalige Überarbeitung, die zu einer Erhöhung der Wohnungszahl führte (Abb. 25). Statt der 13.334 Wohnungen sollten jetzt 2.414 Wohnungen mehr entstehen.

Mit der Erhöhung der Wohnungszahl stieg auch zwangsläufig die Zahl der zukünftigen Einwohner, die bei einer Belegungsdichte von 2,9 E/WE sich nunmehr auf 44.582 belaufen würde. Diese angehobene Belegungsdichte zeugt von der Vermutung, daß sich im Märkischen Viertel eine jüngere Bevölkerung mit mehr Kindern ansiedeln würde. Warum man bei der Prognose der Kinderanteile allerdings weiterhin von dem Berliner (West) Durchschnitt von 1 % pro Jahrgang ausging, ist unerfindlich. Zumindest mußte man die Zahl und Kapazität der sozialen Infrastruktureinrichtungen den neuen Bevölkerungszahlen anpassen, auch wenn es auf der alten Basis geschah. Bei den Schulen genügte eine Kapazitätsanpassung während die Zahl der Kindertagesstätten von neun auf zehn erhöht wurde. Unterschiede gegenüber dem 1963 entstandenen Entwurf sind in der Gestaltung der Wohnbebauung auffällig. In dem Gebiet südlich des Fasaneriegrabens nahmen die Entwürfe der Architekten ihre später ausgeführte Gestalt an.

---
1) Besprechung zwischen dem Stadtplanungsamt und dem Tiefbauamt Reinickendorf am 10. 4. 1963.
2) Schreiben des Baubezirksstadtrats Schäfer an Senatsbaudirektor Düttmann vom 17.9.1963.

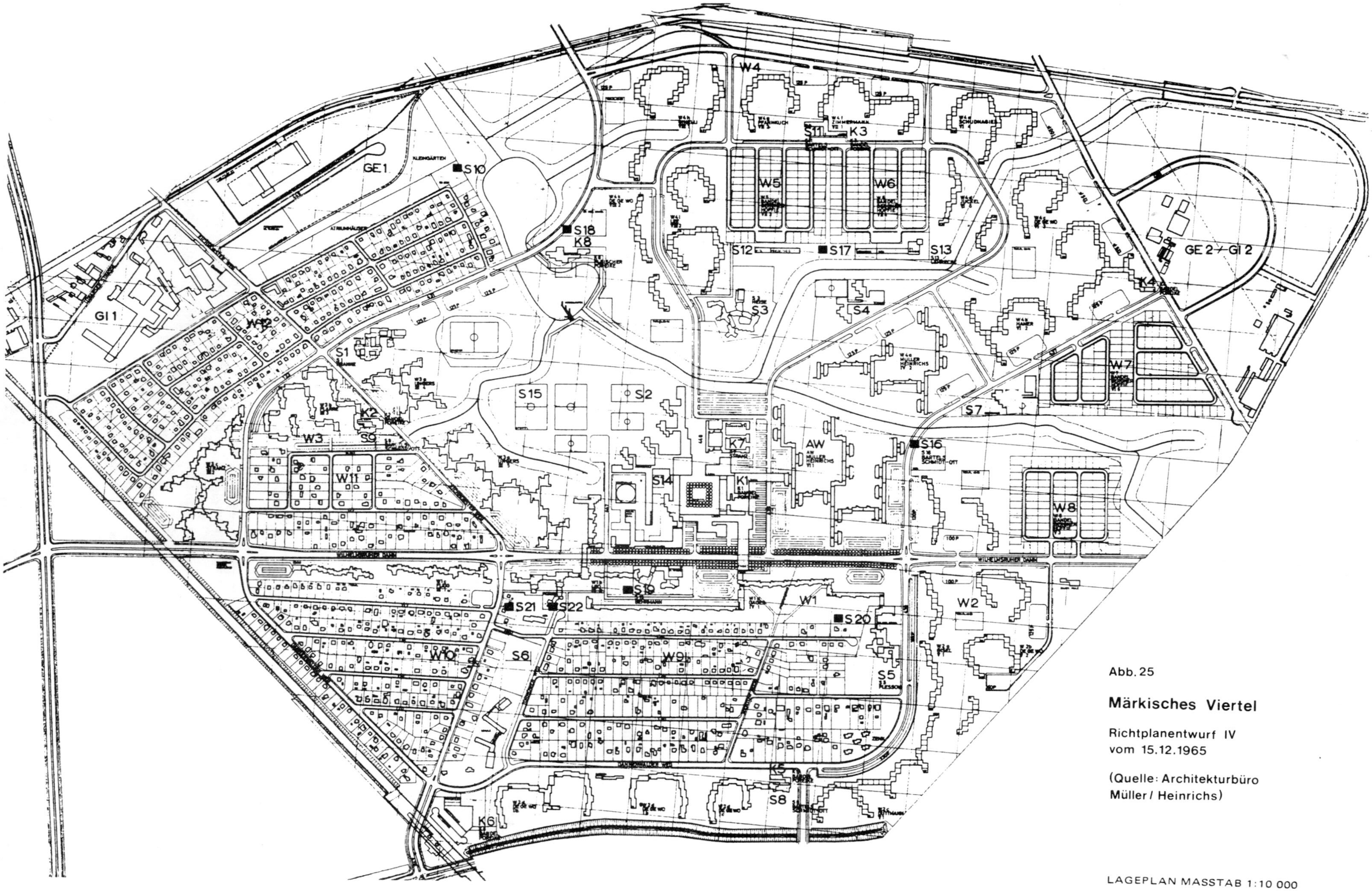

Abb. 25

Märkisches Viertel
Richtplanentwurf IV
vom 15.12.1965

(Quelle: Architekturbüro Müller / Heinrichs)

LAGEPLAN MASSTAB 1:10 000

Für die einzelnen Bauabschnitte hatten die Architekten die Planungsunterlagen fertiggestellt (im südlichen und mittleren Bereich) bzw. waren mit ihrer Erstellung beauftragt (im nördlichen Bereich). Ende des Jahres 1965 war die Zahl der Wohnungen infolge der Umplanungen auf 15.748 gestiegen mit einer vorgesehenen Bevölkerung von 45.669 Menschen. Im einzelnen erhielten die nachstehend aufgeführten Architekten den Auftrag, folgende Wohngebiete zu planen (im Verlauf der Arbeit wird als Gliederung der Wohnbebauung die offizielle Bezeichnung der Wohngebiete anstelle der aus technischen Gründen eingeführten Bauabschnitte benutzt) (Tab. 14).

Von diesen Bauten waren 1966 nur die Wohngebiete W 2a bis W 2c beendet und die Wohngebiete W 1c und W 3c im Bau.

An die Stelle der Punkthäuser im Planungsbereich des Architekten Fleig traten jetzt zwei parallel zum Wilhelmsruher Damm verlaufende, in sich stark gegliederte Baukörper mit vier bis acht Geschossen. Durch das Vorspringen und Zurückweichen der Fassade erschließen sich immer neue Winkel und Ecken und tragen somit zur Auflockerung und Vielgestaltigkeit des Baues bei.

Wohngebiet	Architekt	Zahl der Wohnungen
W 1a	Gages	977
W 1b	Leo	494
W 1c	Fleig	283
W 2a	Gisel	1.802
W 2b	Düttmann	834
W 2c	DeGeWo	771
W 3a	Ungers	1.452
W 3b	Plarre	382
W 3c	Stranz	633
W 4a	Haner	1.000
W 4b	DeGeWo	700
W 4b	Woods	700
W 4c	Juckel	350
W 4d	Zimmermann	450
W 4e	Pfannkuch	420
W 4f	Schudnagies	650
W 4g	Ginelli	250
W 4h	Lee	1.200
AW	Müller/Heinrichs	2.400
INSGESAMT		**15.748**

Tab. 14: Aufschlüsselung der Wohnungszahlen des Richtplanentwurfes IV vom 15. 12. 1965 (ermittelt aus dem Richtplan)

Die Farbgestaltung des Märkischen Viertels hatten die Planer dem Künstler Rüdiger Utz Kampmann übertragen, der mit den Grundfarben weiß, rot und blau sowie Zwischentönen eine Abkehr von der traditionellen Farbgebung erreichen wollte. Die in diesen kräftigen Farben gehaltene Fassade des von Fleig geplanten Wohngebietes bildete den Anlaß für die volkstümliche Bezeichnung "Papageiensiedlung".

Östlich der Straße 121 (Schorfheidestraße) bildet der Bau des Berliner Architekten Leo den Eingang zum Zentrum. In viergeschossigen Höhensprüngen vollzieht sich der Aufstieg von fünf Geschossen bis zu den siebzehn Geschossen des Hochhauses. Abrupt schließt sich dann in Richtung Osten ein kleiner viergeschossiger Trakt an, der überleitet zu der Bebauung des Zentrums. Auf der Nordseite des Wilhelmsruher Dammes stellen die weißen, nur von blauen vertikalen Bändern farblich etwas aufgelockerten 12 - 15geschossigen Bauten des Architekten Ungers die andere Seite des Eingangs zum Zentrum dar. Umrahmt von den hohen Hausmauern bildet die gelbe, mit einem großen schwarzen Posthorn versehene Brücke über den Wilhelmsruher Damm das Tor zum zentralen Bereich.

Auf der Südseite des Wilhelmsruher Dammes, gegenüber dem Einkaufszentrum, zieht sich etwas abgesetzt von der Straße wie ein Lindwurm der in seinem 6geschossigen Teil 350 m lange Block des Lyoner Architekten Gagés hin. Am östlichen Abschluß des Einkaufszentrums wächst er wie eine Wand 17 Geschosse in die Höhe und stellt mit seiner gesamten Länge von 750 m ein imposantes, wenn auch keineswegs besonders ästhetisches und teilweise sogar bedrückendes Beispiel moderner Architektur dar. Im Gegensatz zu den Bauten von Fleig und Ungers, die in konventionellem Hohlblockmauerwerk errichtet wurden bzw. werden, entstehen die Bauten von Leo und Gagés in Großtafelbauweise nach den Systemen Camus (Leo) und Allbeton (Gagés).

Die östlich des Dannenwalder Weges geplanten Wohnbauten des Schweizer Architekten Gisel entstehen wiederum in der Großplattenbauweise. Scheibenförmige Bauten sind senkrecht zum Wilhelmsruher Damm angeordnet (7 - 16 Geschosse), denen in acht Fällen 13 - 16geschossige Punkthäuser zugeordnet sind, während vier freistehende 13- bis 16geschossige Punkthäuser zu einer Verdichtung der Bebauung beitragen. Interessant ist die Anordnung der Wohnungen in den Gebäuden teilweise in Form von Maisonetten, d.h. die Wohnungen erstrecken sich über zwei Geschosse. Dies spiegelt sich auch im Äußeren der Bauten in der ungewöhnlichen Anordnung von Balkonen und Übergängen wieder. Gisel hat mit dem Entwurf seiner Bauten die ursprüngliche Konzeption der Wohnhöfe zugunsten der Zeilen- und Punkthausbebauung verlassen.

Südlich schließen sich die beiden 13 - 16geschossigen Blöcke an, die Prof. Düttmann, einer der Väter des Märkischen Viertels, für die Deutsche Bau- und Siedlungsgesellschaft in Essen plante. Den Hochhäusern sind zum Dannenwalder Weg hin vier kleine viergeschossige Wohngebäude vorgelagert, die von der Straße aus zur hohen Bebauung hinleiten sollen. Auch diese Bauten werden unter Benutzung vorgefertigter Teile errichtet.

Zwischen Dannenwalder Weg und Nordgraben beschließen die von einer Architektengruppe der DeGeWo unter Leitung des Architekten Hinrich zwischen 1963 und 1965 errichteten Bauten der DeGeWo, bei denen das Prinzip der Wohnhöfe konsequent verwirklicht wurde, den Südarm. Für die Errichtung dieser Bauten benutzte man ebenfalls vorgefertigte Teile.

Bei den in dem Dreieck zwischen Eichhorster Weg und Straße 123 (Finsterwalder Straße) entstehenden Bauten des Architekten Plarre bildet auch der Wohnhof die gestalterische Basis. In konventioneller Bauweise entstehen hier Wohngebäude mit vier - acht Geschossen. Wie in dem Wohngebiet W 2 C der DeGeWo sind die Wohnhöfe nach Süden geöffnet, um ein "Wohnen ins Grüne hinein" zu verwirklichen.

In dem von Straße 123, Wilhelmsruher Damm, der S-Bahn und der Siedlung "Neue Zeit" begrenzten Areal entsteht 1966 der Bau des Architekten Stranz. Von einem "Mittelberg" (STRANZ, H., 1967) aus wächst die Bebauung Krakenarmen gleich über das Grundstück, dabei drei nach Süden, Südwesten und Südosten offene Höfe bildend.

Anders als bei den reinen Wohngebieten ist bei dem Allgemeinen Wohngebiet (AW) der Architekten Müller und Heinrichs aus Berlin zusätzlich die Ansiedlung von Dienstleistungsbetrieben in den die Nord-Süd-Scheiben verbindenden Ost-West-Trakten vorgesehen.

3.9.4 Die Planungsänderungen der Jahre 1966 und 1967

Im Laufe der Jahre 1966 und 1967 machten die fortschreitenden Planungen der Architekten drei Änderungen des Richtplanes notwendig. Gegenüber 1965 stieg die Zahl der Wohnungen bis 1967 um 949 auf 16.697. Die größten Veränderungen ergaben sich im nördlichen Bebauungsarm. Es handelt sich bei den Planungsänderungen weniger um Gründe städtebaulicher Notwendigkeit als um das Bestreben, mit einer Erhöhung der Wohnungszahl einen Beitrag zur Linderung der Wohnungsnot zu leisten.

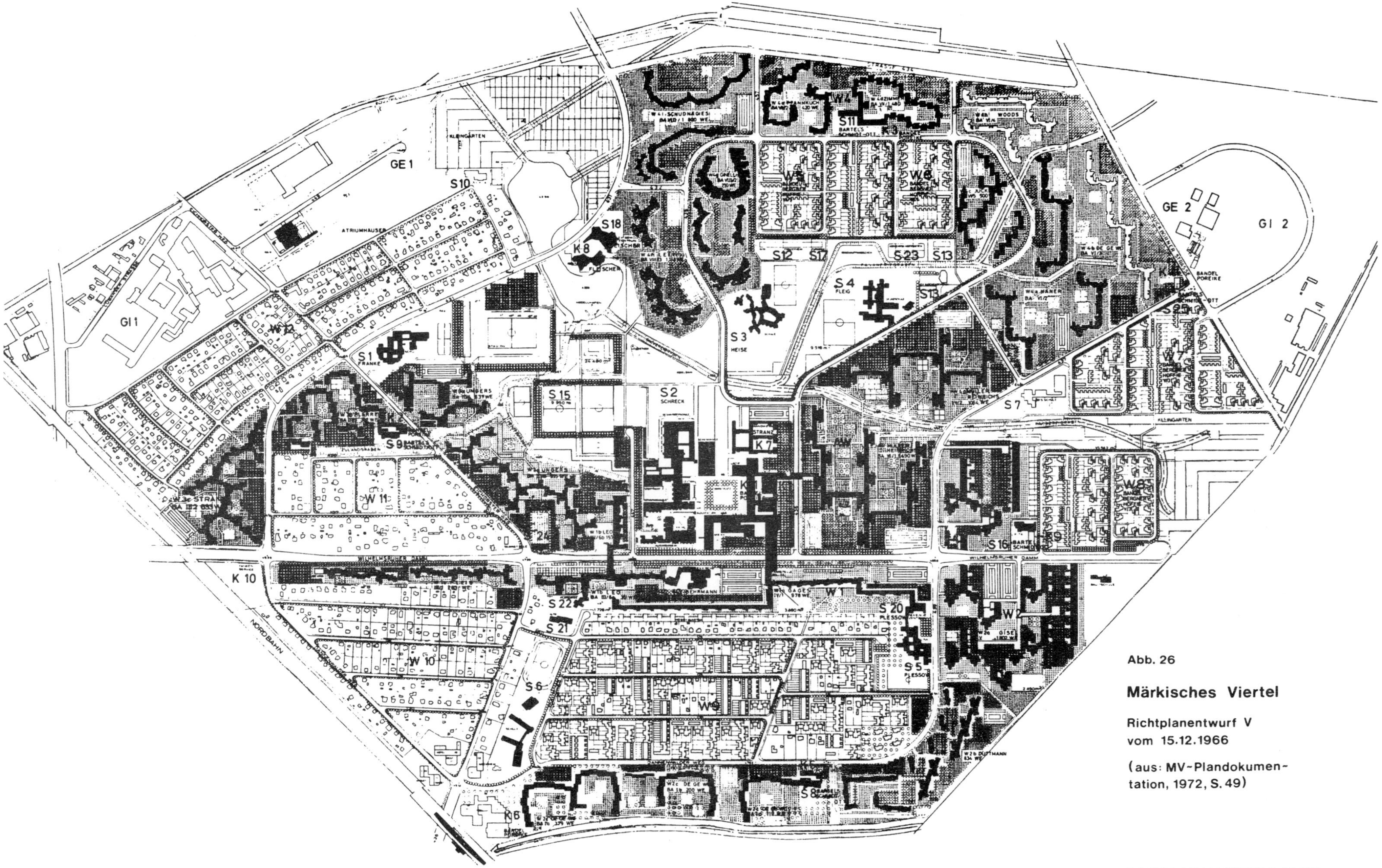

Abb. 26
Märkisches Viertel
Richtplanentwurf V
vom 15.12.1966

(aus: MV-Plandokumentation, 1972, S. 49)

LAGEPLAN MASSTAB 1:10 000

Wohngebiet	Zahl der Wohnungen Dezember 1967	Veränderungen gegenüber Dezember 1965
W 1a	978	+ 1
W 1b	508	+ 14
W 1c	283	-
W 2a	1.802	-
W 2b	834	-
W 2c	771	-
W 3a	1.454	+ 2
W 3b	382	-
W 3c	633	-
W 4a	1.000	-
W 4b	700	-
W 4b	700	-
W 4c	500	+ 150
W 4d	480	+ 30
W 4e	420	-
W 4f	800	+ 150
W 4g	750	+ 500
W 4h	1.148	- 52
AW	2.554	+ 154
INSGESAMT	16.697	+ 949

Tab. 15: Veränderungen der geplanten Wohnungszahlen 1967 gegenüber 1965 (errechnet aus den Richtplänen der betreffenden Jahre)

Gegenüber 1965 ist unter Zugrundelegung der gleichen Bevölkerungsangaben mit einer Einwohnerzahl von 48.413 zu rechnen (ohne alte und neue Einfamilienhausgebiete).

Standortnummer	Infrastruktureinrichtung
S 1	Grundschule
S 2	Gesamtoberschule
S 3	Grundschule
S 4	Grundschule
S 5	Grundschule
S 6	Grundschule
S 7	Sonderschule
S 8	Kindertagesstätte
S 9	Kindertagesstätte
S 10	Kindertagesstätte, evangelisch
S 11	Kindertagesstätte
S 12	Kindertagesstätte und Jugendfreizeith.
S 13	Kindertagesstätte und ev. Kirche
S 14	Mehrzweckhaus
S 15	Sportanlagen
S 16	Kindertagesstätte
S 17	Gesundheitsfürsorge
S 18	evangelisches Gemeindezentrum
S 19	evangelisches Gemeindezentrum
S 20	evangelisches Gemeindezentrum
S 21	Kindertagesstätte
S 22	Fürsorge
S 23	Verkehrskindergarten
S 24	Informationspavillon
S 25	Kindertagesstätte
S 26	Seniorenzentrum
S 27	katholisches Gemeindezentrum

Tab. 16: Aufstellung der sozialen Infrastruktureinrichtungen des Richtplanes V vom 15. 12. 1966

Im Bereich der sozialen Infrastruktur glaubten die verantwortlichen Planer den zusätzlichen Bedarf durch Kapazitätserweiterungen aufzufangen. Insgesamt fallen im Richtplan V (Abb. 26) 27 Einrichtungen in die Sparte "soziale Infrastruktur" (die Einbeziehung des

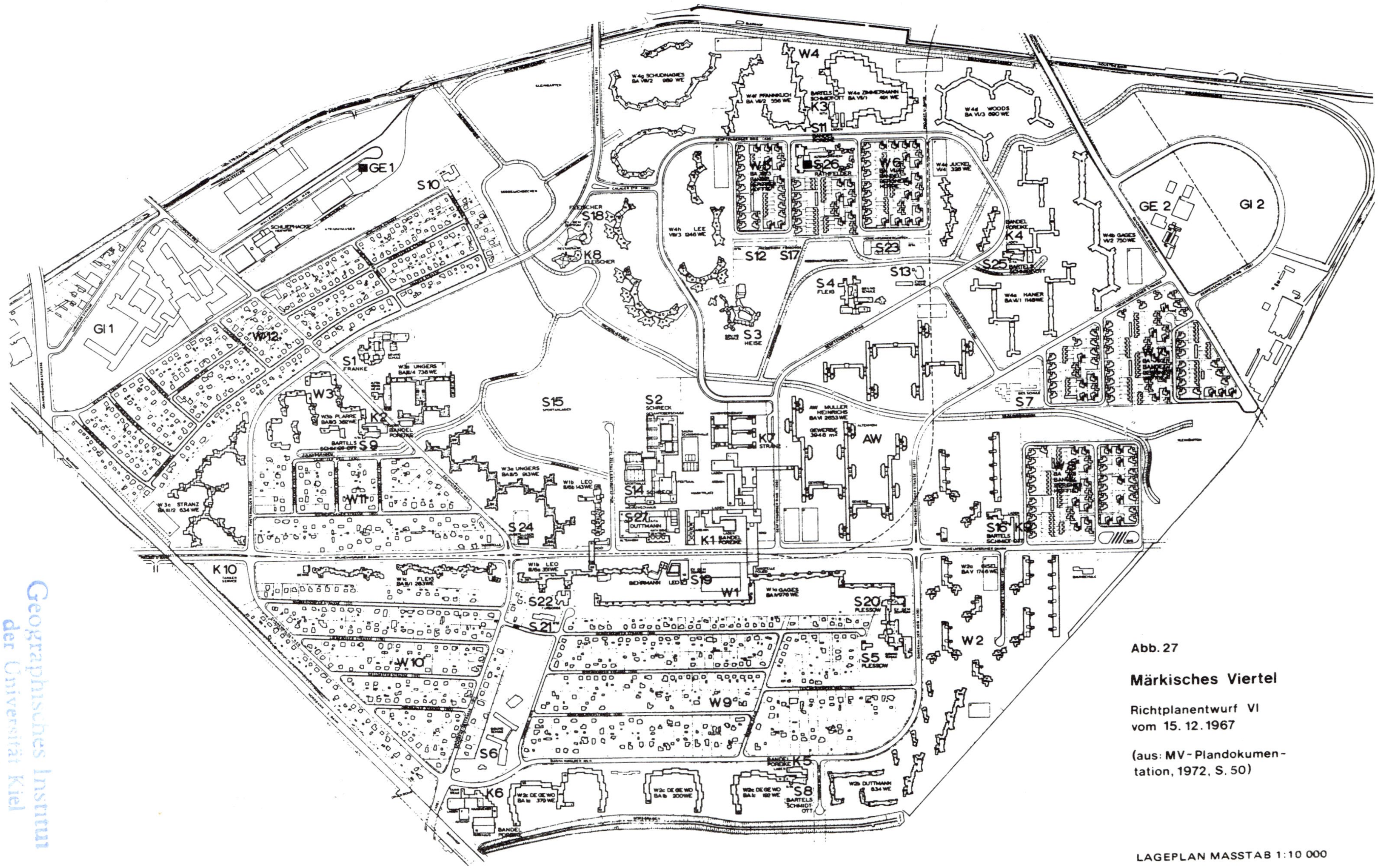

Abb. 27 **Märkisches Viertel**
Richtplanentwurf VI
vom 15.12.1967

(aus: MV-Plandokumentation, 1972, S. 50)

LAGEPLAN MASSTAB 1:10 000

Geographisches Institut
der Universität Kiel
Neue Universität

Informationspavillons ist etwas unglücklich, soll hier jedoch aus Gründen der Übersichtlichkeit beibehalten werden).

3.9.5 Die Veränderungen des Richtplanes 1968 gegenüber 1967

Von Dezember 1966 bis Dezember 1967 (Abb. 27) konnten die mit der Planung des nördlichen Umfassungsarmes beauftragten Architekten ihre Planungsunterlagen fertigstellen. Für das Wohngebiet W 4b zeichnet nicht mehr das Planungsbüro der DeGeWo verantwortlich, sondern der vom Wohngebiet W 1a bereits bekannte französische Architekt Gagés und sein Berliner Kontaktarchitekt Theisen waren nun mit der Planung beauftragt. Außerdem war der Architekt Ginelli nicht mehr vertreten, dessen Bauten der in Stuttgart lebende chinesische Architekt Lee übernahm.

Die Flächen für den Verkehrskindergarten S 23, die Kindertagesstätte und das Jugendfreizeitheim S 12 und die Fürsorge S 17 wurden etwas verkleinert und sinnvoller angeordnet, um Platz für ein kleines zusätzliches Regenwasserauffangbecken zu schaffen. Die evangelische Kirche mit der angeschlossenen Kindertagesstätte erhielt einen Standort südlich des Fasaneriegrabens.

Der mittlere Teil der Einfamilienhausgebiete W 5/W 6 erfuhr eine Flächenreduzierung, da sich für den Nordbereich die Errichtung eines Seniorenzentrums als notwendig herausstellte und dieses an einer anderen Stelle nicht mehr unterzubringen war. Auch die in dem südlichen Dreieck zwischen Quickborner Straße und Straße 437 geplante Kindertagesstätte S 25 erhielt einen neuen Standort in Anlehnung an das Nebenzentrum K 4 direkt östlich des Senftenberger Ringes.

Die Wohnbauten von Haner, Gagés und Woods setzen die streng geradlinigen Bauten von Müller und Heinrichs in abgewandelter Form fort. Während Haner noch mit rechtwinkligen Formen arbeitet, setzt Gagés seine geraden Baukörper unter Winkeln von 120° zusammen. Woods formt einen großen von der Straße abgewandten Innenhof mit einer Öffnung nach Südosten, wobei kleine Vorsprünge den Baukörper gliedern und nicht eintönig erscheinen lassen.

Zimmermann läßt eine birnenförmige, durch Vor- und Rücksprünge stark gestaffelte Form entstehen, die an der von der Wohnbebauung offengehaltenen Westseite durch das Nebenzentrum K 3 und die Kindertagesstätte S 11 abgeschlossen wird.

Die Bauten von Juckel und Pfannkuch ähneln sich mit ihren versetzt aneinandergestellten Blöcken, die sich im Grundriß bizarr und bewegt darstellen. Schudnagies und Lee bevorzugen dagegen geschwungene Formen, die wegen der flachen westwärts gerichteten Vorbauten bei Lee einen etwas exotischen Anstrich bekommen.

Erhebliche Veränderungen weist auch das Zentrum vor allem im Bereich der öffentlichen Bauten auf. Die bisher durch vier Vorsprünge gegliederte Gesamtoberschule hat einem kompakten Bau Platz gemacht, an dessen Ostseite die Schwimmhalle und an der Westseite die Sporthalle liegen. In baulicher Verbindung mit der Gesamtoberschule stehen ein Festsaal und das Mehrzweckhaus S 14. Südlich dieses Komplexes am Wilhelmsruher Damm liegt das katholische Gemeindezentrum mit einem Altenheim und einer Kindertagesstätte. Der bisherige Zusammenhang mit dem Einkaufszentrum ist nicht mehr vorhanden. Zwischen Gemeindezentrum und Einkaufsbereich liegt jetzt ein in der Höhe gestaffelter Bau, der als Büro- und Verwaltungsgebäude dienen soll.

Das Einkaufszentrum gliedert sich in einen ostwestlichen und einen nordsüdlichen Trakt in Fortsetzung des den Wilhelmsruher Damm überspannenden Brückenbauwerks. Vom Einkaufszentrum zu den Bauten von Müller/Heinrichs stellt ein für Büroräume vorgesehener Brückenbau über den Senftenberger Ring eine Verbindung her.

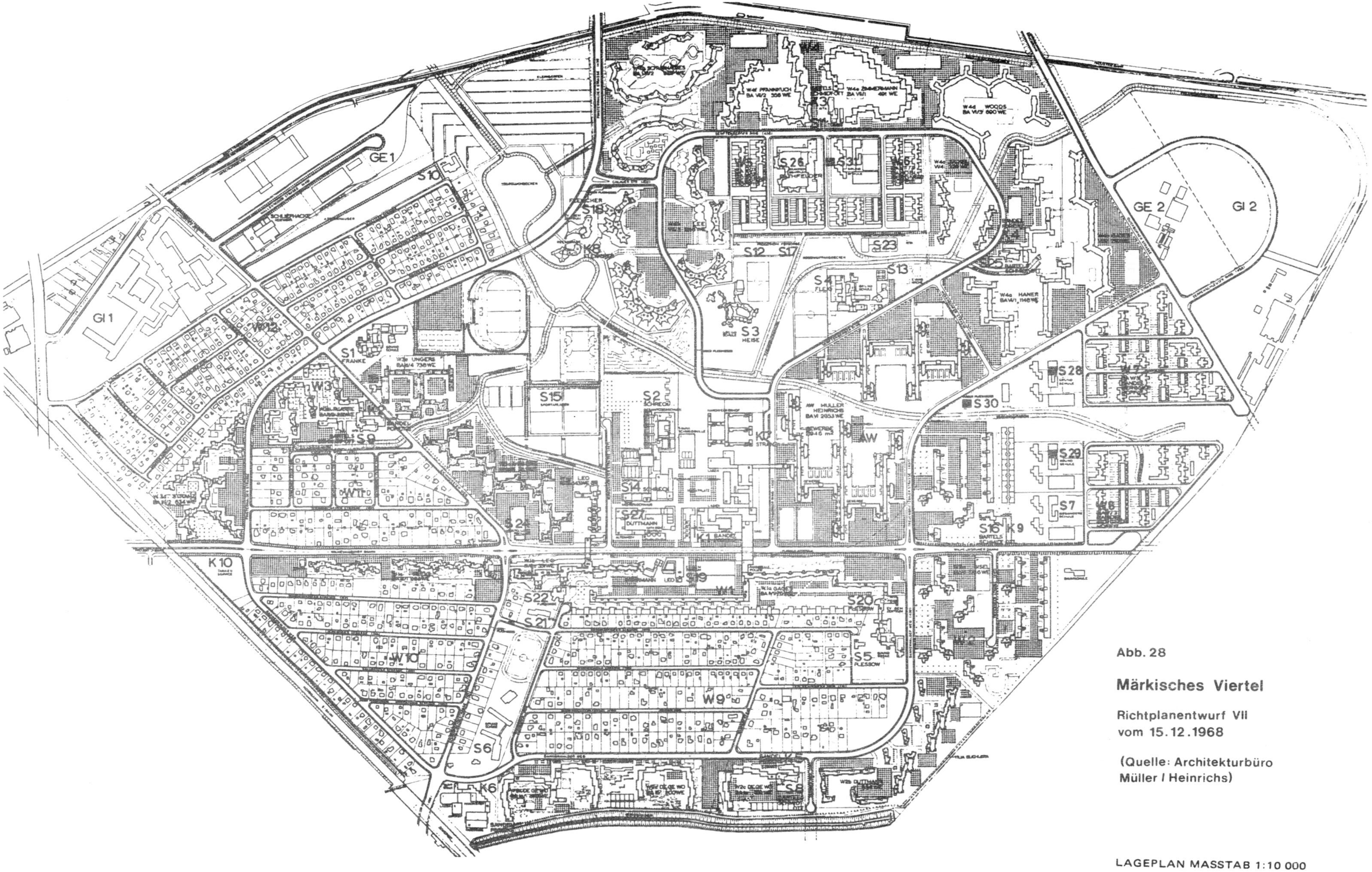

Abb. 28

Märkisches Viertel

Richtplanentwurf VII
vom 15. 12. 1968

(Quelle: Architekturbüro
Müller / Heinrichs)

LAGEPLAN MASSTAB 1:10 000

3.9.6 Die weiteren Richtpläne bis zum Jahre 1970

Gegenüber den Planungen des Jahres 1967 verringerte sich 1968 (Abb. 28) die Zahl der Wohnungen geringfügig um 96 auf 16.601. Fehlschlüsse bei der Kapazitätsberechnung der sozialen Infrastruktureinrichtungen, besonders bei den Schulen und Kindertagesstätten, machten Umplanungen auf diesem Sektor notwendig. Da bei den Planungen die bebaubaren Flächen vollständig verplant waren, konnte eine Unterbringung der zusätzlich notwendig werdenden Einrichtungen nur durch eine Reduzierung der geplanten Einfamilienhausgebiete gelingen. Der Gesobau fiel die Verkleinerung der Einfamilienhausgebiete nicht allzu schwer, da die Nachfrage in keiner Weise den Erwartungen entsprach.

W 5 und W 6 schrumpften zu einem winzigen Gebiet am zweiten Regenauffangbecken zusammen, und auch W 7 mußte eine kleinere Fläche für eine zusätzliche Kindertagesstätte abgeben. Um Platz für zwei weitere Grundschulen zu schaffen, verkleinerte man das Gebiet W 8, dem aber als Ersatz das bisher als Kleingartengelände ausgewiesene Gebiet der Kolonie "Fechner" zugeschlagen werden sollte, was aufgrund der Proteste der Siedler schnell rückgängig gemacht wurde. Zu den in der Aufstellung für den Richtplan VI vom Dezember 1967 (Abb. 27) genannten Einrichtungen kamen noch sieben weitere hinzu.

Standortnummer	Infrastruktureinrichtung
S 28	Grundschule
S 29	Grundschule
S 30	Kindertagesstätte
S 31	Gesamtoberschule
S 32	Schwimmhalle (schon 1967 in der Planung, nur nicht separat ausgewiesen)
S 33	Grundschule
S 34	Kindertagesstätte

Tab. 17: Zusätzliche soziale Infrastruktureinrichtungen des Richtplanentwurfs VI vom 15. 12. 1967

Zur Versorgung der Bevölkerung mit Waren des täglichen und des längerfristigen Bedarfs hatte man wie bisher das Haupteinkaufszentrum und jetzt sechs Nebeneinkaufszentren eingeplant. Gegenüber dem Richtplan von 1967 verlegte man das Nebeneinkaufszentrum K 3 von außerhalb des Senftenberger Ringes in den Innenbereich. Die anderen kommerziellen Einrichtungen behielten ihre vorgesehenen Standorte.

Die Veränderungen bis zur Jahresmitte 1970 (Abb. 29) beliefen sich im Bereich der Wohnbebauung auf eine Verringerung der Wohnungszahl, indem zwei Wohngebiete mit Geschoßbauten und sämtliche geplanten Einfamilienhausgebiete gestrichen wurden. Die Streichungen betrafen den nördlichen Abschnitt von W 1b des Architekten Leo und den westlichen Teil von W 4c des Architekten Juckel.

Nur ein derartiges Vorgehen konnte die für die zusätzlichen sozialen Infrastruktureinrichtungen benötigten Flächen und noch einige Reserveflächen schaffen.

Im Juni 1970 fiel dann auch noch der östliche Teil des Wohngebietes W 4c dem Rotstift zum Opfer. Gleichermaßen gestrichen wurde der Handwerkerhof K 7 im zentralen Einkaufsbereich, da trotz intensiver Bemühungen der Handwerkskammer keine Interessenten für eine derartige Einrichtung gefunden werden konnten. Zum einen lag dies an den mit 10 DM/m^2 recht hohen Mieten, die ein kleiner Handwerksbetrieb nur selten aufzubringen in der Lage ist, zum anderen hielten die angesprochenen Handwerker einen dringenden Bedarf an Handwerksbetrieben im Märkischen Viertel nicht für gegeben und die zukünftige Ertragslage deshalb für unzureichend.

Außerhalb des vom Senftenberger Ringes umschlossenen Bereiches änderten sich die Stand-

Abb. 29

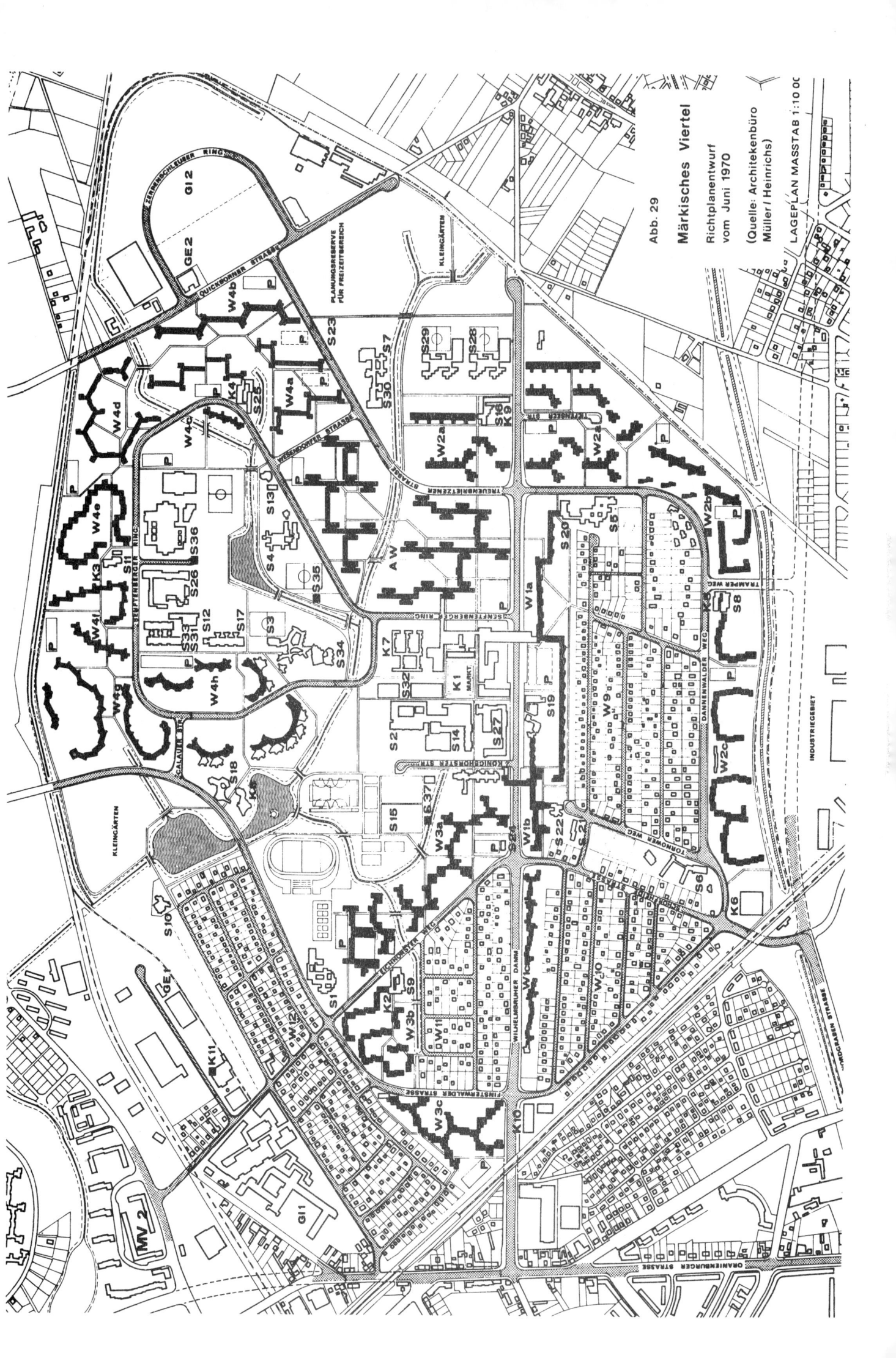

Märkisches Viertel

Richtplanentwurf vom Juni 1970

(Quelle: Architektenbüro Müller / Heinrichs)

LAGEPLAN MASSTAB 1:10 000

orte der sozialen Infrastruktureinrichtungen nicht. Anstelle des Einfamilienhausgebietes W 7 sah die modifizierte Planung für spätere Zeiten ein umfangreiches Sportzentrum mit Plätzen für die verschiedensten Sportarten sowie eine Sporthalle und ein Jugendheim vor. Das Eigenheimgebiet W 8 wich einem öffentlichen Grünbereich in Form von Kleingärten, die ein Verbleiben der Kolonie "Fechner" ermöglichten.

Das Fortfallen der Eigenheimgebiete W 5 und W 6 bildete die Grundlage für die völlige Neuplanung der Infrastrukturstandorte innerhalb des Senftenberger Ringes. Den Platz des bisherigen Ladennebenzentrums K 3, das jetzt wieder auf die nördliche Seite des Senftenberger Ringes rückte, der Kindertagesstätte und des Jugendfreizeitheimes S 12, der Gesundheitsfürsorge S 17, des Verkehrskindergartens S 23 und der Grundschule S 33 nimmt die zweite Gesamtoberschule im Märkischen Viertel ein. Der bisherige Standort S 31 wird nunmehr mit einer Grundschule besetzt. Südlich dieser Grundschule schließen sich die Kindertagesstätte, das Jugendfreizeitheim S 12 und die Gesundheitsfürsorge S 17 an. Der Verkehrskindergarten S 23 wird auf dem Gelände der Grundschule S 4 untergebracht.

Die gegenüber dem ursprünglichen Plan nun vorgesehene und auch durchgeführte Bebauung hatte zwangsläufig eine Veränderung der vorhandenen und auch bislang im Flächennutzungsplan ausgewiesenen Geschoßflächenzahlen zur Folge. Der letzte vom Bezirksamt im März 1962 vorgelegte Richtplanentwurf sah für den größten Teil des Gebietes eine GFZ von 0,4 vor, die sich nur im Kernbereich entlang des Wilhelmsruher Dammes auf 0,6 bzw. 0,9 und zwischen Grenzweg und Güterbahnhof Lübars auf 0,6 erhöhte.

In dem von Düttmann, Müller und Heinrichs vorgelegten Richtplanentwurf verblieb lediglich den ordnungsgemäß aufgeschlossenen Einfamilienhausgebieten die GFZ von 0,4, während in den Bereichen der konzipierten Geschoßbauten die GFZ auf wenigstens 1,0 anstieg. Nach der bis 1965 erfolgten Steigerung der Wohnungszahl sollte die GFZ im Märkischen Viertel im "Allgemeinen Wohngebiet" von Müller und Heinrichs auf 2,0 steigen. Wunsch und Wirklichkeit weichen jedoch ganz erheblich voneinander ab, was die Daten der bis 1968 errichteten Bauten verdeutlichen (Tab. 18).

Gegenüber dem Flächennutzungsplan von 1965, der den Richtplanentwurf aus dem Jahre 1965 bereits berücksichtigte, bestehen demzufolge für die GFZ erhebliche Differenzen zur vorgenommenen Bebauung (s. Tab. 18).

Auch im letzten Flächennutzungsplan aus dem Jahre 1973 sind noch die alten Geschoßflächenzahlen enthalten (Abb. 30). Für die später errichteten Bauten liegen keine Angaben über die Bruttogeschoßflächen vor, doch entsprechen die GFZ überschlagsweise ebenfalls nicht den vorgeschriebenen Werten.

Es wirft auch ein merkwürdiges Licht auf die Arbeit unserer Verwaltungsorgane, wenn die gesetzlich vorgeschriebenen Bebauungspläne zur Sprache gebracht werden. Obwohl das Märkische Viertel bis auf wenige Ausnahmen fast fertiggestellt ist, hat das Abgeordnetenhaus die Genehmigung eines Teiles der Bebauungspläne immer noch nicht abgeschlossen, da die notwendigen Unterlagen für das Bebauungsplanverfahren noch nicht vorliegen. Voraussetzung für die Bebauung eines Grundstückes ist das Vorliegen eines genehmigten Bebauungsplanes, wenn das Grundstück nach §§ 18 bis 22 des Planungsgesetzes von 1949 bebaut werden darf. Für das Märkische Viertel wurde, soweit es sich nicht um die Einfamilienhausgebiete handelte, von der im Gesetz vorgesehenen Ausnahmeregelung Gebrauch gemacht. Danach ist die Baugenehmigungsbehörde mit Zustimmung der Planungsbehörde in der Lage, ein Bauvorhaben zu genehmigen, wenn es den in Aussicht genommenen Regelungen nicht widerspricht, und wenn der Bauherr sich diesen Auflagen unterwirft.

Die im Märkischen Viertel ständig vorgenommenen Planungsänderungen führten zu einer derartigen Situation. Nach jeder Richtplanänderung hätte eine entsprechende Änderung des Bebauungsplanes vorgenommen werden müssen, so daß die Planungsbehörde einen außerordent-

Grundstück	Grundstücks- größe in m²	Bruttoge- schoßfläche in m²	GFZ
Senftenberger Ring 54 - 70 Finsterwalder Str. 72 - 102	75.819	107.755	1,42
Finsterwalder Str. 20 - 50 Eichhorster Weg 27 - 43	33.975	42.620	1,25
Senftenberger Ring 2 - 16 Wilhelmsruher Damm 114 - 126 Treuenbrietzener Str. 1 - 7	88.991	179.257	2,01
Tiefenseer Str. 1 - 7 Wilhelmsruher Damm 81 - 95	28.499	50.750	1,78
Senftenberger Ring 48 - 52	27.821	64.140	2,30
Treuenbrietzener Str. 9 - 15 Wesendorfer Str. 1 Senftenberger Ring 18 - 32	66.450	131.213	1,97
Treuenbrietzener Str. 2 - 24 Wilhelmsruher Damm 100	54.240	75.712	1,39
Wilhelmsruher Damm 224 - 228 Finsterwalder Str. 1 - 33	44.665	74.729	1,67
Dannenwalder Weg 188 - 196 Wilhelmsruher Damm 97 - 101 Tiefenseer Str. 2, 4, 9 - 13	56.998	97.191	1,70
Wilhelmsruher Damm 187 - 215	30.126	36.233	1,20
Wilhelmsruher Damm 152 - 158 Eichhorster Weg 4 - 30	55.063	121.861	2,21
Dannenwalder Weg 74 - 110	37.419	33.064	0,88
Treuenbrietzener Str. 29 - 31 Quickborner Straße 69 - 77	35.235	78.889	2,23
Dannenwalder Weg 112 - 134	18.709	15.554	0,83
Senftenberger Ring 72 - 78	19.836	30.646	1,54
Wilhelmsruher Damm 103 - 157	71.972	91.751	1,27
Wilhelmsruher Damm 165 - 185	20.240	44.353	2,19
Eichhorster Weg 32 - 44	29.732	49.567	1,66
Senftenberger Ring 40a - h Quickborner Straße 79 - 93	49.861	69.981	1,40
Senftenberger Ring 71 - 95	46.806	69.137	1,47
Senftenberger Ring 36 - 38 Wesendorfer Straße 2 - 14 Treuenbrietzener Straße 17 - 27	54.593	123.873	2,26

Tab. 18: Errechnung der GFZ für die bis 1968 bebauten Grundstücke (Quelle: Grundstücks- und Gebäudezählung 1968 des Statistischen Landesamtes Berlin)

lich hohen zusätzlichen Arbeitsaufwand zu bewältigen hätte und zudem die Bauvorhaben infolge dieser zeitraubenden Mehrarbeit in ihrer Fertigstellung lange verzögert worden wären. Vor allem hätten derartige Verzögerungen den Bereich der sozialen Infrastruktur außerordentlich stark betroffen, da die Fertigstellung der notwendigen Infrastruktureinrichtungen immer später erfolgt als die Errichtung der Wohnbauten. So konnte sich die Verwaltung im Rahmen eines starren Gesetzes, das ohne weiteres seine positiven Seiten hat, eine gewisse Flexibilität bewahren, die das Gewünschte leichter erreichen ließ.

Legende zum Flächennutzungsplan Märkisches Viertel 1973

- allgemeines Wohngebiet GFZ 0,4
- allgemeines Wohngebiet GFZ 1,0
- Kerngebiet GFZ 2,0
- Gewerbegebiet GFZ 1,2
- Gewerbegebiet GFZ 1,6
- Industriegebiet BMZ 6,0
- Parkanlage
- Kleingärten
- Gewässer
- Sportplatz
- Hallenbad
- Kindertagesstätte, Kindergarten
- Jugendheim
- Schule
- Kirche
- Post

Abb. 30

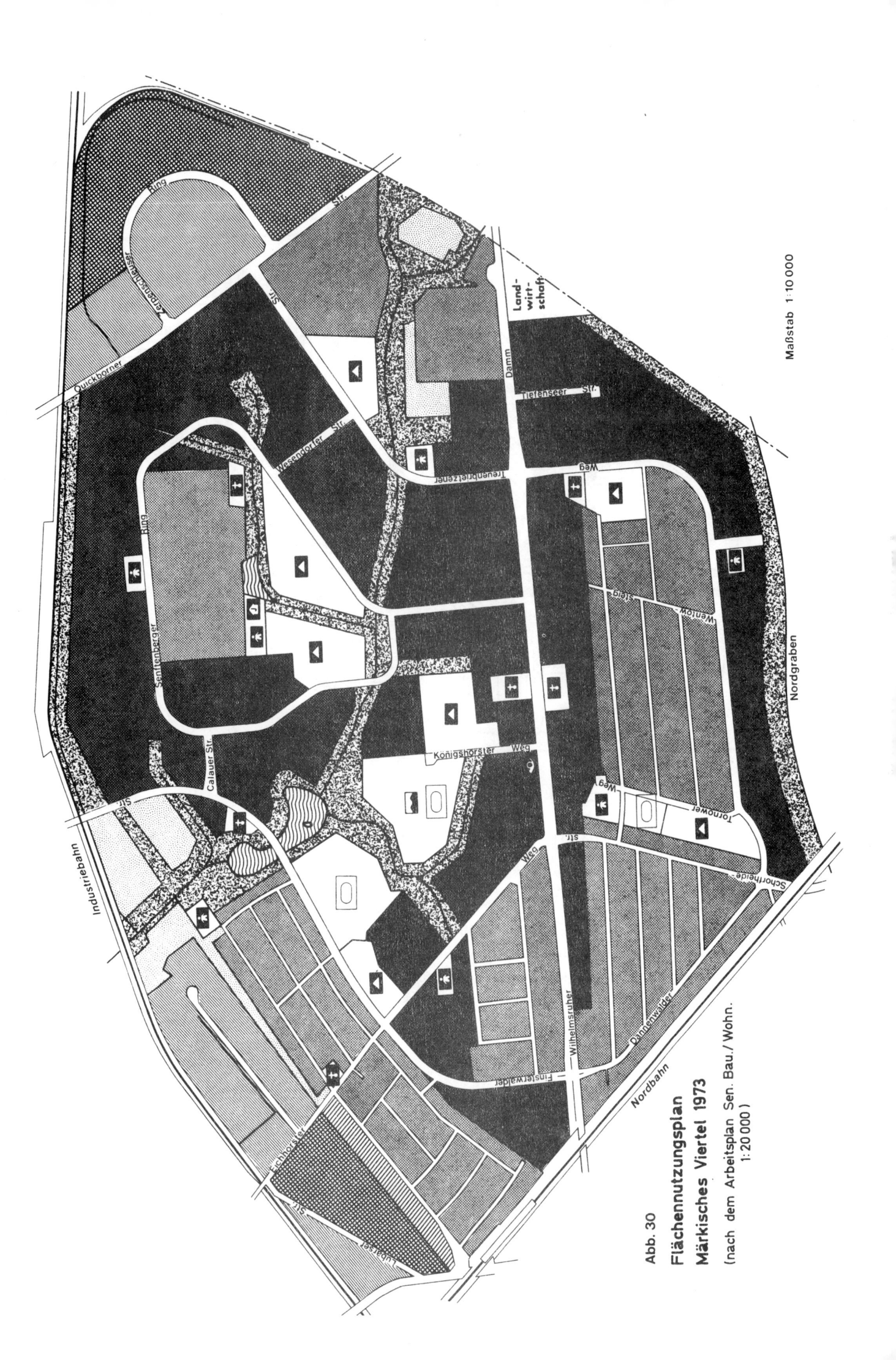

**Flächennutzungsplan
Märkisches Viertel 1973**

(nach dem Arbeitsplan Sen. Bau./Wohn.
1:20 000)

Maßstab 1:10 000

Abb. 31

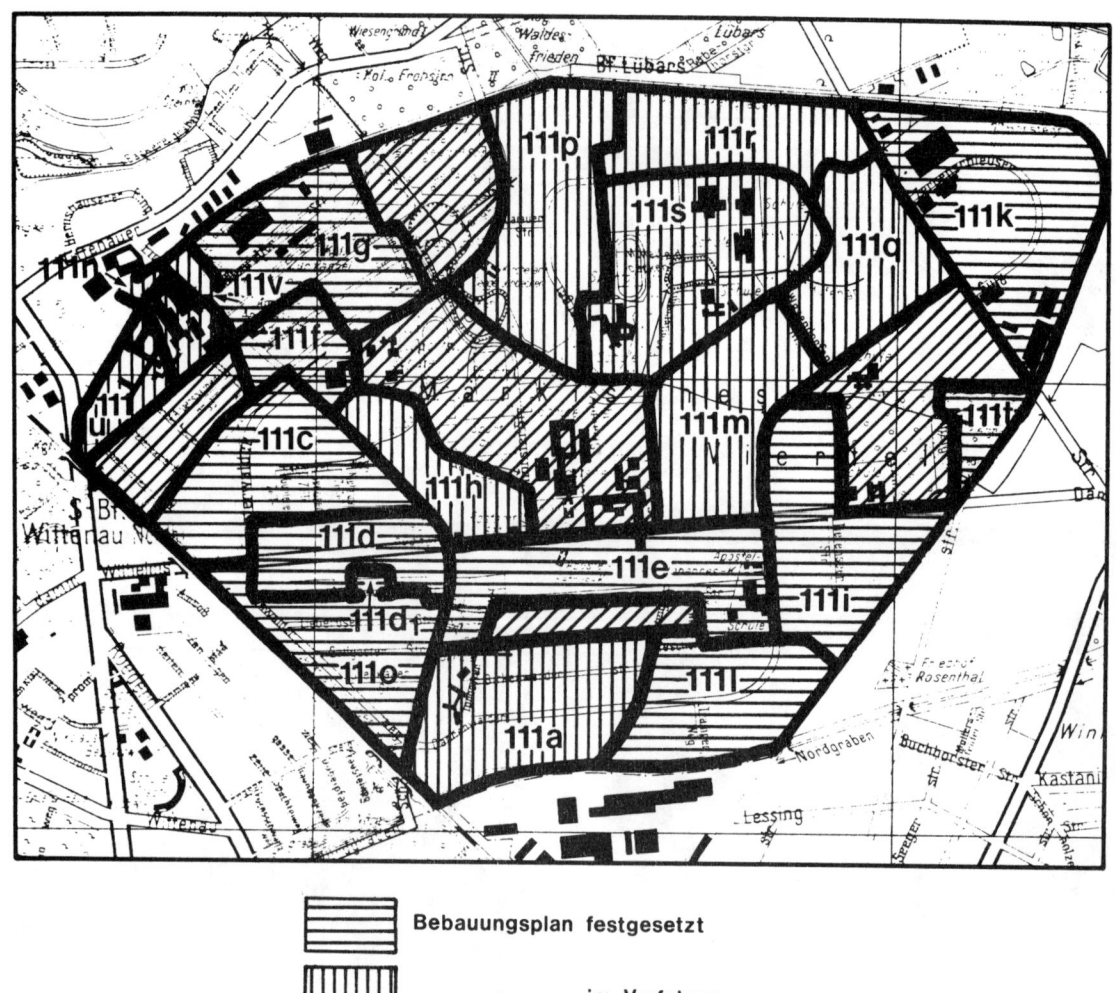

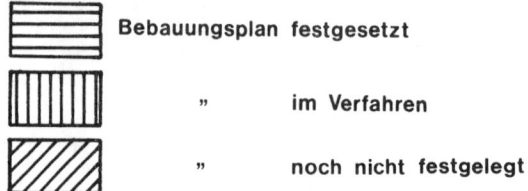

	Bebauungsplan festgesetzt
	" im Verfahren
	" noch nicht festgelegt

Aufteilung und Stand des Bebauungsplanes für das Märkische Viertel im Dezember 1975
Nach Unterlagen des Stadtplanungsamtes Reinickendorf
Kartengrundlage: Karte des Bezirks Reinickendorf, 1:20 000

Als erstes leitete man die Bebauungsplanverfahren für die aufgeschlossenen Einfamilienhausgebiete, das Industriegebiet im Nordwesten und den Bereich zwischen Dannenwalder Weg und Nordgraben ein, da hier mit Veränderungen in der Baustruktur nicht mehr zu rechnen war. Mit der fortschreitenden Fertigstellung der Wohnungsbauvorhaben begann auch jeweils die Einleitung des Bebauungsplanverfahrens für diese Bereiche. Ausgespart blieben bislang die Gebiete nordöstlich des Wilhelmsruher Dammes, bei denen der Abschluß der Bebauungsplanverfahren allerdings in nächster Zeit erfolgen soll (Abb. 31).

3.9.7 Der Wohnungsschlüssel und seine Auswirkungen auf die Planung

Von entscheidender Bedeutung nicht nur für die Bevölkerungsstruktur eines Gebietes sondern auch für die Kapazitätsberechnung der Infrastruktur ist der Wohnungsschlüssel. Dieser Schlüssel ist ein Planungsinstrument, mit dem Einfluß auf die zukünftige Struktur eines Gebietes genommen werden kann. Unter dem Wohnungsschlüssel ist die Aufteilung der Gesamtzahl der Wohnungen in kleine, mittlere und große Wohnungen zu verstehen.[1]

Legt man bei der Planung z.B. das Hauptaugenmerk auf die Errichtung kleiner Wohnungen, so wird sich als Folge die Kapazität der für Kinder und Jugendliche bestimmten sozialen Infrastruktureinrichtungen verringern, da kinderreiche Familien kaum in kleine Wohnungen ziehen werden. Dagegen muß darauf geachtet werden, daß bei dem Einzug eines größeren Anteiles älterer Bewohner die für diesen Personenkreis notwendigen Einrichtungen erstellt werden.

Ein wichtiges Hilfsmittel bei der Erstellung des Wohnungsschlüssels ist das Vorliegen einer Bedarfsanalyse der wohnungssuchenden Bevölkerung. Anhand einer derartigen Analyse könnte der Wohnungsschlüssel dem bestehenden Bedarf angepaßt werden. Gleichzeitig bestehen Aussagemöglichkeiten über die Kapazität der erforderlichen Infrastruktureinrichtungen. Allerdings entbehrt ein aufgrund derartiger Untersuchungen aufgestellter Wohnungsschlüssel nicht einer gewissen Problematik. Ist doch der spätere tatsächliche Bevölkerungszuzug von einer Anzahl verschiedener Faktoren abhängig, die schwer vorauszusehen sind, da sie unter anderem aus der Individualität der Bewohner entspringen.

So ist für die zukünftige Bevölkerung z.B. die Attraktivität einer Neubausiedlung von Bedeutung. Die Attraktivität setzt sich aus verschiedenen Komponenten zusammen, die von den potentiellen Bewohnern unterschiedlich gewichtet werden. Für den einen ist die Verkehrsverbindung zur Arbeitsstätte entscheidend, ein anderer legt dagegen Wert auf eine günstige Verkehrsverbindung zur City oder zu den Erholungsgebieten. Wieder andere stellen gute Einkaufsmöglichkeiten an die erste Stelle ihrer Prioritätenliste oder sie legen Wert auf eine gute Ausstattung mit den verschiedenen sozialen Infrastruktureinrichtungen.

Diese individuellen Vorstellungen und Wünsche sind bei den notwendigen Voruntersuchungen nicht zu berücksichtigen, so daß sich lediglich generelle Aussagen über den Wohnungsbedarf machen lassen. Sollte der Idealfall eintreten, daß die prognostizierte Bevölkerungsstruktur tatsächlich zutrifft, so darf ein wichtiger Faktor bei der Planung nicht außer acht gelassen werden. In ihren Richtplänen hatten die Planer keine Reserveflächen für zusätzlich notwendig werdende Einrichtungen vorgesehen. Bei dem Eintreffen der Bevölkerungsprognose wäre die Struktur des Märkischen Viertels zur Zufriedenheit aller ausgefallen. Nur ein Umstand blieb bei der Planung unberücksichtigt. Unser Leben hatte in den letzten zwanzig Jahren bis zur Planung des Märkischen Viertels in allen Bereichen Fortschritte gemacht und es war mit weiteren Verbesserungen zu rechnen. Vor allem im vor-

---

1) Dabei gelten als kleine Wohnungen 1 - 1 1/2 Zimmerwohnungen, als mittlere Wohnungen 2 - 3 Zimmerwohnungen und als große Wohnungen solche mit mehr als drei Zimmern.

schulischen und schulischen Bereich stand man erst am Anfang von Quantitäts- und Qualitätsverbesserungen, die bei ihrer Berücksichtigung zusätzliche Flächen erforderlich machten. Für derartige in naher Zukunft zu realisierende Vorhaben waren keine Erweiterungsmöglichkeiten vorhanden.

Daß es trotz der für alle Planungsstellen überraschenden Bevölkerungszusammensetzung zu einer zufriedenstellenden Ausstattung mit Infrastruktureinrichtungen kam, ist nur den damals vorhandenen Änderungsmöglichkeiten der Planung zuzuschreiben. Ein plötzlich auftretendes starkes Ansteigen der Geburtenrate wäre in den bestehenden Einrichtungen nicht zu verkraften. Ebenso wird z.B. eine Senkung der Klassenfrequenzen nicht ohne Schwierigkeiten durchzuführen sein, da die Schulkapazitäten ausgelastet sind.

Während das Bezirksstadtplanungsamt sich bei seinen Planungsüberlegungen von den Untersuchungen von Gratz[1] leiten ließ, stellten der Sanierungsträger und der Senator für Bau- und Wohnungswesen ihre Überlegungen auf eine andere Basis. Auch wenn die Bezirksstadtplaner zukünftige Entwicklungen außer acht ließen, sollte der geplante Zuzug von ca. 8.000 bis 12.000 Menschen die vorhandene Bevölkerungsstruktur nicht wesentlich ändern.

Gesobau und Senat standen dagegen auf dem Standpunkt, daß sich auch in einem derartigen Neubaugebiet die Bevölkerungsstruktur nicht von derjenigen des gesamten Berlins (West) unterscheiden würde. Ein derartiges Vorgehen läßt den Schluß zu, daß die Planungsbehörden keineswegs die Möglichkeiten einer gezielten Bedarfsanalyse anhand der Unterlagen der Wohnungsämter wahrgenommen hatten, sondern sich lediglich auf die statistischen Daten für Berlin (West) stützten.

Zusätzlich ging man bei der Errechnung der zukünftigen Einwohnerzahl von der durchschnittlichen Belegung pro Wohnung im Berliner (West) Maßstab aus (1961: 2,6 E/WE). Nach dem Bezug der ersten Bauabschnitte am Dannenwalder Weg erhöhte man die für die weiteren Planungen zugrundegelegte Belegungsziffer auf 2,65 E/WE. Damit glaubte man einer bei jungen Familien wahrscheinlichen höheren Kinderzahl ausreichend Rechnung getragen zu haben. Erst nachdem die folgenden Bauabschnitte bezogen waren, wurde anhand von Untersuchungen eine Belegungsziffer von 2,9 E/WE ermittelt, die daraufhin die Grundlage für die weitere Infrastrukturplanung bildete.

Nach den Vorstellungen des Senators für Bau- und Wohnungswesen und der Bauträger sollte der Wohnungsschlüssel ein Drittel kleine Wohnungen, ein Drittel mittlere und ein Drittel große Wohnungen ausweisen. Deshalb hätte man von vornherein mit einer gegenüber Berlin (West) unterschiedlichen Bevölkerungsstruktur rechnen müssen, da die Vergabe der Wohnungen im sozialen Wohnungsbau nur nach bestimmten Richtlinien erfolgt. Bereits die mittleren Wohnungen werden demnach zumindest zu einem erheblichen Teil von Familien mit ein bis zwei Kindern bezogen bzw. ist bei diesen Familien mit dem entsprechenden Nachwuchs zu rechnen. Die großen Wohnungen werden dagegen nur an Familien vergeben, die bereits mehrere Kinder haben. So lassen sich lediglich aus dem Wohnungsschlüssel gewisse Tendenzen über die Altersstruktur der zukünftigen Bevölkerung erkennen.

Art der Wohnung	Anzahl der WE	%
1 - Zimmer	1.250	10,0
2 - Zimmer	3.117	24,9
2 1/2 - Zimmer	3.117	24,9
3 - Zimmer	1.250	10,0
2 2/2 - Zimmer	2.550	20,2
3 1/2 - 5 Zimmer	1.250	10,0
INSGESAMT	12.534	100,0

Tab. 19: Wohnungsschlüssel des Richtplanes I vom 15. 7. 1962

---

[1] Siehe dazu auch S. 49/50.

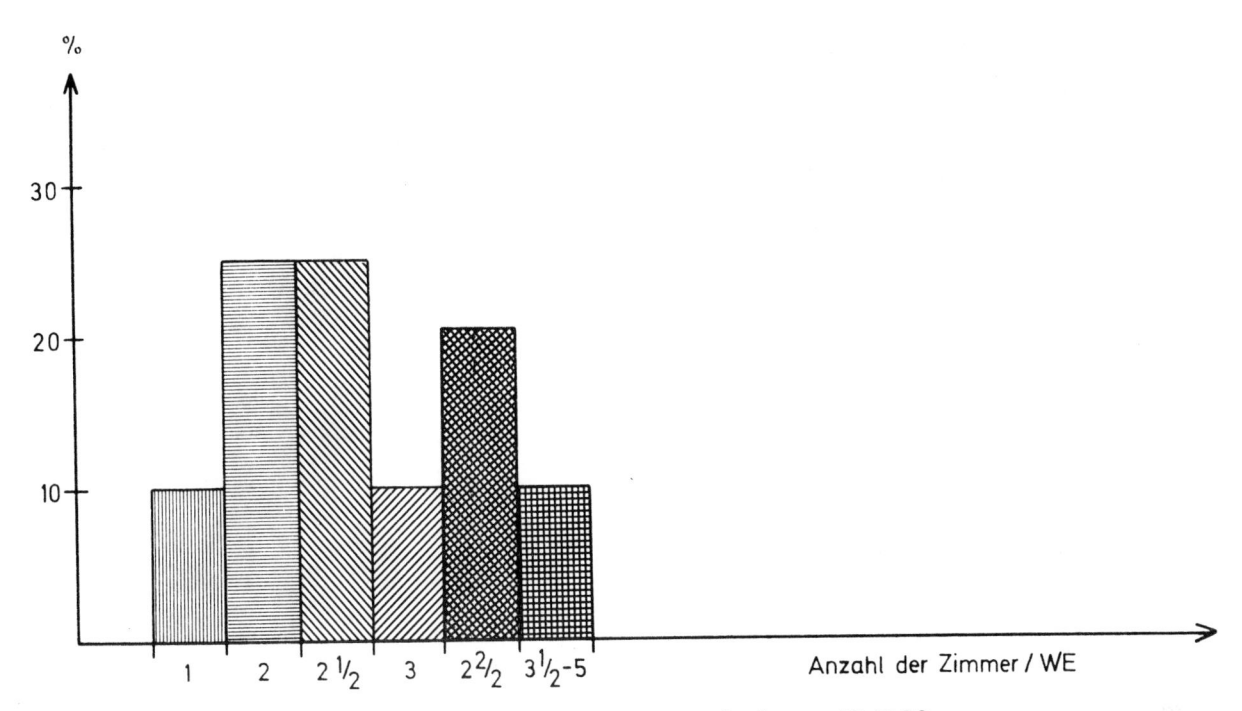

Abb. 32: Wohnungsschlüssel des Richtplanentwurfs I vom 15.7.62
(prozentuale Verteilung der einzelnen Wohnungsgrößen)

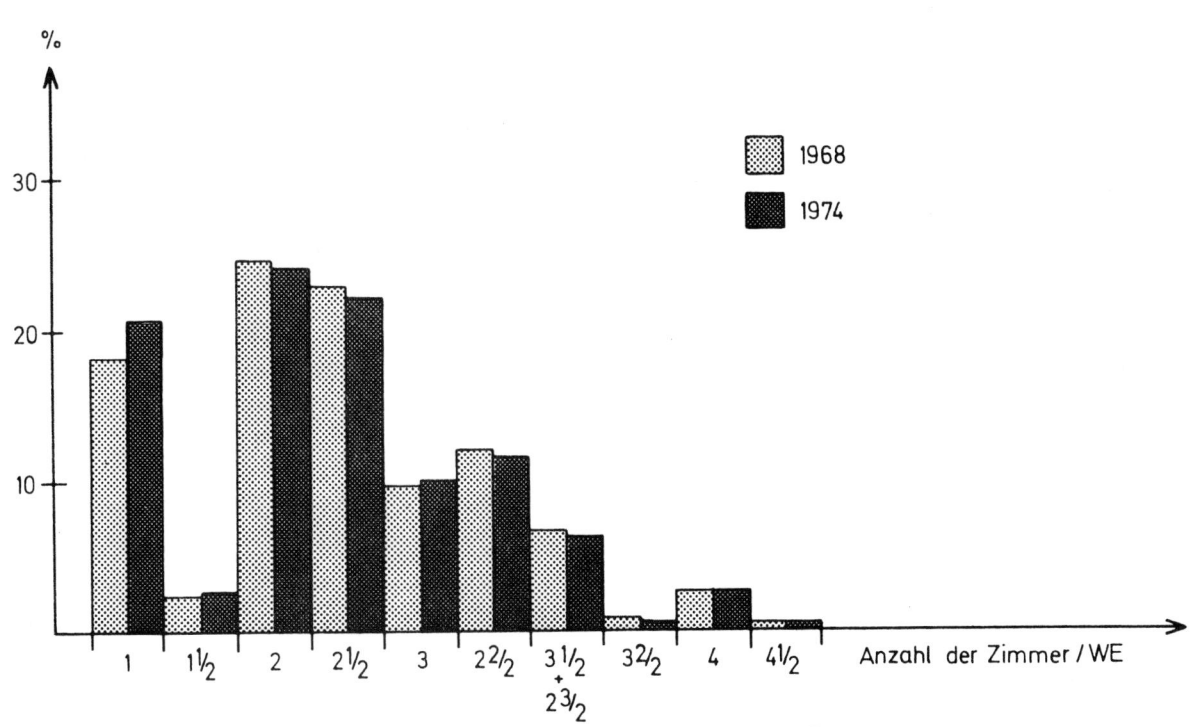

Abb. 33: Vergleich der Wohnungsschlüssel von 1968 und 1974
(prozentuale Verteilung der einzelnen Wohnungsgrößen)

Gegenüber den ursprünglichen Vorstellungen zeigt dieser Wohnungsschlüssel (Tab. 19/ Abb. 32) einige Unterschiede. So ist der Anteil der kleinen Wohnungen auf 10 % gesunken, während der Anteil der großen Wohnungen mit 30,2 % fast das vorgesehene Drittel erreicht. Die in diesen beiden Rubriken aufgetretenen Verringerungen sind den mittleren Wohnungen zugeschlagen worden, deren Anteil sich auf 59,8 % erhöhte.

In den folgenden Jahren änderte sich aufgrund der ständigen Planungsmodifikationen im gleichen Rhythmus auch jeweils der Wohnungsschlüssel. Um die Unterschiede gegenüber der ersten Planung aufzuzeigen, soll hier ein nach den Unterlagen der DeGeWo am 7. 10. 1968 erarbeiteter Wohnungsschlüssel dem Endzustand nach der Fertigstellung des Märkischen Viertels gegenübergestellt werden (Tab. 20) (Abb. 33).

Wohnungsart	1968 Zahl der WE	%	1974 Zahl der WE	%
1 Zimmer	2.893	18,3	3.246	20,5
1 1/2 Zimmer	386	2,4	386	2,5
2 Zimmer	3.891	24,7	3.775	24,0
2 1/2 Zimmer	3.643	23,1	3.476	22,1
3 Zimmer	1.476	9,4	1.545	9,8
2 2/2 Zimmer	1.883	11,9	1.787	11,4
2 3/2 Zimmer und 3 1/2 Zimmer	1.066	6,7	998	6,3
3 2/2 Zimmer	107	0,7	94	0,6
4 Zimmer	377	2,4	377	2,4
4 1/2 Zimmer	56	0,4	56	0,4
INSGESAMT	15.778	100,0		100,0

Tab. 20: Vergleich der Wohnungsschlüssel von 1968 und 1974 (Quelle: Richtplan 1968 und Angaben der Gesobau 1974)

Die Zahl für die Wohnungseinheiten 1968 ist niedriger ausgefallen, da in diesen Angaben die Wohnungen zweier Altenwohnheime und die neue geplanten Einfamilienhausgebiete nicht enthalten sind. Während der Anteil der kleinen Wohnungen sich gegenüber 1962 verdoppelt hat, ist der Prozentsatz der mittleren Wohnungen leicht gesunken. Am stärksten von den Veränderungen betroffen ist die Rubrik der großen Wohnungen, deren Anteil sich von 30,2 % auf 22,1 % verringerte. Dieser Vorgang spielte sich vor allem nach dem Bezug der ersten Bauabschnitte am Dannenwalder Weg (W 2c) und Wilhelmsruher Damm (W 1c) ab. In diesen Wohngebieten hatte man weitgehend den ursprünglichen Wohnungsschlüssel beibehalten.

Die entgegen der Planungen dann eingetretene Belegungsdichte der Wohnungen mit einem Durchschnitt von 3,6 E/WE im Wohngebiet W 1c ließ die Planer den Anteil der großen Wohnungen verringern. Vor allem waren die Planungsbehörden entsetzt über den außerordentlich hohen Prozentsatz der Kinder an der Gesamtbevölkerung, der sich auf 42,1 % belief, während man bei der Planung mit Zahlen von 15 % operiert hatte (immer bezogen auf die 0-15-jährigen). Die hohe Anzahl von mittleren und großen Wohnungen hatte die bezirklichen Wohnungsämter veranlaßt, vor allem Familien mit mehreren Kindern in diese Wohnungen einzuweisen, so daß es zu einer für Berlin (West) recht erstaunlichen Alterszusammensetzung kam. Da sich diese Erscheinung in den ersten Jahren in den meisten Bauabschnitten wiederholte, kam es häufig zu Schwierigkeiten bei der Planung und Erstellung der notwendigen sozialen Infrastruktur. Die Folge waren Klagen der betroffenen Bevölkerung, die sich zwar zu Recht unterversorgt sah, jedoch die Hintergründe dafür nicht kannte.

Der Bauträger und die Stadtplaner überlegten sich nun angesichts der unerwarteten Lage, wie derartigen Vorkommnissen in Zukunft zu begegnen sei. Die Anzahl der Kinder für sich betrachtet wäre noch kein Grund zum Nachdenken gewesen, sondern vielmehr ein positives Faktum, da die Berliner (West) Bevölkerung mit ihrem hohen Anteil an alten Menschen sehr ungünstig zusammengesetzt ist. Der Grund für die um sich greifende Unruhe und Bestürzung unter den Stadtplanern war vielmehr in dem Mangel an Reserveflächen für die sozialen Infrastruktureinrichtungen zu suchen. Da selbst nach dem Zurückgriff auf die geplanten Einfamilienhausgebiete die Kapazitäten nicht unbeschränkt erweitert werden konnten, blieb als letzter Ausweg eine Veränderung des Wohnungsschlüssels mit einer Senkung der Anteile der großen Wohnungen unter gleichzeitiger Vermehrung des Anteils der kleineren Wohnungen. Im zweiten Teil der Tab 20 kommen die Veränderungen in einem weiteren Zunehmen der kleinen Wohnungen bei gleichzeitiger Verringerung der Zahl der großen Wohnungen zum Ausdruck. Während sich der Prozentsatz der mittleren Wohnungen nur geringfügig änderte, stieg er bei den kleinen Wohnungen auf 23,1 %. Der Anteil der großen Wohnungen sank dagegen auf 21,0 %.

Nach dem 1. 1. 1969 ermöglichte eine Änderung der Verwaltungsstruktur der Wohnungsämter eine bessere Steuerung der Wohnungsbelegung. Bis dato bestand für die Wohnungsbauträger im sozialen Wohnungsbau nur für die mit Mieterdarlehen errichteten Wohnungen eine Auswahlmöglichkeit bei ihrer Belegung. Bei den von den Wohnungsämtern zu vergebenden Wohnungen besaß der Bauherr nicht die Möglichkeit einer Einflußnahme auf ihre Belegung. Nach der Auflösung der Bezirkswohnungsämter und der Einrichtung des zentralen Landesamtes für Wohnungswesen erging im Rahmen einer Neuordnung der Belegungskriterien eine gesetzliche Anweisung, nach der das Wohnungsamt dem Bauherren wenigstens zwei Mietervorschläge zur Auswahl einreichen mußte und somit dem Bauherren eine, wenn auch beschränkte, Auswahlmöglichkeit eröffnete. In Verbindung mit dem veränderten Wohnungsschlüssel hatten diese neuen Belegungsmodalitäten ein Sinken der extrem hohen Kinderzahlen zur Folge.

Gewissen Meinungen muß dabei entgegengehalten werden, daß eine derart extreme Bevölkerungsstruktur genauso ungünstig wie die durchschnittliche Berliner (West) Bevölkerungsstruktur mit ihrer hohen Überalterung ist. Daß außerdem noch wirtschaftliche Überlegungen, z.B. die Vermietbarkeit der Wohnungen, eine Rolle spielen ist nicht undenkbar. Insgesamt gesehen wäre es selbstverständlich sinnvoller, die Beschränkungen des sozialen Wohnungsbaus insofern zu lockern, als nicht mehr die Zahl der Familienangehörigen entscheidend für die Zumessung der Wohnraumzahl ist. Deshalb ist auch die Kritik, daß "als Hauptkriterien der Wohnungsplanung nicht die Bedürfnisse der Bewohner betrachtet"[1] worden sind, nicht ohne Berechtigung. Die Forderung nach "mietfreiem Wohnen"[2] dagegen ist insofern unrealistisch, da sie den gesamten Wohnungsbau in die Hände des Staates legen würde, was wegen des begrenzten finanziellen Spielraumes der öffentlichen Hand zu einem Absinken der Neubautätigkeit und zu starken Mangelerscheinungen bei der Versorgung der Bevölkerung mit Wohnungen führen würde.

Ebenso unsinnig wäre die Befriedigung der Wohnungsnachfrage allein durch die Privatwirtschaft, die sich vor allem von wirtschaftlichen Gesichtspunkten leiten läßt, d.h. wie und aus welcher Wohnung kann der höchstmögliche Profit gezogen werden. Zwar würde die Privatwirtschaft auch große Wohnungen bauen, doch wäre bei der Vermietung weniger der Gesichtspunkt der Bedürfnisse der zukünftigen Mieter als deren Zahlungsfähigkeit ausschlaggebend. Viele Familien mit mehreren Kindern, die nicht über den finanziellen Rückhalt verfügen, müßten mit völlig unzureichenden aber erschwinglichen Wohnungen vorlieb nehmen. Mit den Bestimmungen des sozialen Wohnungsbaus, so unzureichend sie auch sind, werden zwar nicht in jedem Fall die an eine bedarfsgerechte Wohnung gestellten Ansprüche befriedigt, doch wird wenigstens das Grundbedürfnis nach einigermaßen ausreichendem Raum abgedeckt.

Mit dem Wohnungsschlüssel ist daher ein Instrument vorhanden, die notwendigen Bedürfnisse nach Wohnraum innnerhalb bestimmter Grenzen abzusichern, d.h. pro Familienmitglied ein Raum (Küche, Bad und Toilette werden nicht gerechnet) bis zu einer maximalen

---

1) Seminar für Stadt- und Regionalplanung der TU-Berlin, 1971, S. 133.
2) Seminar für Stadt- und Regionalplanung der TU-Berlin, 1971, S. 125.

Wohnungsgröße von fünf Räumen im Märkischen Viertel. Da außer der Familiengröße noch das Familieneinkommen als Kriterium für die Zugehörigkeit zum sozialen Wohnungsbau dient, könnte theoretisch nach der maximalen Wohnungsgröße höchstens eine fünfköpfige Familie eine derartige Wohnung beziehen. Da die exakte Anwendung des Kriteriums der Familiengröße vor allem wegen der damit auftretenden wirtschaftlichen Belastungen der Familie durch die entsprechend steigende Miete oft die Familie überfordert, sind diese großen Wohnungen meistens Familien mit mehr als fünf Mitgliedern vorbehalten.

Selbst die Inanspruchnahme des staatlichen Wohngeldes hilft nur die Mietbelastung erträglich zu machen, obwohl die Mieten des sozialen Wohnungsbaus bereits staatlich subventioniert sind. Eine Neubauwohnung mit dem entsprechenden Standard im frei finanzierten Wohnungsbau wäre für solche Familien zumindest in den Ballungsgebieten unerschwinglich, und ihnen blieben demzufolge nur die billigeren, aber dann auch schlechteren Altbauwohnungen. Eine gut ausgestattete Altbauwohnung liegt meist außerhalb der finanziellen Möglichkeiten einer vielköpfigen Familie, obwohl gerade solche Wohnungen oft größer und demzufolge auch sinnvoller zu nutzen sind als eine Neubauwohnung. Während bis in die ersten Nachkriegsjahre hinein große Familien häufig in erbarmungswürdigen, völlig unzumutbaren und zu kleinen Wohnungen hausen mußten, wird in den letzten Jahren der Versuch unternommen, die Wohnbedingungen zu verbessern.

Um nun nach den Bedingungen des sozialen Wohnungsbaus in einer Großsiedlung, wie sie das Märkische Viertel darstellt, keine monostrukturierte Bevölkerung zu erhalten, wurde der Wohnungsschlüssel der veränderten Situation angepaßt. Eine sehr hohe Anzahl großer Wohnungen birgt die Gefahr der Bildung eines "Kindergettos" in sich, genauso wie ein Überwiegen kleiner Wohnungen zu einem "Altengetto" führen könnte. Die in der Folgezeit vorgenommene Erhöhung des Anteils der kleinen und mittleren Wohnungen sollte daher als Regulativ zur Vermeidung einer derart extremen Situation dienen, wie sie sich nach dem Bezug der ersten Bauabschnitte anzubahnen schien.

3.9.8 Bodenerwerbsmassnahmen

Seit etwa 1960 war die Gesobau mit dem freihändigen Erwerb von Grundstücken beschäftigt. Relativ einfach stellte sich der Kauf der größeren zusammenhängenden landwirtschaftlichen Flächen dar, die im Bereich der vorgesehenen Bauklasse II/2 lagen. Für diese Areale forderten und erhielten die Besitzer im Durchschnitt 4 DM/m^2. 1962 setzte die Gesobau ihre Grundstückskäufe in dem mit einer GFZ von 0,9 ausgewiesenen Kernbereich am Wilhelmsruher Damm fort, wofür bereits 12 DM/m^2 aufzubringen waren. Die mit einer GFZ von 0,6 geplanten Flächen wechselten für 10 DM/m^2 den Besitzer. Kosteten Grundstücke mit einer geplanten GFZ von 0,4 zu Beginn des Jahres 1962 noch 4 DM/m^2, so mußte die Gesobau am Ende des Jahres 6 DM/m^2 bezahlen.

Zur Vermeidung von Verzögerungen und ungerechtfertigten Preisforderungen hatte der Senator für Finanzen am 2. 8. 1962 eine Rechtsverordnung zu dem in den §§ 25 und 26 des BBauG vom 23. 6. 1960 geregelten Vorkaufsrecht sowohl für bebaute als auch für unbebaute Grundstücke erlassen. Die Rechtsverordnung wurde durch das Berliner Gesetz zur Ausführung des BBauG vom 21. 10. 1960 notwendig, denn nach § 8 tritt an die Stelle der Satzung des BBauG zur Regelung des Vorkaufsrechts in Sanierungsgebieten eine Rechtsverordnung des Senats. In § 1 der Rechtsverordnung über ein Vorkaufsrecht Berlins an Grundstücken im Sanierungsgebiet Wilhelmsruh wird der Geltungsbereich geregelt, der die aufgeschlossenen Siedlungen ausschließt. Dem Senator für Finanzen, der für den Grunderwerb zuständig ist, eröffnet sich die Möglichkeit, den Baulandbedarf für öffentliche Einrichtungen zu decken. Auf dem Tauschwege oder durch Ver- bzw. Ankauf[1] können dann mit dem Sanierungsträger auf der Grundlage des Bebauungsplanes die von beiden Parteien benötigten Areale ihrer Bestimmung zugeführt werden.

Somit war auch die Voraussetzung für eine zügige Durchführung der Bodenordnungsmaßnahmen gegeben. Im Verlauf der nachfolgenden Jahre ergab sich beim Grunderwerb der Gesobau eine Steigerung der aufgewendeten Kosten pro m^2. 1963 blieben die Preise noch auf dem Stand des Vorjahres, zogen dagegen 1964 kräftig an. Da sich die billigen landwirtschaftlichen Flächen alle im Besitz des Sanierungsträgers oder der Stadt Berlin befanden, handelte es sich nunmehr um die Grundstücke der einzelnen Laubenkolonien. Die gezahlten Preise betrugen zwischen 15 und 18,50 DM/m^2, wobei sogar ein Spitzenpreis von 34,50 DM/m^2 gezahlt werden mußte. 1965 verblieben die Grundstückspreise zwischen 15 und 20 DM/m^2, um in den nachfolgenden Jahren eine Steigerung auf 30 DM/m^2 zu erfahren. Nach dem Abschluß der Grundstückskäufe im Jahre 1970 ergab sich ein Durchschnittspreis von 20,76 DM/m^2, der trotz der hohen Erschließungskosten als akzeptabel zu bezeichnen ist.[2]

Bei der Freimachung der Laubenkolonien ergaben sich für die Gesobau 1963 unerwartete Schwierigkeiten. Eine Anzahl Kleingärtner schloß sich zu einer "Not- und Prozeßgemeinschaft Berlin-Wittenau Nord e.V." zusammen, um ihre Interessen dem Sanierungsträger gegenüber besser vertreten zu können. Grundsätzlich zeigten sich die Laubenbesitzer bereit, ihre Parzellen zu räumen, es ging ihnen nur um die Höhe der Räumungsentschädigung, die der Senat auf 1.300 DM pro Parzelle festgesetzt hatte. Der Streit um eine höhere Entschädigung zwischen "Not- und Prozeßgemeinschaft", dem Bezirksamt und der Senatsbauverwaltung wogte hin und her und wurde sogar dem Finanzminister Dahlgrün vorgetragen[3], der den Vorgang an die Berliner Verwaltung zurückverwies.

Vom rechtlichen Standpunkt aus betrachtet, ist das Verhalten der Verwaltung und der Gesobau korrekt, moralisch allerdings nicht unbedingt zu rechtfertigen. Die Pächter schlossen ihre Pachtverträge mit dem früheren Grundstücksbesitzer zum Zwecke des Wohnens. Die für eine befristete Zeit abgeschlossenen Verträge verlängerten sich nach ihrem Ablauf automatisch um ein weiteres Jahr, sofern sie nicht drei Monate vor dem Jahresende oder der Vegetationsperiode gekündigt wurden. Jeder Pachtvertrag enthielt eine Klausel, daß nach der Beendigung des Pachtverhältnisses das Gelände vom Pächter unentgeltlich und ohne Anspruch auf eine Entschädigung abzuräumen sei. Nach einem vom Landgericht Berlin in einem Prozeß am 3. 10. 1961 verkündeten Urteil unterliegen diese Pachtverträge weder dem Pacht- noch dem Mieterschutz. "Bestimmungen der Kleingarten- und Pachtlandordnung vom 31. 7. 1919 sowie die Verordnung über Kündigungsschutz und andere kleingartenrechtliche Vorschriften in der Fassung vom 15. 12. 1944 finden keine Anwendung".[4]

Die Bestimmungen des Art. 14 Abs. 3 des Grundgesetzes treffen nicht zu, da die Forderungen des Sanierungsträgers auf Grund der bestehenden Verträge keinen Eingriff in das geschützte Eigentum darstellen. Auf Vorschlag der Gesobau stimmte der Senator für Bau- und Wohnungswesen, Abt. II B, dem Angebot auf Zahlung einer einmaligen Entschädigung von 1.300,-- DM plus einiger, der Bausubstanz der Wohnlauben entsprechenden Zuschläge pro Parzellenbesitzer zu.

---

1) Schreiben des Stadtplanungsamtes Reinickendorf vom 18. 9. 1962 an den Bezirksstadtrat für Bau- und Wohnungswesen Schäfer zur Beantwortung einer mündlichen Anfrage in der Bezirksverordnetenversammlung.
2) Nach den Unterlagen der Gesobau.
3) Schreiben der "Not- und Prozeßgemeinschaft Berlin-Wittenau Nord e.V." an den Bundesminister der Finanzen Dr. jur. Rolf Dahlgrün vom 14. 6. 1963.
4) Schreiben der Gesobau vom 29. 7. 1963 an den Senator für Bau- und Wohnungswesen, Abt. II F.

Da sich für die "Not- und Prozeßgemeinschaft" juristisch keine Ansatzpunkte zur Durchsetzung ihrer Forderungen ergaben, begann sie die Verwaltung polemisch zu verunglimpfen. Bei aller Überzeugung von der moralischen Berechtigung der Forderungen der Pächter heizte dieses Verhalten die Atmosphäre bis zum Siedepunkt auf.[1] In der folgenden Zeit trat eine gewisse Beruhigung der Auseinandersetzungen ein, während die Spannungen latent unter der Oberfläche schlummerten. Zu einer Einigung der Parteien kam es nicht, da die Standpunkte zu verhärtet waren. Als die Räumung der betroffenen Pachtparzellen 1965 kurz bevorstand, wandte sich die "Not- und Prozeßgemeinschaft" mit einer Presseerklärung an die Öffentlichkeit[2], die mit Sicherheit nicht zur Versachlichung der Auseinandersetzung beitrug. Die verzweifelten Versuche dieser Gemeinschaft zeitigten jedoch keinen Erfolg.

---

[1] Schreiben der "Not- und Prozeßgemeinschaft" an den Reinickendorfer Bezirksbürgermeister vom 3. 10. 1963.
[2] Erklärung der "Not- und Prozeßgemeinschaft" in: Der Nord-Berliner vom 29. 1. 1965, S. 11.

4 ZUM PROBLEM DER INFRASTRUKTURELLEN AUSSTATTUNG

4.1 Allgemeine Problematik der Infrastruktur

Als Infrastruktur soll hier die "Ausstattung eines räumlichen Bereichs - einer Gemeinde oder Region - mit öffentlichen Einrichtungen aus Mitteln des Sozialkapitals" verstanden werden, "die der Sicherung bzw. Erhöhung der Produktivität sowie der sozialen Sicherheit und damit im weitesten Sinne der Schaffung gesellschaftlich optimaler Wettbewerbschancen und sozialer Lebensbedingungen dieses Bereiches und seiner Bewohner dienen" (BOESLER, F., 1966, Sp. 768). Damit sind die allgemeinen Voraussetzungen für eine weitergehende Einengung des Begriffs gegeben. Unter Infrastruktur soll hier nur der materielle Bereich verstanden werden, zu dem alle Anlagen, Ausrüstungen und Betriebsmittel, die zur Energieversorgung, Verkehrsbedienung und Telekomunikation dienen sowie alle Einrichtungen des Erziehungs-, Forschungs-, Gesundheits- und Fürsorgewesens und der staatlichen und kommunalen Verwaltung gehören.

Für das Märkische Viertel sind vor allem zwei große Bereiche relevant; die Verkehrsinfrastruktur und die Einrichtungen der sozialen Infrastruktur.[1] Zur Verkehrsinfrastruktur zählen alle notwendigen baulichen und betrieblichen Maßnahmen zur Bedienung eines Gebietes mit öffentlichen oder privaten Verkehrsmitteln, so der Straßenbau als Voraussetzung des Verkehrs, aber auch der gesamte öffentliche Verkehr.

Die soziale Infrastruktur umfaßt eine größere Zahl von verschiedenen Einrichtungen. Zu ihr gehören Schulen und Hochschulen, Kindertagesstätten, Jugendfreizeitheime, Kinderspielplätze, Sportanlagen, Bibliotheken, Fürsorgeeinrichtungen, Seniorenwohnungen, Seniorenheime und -tagesstätten, Krankenhäuser und Hospitäler sowie kulturelle Einrichtungen (Arbeitsgruppe Stadtstruktur, 1971). Diese Einrichtungen fallen unter die Infrastruktur, die zur "Schaffung gesellschaftlich ... sozialer Lebensbedingungen dieses Bereiches und seiner Bewohner" (BOESLER, F., 1966, Sp. 768) dient, weshalb sie in Anlehnung an die Begriffsbestimmung F. Boeslers als soziale Infrastruktur bezeichnet werden soll. Während Boesler ausschließlich öffentliche Einrichtungen als Infrastruktur versteht, sind hier nach STOHLER (1965), FREY (1972) und JOCHIMSEN (1966) auch aus Mitteln des Privatkapitals finanzierte Einrichtungen mit öffentlichem Charakter enthalten.

Da diese Einrichtungen für das Wohlergehen der Bevölkerung von existentieller Bedeutung sind, ist ihre Bezeichnung als soziale Infrastruktur gerechtfertigt. Die Einrichtungen vor allem der sozialen Infrastruktur werden gemeinhin als Wohnfolgeeinrichtungen bezeichnet, obwohl sie im eigentlichen Sinne Vorleistungen sein müßten. Im Märkischen Viertel wären mit der Methode der Vorleistung zwar eine ganze Reihe auftretender Engpässe abzubauen gewesen, andererseits hätte man damit Realitäten geschaffen, deren Anpassung an die Gegebenheiten außerordentlich schwierig, wenn nicht gar unmöglich gewesen wäre. So barg das anfängliche Fehlen der sozialen Infrastruktureinrichtungen die Möglichkeit in sich, die Kapazitäten der neuesten Entwicklung anzupassen.

---

[1] Obwohl gerade für das Märkische Viertel die Leitungsinfrastruktur für die Ver- und Entsorgung von Bedeutung ist, muß eine Behandlung hier unterbleiben, da keinerlei Material darüber zur Verfügung stand. Lediglich über das Heizwerk und den Ausbau der Gräben konnten Angaben beigebracht werden. Deshalb sollen die Ausführungen über die Infrastruktur außer diesen beiden Punkten nur den sozialen und den Verkehrsinfrastrukturbereich umfassen. Auch die Angaben über die Ausbaukosten der Straßen im Märkischen Viertel sind lückenhaft, da hier nur auf das Material in den Bezirkshaushaltsplänen zurückgegriffen werden konnte.

Abb. 34

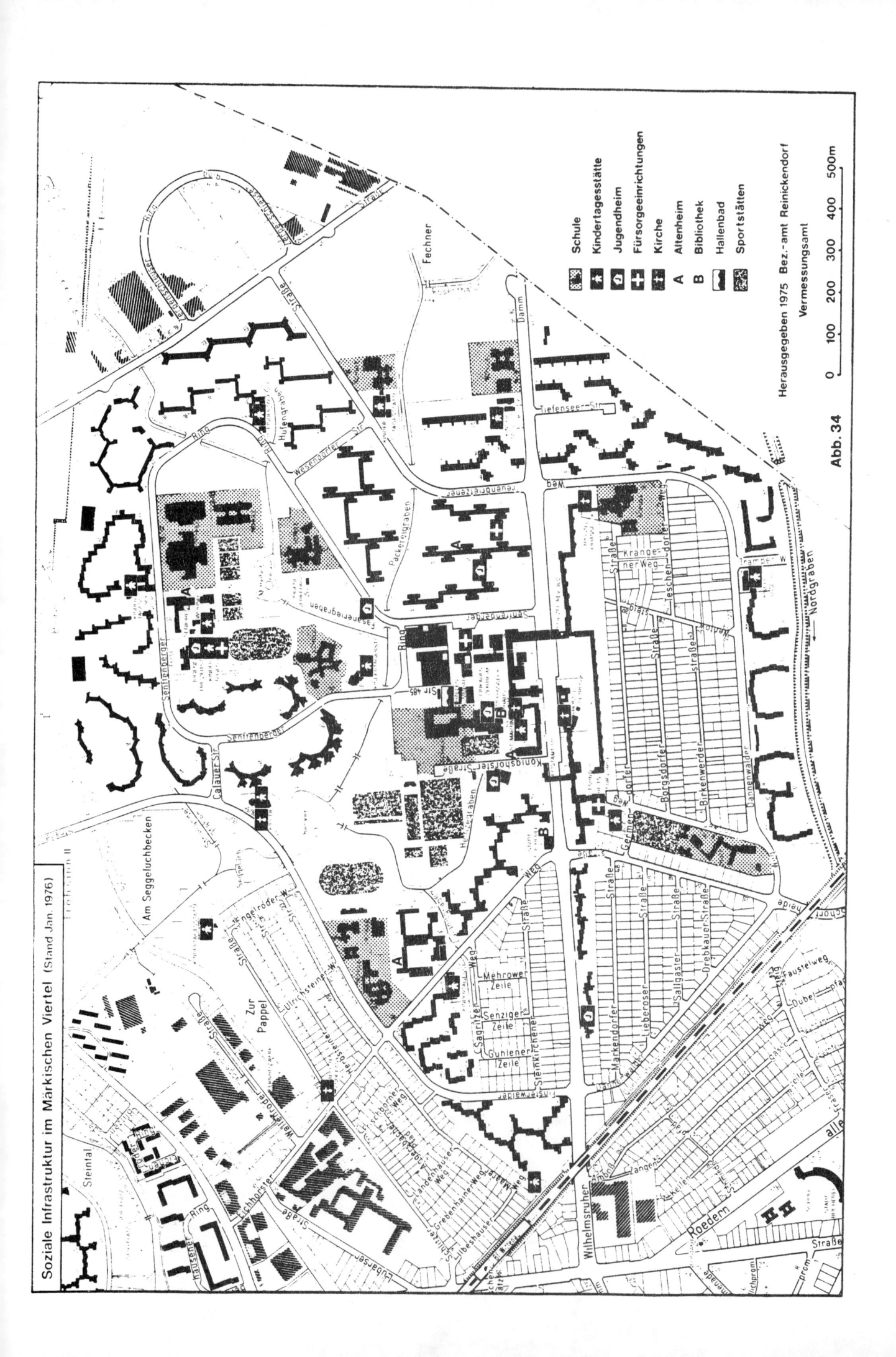

Von den unter den Begriff "soziale Infrastruktur" fallenden Einrichtungen sind im Märkischen Viertel nicht alle vertreten, da in dieser Rubrik teilweise Einrichtungen mit überregionaler Bedeutung, wie z.B. Hochschulen, Krankenhäuser, Spitäler oder spezielle kulturelle Einrichtungen enthalten sind. Die übrigen Einrichtungen, die in einem Gebiet derartiger Größe vorhanden sein müssen, dienen zur Deckung der elementaren Lebensbedürfnisse der Menschen.

Da es sich bei dem Märkischen Viertel um ein planvoll entstandenes Wohngebiet handelt, konnte und wollte die öffentliche Hand im Bereich der sozialen Infrastruktur nichts dem Zufall überlassen sondern setzte anhand von Richtwerten, die Aufschluß über die zukünftige Bevölkerungszahl und Altersstruktur geben sollten, die Anzahl und Kapazität der sozialen Infrastruktureinrichtungen fest (Abb. 34).

Allerdings fand bei diesen Planungen eine Überlegung keine Berücksichtigung: Gerade die junge Bevölkerung ohne eigene Wohnung besitzt einen hohen Mobilitätsgrad, der einen überdurchschnittlichen Prozentsatz junger Familien mit dem entsprechenden Nachwuchs erwarten läßt. Vielmehr ging man bei den Überlegungen zur zukünftigen Bevölkerungsstruktur von einer dem Berliner (West) Durchschnitt entsprechenden Bevölkerungszusammensetzung aus. Auch wenn bei einer mit ansprechenden Wohnungen versehenen Bevölkerung im Großstadtbereich eine relativ hohe Mobilität angesetzt wird (SCHAFFER, F., 1968), so bedingen unter anderem auch die Richtlinien des sozialen Wohnungsbaus für die Wohnungsvergabe eine mit Wahrscheinlichkeit recht junge Bevölkerung. Da diese Gedanken keinen Eingang in die Planungen fanden, überraschte die, selbst bei Voraussehung der möglichen Entwicklung, außergewöhnliche Altersstruktur der Bevölkerung.

Vor allem im Bereich zweier sozialer Infrastrukturbereiche sahen sich die Planer völlig veränderten Gegebenheiten gegenüber, die alle ihre Planungen der bisherigen Zeit geradezu lächerlich erscheinen ließen: Dies waren die Schulen und die Kindertagesstätten. Hier machte sich die Übernahme der Durchschnittswerte der Berliner (West) Bevölkerung als Planungsgrundlage schmerzlich bemerkbar.

4.2 Soziale Infrastruktureinrichtungen im Bereich Bildung und Freizeit

4.2.1 Schulen

In den ersten Richtplänen hatte man die Zahl und die Kapazitäten der Schulen noch nach dem für Berlin (West) gültigen Schlüssel berechnet, wonach jeder Schülerjahrgang ein Prozent der Gesamtbevölkerung betragen sollte. Obwohl mittlerweile die durchschnittliche Belegungsziffer auf zwei Personen pro Wohnung in Berlin (West) gesunken war, operierte man bei der Erstellung der Bevölkerungsprognose für das Märkische Viertel vorsichtshalber mit einer etwas höheren Zahl von 2,65 E/WE.[1] Nach der im Jahre 1966 absehbaren Bautätigkeit sollten 1968 ca. 3.172 WE (Wohneinheiten) fertiggestellt sein.

Dieser Berechnung zufolge würde die Einwohnerzahl 8.400 Menschen betragen. Bei einem Anteil jedes Schülerjahrganges von 1 % an der gesamten Bevölkerungszahl multipliziert mit 6, d.h. der Anzahl der Grundschuljahrgänge, ergibt sich eine Gesamtzahl von 500 Grundschülern, zu denen noch 50 aus dem MV II hinzukommen. Auch wenn der Bauabschnitt MV II bisher keine Berücksichtigung gefunden hat, so muß er in die Schulkapazitätsberechnung Eingang finden, da für die geringen Schülerzahlen eine eigene Schule nicht sinnvoll ist und die nächsten Schulstandorte das Märkische Viertel bietet. Die Schülerzahl pro Klasse wurde 1966 mit 35 angesetzt, so daß sich eine erforderliche Klassenzahl von 16 ergab.

---

1) Nach: "Berechnung der Schulstandorte im Märkischen Viertel" des Stadtplanungsamtes Reinickendorf vom 23. 2. 1968.

In der Schule S 1 an der Finsterwalder Straße waren 18 Klassen vorhanden, womit sogar eine Reserve von zwei Klassen gegeben war.

Im Gegensatz zu den Planungsdaten ergaben sich 1968 in der Realität einige einschneidende Veränderungen, die zu einem Überdenken der Infrastrukturplanung führten. So stellten vor allem die entgegen der Planung höhere Belegungsziffer der Wohnungen und der außergewöhnlich hohe Kinderanteil die Planer vor unvorhergesehene Probleme. Statt 2,65 Personen wohnten jetzt durchschnittlich 2,9 Einwohner in jeder Wohnung. Die zukünftige Grundschülerzahl errechnete sich aus der Zahl der bislang noch nicht schulpflichtigen Kinder, die in den bis zum Februar 1968 bezogenen Wohnungen etwa 2,9 % pro Jahrgang betrug. Die ca. 9.750 Einwohner der bis zum Frühjahr 1968 bezogenen 3.373 Wohnungen des Einzugsbereichs der Grundschule S 1 ließen nach diesen Berechnungen ca. 1.700 potentielle Grundschüler in den nächsten fünf Jahren erwarten. Bei einer Klassenfrequenz von wie bisher 35 Schülern pro Klasse wären zu ihrer Unterbringung 48 Klassen erforderlich gewesen. Tatsächlich standen aber nur 18 Klassen zur Verfügung, so daß sich statt des ursprünglich erwarteten Plus von zwei Klassen ein Defizit von 30 Klassen einstellte. Ähnliche Ergebnisse ergaben sich auch bei den Kapazitätsberechnungen für sämtliche anderen Grundschulen.

Für die Gesamtoberschule und die Sonderschule ergaben sich andere Berechnungsmethoden, da diese Schulen nicht für einen speziellen Schulbereich sondern für das gesamte Märkische Viertel gedacht waren. Hier wurde von der Gesamtzahl der Einwohner ausgegangen, die sich bei 18.259 WE und einer Belegungsziffer von 2,9 E/WE auf ca. 53.000 Einwohner belief.

Bei einem Anteil von 2,9 % Schüler pro Jahrgang betrug die Zahl der Schüler pro Jahrgang 1.540. Die Hauptschule besuchten etwa 45 % der Grundschulabsolventen, so daß sich bei drei Jahrgängen in der Hauptschule ca. 2.100 Schüler ergaben.[1] Demzufolge würden bei einer Klassenfrequenz von 30 Schülern 70 Klassen benötigt. Nach den Berliner (West) Durchschnittswerten besuchten etwa 37 % der Schüler eine Realschule. Ausgehend von den gleichen Einwohnerzahlen und Jahrgangsanteilen wie bei der Hauptschule würden bei vier Jahrgängen ca. 2.270 Schüler die Realschule besuchen. Unter Berücksichtigung der gleichen Klassenfrequenz von 30 Schülern bestand ein Bedarf von 75 Klassen. Den niedrigsten Anteil am Schulbesuch wies das Gymnasium auf mit 18 %. Da es aber sieben Jahrgänge umfaßt, waren ca. 1.940 Schüler zu erwarten. Wegen der gegenüber den beiden anderen Schultypen niedrigeren Klassenfrequenz von 25 Schülern müßten hier 77 Klassen eingerichtet werden. Insgesamt ergaben die neuen Berechnungen einen Bedarf von 222 Klassen in der Gesamtoberschule, vorgesehen waren allerdings lediglich 55 Klassen, was zu einem Fehlbedarf von 167 Klassen führen würde.

Auch für die Berechnung der Kapazität der Sonderschule sind die Einwohnerzahlen des gesamten Märkischen Viertels als Bezugsdaten notwendig. Die Sonderschüler wiesen im Durchschnitt einen Anteil von 4,6 % pro Schülerjahrgang auf, was insgesamt ca. 72 Schüler pro Jahrgang ergab. Für die Sonderschule wurden 7,5 Jahrgänge angesetzt. Somit wäre im Märkischen Viertel eine Zahl von ca. 540 Sonderschülern zu erwarten. Bei einer Klassenfrequenz von 18 Schülern würden 30 Klassen benötigt, denen nur 14 geplante gegenüberstanden, was einen Fehlbedarf von 16 Klassen ergab.

Insgesamt fehlten bei einer Beibehaltung der Belegungsziffern der Wohnungen nach Abschluß der Bauarbeiten 151 Grundschulklassen, 167 Oberschulklassen und 16 Sonderschulklassen. Diese alarmierenden Werte riefen bei den Planungsbehörden größte Bestürzung und eine fieberhafte Aktivität hervor. Trotz einer bereits wegen der Vermehrung der Wohnungszahlen

---

[1] Sämtliche Zahlen sind aufgerundet und beziehen sich auf das Jahr 1967 als Planungsgrundlage.

vorgenommenen Erhöhung der Schulzahl mußte nun zusätzlich der notwendige Raum für die zukünftigen Schülerzahlen bereitgestellt werden. Die einzige Möglichkeit zur Schaffung zusätzlicher Standorte für die soziale Infrastruktur bestand in der Aufgabe der geplanten Einfamilienhausgebiete im Norden und Osten des Märkischen Viertels. Im Frühjahr 1968 wies man zwischen Wilhelmsruher Damm und Treuenbrietzener Straße die Standorte für zwei weitere Grundschulen aus. Im Innenbereich des Senftenberger Ringes mußte ein Teil der Einfamilienhäuser einer weiteren Gesamtoberschule weichen, um den notwendigsten Bedarf decken zu können. Doch den Bedürfnissen genügten diese zusätzlichen Standorte nicht. Deshalb sollten nach der Planung des Jahres 1970 noch eine weitere Grundschule zusammen mit einer besonderen Schule entstehen, die mit den anderen geplanten sozialen Infrastruktureinrichtungen den gesamten Platz der vorgesehenen Einfamilienhäuser innerhalb des Senftenberger Ringes einnehmen.

Insgesamt entstanden bis zum Jahre 1975 im Märkischen Viertel acht Grundschulen mit 185 Klassen und 19 Vorschulklassen. Gegenüber der Berechnung aus dem Jahre 1968, die einen Bedarf von 151 Klassen vorsah, hat sich die derzeitige Klassenzahl sogar um 37 erhöht. Dies war allerdings auch notwendig, denn die Klassenfrequenzen in der Grundschule sollten innerhalb der nächsten Jahre von 35 auf unter 30 gesenkt werden, wobei als Idealwert 25 angestrebt wurde. Daraus resultierte auch ein erhöhter Bedarf an zusätzlichen Klassenräumen, selbst wenn die Kinderzahl leicht im Sinken begriffen ist. Obwohl in den letzten Jahren der Anteil der Kinder von weit über 30 % auf 28,6 % im Durchschnitt fiel, reduzierte man die quantitative Schulplanung nicht mehr. Aus diesem Verfahren heraus resultiert auch die derzeitige Klassenfrequenz von durchschnittlich 29,7 Schüler. Die höchste Klassenfrequenz weist die 8. Grundschule (Greenwich-Schule) mit 30,7 auf, während die niedrigste Klassenfrequenz in der 33. Grundschule am Senftenberger Ring 43 mit 26,7 Schülern verzeichnet ist. Die durchschnittliche Frequenz liegt damit bereits knapp unter dem vorerst angestrebten Wert von 30 Schülern pro Klasse, auch wenn in fünf Grundschulen dieser Ansatz noch nicht ganz erreicht sondern knapp überschritten wird (Tab. 21).

Für die ersten Bauten am Dannenwalder Weg genügte nach einem Ausbau die Kapazität der Schule an der Peckwisch, deren Klassenraumzahl von ursprünglich 20 auf 28 erhöht wurde. Nach der Fertigstellung der Bauten an der Finsterwalder Straße und im westlichen Teil des Wilhelmsruher Dammes (Architekten Fleig, Stranz und Plarre) konnte 1967 die 8. Grundschule (Greenwich-Schule) am Eichhorster Weg 46 dem Schulbetrieb übergeben werden. In der Zeit der stärksten Bautätigkeit bis zum Ende des Jahres 1970, als 11.128 Wohnungen im Märkischen Viertel bezogen waren, entstanden lediglich fünf Grundschulen, von denen die 27. Grundschule (Adalbert-von-Chamisso-Schule) am Senftenberger Ring 27 endgültig erst 1972 fertig wurde.

Die Umplanungen und Umfinanzierungen innerhalb des Berliner (West) Haushalts ergaben erhebliche Verzögerungen bei dem Baubeginn. Auf das Bebauungsplanverfahren mußte keine Rücksicht für diese Umplanungen genommen werden, da zu dieser Zeit in den fraglichen Gebieten noch kein Bebauungsplan festgelegt war, sondern die Bebauungspläne sich auch noch im Jahre 1975 im Einleitungsstadium befanden.

Die seit 1968 vorgenommenen Zusatzplanungen kamen erst in den Jahren ab 1972 zum Tragen, da 1972, 1973 und 1974 jeweils eine der zusätzlichen Grundschulen fertig wurde, wobei die 33. Grundschule am Senftenberger Ring 43 mit der zweiten notwendig gewordenen 10. besonderen Schule zusammen errichtet wurde. Gegenüber den Berechnungen von 1968 standen jetzt zwei Sonderschulen mit 26 Klassen zur Verfügung, deren Klassenfrequenz bei 13,7 und 14,6 Schülern lag. Allerdings war dies auch ein Ergebnis der geringeren Einwohnerzahl, die gegenüber den Zahlen aus dem Jahre 1968 um fast 7.000 Personen niedriger lag.

Aufstellung der Schulen	Greenwich-Schule Eichhorster Weg 46	Schule an der Peckwisch Tornower Weg 6	Wilhelm-Raabe-Schule Senftenberger Ring 97	Märkische Schule Dannenwalder Weg 163/165	Adalbert v. Chamisso-Schule Senftenberger Ring 27	31. G. Finsterwalder Str. 56	32. G. Wilhelmsruher Damm 90	10. Sonderschule u. 33. Grundschule Senftenberger Ring 43	1. Gesamtoberschule Königshorster Str. 10	2. Gesamtoberschule Senftenberger Ring 43	9. Sonderschule Treuenbrietzener Str. 28
Jahr der Fertigstellung	1967	1957	1969/70	1968/69	1970/72	1972	1973	1974	1972	1975	1971
Baukosten in Mio. DM	4,28	2,0	4,785	4,091	5,25	7,257	7,15	14,22	18,24	Miete	3,93
ursprüngliche Zahl der Klassenräume	20+2	20+2	–	–	–	–	–	–	–	–	–
tatsächliche Zahl der Klassenräume	28+2	28+2	20+2	28+2	24+4	18+3	13+3	24+4	–	–	21
ursprüngliche Zahl der Fachräume	2	2	–	–	–	–	–	–			–
tatsächliche Zahl der Fachräume	2	2	2	2	3	5	5	5			–
Turnhalle vorhanden	ja	ja	ja	ja	ja	ja	ja	4 der 2.O.	2	4	4
Sportplatz vorhanden	Stadion Finsterwalder Straße	Tornower Weg	Senftenberger Ring	Ballspielfläche u. Laufbahn u. Sprunggrube	Senftenberger R. möglich	Stadion Finsterwalder Straße	Kleinspielfeld Laufbahn Sprunggr.	5 Kleinspielfelder	Sportanlage Königshorster Str.	5 Kleinspielfelder	ja
Zahl der Schüler Beginn 1975/76	828 + 73 Vorklasse	794 + 50 Vorklasse	605 + 73 Vorklasse	823 + 51 Vorklasse	793 + 43 Vorklasse	573 + 40 Vorklasse	550 + 71 Vorklasse	533 + 47 Vorklasse	1.237	1.196	233
Zahl der Klassen Beginn 1975/76	27 + 4 Vorklasse	27 + 2 Vorklasse	20 + 4 Vorklasse	27 + 2 Vorklasse	26 + 2 Vorklasse	20 + 2 Vorklasse	18 + 3 Vorklasse	20+12+ 2 Vorklasse	50 Tutorengruppen	40 Tutorengruppen	16
Klassenfrequenz	30,7	29,4	30,3	30,5	30,5	28,7	30,5	G:26,7 SL:13,7	24,7	18,7	14,6

Tab. 21: Aufstellung der Schulen 1976 (Quelle: Unterlagen des Bezirksamtes für Volksbildung)

Den schwachen Punkt bei der ausreichenden Versorgung mit Schulen stellte der Oberschulbereich dar. Für die zusätzlichen Grundschul- und Sonderschulstandorte konnten noch die notwendigen Flächen bereitgestellt werden, bei den Oberschulen ergaben sich gerade in dieser Hinsicht außerordentliche Schwierigkeiten; zwar war es noch möglich, für eine zusätzliche Gesamtoberschule das erforderliche Bauland durch den Wegfall der Einfamilienhäuser innerhalb des Senftenberger Ringes zu gewinnen, doch für weitere Bauten dieser Größe bestanden keine Möglichkeiten mehr. Da vor allem die Versorgung der Grund- und Sonderschüler im Vordergrund der Überlegungen stand, denn diesen Schülern sind längere und gefährlichere Wege nicht zuzumuten, ergab sich für einen Teil der Oberschüler die Notwendigkeit, eine außerhalb des Märkischen Viertels gelegene Oberschule aufzusuchen.

Die heutige Versorgung mit Schulen kann als ausreichend angesehen werden. Die auf der Basis der Neuberechnungen des Frühjahrs 1968 vorgenommenen Zusatzplanungen ermöglichten in Verbindung mit den in den folgenden Jahren sinkenden Kinderzahlen ein ausreichendes Kapazitätsangebot im schulischen Bereich. So blieb der Jahrgangsanteil nicht bei den errechneten 2,9 % sondern bewegte sich zwischen 1,3 % und 2,6 % bei den unter 15 Jahre alten Personen.[1] Deshalb konnten bereits jetzt die Klassenfrequenzen auf knapp über 30 Schüler gesenkt werden. Eine weitere Reduzierung ist derzeit nicht ohne weiteres möglich, da bei dem in den nächsten Jahren zu erwartenden Schülernachwuchs ein leichtes Ansteigen der Jahrgangszahlen zu beobachten ist, die einen voraussichtlichen Fehlbedarf von ca. 60 Klassen erwarten lassen. Außerdem wird es schwierig, bei der angespannten Finanzlage der öffentlichen Hand die dazu erforderlichen Lehrerplanstellen einzurichten. Eine günstigere finanzielle Situation wird allerdings durch Erweiterungsbauten und die Zuweisung der entsprechenden Planstellen in den nächsten Jahren auch hier Verbesserungen erreichen lassen. Zumindest für den Bereich der Sonderschulen kann der Bedarf als gedeckt betrachtet werden.

Die überarbeitete Schulplanung ließ zwangsläufig auch die ursprünglich angesetzten Kosten, selbst unter Außerachtlassung der generell gestiegenen Baukosten, ansteigen. Hatte noch die 1957 errichtete Grundschule an der Peckwisch nur 2 Mio. DM an Baukosten erfordert, so kosteten die von 1967 und 1970 errichteten Grundschulen bereits zwischen 4 und 5,25 Mio. DM. In derselben Größenordnung bewegte sich der Preis für die 9. Sonderschule in der Treuenbrietzener Straße, deren Preis 3,93 Mio. DM betrug. Die 1. Gesamtoberschule in der Königshorster Straße liegt mit einem Erstellungspreis von 18,24 Mio. DM schon erheblich darüber. Wegen der im Vergleich zu den Grundschulen größeren Zahl von Fachräumen und der kostspieligeren Ausstattung ist dies allerdings nicht außergewöhnlich. Für die zusätzlich erforderlich gewordenen Grundschulbauten und die einer Sonderschule mußte der Finanzsenator höhere Summen im Etat ausweisen, denn diese vier Schulen kosteten jeweils etwas über 7 Mio. DM. Für die 2. Gesamtoberschule am Senftenberger Ring 43 waren ca. 54 Mio. DM angesetzt, da sie aber zu dem Mittelstufenzentrenprogramm gehörte, das die DeGeWo (Deutsche Gesellschaft zur Förderung des Wohnungsbaues) im Auftrage des Senats errichtete, belastete der Baupreis den Etat nicht direkt. Diese Schulen wurden dann vom Senat von der DeGeWo angemietet und gehen nach 30 Jahren in das Eigentum der Stadt Berlin über.

Auf jeden Fall ist es im Märkischen Viertel gelungen, durch die zusätzliche Bereitstellung von Finanzmitteln eine gute Versorgung der Bevölkerung mit schulischen Einrichtungen zu erreichen. Im Verlauf der Entstehung des Märkischen Viertels kam es zu teilweise erheblichen Engpässen, da die an den Planungsdaten zur Bevölkerungsentwicklung ausgerichtete Erstellung der Schulkapazitäten mit den realen Verhältnissen differierte. Die dadurch verursachten Planungsänderungen führten zu Steigerungen der Investitionskosten,

---

[1] Nach den Ergebnissen der Volkszählung vom 27. 5. 1970.

die wiederum bei der Haushaltsplanung berücksichtigt werden mußten, so daß es zu erheblichen zeitlichen Verzögerungen in der Baufertigstellung kam. Diese unzureichende Versorgung der Kinder mit schulischen Einrichtungen rief heftige Proteste der betroffenen Eltern hervor, die für die Verzögerungen aus gutem Grund wenig Verständnis zeigten. Nachdem durch die Ausweisung zusätzlicher Investitionsmittel im Haushalt die Bautätigkeit an den Schulen beschleunigt werden konnte, war es möglich, bis zum Jahre 1975 alle Schulen in Betrieb zu nehmen.

Die Ausstattung der Schulen kann als sehr gut bezeichnet werden. Alle Schulen, mit Ausnahme der 9. Sonderschule, besitzen Sportplatzflächen zur leichtathletischen Betätigung oder zum Spiel im Freien direkt an der Schule oder im Bereich des großen Sportzentrums, das von der 8. und der 31. Grundschule und der 1. Gesamtoberschule genutzt wird. Über Turnhallen verfügen alle Schulen, die 27. Grundschule sogar noch zusätzlich über eine Gymnastikhalle. Am besten ausgestattet sind die Oberschulen, die allerdings auch die größten Schülerzahlen aufweisen. So verfügt die 1. Gesamtoberschule neben einer normalen Turnhalle über eine Sporthalle mit Tribüne, die auch zu sportlichen Wettkämpfen benutzt werden kann. Sogar vier Turnhallen weist die 2. Gesamtoberschule auf, die aber von der 33. Grundschule und der 10. besonderen Schule ebenfalls benutzt werden.

Im Vergleich zur Zahl der vorgesehenen Fachräume in den Grund- und Sonderschulen ist in der endgültigen Ausführung eine Steigerung eingetreten. Waren zuerst lediglich in der 8. und 9. Grundschule je zwei Fachräume vorgesehen, erhielten danach die 25. und 26. Grundschule ebenfalls zwei, die 27. Grundschule sogar drei Fachräume. Die ab 1972 fertigen Grundschulen und die beiden besonderen Schulen wurden dann mit einer größeren Zahl Fachräume ausgestattet, die bei der 9. besonderen Schule vier, bei den anderen vier Schulen fünf beträgt, wobei die 33. Grundschule und die 10. besondere Schule ihre fünf Fachräume gemeinsam nutzen. Bei den beiden Gesamtoberschulen ist eine Differenzierung in Klassen- und Fachräume nicht mehr möglich, da durch die Auflösung des Klassenverbandes und die Einführung der Kerngruppe praktisch jeder Raum als Fachraum deklariert werden kann.

In den letzten Jahren wuchs nicht nur im Märkischen Viertel der Bedarf an zusätzlichen Räumen durch die Einführung des Vorschulunterrichts, an dem bald alle Kinder im fünften Lebensjahr teilnehmen sollen. Im Märkischen Viertel konnte dieses Vorhaben durch die Ausweisung weiterer Räume bei der Planung begünstigt werden, während vor allem bei älteren Schulen Schwierigkeiten bei der Beschaffung derartiger Räume auftraten. So konnten in der 8., 9., 25. und 26. Grundschule je zwei Räume zur Verfügung gestellt werden, in der 27. und 33. Grundschule sind es je vier Räume, in der 31. und 32. Grundschule je drei Räume. Insgesamt nehmen jetzt 448 Kinder in 21 Vorklassen am Vorschulunterricht teil, was etwa 50 % der dafür in Frage kommenden Kinder entspricht.

4.2.2 Kindertagesstätten

Einen wichtigen Bereich der sozialen Infrastruktur stellen die Kindertagesstätten dar, die im letzten Jahrzehnt in immer stärkerem Maße in Anspruch genommen werden, und die deshalb in der Berliner (West) Investitionsplanung eine bedeutende Rolle spielen. Gerade in den ersten Jahren des Entstehens des Märkischen Viertels zeigte sich bei diesen Einrichtungen ein starker Engpaß, dessen schlimmste Auswirkungen, ähnlich wie bei den Schulen, erst 1971 abgebaut werden konnten, ohne zu diesem Zeitpunkt den Bedarf jedoch decken zu können.

Standort	Baujahr	Krippe	Platzverteilung Kindergarten	Hort	gesamt
Eichhorster Weg 23	1969	28	60	55	143
Senftenberger Ring 34/34a	1970	36	45	70	151
Senftenberger Ring 99	1973	36	75	60	171
Senftenberger Ring 46a	1973	46	60	60	166
Senftenberger Ring 53	1976	10	99	40	149
Schlitzer Straße	1974	30	60	60	150
Tornower Weg 6 - 35	1958	36	60	20	116
Tramper Weg 4	1968	20	60	75	155
Treuenbrietzener Straße 26	1970	72	105	79	256
Wilhelmsruher Damm 98	1971	28	75	65	168
Wilhelmsruher Damm 124[1]	1971	-	60	40	100
evangelische					
Finsterwalder Straße 66	1972	28	30	20	78
Ilbeshäuser Weg 28	1967	-	60	20	80
katholische					
Wilhelmsruher Damm 144	1974	20	60	-	80
Betriebe					
Senftenberger Ring 51	.	-	24	-	24
INSGESAMT		390	933	664	1.987

Tab. 22: Kindertagesstätten 1976 (Quelle: Unterlagen der Abteilung Jugend und Sport des Bezirksamtes Reinickendorf)

Gerade in der Phase nach dem Bezug einer neuen Wohnung waren viele Familien wegen der damit verbundenen Investitionen auf die Mitarbeit der Frau und somit auch auf einen Platz in einer Kindertagesstätte für ihre Kinder angewiesen. Auch hier überrollten die Bevölkerungsentwicklung und das forcierte Tempo im Wohnungsbau die Planung, so daß 1969 erst vier Tagesstätten mit 494 Plätzen zur Verfügung standen, die angesichts des großen Bedarfs allerdings nur einen Tropfen auf den heißen Stein darstellten, denn zu dieser Zeit bestand schon eine Warteliste mit fast 1.000 Vormerkungen für einen Tagesstättenplatz.

Diese Entwicklung ist aus der Planung heraus zu erklären. 1963 hatte man für eine Einwohnerzahl von 30.000 fünf Kindertagesstätten vorgesehen, was bei der erwarteten Bevölkerungsstruktur und den damaligen Richtzahlen ausreichend gewesen wäre. Erst mit dem Bezug der ersten Bauabschnitte durch Familien, die nicht aus dem Märkischen Viertel stammten, ergaben sich die schon mehrfach angesprochenen und für die Kapazitätsberechnungen aller sozialer Infrastruktureinrichtungen maßgebenden Schwierigkeiten. Nach dem Bezug weiterer Bauabschnitte stellte sich aufgrund der hohen Kinderzahlen ein zusätzlicher Bedarf an Kindertagesstättenplätzen ein, der im Richtplan von 1966 einen ersten Niederschlag durch die Ausweisung von nunmehr neun Kindertagesstätten fand. Doch auch diese Zahl schien den Planungsbehörden nach den andauernden Protesten der betroffenen Eltern auf lange Sicht nicht ausreichend, so daß im Richtplan vom März 1970 elf Kindertagesstätten verzeichnet sind. Die endgültige Zahl nach dem Abschluß aller Planungsarbeiten

---

[1] Nach der Fertigstellung der Kindertagesstätte am Senftenberger Ring 53 sollte die provisorische Kindertagesstätte Wilhelmsruher Damm 124 aufgelöst werden.

betrug 15 (inklusive der konfessionellen und der Betriebskindertagesstätten).

Der Entwurf des Kindertagesstättenentwicklungsplanes[1] sieht vor, daß von den Kindern im Alter von 0 bis 3 Jahren 25 % und bei den 3 bis 5 Jahre alten Kindern 75 % einen Kindertagesstättenplatz zur Verfügung gestellt bekommen. Zur Erfüllung dieses Vorhabens hätten die vorgesehenen Tagesstättenplätze nicht ausgereicht. Zum Jahresende 1975/Beginn 1976 verfügte das Märkische Viertel nach einer Kapazitätserweiterung über 11 kommunale (inklusive des Provisoriums), drei konfessionelle und einen Betriebskindergarten, der allerdings für das Märkische Viertel von untergeordneter Bedeutung ist (Tab. 22). Die kommunalen Tagesstätten weisen 1.725 Plätze auf, während es in den konfessionellen nur 238 und in der Betriebskindertagesstätte lediglich 24 sind.

Stellt man diese Zahlen nun den Planungsdaten des Kindertagesstättenentwicklungsplanes gegenüber, so ergibt sich eine Differenz zwischen Plan und Realität. Den vorhandenen 1.987 Plätzen steht ein rechnerischer Bedarf von 2.288 Plätzen gegenüber. Demnach wären die Bedingungen des Planes nur zu 86,8 % erfüllt. Die Möglichkeit, einer nach den Vorstellungen der zuständigen Senatsabteilung für Jugend und Sport optimale Versorgung mit Kindertagesstättenplätzen, ist damit nicht erreicht. Allerdings ist die Kapazität der Tagesstätten derzeit nicht voll ausgelastet, so daß 10 % weniger Kinder in eine Tagesstätte gehen als vorgesehen. Dies ist nicht unbedingt ein Zeichen für keinen bestehenden Bedarf sondern zu einem gewissen Teil wird dies auch als eine Folge der in letzter Zeit angehobenen Kindertagesstättengebühren betrachtet. Zwar hat der Staat weitgehend die Aufgaben zur Errichtung und zum Betrieb der Infrastruktureinrichtungen übernommen, doch ohne drastische Steuererhöhungen könnten diese sehr lohnintensiven Einrichtungen nicht gebührenfrei betrieben werden, so daß ein die Kosten nicht deckender Gebührensatz erhoben werden muß.

Nach den Berechnungen von AUST (1974, S. 144), die er für Heiligensee vornahm, kann von einer guten Versorgung mit Kindertagesstättenplätzen gesprochen werden, wenn für mehr als 40 % der Kinder unter 6 Jahre ein Platz angeboten wird. Diese Bewertung ist insofern nicht ganz problemlos und muß dahingehend differenziert werden, als nur die Kinder bis zum Alter von 5 Jahren in Kindertagesstätten untergebracht werden sollen, für die 5 bis 6-jährigen Kinder dagegen (zunächst noch freiwillig) demnächst die Vorschule obligatorisch sein wird. Daher soll diese Bewertungsskala zwar ebenfalls Eingang in diese Betrachtung finden doch mit einer Reduktion auf die Altersstufen bis zu 5 Jahren.

Für das Märkische Viertel würde es bedeuten, daß mit 2.034 Plätzen zwar ein niedriger Wert als nach den Berechnungen des Kindertagesstättenplanes die Schwelle zwischen der guten und der mäßigen Versorgung bildet, die vorhandene Platzzahl aber noch knapp darunter liegt. Aufgrund der jetzigen Nachfrage läßt sich trotz der Einstufung als mäßig nach dem Schema von Aust die Situation als ausreichend bezeichnen, da eine verstärkte Nachfrage innerhalb kurzer Zeit befriedigt werden könnte.

Die 15 Kindertagesstätten konnten zu einem Teil erst in den Jahren ab 1973 übergeben werden. Allerdings war eine optimale Planung der Standorte nicht mehr in jedem Fall möglich, da die nachträglich vorgesehenen Tagesstätten auf die Wohnbebauung Rücksicht nehmen mußten. Trotz allem stellt die Verteilung der Standorte innerhalb des Märkischen Viertels noch eine relativ akzeptable Lösung dar, ohne den Benutzern unzumutbare Wege aufzuerlegen.

---

[1] Kindertagesstättenentwicklungsplan 1975 des Senators für Jugend und Sport.

4.2.3 Jugendfreizeitheime

Ziel des Senators für Familie, Jugend und Sport ist es, ein Angebot von zehn Plätzen in Jugendfreizeitheimen auf 1.000 Einwohner zu ermöglichen. Eine Einwohnerzahl von fast 47.000 würde demzufolge eine notwendige Platzzahl von 470 bedeuten, um diesen Vorstellungen Genüge zu tun. Unter Zugrundelegung einer Nutzfläche von 2,5 m^2 pro Platz sind also 1.175 m^2 erforderlich. In den ersten Planungen war keine derartige Einrichtung vorgesehen. Nachdem entsprechende Forderungen nach einem Jugendfreizeitheim kund wurden, fügte man ein solches nachträglich in den Richtplan ein. Doch auch hier stellte die höhere potentielle Benutzerzahl klar, daß eine einzige derartige Einrichtung nicht zur Deckung des Bedarfs ausreichen würde, was zu der Einplanung eines weiteren Jugendfreizeitheims führte. Zusätzlich zu den kommunalen Freizeitheimen hatte die evangelische Kirche mit der Eröffnung eines Jugendfreizeitzentrums "Die Brücke" in der Kegelbrücke am Märkischen Zentrum eine solche Stätte geschaffen, um den Jugendlichen Möglichkeiten zur sinnvollen Freizeitgestaltung zu geben. Zuvor gab die Mangelsituation auf diesem Gebiet zu Aktivitäten der Einwohner Anlaß, die in der vorübergehenden Nutzung zweier leerstehender Einfamilienhäuser ihren Ausdruck fanden. Diese als Behelf bis zur Errichtung der regulären Freizeitheime gedachten Einrichtungen erfreuten sich regen Zuspruchs bei der jugendlichen Bevölkerung.

Standort	Fläche in m^2	Plätze
1. Freizeitstätte Wilhelmsruher Damm 215a "Treff"	51	20
2. Freizeitstätte Wilhelmsruher Damm 215	50	20
3. Freizeitstätte Königshorster Straße, Jugendbaracke	110	44
4. Jugendzentrum "Die Brücke" Wilhelmsruher Damm	164	66
5. Freizeitstätte für Kinder und Jugendliche Wilhelmsruher Damm 124	281	112
INSGESAMT	656	262

Tab. 23: Kinder- und Jugendfreizeitheime 1970[1]

Diese Einrichtungen besaßen bis auf das Jugendzentrum "Die Brücke" provisorischen Charakter.

Da 1970 bereits 1.383 Jugendliche im Alter zwischen 15 und 20 Jahren im Märkischen Viertel lebten, stand nur für 20 % von ihnen ein Platz zur Verfügung. Die Forderungen des Senats waren somit zu 87 % erfüllt. Theoretisch stellte dieser Wert kein schlechtes Ergebnis für ein im Bau befindliches Gebiet dar. Wenn man allerdings die sozialen Verhältnisse eines Teiles der Bevölkerung bedenkt, müßte es mehr derartige Einrichtungen geben.

Infolge der vielfachen sozialen Schwierigkeiten kam es unter anderem wegen der fehlenden Freizeiteinrichtungen zu Bandenbildungen unter den Jugendlichen, deren Freizeitgestaltung dann häufig aus schwereren oder leichten kriminellen Delikten bestand. Die verantwortliche Behörde im Bezirksamt und auch die evangelische Kirche erkannten die Notwendigkeit der Betreuung dieser Randgruppen, um ihnen die Möglichkeit einer Sozialisierung zu erschließen. Trotz der allerseits anerkannten Dringlichkeit dieser Aufgabe verzögerten sich Planung und Bau der Freizeiteinrichtungen ständig. Die mit viel Idealismus angegangene Aufgabe der Jugendbetreuung erlitt häufig Schiffbruch. Die Jugendlichen reagierten in den für sie geschaffenen Einrichtungen ihre aufgestauten Aggressionen in Form von Schlägereien und blinder Zerstörungswut ab. Deshalb weigerte sich eine Reihe von Betreuern weiterhin in diesen Einrichtungen tätig zu sein. So wurde das Jugendzentrum "Die

---

[1] Schreiben der Abteilung Jugend und Sport des Bezirksamtes Reinickendorf vom 23.12.1970 an das Stadtplanungsamt Reinickendorf.

Brücke" von der Kirche nach einer Tätigkeit von etwas über einem Jahr im Sommer 1970 geschlossen.

Die Wiedereröffnung der "Brücke MV" erfolgte im März 1971 nur als Treffpunkt und Kommunikationsstätte für Erwachsene. Damit fehlte in der Folgezeit eine für die Jugendlichen außerordentlich wichtige Freizeitstätte. Ebenfalls nach mehreren schweren Ausschreitungen wurde die Freizeitstätte "Treff", die seit 1968 in dem Einfamilienhaus Wilhelmsruher Damm 215a bestand, geschlossen. Nachdem sie einige Zeit leerstand und es verschiedentlich zu Brandstiftungen kam, riß man das Haus kurzerhand über Nacht ab.

1970 hatte der CVJM (Christliche Verein Junger Männer) auf dem Gelände des von ihm initiierten Abenteuerspielplatzes in der Tiefenseer Straße in einer Baracke ebenfalls eine Möglichkeit zur Freizeitgestaltung für Kinder und Jugendliche geschaffen. Das Fehlen der pädagogischen Betreuung machte auch hier die sinnvolle Benutzung dieser Anlage zunichte, so daß diese Behelfsfreizeitstätte nicht mehr zur Verfügung steht.

Seitdem im November 1968 die Verlagerung der Papiersackfabrik Walter Dürbeck von der Königshorster Straße zur Wittenauer Straße abgeschlossen war, stand die Fabrikhalle leer. Ursprünglich war ihr Abriß vorgesehen, da an ihrer Stelle ein Wohnblock durch den Architekten Leo errichtet werden sollte. Eine Besetzung der Fabrikhalle durch Einwohner des Märkischen Viertels im Jahre 1970 geschah mit der Absicht, die Behörden und die Bevölkerung auf die Schwierigkeiten im Märkischen Viertel aufmerksam zu machen.

1972 stellte dann die "Elterninitiativgruppe im Forum MV e.V." an den Senator für Familie, Jugend und Sport den Antrag, die Benutzung der Halle zu gestatten.[1] Nach langwierigen Verhandlungen mit der Naturfreundejugend zur Übernahme der Halle entschloß sich das Bezirksamt Reinickendorf, die Halle selbst als Träger zu übernehmen. Mit der daraufhin von zwei Elterninitiativen und der Naturfreundejugend gegründete Arbeitsgemeinschaft "Kinder- und Jugendhalle MV" konnte im Frühjahr 1974 ein Nutzungsvertrag abgeschlossen werden. Zusammen mit dem benachbarten Abenteuerspielplatz ermöglicht die Halle Spiele. Außerdem gibt es Schularbeitskreise, in denen schwachen Schülern innerhalb fester Gruppen Hilfe bei der Anfertigung ihrer Schularbeiten gegeben wird. Daneben richtete man einige feste Arbeitsgruppen ein, in denen die Kinder und Jugendlichen sich mit verschiedenen Themen, wie z.B. Theater, Musik, Technik, Foto usw. beschäftigen können. Ein wichtiges Element der Arbeit stellt die Verbindung zu den Eltern dar, die man durch Hausbesuche, Film- und Tanzveranstaltungen und Diskussionsabende herzustellen versucht.[2]

Eine weitere provisorische Einrichtung stellt die Kinderetage in angemieteten Gewerberäumen am Wilhelmsruher Damm 116 dar, wo auch das Kindertheater sein Domizil hat. Im Laufe des Jahres 1976 sollten diese beiden Einrichtungen eine neue Heimstätte in den bisherigen Räumen der Kindertagesstätte am Wilhelmsruher Damm 124 finden. Damit soll dann dort zusätzlich zu der bisherigen Planung etwas Abhilfe im Mangelbereich der Kinder- und Jugendfreizeiteinrichtungen geschaffen werden.

Auch die "Blechkiste" des Professors der ehemaligen Pädagogischen Hochschule G. Soukup ist, obwohl mittlerweile etabliert, nur ein Provisorium. So lobenswert einerseits das sozialpädagogische Engagement Soukups ist, muß andererseits der Versuch der politischen Indoktrinierung seiner Schützlinge durch viele in der Gemeinwesenarbeit im Märkischen Viertel tätigen Studenten kritisiert werden. Bedauerlicherweise stand dadurch teilweise nicht die Lösung der Probleme der betroffenen Jugendlichen im Vordergrund, vielmehr sollten sie die Basis für den Kampf gegen die bestehende Gesellschaftsordnung darstellen.

Obwohl die Planungsunterlagen aus dem Jahre 1970 mindestens zwei Jugendfreizeitheime auswiesen, sind bis zum Ende des Jahres 1975 lediglich Provisorien in Betrieb. Erst im Früh-

---

1) Dokumentation der Ereignisse um die Halle Königshorster Straße, o.J.
2) Kinderzentrum. Arbeitsgemeinschaft Kinder- und Jugendhalle MV. Informationsblatt Nr.1, April 1974.

jahr 1976 erfolgte die Fertigstellung eines der geplanten Freizeitheime im Mehrzweckhaus im Märkischen Zentrum. Es besitzt bei einer Nutzfläche von 150 m^2 nur 60 Plätze, die zur Befriedigung des Bedarfs in keiner Weise ausreichen. Über die Errichtung des am Standort S 12 geplanten Freizeitheimes liegen bisher keinerlei Angaben vor.

Die ungewöhnliche Altersstruktur der Bevölkerung machte erst einmal die Errichtung von Schulen und Kindertagesstätten notwendig. Dadurch gerieten die Jugendfreizeitheime ins Hintertreffen. Da die Geburtenrate im Absinken begriffen ist, stehen für die Kinder der folgenden Jahrgänge entsprechende Einrichtungen in ausreichender Kapazität zur Verfügung. Jetzt machen sich allerdings durch die nun mehr und mehr zu Jugendlichen heranwachsenden Kinder erhebliche Engpässe in der Betreuung dieser Jugendlichen bemerkbar, deren Abstellung noch völlig im Ungewissen liegt. Hier stellt sich an die verantwortlichen Dienststellen die große Aufgabe, für ein ausreichendes Freizeitangebot zu sorgen. Wie das aufgrund der beschränkten Platzverhältnisse im Märkischen Viertel geschehen soll, ist allerdings noch ungeklärt.

Ausgehend von den unbefriedigenden Verhältnissen bildeten sich einige Elterninitiativgruppen, die sich der Kinderbetreuung zuwendeten. Neben der Elterninitiative "Spielgelände Heinzegraben e.V.", die den Abenteuerspielplatz an der Königshorster Straße betreut, sind vor allem die Elterninitiativgruppen im "Forum MV e.V." zu nennen, die außer Eltern-Kinder-Gruppen auch andere Kinder- und Schülergruppen betreuen. Trotz der finanziellen Unterstützung des Senats ist die Arbeit stets gefährdet, da die notwendigen Zuschüsse des Senats meistens nicht in der erforderlichen Höhe bewilligt werden können. Sowohl die Kinderetage im Wilhelmsruher Damm 116 als auch das Kinderhaus Borgsdorfer Straße (ein älteres Einfamilienhaus) und das Forum-Haus im Wilhelmsruher Damm 192 werden von der letzteren Elterninitiativgruppe unterhalten.

Auch die Kirchen haben sich in die Betreuung von Kindern und Jugendlichen außerhalb der Kindertagesstätten eingeschaltet. So bestehen in allen drei evangelischen und der einen katholischen Kirchengemeinde außer den Miniclubs noch Kinder- und Jugendgruppen.

4.2.4 Spiel- und Sportplätze

Nach dem Goldenen Plan der Deutschen Olympischen Gesellschaft erscheint eine Fläche von 1,5 m^2/E als angemessene Größe zur Versorgung der Bevölkerung. Um eine sinnvolle Nutzung der Spielflächen zu gewährleisten, sollte für Kinder bis zum Alter von 6 Jahren die Größe eines derartigen Spielplatzes 150 m^2 nicht unterschreiten. Für 7 bis 12 Jahre alte Kinder erscheint dagegen nur ein Platz mit einer Fläche von wenigstens 1.000 m^2 sinnvoll. Rein arithmetisch müßte dann allen diesen Kindern eine Spielfläche von ca. 6,2 m^2 pro Kind zustehen. In Berlin (West) geht man von einem derzeitigen Verhältnis von ca. 3 m^2 pro Kind aus und beabsichtigt in den nächsten Jahren den Anteil auf 5 m^2 pro Kind zu steigern (AUST, B., 1974, S. 135).

Diese Vorstellungen sind seit geraumer Zeit bekannt und müßten demzufolge auch in die Planung des Märkischen Viertels Eingang gefunden haben. Theoretisch kann man von dieser Überlegung ausgehen, da der Wohnungsbauträger nach den geltenden Vorschriften zur Anlage einer entsprechenden Zahl von Spielplätzen verpflichtet ist. So fordert die Berliner Bauordnung (Bauordnung für Berlin vom 1. 4. 71, § 10, Abs. 4) die Anlage von 2,5 m^2 Spielfläche pro Wohnung, was bei einem Berliner (West) Verhältnissen entsprechenden Altersdurchschnitt durchaus reichen würde. Da die Planung des Märkischen Viertels unter einheitlichen Gesichtspunkten erfolgte, konnte man erwarten, daß im Bereich der Kinderspielplätze nicht wieder lediglich Buddelkisten entstehen würden. Zur optimalen Gestaltung der Außenflächen und damit auch der Kinderspielplätze erhielt eine

Planungsgruppe einen entsprechenden Auftrag. Neben Buddelkisten, die im Repertoire der Kinderspielplätze nicht fehlen dürfen, entstanden in der Tat auch eine Reihe von Spielanlagen für größere Kinder.

Von Seiten des Senators für Bau- und Wohnungswesen wurde sogar empfohlen, pro Einwohner 2 m^2 nutzbare Spielfläche anzulegen.[1] Nach den ersten bevölkerungsstatistischen Erhebungen hätte dieser Vorschlag den Bau von 100.000 bis 120.000 m^2 Spielfläche bedeutet. Nicht dieselbe Größenordnung an Spielflächen forderte ein Bericht des Senators für Familie, Jugend und Sport an das Abgeordnetenhaus von Berlin, worin nur eine Verdoppelung der durch die Berliner Bauordnung vorgeschriebenen Spielflächen pro Wohnung angeregt wurde.[2] Nach diesen Ansätzen wären 80.000 bis 85.000 m^2 Spielfläche zu erstellen. Vorgesehen waren noch im Jahre 1967 lediglich 78 Spielplätze mit 62.000 m^2 Fläche.

Bedauerlicherweise besteht eine Diskrepanz in den Vorstellungen und Richtlinien der sich mit dem Problem der Kinderspielplätze befassenden Institutionen und Vorschriften. Die in diesen Jahren überschlägige Endbevölkerungszahl von 60.000 Personen würde mit der Fläche von 62.000 m^2 die Forderungen des Goldenen Planes nicht erfüllen. Dagegen wären die Vorschriften der Berliner Bauordnung übererfüllt, da nach ihr sogar nur ca. 40.000 m^2 Spielfläche anzulegen wären. Diese unterschiedlichen Planungsgrundlagen veranlaßten das Bezirksamt Reinickendorf zusammen mit der Gesobau die Spielplatzplanung zu überarbeiten und die auszuweisenden Flächen drastisch heraufzusetzen. Demnach waren jetzt für die Kinder bis zum Alter von 12 Jahren Spielplätze mit einer Gesamtfläche von 102.000 m^2 vorgesehen [3], die eine Übererfüllung des Goldenen Planes bedeuteten. Diese Angaben beziehen sich allerdings nur auf die für Kinder bis zum 12. Lebensjahr erforderlichen Spielflächen.

Kindern und Jugendlichen im Alter von 13 bis 17 Jahren sollten Spielflächen in einer Größe von 1 m^2 pro Einwohner zur Verfügung gestellt werden, wobei die Fläche der Spielfelder mindestens 60 x 90 m messen sollte. Zusätzlich dazu wurden auch kleinere Spielfelder empfohlen. Als Basiswert zur Berechnung des allgemeinen Sportflächenbedarfs für Erwachsene werden 3 m^2 Spielfläche pro Einwohner angesetzt. Diese Flächen müssen für Wettkämpfe geeignet sein.

In der Zwischenzeit hatte sich durch Reduzierungen der Wohnungszahl auch die projektierte Einwohnerzahl von 60.000 auf ca. 50.000 vermindert. Nach diesen neuen Daten wäre für die über 12 Jahre alte Bevölkerung eine Gesamtspiel- und Sportfläche von 200.000 m^2 erforderlich. Diese niedrigere Einwohnerzahl behob zwar die bisherige Negativbilanz in der Spiel- und Sportstättenplanung nicht, doch wurde dadurch die Differenz um ca. 40.000 m^2 verringert.

In der Aufstellung des Stadtplanungsamtes Reinickendorf vom 5. 1. 1971 über die notwendigen und die geplanten Spiel- und Sportflächen ergeben sich teilweise erhebliche Differenzen zwischen dem Soll- und dem Istzustand, deren Beseitigung nur unter außerordentlichen Schwierigkeiten geschehen kann. Bis auf die Gruppe der Kinder zwischen 7 und 12 Jahren weisen alle anderen Gruppen in der Bemessung ihrer Spiel- und Sportflächen ein Minus auf. Die besagte Gruppe verfügt dagegen über 205 % mehr Spielfläche, als ihr nach dem Goldenen Plan zugebilligt wird. Die Kleinkinder bis zum Alter von 6 Jahren können nur auf 18,5 % der ihnen zustehenden Spielfläche spielen. Trotz dieses gewaltigen Defizits stehen allen Kindern bis zum Alter von 12 Jahren insgesamt 109.715 m^2 Spielfläche zur Verfügung. Darunter fallen auch Flächen, die weniger als 100 m^2 sowie

---

1) Arbeitsbesprechung der "altersgemäße Kinderspielplatz" des Senators für Bau- und Wohnungswesen am 9. 3. 1967. Auszugsweises Protokoll der Abteilung Gemeinwesenarbeit im Bezirksamt Familie, Jugend und Sport.
2) Senator für Familie, Jugend und Sport, 1971, S. 20.
3) Protokoll der 47. Sitzung der Bezirksverordnetenversammlung Reinickendorf am 3.2.1971, S. 14.

zwischen 200 und 730 m² zählen, da diese Anlagen außerhalb der durch den Goldenen Plan empfohlenen Flächengrößen liegen. Außerdem gehören in diese Rubrik noch Sonderanlagen wie das Wäldchen und der Pfadfinderspielplatz (Robinsonspielplatz).

Das Fehlen speziell für die Altersklassen zwischen 13 und 17 Jahren vorgesehener Spiel- und Sportflächen ist nicht schwerwiegend, da zum einen die jüngeren Jahrgänge die Pfadfinder- oder Abenteuerspielplätze, die in der Aufstellung den bis 12 Jahre alten Kindern zugeordnet sind, mitbenutzen, zum anderen die älteren Kinder und Jugendlichen an den regulären Sportanlagen der Erwachsenen partizipieren. Nach den Vorstellungen des Goldenen Planes wären dann für alle über 13 Jahre alten Personen insgesamt 200.000 m² Spielplätze und allgemeine Sportanlagen erforderlich. Vorgesehen sind jedoch lediglich 88.500 m², was einer Quote von 44,2 % entspricht.

Nimmt man die zur Erweiterung des Freizeitbetätigungsangebotes bislang als Planungsreserve zurückgehaltene Fläche von 40.000 m² zwischen Treuenbrietzener Straße, Quickborner Straße und Packereigraben sowie die neugeplante Spiel- und Parkanlage am Senftenberger Ring mit 22.000 m² hinzu, so ergibt das eine Fläche von insgesamt 150.500 m², was einer Erfüllungsquote von 75,2 % entspricht. Weitere Freiflächen in ausreichender Größe existieren im Märkischen Viertel nicht mehr. Eine Ausweichmöglichkeit besteht jetzt, seit 1975 mit der Anlage eines Freizeitparks auf der Mülldeponie Lübars, die in der Nähe des Märkischen Viertels liegt, begonnen wurde. Obwohl diese Einrichtung für den gesamten nördlichen Teil des Verwaltungsbezirks Reinickendorf von Bedeutung sein wird, begünstigt sie durch ihre Nähe zum Märkischen Viertel gerade dessen Einwohner.

Nach den vorliegenden Planungen werden dann im Endausbau (unter Außerachtlassung des Freizeitparks Lübars) den Einwohnern des Märkischen Viertels 260.215 m² Spiel- und Sportfläche zur Verfügung stehen, d.h. pro Kopf der Bevölkerung 5,2 m², womit generell den Forderungen des Goldenen Planes entsprochen wird.[1]

Allerdings gibt es innerhalb der einzelnen Altersgruppen verschiedene Versorgungsgrade. Bei der Planung einer Siedlung derartigen Umfanges sollte man erwarten, daß für alle Bedürfnisse ausreichende Flächen und Einrichtungen in der notwendigen Differenzierung ausgewiesen werden.

Das Märkische Viertel zeichnet sich in dieser Hinsicht wegen der ständigen Veränderungen der Wohnungszahl und der damit wechselnden Bevölkerungszahl durch Flickschusterei aus. Die grundsätzliche Berücksichtigung der veränderten Planungsgrundlagen hätte zur Vermeidung vieler Pannen beitragen und der Durchführung einer optimalen Planung dienlich sein können.

Die Verteilung der öffentlichen und privaten Spielplätze für Kinder bis 12 Jahre ist aus der Abb. 35 ersichtlich. Gegenüber den Daten aus dem Jahre 1971 hat die Fläche um 9.850 m² auf 110.700 m² zugenommen. Bei der Verteilung der Spielplätze zeigt sich deutlich ein erheblich größerer Anteil im Gebiet nördlich des Wilhelmsruher Dammes. Im Gebiet südlich des Wilhelmsruher Dammes konnten die Proteste der Einwohner über die geringe Zahl der Spielmöglichkeiten kaum noch Erfolg erzielen, da dieser Bereich bereits fertiggestellt war, als die Protestaktion begann und demzufolge nicht oder nur unwesentliche Veränderungen erfahren konnte.

Im nördlichen Bereich fanden dagegen die Proteste ihren Niederschlag in der Ausweitung der Spielflächen, wobei besonders drei Pfadfinder- und Abenteuerspielplätze zu nennen sind. Der erste Platz dieser Art erfuhr seine Errichtung im Wohngebiet W 1c auf Ini-

---

[1] Spiel- und Sportplätze im MV-Bestandsanalyse des Stadtplanungsamtes Reinickendorf vom 5. 1. 1971.

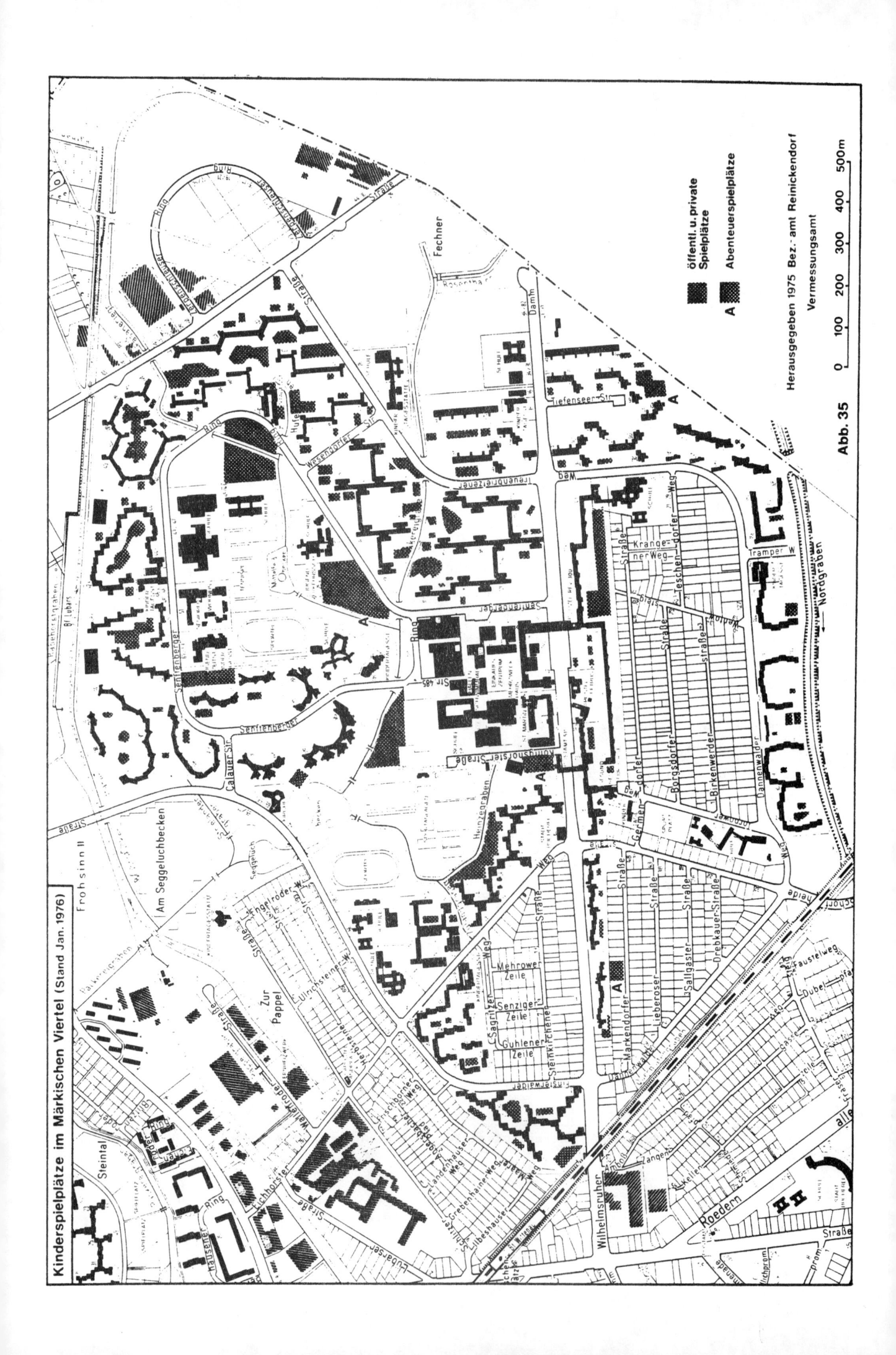

Kinderspielplätze im Märkischen Viertel (Stand Jan. 1976)

öffentl. u. private Spielplätze
A Abenteuerspielplätze

Herausgegeben 1975 Bez.-amt Reinickendorf
Vermessungsamt

0 100 200 300 400 500 m

Abb. 35

tiative des Bezirksamtes Reinickendorf, da sich dieses Gebiet durch unzureichende Spielmöglichkeiten für die außerordentlich hohe Kinderzahl auszeichnete.

Dieser Platz lehnt sich in seiner Konzeption an die dänischen Gerümpelspielplätze bzw. die Abenteuerspielplätze in England an. Die wichtigsten Beweggründe für die Einrichtung eines derartigen Spielplatzes waren: "1. die Kinder von den gefährlichen Baustellen und Straßen fernzuhalten, 2. ihnen den Umgang mit kalkulierten Gefahren anzubieten und 3. ihnen überhaupt noch eine Ecke für urwüchsiges Spielen in ihrer verplanten Umwelt zu erhalten" (Autorengruppe ASP/MV, 1973, S. 37).

Dieser Abenteuerspielplatz war durch die Zusammenlegung von drei Pachtparzellen in der Markendorfer Straße entstanden. Das auf dem mittleren Grundstück vorhandene Häuschen blieb als Büro, Bastelstube und Geräteaufbewahrungsort erhalten. Da der Abenteuerspielplatz im Gegensatz zu den sonstigen Spielplätzen pädagogisch betreut werden sollte, erhielten acht Betreuer vom Bezirksamt Verträge, um für den bald darauf einsetzenden intensiven Spielbetrieb pädagogische Anleitungen zu geben.

Diese sowohl für Berlin als auch für Deutschland neue Art eines Spielplatzes geriet bald in Schwierigkeiten, da die in den umliegenden Einfamilienhäusern lebenden Anwohner gerichtlich gegen den Abenteuerspielplatz vorgingen. Aufgrund von Gerichtsbeschlüssen mußte das Bezirksamt 1971 derartig rigorose Auflagen erteilen, daß ein Spielbetrieb fast unmöglich wurde.[1] Im Verlauf des Jahres 1971 gelang es dann diese Auflagen wieder rückgängig zu machen, so daß der Betrieb in für die Kinder sinnvoller Weise fortgeführt werden konnte.

Für die Kinder der "Papageiensiedlung" bestand zwar mit dem Abenteuerspielplatz eine Einrichtung zum freien und ungezwungenen Spiel, doch in den anderen Bereichen des Märkischen Viertels fehlten vergleichbare Spielgelegenheiten. Deshalb beschäftigten sich seit 1969 Vertreter von Bürgergruppierungen, des Bezirksamtes, der Gesobau und einer Planungsgruppe mit der Planung weiterer Abenteuerspielplätze.

Neben den Planungen zur Einrichtung eines Abenteuerspielplatzes im AW von Müller/ Heinrichs ergaben sich im Verlauf weiterer Besprechungen die Möglichkeiten zur Erstellung von zwei weiteren Bauspielplätzen im Wohnbereich W 4f (Pfannkuch) und südlich der Bauten von Lee (W 4h). Bewohner des Wohngebietes W 3a (Ungers) regten den Bau eines Abenteuerspielplatzes zwischen Zuland- und Heinzegraben an, was zwar in Erwägung gezogen aber dann nicht realisiert wurde. Zu den aktiven Kreisen gesellte sich der Bund Deutscher Pfadfinder, der ebenfalls ein für die Anlage eines Abenteuerspielplatzes und den Bau eines bis zum Dach bespielbaren Hauses geeignetes Grundstück suchte.

Nach monatelangen Beratungen wurde von den interessierten Gruppen gemeinsam mit dem Bezirksamt ein Konzept über die Zahl und die Gestaltung der Spielplatzprojekte erarbeitet. Zusätzlich mußte selbstverständlich die wichtige Frage der Finanzierung der notwendigen Bauarbeiten erörtert werden, da die Spielplätze so schnell wie möglich erstellt werden sollten. Ein erheblicher Teil der erforderlichen Arbeiten wurde von den interessierten Familien als Eigenleistung erbracht, für schwierige und kostspielige Eradarbeiten stellten die Polizei und die alliierten Schutzmächte Geräte und Arbeitskräfte kostenlos zur Verfügung, so daß erhebliche Einsparungen vorgenommen werden konnten.

1975 standen den Kindern des Märkischen Viertels vier Abenteuerspielplätze und als Ergänzung das erwähnte Spielhaus zur Verfügung. Mit diesen Abenteuerspielplätzen erhielten die Kinder ein breiteres Angebot an abwechslungsreichen Spielmöglichkeiten. Die Vertei-

---

1) Siehe dazu auch: Autorengruppe ASP/MV, 1973.

lung der Abenteuerspielplätze sah folgendermaßen aus:

Abenteuerspielplatz Markendorfer Str.　Eröffnung 1967
Abenteuerspielplatz Königshorster Weg　Eröffnung 1970
Abenteuerspielplatz Tiefenseer Str.　　Eröffnung 1970
Abenteuerspielplatz Senftenberger R.　Eröffnung 1973
Spielhaus Senftenberger Ring　　　　　Eröffnung 1973

Völlig ablösen werden die Abenteuerspielplätze die konventionellen Spielplätze wegen ihres hohen Flächenbedarfs nicht, da ein derartiger Spielplatz mit einer Fläche von weniger als 2.000 m^2 nicht sinnvoll ist. In Verbindung mit den normalen Spielplätzen, zu denen Buddelkisten, Plätze mit Spielgeräten und Bolzplätze gehören, wird eine breite Palette an verschiedenen Spielmöglichkeiten geboten. Immerhin ist es begrüßenswert, daß gerade im Märkischen Viertel die in Dänemark und Großbritannien verbreitete Idee der Gerümpel- oder Abenteuerspielplätze erstmals für Deutschland aufgegriffen und dann mehrfach in die Realität umgesetzt wurde. Aus pädagogischer Sicht erweisen sich diese Spielplätze als weitaus sinnvoller als die herkömmlichen, da letztere vor allem der pädagogischen Betreuung entbehren.

Auf dem Gelände des unter der Leitung des Bundes Deutscher Pfadfinder stehenden Platzes am Senftenberger Ring entstand das vielfach geforderte Spielhaus. Die neuartige Konzeption und auch die unkonventionelle Bauweise führten zu einer Bauzeit von drei Jahren, währenddessen die Kosten von 20.000 DM auf 300.000 DM stiegen.

Die Idee des auch von außen bespielbaren Hauses sollte mit diesem Projekt verwirklicht werden, doch ergaben sich nach der Fertigstellung eine Reihe von Schwierigkeiten. So waren die Außenwände zu steil und mit einer sehr rauhen Oberfläche versehen, was zu häufigen Verletzungen bei den Kindern führte. Daraufhin mußte ein Netz auf dem Dach angebracht werden, um ein Herunterfallen der Kinder zu verhindern. Wie bei den anderen Abenteuerspielplätzen kam es zu ständigen Auseinandersetzungen der Betreuer mit dem Bezirksamt, da zu einer sinnvollen pädagogischen Tätigkeit sowohl die Personal- als auch die Sachmittel ständig zu gering waren. Während drei Abenteuerspielplätze mit vielen Mühen funktionsfähig gehalten werden konnten, fehlt seit etwa einem Jahr auf dem Abenteuerspielplatz des CVJM in der Tiefenseer Straße die pädagogische Betreuung.

Nachdem die Bauphase des Märkischen Viertels beendet ist, kann von einem ausreichenden Angebot an Spielflächen für die Kinder gesprochen werden. Da vor allem durch die langsam sinkende Geburtenrate auch die Zahl der potentiellen Benutzer sinkt, dürfte sich die Situation in der nächsten Zeit noch etwas günstiger gestalten.

4.2.5 Bibliotheken

Berlin (West) verfügt über ein recht gut ausgebautes Netz von Bibliotheken. Bibliotheken übergeordneter Bedeutung sind die Staatsbibliothek, die Amerika-Gedenk-Bibliothek, die Universitätsbibliotheken und eine Reihe weiterer Spezialbibliotheken verschiedener Behörden und Organisationen. Die großen, der Allgemeinheit zugänglichen Bibliotheken liegen im zentralen Bereich der Stadt bzw. in Dahlem, wo sie von allen Bezirken her gut zu erreichen sind. Jeder Bezirk verfügt zudem über eine große Stadtbücherei mit großen Beständen an belletristischer Literatur aber auch mit nicht unerheblichen Beständen der wichtigsten Fachliteratur.

Bereits zu der Zeit der Federführung bei der Planung durch das Bezirksamt hatte das Stadtplanungsamt die Errichtung einer Bibliothek in Wilhelmsruh vorgesehen.[1]

---

[1] Erläuterungsbericht zum Richtplan Wilhelmsruh (RPW) - 3. Fassung vom 10. 12. 1959.

Den Planungsdaten nach kamen in Berlin (West) ca. vier Einwohner auf ein Buch, so daß eine Nutzfläche von 185 m^2 für eine derartige Zweigstelle angemessen schien. Innerhalb weniger Jahre veränderte sich das Verhältnis von Einwohner pro Buch auf zwei zu eins, was eine Verdoppelung der notwendigen Räume bedeutete. Die Aufstellung des Richtplanes durch Düttmann/Müller/Heinrichs machte auch eine Revision der Bibliotheksplanung erforderlich. Nach diesen Unterlagen benötigt eine Bibliothek mit einem Buchbestand von 15.000 bis 20.000 Bänden eine Nutzfläche von wenigstens 600 m^2.[1]

Der Gedanke einer Bibliothek wurde von den drei Planern aufgegriffen, ihr Standort allerdings aus dem Gebiet am Eichhorster Weg in das Zentrum am Wilhelmsruher Damm verlegt. Nach den Vorstellungen des Senators für Bau- und Wohnungswesen, Abt. II C, wäre jetzt wegen der höheren Bevölkerungszahl auch eine größere Nutzfläche notwendig, die sich mit den dazugehörenden Volkshochschulräumen auf etwa 2.300 m^2 belaufen würde. Mit der Eröffnung des neuen Mehrzweckhauses erhielt das Märkische Viertel dann auch seine Bibliothek.

Bis dahin stellte die Autobücherei, wie in allen Außenbezirken der Stadt, die einzige Möglichkeit dar, ohne Inkaufnahme langer Wege die Stadtbücherei zu benutzen. Lediglich für Kinder ergab sich im Mai 1971 eine entscheidende Verbesserung durch die Eröffnung einer Kinderbücherei im ehemaligen Informationspavillon an der Ecke Wilhelmsruher Damm/ Eichhorster Weg, der ursprünglich nach der Fertigstellung des Märkischen Viertels abgerissen werden sollte. Mit einem Buchbestand von 8.949 Bänden erreichte die Kinderbücherei 97.924 Ausleihen im Jahr 1974. Auch die Autobücherei erfreute sich einer recht eifrigen Frequentierung, wobei hier auf den mit 37.408 Bänden recht großen Bestand der Reinickendorfer Stadtbücherei zurückgegriffen werden konnte (STREMLAU, W. (Hrsg.), 1975, S. 27 u. 29).

4.2.6 Mehrzweckhaus

Das im vorhergehenden Kapitel angesprochene Mehrzweckhaus ist eines der am meisten umkämpften Projekte im Märkischen Viertel, das auch den Schluß bei der Fertigstellung der großen Infrastruktureinrichtungen bildete. Im Richtplanentwurf vom Juli 1962 noch als Kirche, Bücherei, Freizeit im Zentrum am Wilhelmsruher Damm ausgewiesen, tritt schon im korrigierten Richtplanentwurf vom Januar 1963 die Bezeichnung Mehrzweck-Kombinations-Zentrum mit Standort an der Königshorster Straße auf. 1965 findet sich dann dieses geplante Gebäude an der Westseite des Marktplatzes.

Die Grundkonzeption lehnt sich an die des Mehrzweckhauses in der Gropiusstadt an. Es wurde ein Raumprogramm entwickelt, das für folgende Zwecke Räume vorsah[2]:

Räume für die allgemeine Nutzung (Festsaal für 750 Personen)
Ausstellungsräume für die allgemeine Nutzung
Spezielle Räume für Jugendliche
Räume für alte Leute (Rentner)
Räume für die Stadtbücherei (mit Erwachsenen-, Jugend- und Bezirkslehrerbücherei)
Räume für die Volkshochschule
Räume für die besondere Nutzung durch die Gesamtoberschule (Großgruppenraum und Raum für die Schulspeisung)
Räume für eine Gaststätte

Die Räume sollten nicht lediglich für jeweils eine Nutzung eingerichtet sein, sondern es sollte je nach Bedarf eine Mehrfachnutzung ermöglicht werden.

1967 waren für das Mehrzweckhaus Mittel in Höhe von 13.045 Mio. DM vorgesehen. Die im öffentlichen Dienst ständig steigenden Personalkosten engten von Jahr zu Jahr den In-

---

[1] Aktenvermerk des Bezirksamtes Reinickendorf, 5. 4. 1963.
[2] Protokoll der 6. Sitzung der Baudeputation vom 5. 12. 1967.

vestitionsspielraum ein, so daß der Senat eine Verringerung der ursprünglich für das Mehrzweckhaus geplanten Fläche von 10.800 m^2 vorsah, was zu Protesten des Bezirksamtes führte, denn "dieser Bezirk betreibt damit keine Prestigepolitik, sondern er will erreichen, daß nicht aus falsch verstandenen Einsparungsmöglichkeiten im Grunde unwirtschaftliche Ergebnisse produziert werden".[1]

Trotz der Interventionen der Gremien des Bezirks mußte eine Verringerung der Nutzfläche hingenommen werden. Da die ausreichende Versorgung des Märkischen Viertels mit Kindertagesstätten und Schulen vordringlicher war, verzögerte sich der Baubeginn des Mehrzweckhauses bis zum Oktober 1972. Trotz der reduzierten Fläche mußten höhere Erstellungskosten aufgebracht werden, für die bei Baubeginn jetzt 19,2 Mio. DM veranschlagt waren. Die Eröffnung des nun Fontane-Haus benannten Gebäudes erfolgte im Frühsommer 1976 nach 3 1/2jähriger Bauzeit. Gegenüber dem Voranschlag erhöhten sich die endgültigen Baukosten auf 23 Mio. DM.

Die ursprünglich vorgesehene Nutzfläche mußte mit der wachsenden Finanznot der öffentlichen Hand ständig reduziert werden und beträgt jetzt nur noch ca. 5.000 m^2, was einer Verringerung auf ca. 50 % des ersten Planes entspricht. Enthalten sind im Fontane-Haus unter anderem ein Festsaal für 750 Personen, eine Mensa mit 400 Plätzen für die benachbarte Gesamtoberschule, Filialen der Stadtbücherei und der Volkshochschule Reinickendorf sowie verschiedene Club- und Gruppenzimmer (Der Tagesspiegel vom 4. 2. 1976, S. 8).

Da das Bezirksamt die Bevölkerung nicht bis zur Fertigstellung des Mehrzweckhauses warten lassen wollte und vor allem reges Interesse in der Bevölkerung an einer Volkshochschule bestand, mietete das Bezirksamt 1971 in einem Bürogebäude am Wilhelmsruher Damm, wohin die Gesobau ihren Sitz aus dem Wedding verlegte, Räume und eröffnete im April 1971 den Lehrbetrieb im Märkischen Viertel.

4.2.7 Schwimmbad

Der erste Richtplanentwurf sah für die geplante Bevölkerung von ca. 30.000 Menschen noch kein Schwimmbad vor. Bereits zu dieser Zeit forderte aber der Senat, der eine Stellungnahme zu diesem Richtplanentwurf erarbeitete[2], ein Hallenschwimmbad in der Nähe des Zentrums. Die Forderung entsprach den Empfehlungen des Goldenen Planes aus dem Jahre 1956, wonach für diese Einwohnerzahl eine Normalschwimmhalle mit Schwimmbeckenmaßen von 12,5 m x 25 m vorgesehen ist.

Im überarbeiteten Richtplanentwurf vom Januar 1963 zeigte sich der positive Niederschlag der Stellungnahme in der Ausweisung einer Schwimmhalle am südlichen Rand des Sportzentrums neben der Sporthalle. Da im Norden des Bezirks bislang noch keine Schwimmhalle existierte, würde die Halle im Märkischen Viertel gleichzeitig die Versorgung der nördlich und nordwestlich anschließenden Bereiche übernehmen. Außer dem Märkischen Viertel werden dadurch in den Ortsteilen Lübars ca. 8.000 Einwohner (Bauflächen nach dem Baunutzungsplan von 1960), in Waidmannslust 11.500 Einwohner, in Hermsdorf 18.400 Einwohner und in Frohnau 18.600 Einwohner künftig von dem Schwimmbad profitieren, was eine Gesamteinwohnerzahl von ca. 103.000 ergibt.[3]

---

1) Protokoll der 34. (ordentlichen) Sitzung der Bezirksverordnetenversammlung Reinickendorf am 7. 1. 1970.
2) Stellungnahme (ohne Herkunftsangabe, wahrscheinlich Senator für Bau- und Wohnungswesen) vom 5. 11. 1962.
3) Stellungnahme des Stadtplanungsamtes Reinickendorf vom 8. 1. 1971.

Zur Behebung des Mangels an Hallenbädern initiierte der Senat das 2. Bäderbauprogramm, das die Errichtung von fünf standardisierten Hallenbädern in unterversorgten Bereichen vorsah. Außer der Gropiusstadt wurde entsprechend der Vorplanung auch das Märkische Viertel in dieses Programm aufgenommen.

1972 wurde mit dem Bau des Hallenbades begonnen. Mit einem Kostenaufwand von ca. 11 Mio. DM konnte nach einer Bauzeit von etwa 2 1/2 Jahren Anfang 1975 das Bad seiner Bestimmung übergeben werden. Gemäß den Planungsvorstellungen wird es nicht nur von Einwohnern des Märkischen Viertels besucht. Wenigstens 20 % der Besucher stammen aus anderen Gebieten des Bezirks Reinickendorf.[1] Eine Benutzerzahl von 117.486 Personen im Jahre 1975 zeigt die große Beliebtheit des Hallenbades.

4.3 Sonstige Einrichtungen der sozialen Infrastruktur

4.3.1 Grünanlagen

Ein Zeichen der aufgelockerten Stadt im Sinne der Charta von Athen, deren Vorstellungen trotz aller Dementi auch heute noch unseren Städtebau beeinflussen, sind die meist als Grünanlagen angelegten Freiflächen zwischen den Häusern. Im Märkischen Viertel legten die Planer nicht nur auf große Freiflächen zwischen den Wohnblöcken wert, sondern Grünanlagen sollten auch entlang der Entwässerungsgräben das Viertel durchziehen. Die Entwässerungsgräben boten sich für diese Zwecke an, da in ihrer Nähe der Baugrund entweder nicht oder nur unter sehr hohen Kosten bebaubar war.

Im Verlauf des Packereigrabens zog sich nach der ersten Planung von 1962 ein breiter öffentlicher Grünzug von Norden nach Osten in einem Bogen durch das Märkische Viertel. Die anderen Gräben hatten die Aufgabe, in Form von schmalen Grünzügen zur Auflockerung des Gebietes beizutragen. Damit unterschied sich in dieser Hinsicht der neue Richtplanentwurf nicht von den Vorstellungen des Bezirksamtes aus den vergangenen Jahren, wonach die trotz der vorgesehenen Grundwasserabsenkung auch später nicht wirtschaftlich zu bebauenden Gebiete vorwiegend als öffentliches Grün (einschließlich Kleingärten), Grabenland und öffentliche Standorte ausgewiesen waren. Das Seggeluchbecken mit einem geplanten Restaurant und einige Spielplätze lockerten den Grünzug auf.

Bereits mit dem Richtplan IIIa vom April 1965 begann eine Einschränkung der öffentlichen Grünflächen im Bereich des zentralen Grünzuges. Die Erhöhung der Wohnungszahl und die damit einhergehende Vermehrung der sozialen Infrastruktureinrichtungen führten im weiteren Verlauf der Planung zu immer stärkeren Einschränkungen der öffentlichen Grünflächen. Im nördlichen und östlichen Teil des Grünzuges wurde die allgemeine Benutzbarkeit durch die Ausweisung von Flächen zur kleingärtnerischen Nutzung noch eingeschränkt, was zu einer weiteren Verringerung des öffentlichen Grüns führte.

Trotzdem erfuhren die öffentlichen Grünflächen in den Augen der Planer eine wundersame Vermehrung, da das im Besitz der Baugesellschaften befindliche halböffentliche Grün und auch das private Grün der Einfamilienhausgebiete und Kleingärten in ihrer Gesamtheit zu den Grünflächen gerechnet wurden. Dabei übersah man aber, daß gerade die halböffentlichen Grünflächen infolge der ständigen Aufstockung der Parkplatzzahlen dementsprechende Redu-

---

[1] An zwei aufeinaderfolgenden Tagen im Oktober 1976 wurden 300 Besucher des Hallenbades gefragt, ob sie außerhalb des Märkischen Viertels im Bezirk Reinickendorf wohnen. 235 kamen aus dem Märkischen Viertel, 63 aus dem übrigen Reinickendorf und 2 aus einem anderen Bezirk.

zierungen erfuhren. Außerdem ging die beschränkte Benutzbarkeit des privaten Grüns nicht in diese Rechnung ein, so daß im Vergleich zum ersten Richtplanentwurf im Endstadium einer größeren Bevölkerung weniger Grünflächen zur kurzfristigen Erholung zur Verfügung standen. Mit dem Verzicht auf die Errichtung zweier Wohnblocks im östlichen Teil des Senftenberger Ringes milderte die Gesobau diese mangelhafte Situation ein wenig, da dort nunmehr ein Wäldchen und Spielplätze angelegt werden konnten.

Zur längerfristigen Erholung stehen den Einwohnern des Märkischen Viertels mit dem Gebiet von Lübars und dem Tegeler Forst recht gute Möglichkeiten zur Verfügung, die selbst mit öffentlichen Verkehrsmitteln gut zu erreichen sind. Trotzdem soll noch einmal anhand von Zahlen auf die Verschlechterung der Versorgung in diesem Bereich hingewiesen werden.

1961 standen für rund 20.000 geplante Einwohner 92.000 m^2 öffentliche Grünfläche zur Verfügung. Das bedeutet einen Durchschnitt von 4,6 m^2/E. 1975 stehen einer Bevölkerung von fast 47.000 Menschen 322.000 m^2 gegenüber, worin allerdings die Kleingärten enthalten sind, was einem Verhältnis von 6,5 m^2/E entspricht. Den nackten Zahlen nach ist der Versorgungsgrad mit öffentlichen Grünanlagen heute sogar besser als 1961 geplant war.

Wird allerdings berücksichtigt, daß von den 1961 geplanten 6.500 Wohnungen allein 1.800 bestehende Einfamilienhäuser in die Planung übernommen wurden und von den zu bauenden 4.700 Wohnungen mindestens 1.000 weitere aus neuen Einfamilienhäusern bestehen sollten, die alle über ihren privaten Grünfreiraum verfügen, ergeben diese Zahlen bereits ein anderes Bild. Denn vor allem die in den Mietshäusern lebenden Menschen sind auf öffentliche Grünanlagen zur kurzfristigen Entspannung angewiesen. Zieht man nur die Bewohner der Mietshäuser in Betracht, so betrug das Verhältnis 1961 bei ca. 10.000 Einwohnern 9,2 m^2/E. 1975 standen dem nach Abzug von ca. 3.000 Bewohnern der Einfamilienhäuser nur ca. 7,2 m^2/E gegenüber.

Die öffentlichen Grünflächen sind nicht gleichmäßig über das ganze Märkische Viertel verteilt, sondern nur auf den Bereich nördlich des Wilhelmsruher Dammes beschränkt, wo sie entlang der Entwässerungsgräben und um die Regenwasserrückhaltebecken herum zusammenhängende Flächen bilden. Dadurch können die Bewohner der Bauten am Dannenwalder Weg diese Grünanlagen nur nach einem Fußweg von wenigstens einer Viertelstunde in Anspruch nehmen, was sie von einer spontanen Benutzung praktisch ausschließt.

Die Einwohner der am Wilhelmsruher Damm und nördlich davon gelegenen Bereiche sind dagegen in der Lage, diese Grünfläche innerhalb von fünf Minuten zu erreichen (Ausnahme: Wohngebiet Fleig, W 1c). Zum Teil kann dieses Manko für die Anwohner des Dannenwalder Weges durch die in den Wohnhöfen gelegenen halböffentlichen Grünflächen ausgeglichen werden, während die Freiflächen zwischen den Wohnblöcken der nördlichen Gebiete überwiegend von Parkplätzen und Kinderspielplätzen eingenommen werden, so daß die dortige Bevölkerung auf die öffentlichen Grünflächen angewiesen ist.

4.3.2 Kirchen

Da der größte Teil der Bevölkerung einer der beiden großen Konfessionen angehört, sind sowohl die evangelische als auch die katholische Kirche bestrebt, in Neubaugebieten mit der Errichtung von kirchlichen Zentren die Nähe ihrer Gemeindemitglieder zu suchen. Diese Anlagen umfassen neben den eigentlichen Kirchenbauten in den meisten Fällen auch Gemeindezentren. Vor allem die Gemeindezentren haben ständig an Bedeutung gewonnen, da außer der seelsorgerischen Tätigkeit die Arbeit der Kirchen im sozialen Bereich einen außerordentlich breiten Raum einnimmt. So stellen z.B. die konfessionellen Kindertagesstätten ein erhebliches Kontingent innerhalb aller verfügbaren Kindertagesstätten. Auch die sonstige Kinder-, Jugend- und Altenbetreuung gewann im Laufe der Jahre an Bedeutung und ist nicht mehr aus dem Spektrum der sozialen Arbeit hinwegzudenken.

In Berlin (West) gehören 70,1 % der Bevölkerung der evangelischen Kirche an, 12,5 % sind katholisch und 17,4 % gehören zu keiner der beiden Konfessionen.[1] Deshalb sah das Planungsteam 1962 auch außer dem bestehenden evangelischen Gemeindezentrum je ein weiteres evangelisches und katholisches Gemeindezentrum beiderseits des Wilhelmsruher Dammes im Zentrum vor.

Mit den in den folgenden Jahren vorgenommenen Umplanungen sah sich die evangelische Kirche veranlaßt, die Zahl ihrer Gemeindezentren zu erhöhen. So kamen insgesamt noch drei weitere Gemeindezentren hinzu. Die Zahl von fünf evangelischen und einem katholischen Gemeindezentrum stellt den Planungsendstand dar, der bis auf den Standort S 13 am Senftenberger Ring verwirklicht ist.

Standort		Baujahr	Aufgabenbereiche
S 13	Senftenberger Ring, ev.	geplant	-
S 18	Finsterwalder Straße 66/68, ev.	1971	Altenclubs, Miniclubs, Schularbeitszirkel, Jugendarbeit, Kinderarbeit, Musikgruppen
S 19	Wilhelmsruher Damm 161, ev.	1965	Altenkreise, Kinder- und Jugendgruppen, offene Jugendarbeit
S 20	Dannenwalder Weg 167, ev.	1971	Kinder- u. Jugendgruppen, Miniclubs, Altenarbeit
S 27	Wilhelmsruher Damm 144, kath.	1971	Kinder- u. Jugendgruppen, Sportgruppen, Familienkreise, Singekreise, Altenrunde
	Schlitzer Straße 46, ev.	1936	Kinder- u. Jugendgruppen, Fußballgruppen, Altenkreis, Familienrunden, Musikkreise

Tab. 24: Gemeindezentren mit Aufgabenbereichen 1976 (Quelle: Aufstellung der Abt. Familie, Jugend und Sport des Bezirksamtes Reinickendorf aus dem Jahre 1975)

Diesen fünf Gemeindezentren (Tab. 24) sind nur in vier Fällen Kirchen zugeordnet. Das Gemeindezentrum am Wilhelmsruher Damm 161 verfügt lediglich über einen Gemeindesaal.

Mit dem breiten Tätigkeitsbereich der Kirchen erfährt die soziale Arbeit der Kommune eine beachtliche Entlastung. Gerade in der Kinder-, Jugend- und Altenarbeit bestehen noch große Lücken, zu deren Schließung die Kirchen beitragen.

4.3.3 Fürsorgeeinrichtungen

Eine weitere Aufgabe im Bereich der sozialen Infrastruktur stellt die Betreuung der Bevölkerung in den kommunalen Einrichtungen des Gesundheitswesens dar. Da es sich vorzugsweise um vorbeugende Maßnahmen oder Beratungen im Rahmen der Gesundheitsfürsorge handelt, sahen sich die Planer vor der Aufgabe, im Märkischen Viertel die wichtigsten derartigen Einrichtungen vorzusehen.

So entstanden die beiden Schulgesundheitsfürsorgen am Wilhelmsruher Damm 116 und im Senftenberger Ring 13 in gemieteten Räumen. Die hohen Schülerzahlen machten die Anmietung dieser Räume erforderlich, da bis zur Fertigstellung der geplanten Einrichtungen die

---

[1] Statistisches Jahrbuch Berlin, 1973, S. 53.

Schüler nicht ohne schulärztliche Aufsicht gelassen werden konnten. Die ursprünglich als Schulgesundheitsfürsorge konzipierte Einrichtung am Tornower Weg 4/6 mußte als Säuglingsfürsorge errichtet werden, da auch die Zahl der Kleinkinder über den Planungsdaten lag.

Der Neubau S 17 am Senftenberger Ring wurde am 30. 1. 76 seiner Bestimmung übergeben und enthält außer der Schulgesundheitsfürsorge noch eine Säuglings- und Kleinkinderfürsorgestelle.

Beratungsstellen für spezielle Fragen, wie z.B. Tbc-Fürsorge, Beratung für werdende Mütter oder auch für Behinderte sind wegen ihrer eingegrenzten Aufgabenbereiche meistens nur einmal in jedem Bezirk vorhanden. Da Reinickendorf bereits über derartige Einrichtungen verfügte, sah man von der Einrichtung weiterer solcher Stellen im Märkischen Viertel ab.

4.3.4 Seniorenwohnungen und -heime

Obwohl diese Einrichtungen nur bedingt zur sozialen Infrastruktur gezählt werden, soll hier eine Anlehnung an Aust (Arbeitsgruppe Stadtstruktur, 1971) vorgenommen werden, der sie diesem Bereich zuordnet. Gerade die starke Überalterung der Berliner Bevölkerung macht immer wieder Überlegungen zur Versorgung der älteren Mitbürger mit angemessenem Wohnraum notwendig.

Nach den Vorstellungen des Senators für Arbeit und Sozialwesen erwartete man für das Märkische Viertel einen Anteil der über 65 Jahre alten Menschen von 22,1 %, von denen wiederum 5 % mit einer entsprechenden Wohnung ausgestattet werden müßten. Bei jetzt rund 42.000 Einwohnern wäre das die Zahl von 465 Altenwohnungen und Altenheimplätzen gewesen.

Nachdem sich mit dem Bezug der ersten Bauabschnitte die Konturen der Bevölkerungsstruktur abzuzeichnen begannen und der Anteil der über 65 Jahre alten Einwohner erheblich unter den Planungsdaten lag, verschwand auch das Altenheim aus der Planung. Stattdessen erhöhte man die Zahl der Altenwohnungen in den Altenwohnheimen von 225 auf 485 im Jahre 1976.

Die drei Altenwohnheime entstanden im Bereich nördlich des Wilhelmsruher Dammes, und zwar im Wohngebiet W 3a des Architekten Ungers 144 Einraumwohnungen in den Jahren 1966 bis 1969, im Allgemeinen Wohngebiet der Architekten Müller und Heinrichs 182 Einraum- und 26 Zweiraumwohnungen in den Jahren 1967 bis 1971 sowie im Anschluß an das katholische Gemeindezentrum am Wilhelmsruher Damm durch Düttmann mit 121 Einraum- und 12 Zweiraumwohnungen 1973 bis 1974.

Zusätzlich zu den beiden städtischen und dem konfessionellen Altenwohnheim errichtete eine private Gruppe am Senftenberger Ring ein Seniorenzentrum, das neben einem Altenwohnheim und Freizeiteinrichtungen für ältere Menschen auch ein Pflegeheim umfaßt.

Die ständig vorgenommenen Verbesserungen in der Ausstattung derartiger Altenwohnungen lassen sich auch hier verfolgen. Hatten die ersten nach dem 2. Weltkrieg in Berlin (West) errichteten Altenwohnheime noch Größen von weit unter 30 m^2 pro Wohnung, so weisen die Wohnungen bei Ungers bereits eine Durchschnittsgröße von 31,1 m^2 auf. Im Altenwohnheim des Allgemeinen Wohngebietes besitzen die Wohnungen dagegen eine durchschnittliche Fläche von 33,6 m^2. Die größten Wohnungen entstanden durch Düttmann, der Grundflächen 36,2 m^2 betragen. Für das Märkische Viertel sind diese Größen zwar der Endpunkt, doch in der gesamten Berliner (West) Entwicklung wurde auch diese Zahl schon in letzter Zeit überschritten.

4.4 Einrichtungen der Verkehrs- und sonstigen Infrastruktur

4.4.1 Verkehrserschließung

Neben dem Ausbau eines neuen Straßensystems in dem zu sanierenden Gebiet stand auch die Erstellung der Altsiedelstraßen nach der Verlegung der Kanalisation, da sie bisher nur provisorischen Charakter besaßen. Diese Arbeiten konnten nicht innerhalb eines Jahres abgewickelt werden, weil zum einen die Finanzierung gesichert sein mußte, zum anderen der ständige Baustellenverkehr zu Schäden an den neuen Straßen geführt hätte, deren Beseitigung wiederum mit hohen Kosten verbunden gewesen wäre. Deshalb verteilte die Kommune die notwendigen Mittel über mehrere Jahre.

Die Gesamtkosten bis zum Jahre 1972 beliefen sich auf 24,1 Mio. DM.[1] Vergleicht man die Richtplanentwürfe des Stadtplanungsamtes und des Senators für Bau- und Wohnungswesen miteinander, so hat sich die Straßenlänge verringert, da wegen der vielgeschossigen Bauweise und den dadurch notwendigen Freiflächen eine geringere Straßenlänge zur Verkehrsbedienung aller Bewohner ausreichte. Trotzdem stiegen innerhalb von 13 Jahren die Straßenbaukosten um über 100 %.

Darin sind noch nicht die Kosten enthalten, die für den Ausbau der Zufahrtstraßen zum Märkischen Viertel aufgewendet werden mußten. Von diesen weiterführenden Straßenbaumaßnahmen waren zwei Straßenzüge betroffen: 1. Die Oranienburger Straße/Ollenhauerstraße zwischen S-Bahnhof Wittenau-Nordbahn und dem Kurt-Schumacher-Platz, 2. Die Straße Am Nordgraben als südliche Verbindung des Märkischen Viertels mit der Roedern Allee, der Oranienburger Straße, dem Eichborndamm und der Holzhauser Straße.

Nach den Haushaltsunterlagen sollten die Baukosten für die Oranienburger Straße/Ollenhauer Straße 2,9 Mio. DM betragen, deren erste Rate in Höhe von 0,2 Mio. DM für das Jahr 1967 eingeplant war. Eine Überprüfung der Baukosten im Jahre 1968 erbrachte bereits eine Steigerung auf 6 Mio. DM, was einer Zunahme von über 100 % entspricht. Nach dem Abschluß der Arbeiten 1972 war auch der erhöhte Ansatz von 1968 um über eine halbe Mio. DM überschritten.

Zur Entlastung des Wilhelmsruher Dammes war die Straße Am Nordgraben vorgesehen, deren Baukosten 1967 mit 2,4 Mio. DM beziffert wurden. Der Bau dieser Straße erfolgte allerdings sinnvollerweise zusammen mit dem Bau der Eisenbahnbrücke über die Schorfheidestraße, da sonst kein Anschluß zum Märkischen Viertel hin bestanden hätte. Notwendig wäre der Bau schon zu einem früheren Zeitpunkt gewesen, doch die langwierigen Verhandlungen mit der Ost-Berlin unterstehenden Reichsbahn wegen des Brückenbaus verzögerten ständig den Baubeginn bis 1969. 1971 konnte endlich die südliche Verbindungsstraße mit einem Kostenaufwand von insgesamt ca. 4 Mio. DM dem Verkehr übergeben werden.

In den Bereich der Straßenbaumaßnahmen gehörte neben der schon erwähnten Brücke über die Schorfheidestraße auch die Eisenbahnbrücke über den Wilhelmsruher Damm. Während der Brückenbau über die Schorfheidestraße beendet war, gehörte der Engpaß am Wilhelmsruher Damm erst 1976 der Vergangenheit an. Obwohl es sich um Eisenbahnbrücken handelte, die eigentlich von der Deutschen Reichsbahn erstellt werden müßten, ermöglichte nur eine Kostenübernahme durch das Land Berlin diese notwendigen Baumaßnahmen, für die insgesamt ca. 6 Mio. DM aufgewendet werden mußten.

---

[1] Haushaltsplan von Berlin für das Rechnungsjahr 1972. Bezirkshaushaltsplan Reinickendorf, 1972.

In allen diesen Kosten sind noch nicht die Mittel für den Ankauf des Straßenlandes enthalten, da die Gesobau die Grundstücksgeschäfte wahrnahm. Allerdings hatte das Bezirksamt vor der Bestellung der Gesobau zum Sanierungsträger eine Reihe von Grundstücken aufgekauft, die nun teilweise als Tauschobjekt für die von der öffentlichen Hand benötigten Flächen dienten.

In den ersten Jahren rief die Verkehrsanschließung des Märkischen Viertels immer wieder Kritik hervor.

Aus dem Märkischen Viertel führen sechs Straßen heraus: Schorfheidestraße, Wilhelmsruher Damm, Schlitzer Straße, Eichhorster Weg, Finsterwalder Straße und Quickborner Straße. Auf den ersten Blick scheinen diese Straßen ausreichende Verkehrsverbindungen zu gewährleisten. Bei einer genaueren Betrachtung wird allerdings deutlich, daß der Schein trügt.

Die Lage in einem Winkel der Grenze zu Ost-Berlin im Süden und Osten läßt nur Verkehrsverbindungen in westlicher und nördlicher Richtung aus dem Märkischen Viertel heraus zu. Da sich nördlich des Märkischen Viertels kaum Arbeitsmöglichkeiten finden, erwächst den nach Norden führenden Straßen keine Bedeutung. Lediglich für den Ausflugsverkehr und zur Vermeidung des Wilhelmsruher Dammes als Verkehrsweg (mit einem Umweg über die Wittenauer Straße nördlich der Industriebahn) sind sie von einem gewissen lokalen Interesse. Die Hauptlast des Straßenverkehrs nehmen der Wilhelmsruher Damm und die Verlängerung der Schorfheidestraße auf, da diese beiden Straßen zu den wichtigsten Gebieten Berlins die Verbindung darstellen.

In westlicher Richtung dienen zwei Straßenzüge als Verbindungswege: Wilhelmsruher Damm und Eichborndamm, die Straße Am Nordgraben und Holzhauser Straße. Die Verbindung mit den südlich des Märkischen Viertels gelegenen Teilen Berlins (West) stellen dagegen die Roedern Allee und die Oranienburger Straße/Ollenhauer Straße her. Auch wenn sich innerhalb des Märkischen Viertels keine ausgesprochen schwachen Stellen für den Straßenverkehr zeigen, bestehen die neuralgischen Punkte direkt außerhalb des Gebietes, da sich dort der Verkehr auf zwei bzw. drei Straßen konzentriert.

Die Hauptlast des Straßenverkehrs mußten der Wilhelmsruher Damm und die neue Straße Am Nordgraben tragen, wobei letztere, bedingt durch die Verzögerungen bei den Verhandlungen mit der Deutschen Reichsbahn wegen des Neubaus einer Eisenbahnunterführung, erst 1971 dem Verkehr übergeben werden konnte. Bis zu dieser Zeit mußte sich der überwiegende Teil des Verkehrs durch das Nadelöhr der Eisenbahnunterführung am Wilhelmsruher Damm quälen. Zu dem aus dem Märkischen Viertel während des morgendlichen Berufsverkehrs strömenden Verkehr kam nun der in das Gebiet fließende Verkehr nicht nur der dort ständig Beschäftigten sondern auch der Bauarbeiter hinzu.

So zählte man am 22. 2. 1968 zwischen 7 und 19 Uhr 4.113 Kraftfahrzeuge, die das Märkische Viertel verließen und 2.977 Kraftfahrzeuge, die hineinfuhren (Abb. 36).

In den folgenden Jahren verstärkte sich mit der fortschreitenden Fertigstellung des Märkischen Viertels der Kraftfahrzeugverkehr ständig. Zwar brachte die Straße Am Nordgraben etwas Entlastung, doch da mit etwa einem Kraftfahrzeug pro Wohnung gerechnet wird, hat sich das Verkehrsaufkommen vervielfacht. Die letzte an den beiden wichtigsten Straßen, Wilhelmsruher Damm (Abb. 37) und verlängerte Schorfheidestraße (Abb. 38), vorgenommene Verkehrszählung ergab am 12. 11. 1974 für die Zeit zwischen 7 und 19 Uhr folgende Werte:
Wilhelmsruher Damm: 7.065 Fahrzeuge aus dem und 7.045 in das Märkische Viertel
Schorfheidestraße: 7.022 Fahrzeuge aus dem und 8.380 Fahrzeuge in das Märkische Viertel.
Hier ist im Gegensatz zu der Zählung von 1968 der Verkehr in das Märkische Viertel stärker als aus dem Gebiet heraus, da unter anderem durch die im Märkischen Viertel ansässigen Industrie- und Gewerbebetriebe sowie die öffentlichen Einrichtungen auch eine Pendelwanderung in das Gebiet hinein erfolgt.

Abb. 36

Verkehrsaufkommen Oranienburger Str. / Eichborndamm - Wilhelmsruher Damm

Zählung vom Donnerstag dem 22.2.1968 von 7⁰⁰-19⁰⁰
(mot. Verkehr)

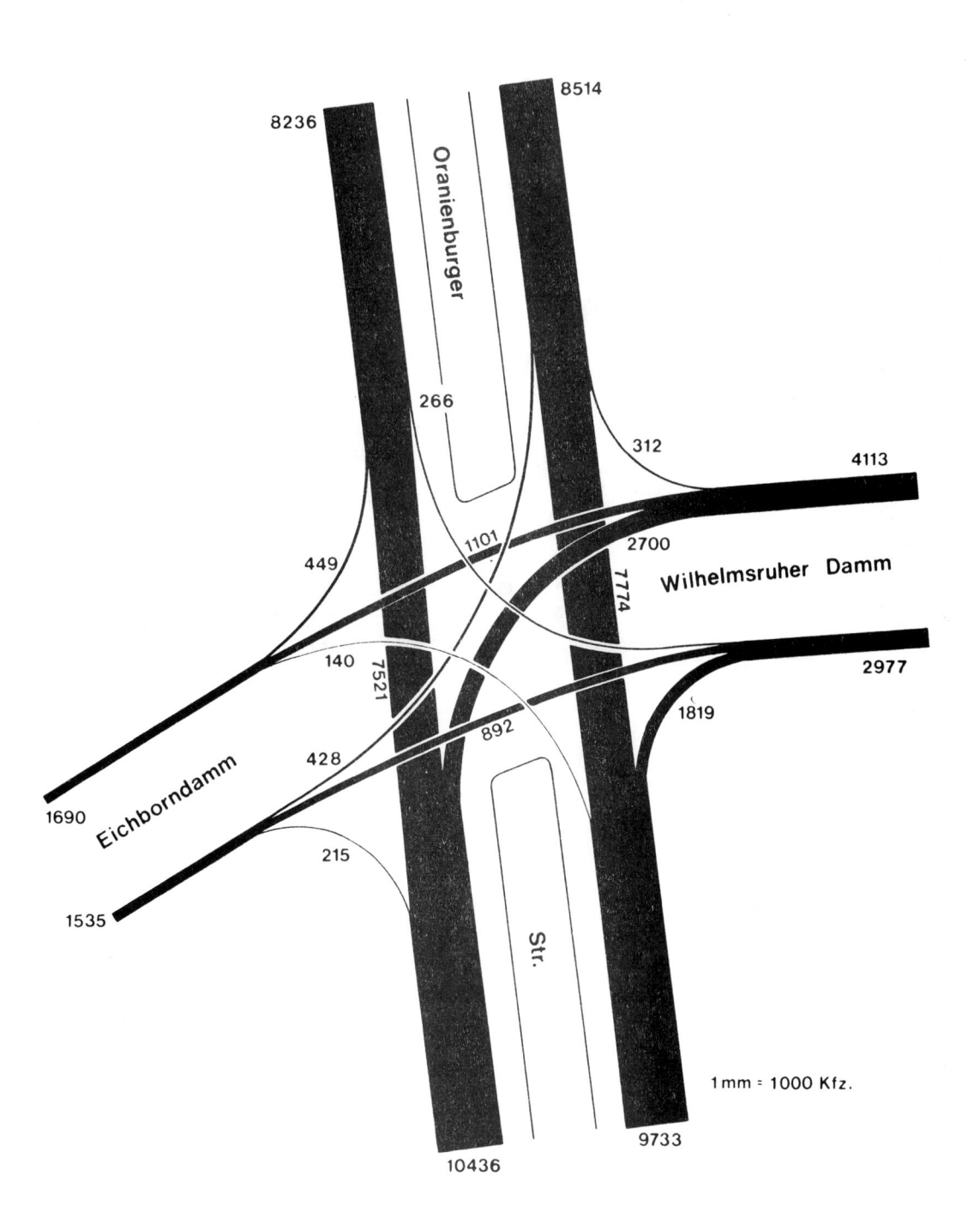

8236 · 8514 · Oranienburger · 266 · 312 · 4113 · 1101 · 2700 · 449 · 7774 · Wilhelmsruher Damm · 140 · 7521 · 2977 · 892 · 1819 · 1690 · Eichborndamm · 428 · 215 · 1535 · Str. · 1 mm = 1000 Kfz. · 9733 · 10436

Sen. Bau. Wohn. VII Cv 1

Abb. 37

Verkehrsaufkommen Wilhelmsruher Damm / Eichhorster Weg - Schorfheidestr.

Zählung vom Dienstag dem 12.11.1974 von 7⁰⁰-19⁰⁰
(mot. Verkehr)

- 2848 — Eichhorster Weg
- 2613
- 3924 — Wilhelmsruher
- 3689
- 7065 — Damm
- 7045
- 4376 — Schorfheidestr.
- 4826

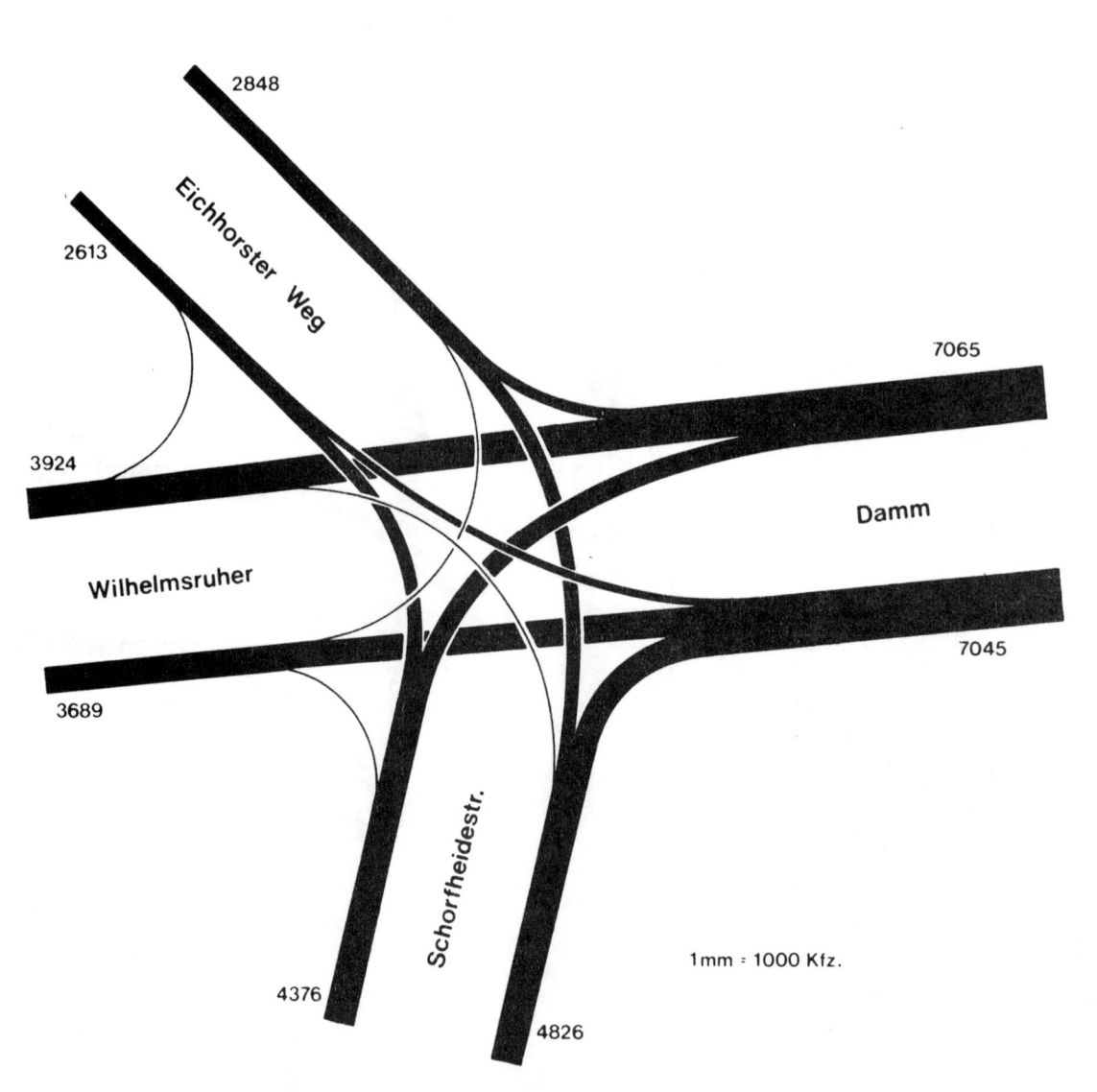

1mm = 1000 Kfz.

Sen. Bau. Wohn. VII a A1

Abb. 38

Verkehrsaufkommen Schorfheidestr. / Dannenwalder Weg

Zählung vom Dienstag dem 12.11.1974 von 7⁰⁰ - 19⁰⁰
(mot. Verkehr)

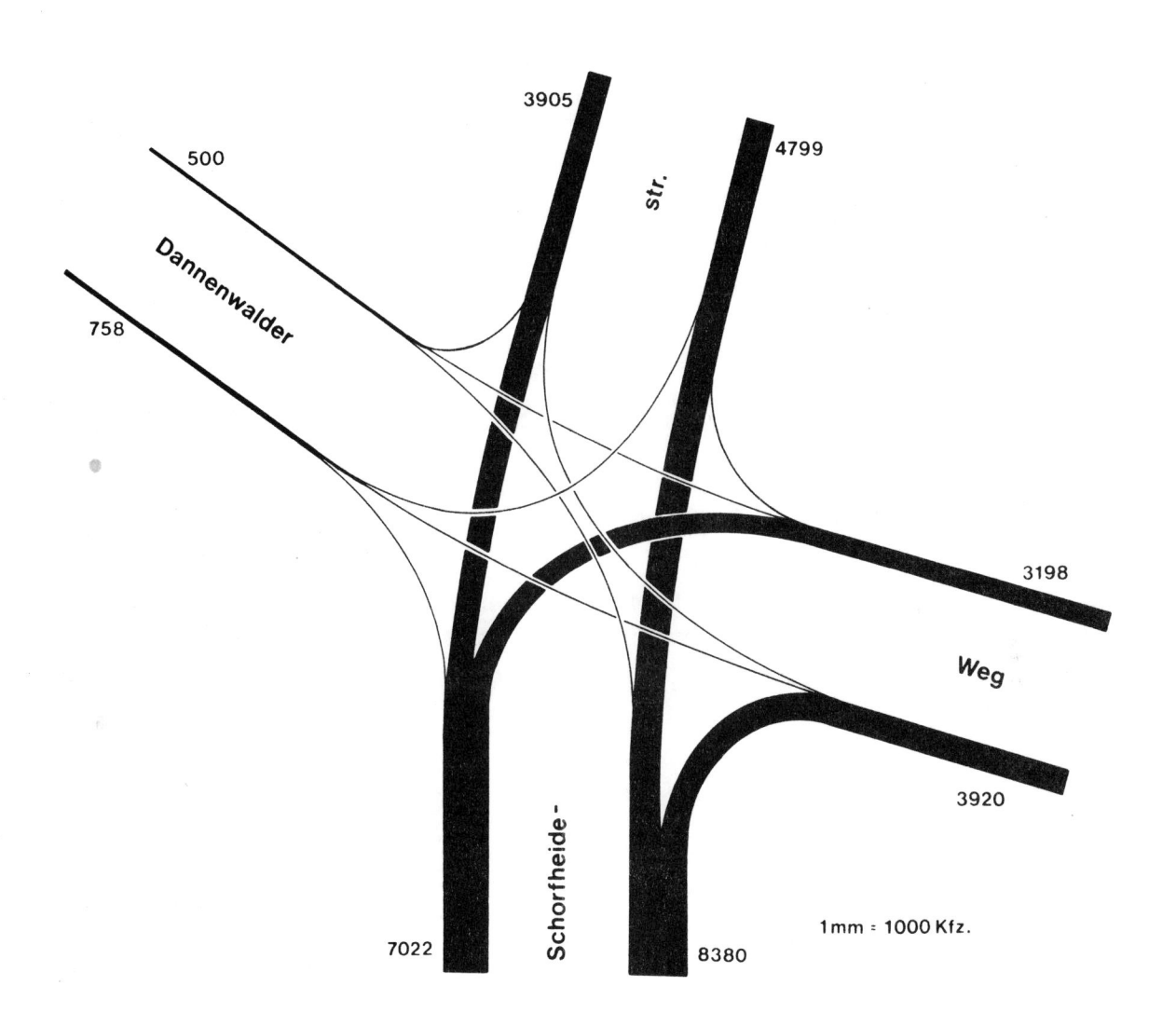

- 3905 Schorfheidestr.
- 4799
- 500 Dannenwalder
- 758
- 3198 Weg
- 3920
- 7022 Schorfheide-
- 8380

1mm = 1000 Kfz.

Sen. Bau. Wohn. VII a A1

Abb. 39   Liniennetz der BVG im Märkischen Viertel im Sommer 1965

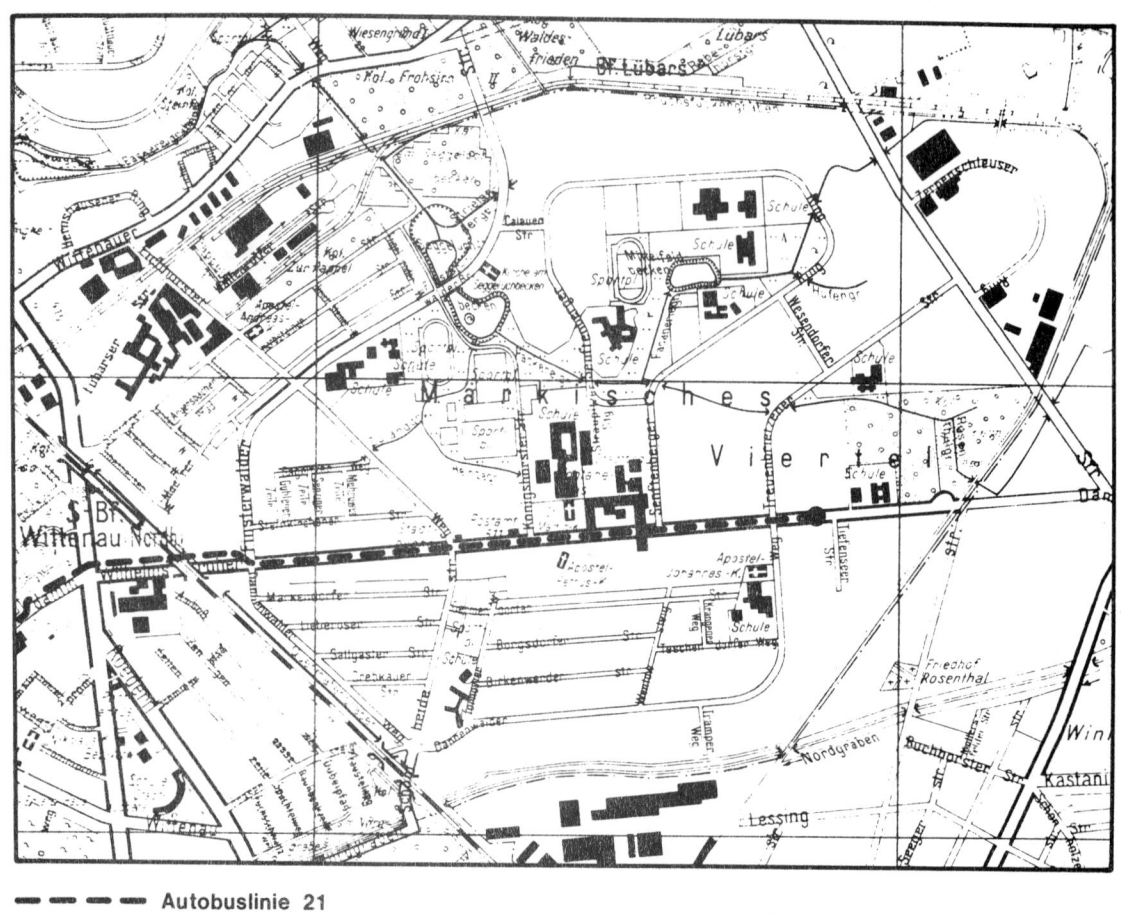

— — — — Autobuslinie 21

Kartengrundlage: Karte des Bezirks Reinickendorf, 1:20 000

Abb. 40   Liniennetz der BVG im Märkischen Viertel im Sommer 1968

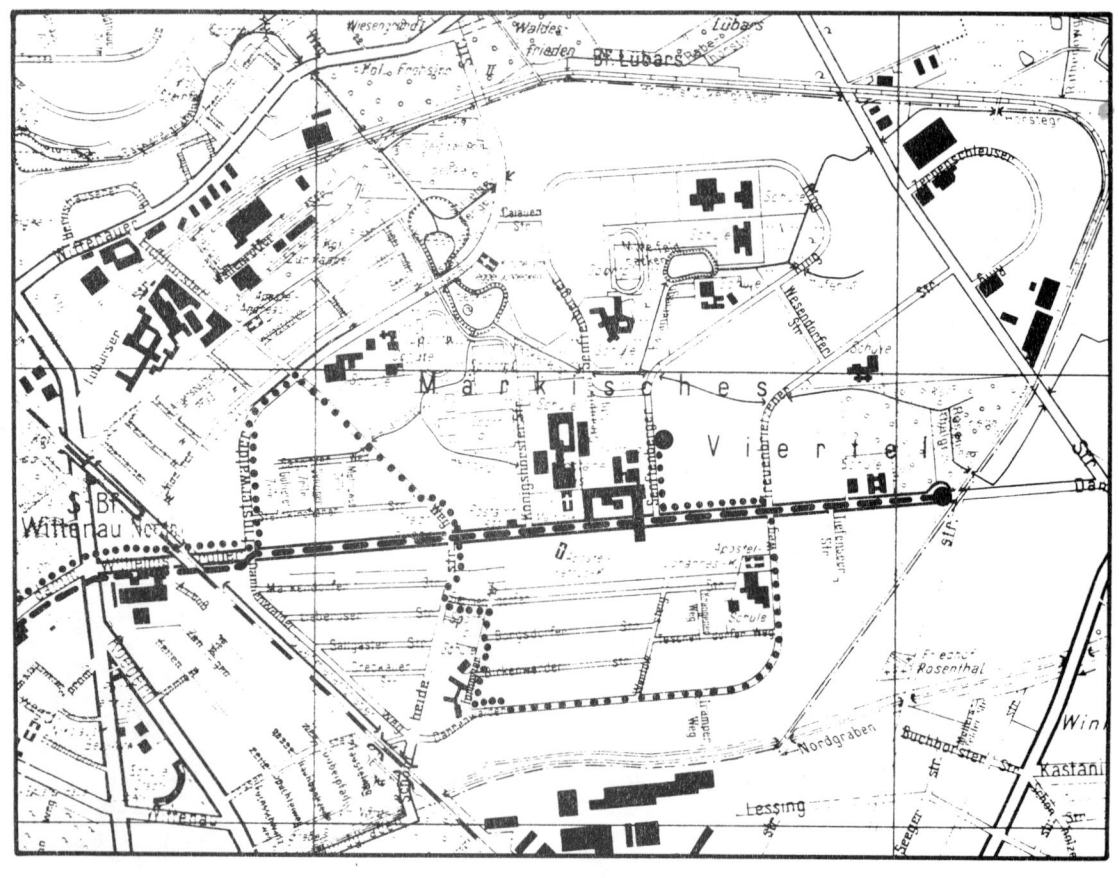

— — — — Autobuslinie 21   • • • • • • • • • • Autobuslinie 21E

Kartengrundlage: Karte des Bezirks Reinickendorf, 1:20 000

4.4.2 Öffentlicher Nahverkehr

Im Sommer 1965 bestand lediglich die Buslinie A 21 in das Märkische Viertel (Abb. 39), die am Wilhelmsruher Damm in der Höhe des Wentowsteiges endete und somit keineswegs den Vorstellungen des Senators für Bau- und Wohnungswesen und der BVG aus dem Jahre 1963 für den öffentlichen Nahverkehr entsprach.

Von dem besten städtischen Verkehrsmittel, der U-Bahn, war zu diesem Zeitpunkt noch keine Rede. Vielmehr wies man ständig auf die am Westrand des Viertels verlaufende S-Bahn hin, die eine ausgezeichnete und schnelle Verbindung zum Wedding und den südlichen davon gelegenen Bezirken ermöglichte. Prinzipiell entbehrt diese Überlegung ebenso wie die Einbeziehung der ehemaligen Heidekrautbahn nicht einer gewissen Richtigkeit. Doch selbst bei der Errichtung des am Nordgraben geplanten S-Bahnhofs würde nur die im westlichen Teil des Viertels wohnende Bevölkerung von der nahen S-Bahn profitieren. Außerdem hatte die S-Bahn nach der Errichtung der Mauer einen Fahrgastschwund von ca. 90 % zu verzeichnen, da der größte Teil der S-Bahnbenutzer dieses Verkehrsmittel aus Protest gegen die Mauer nicht mehr benutzte. Auch der Zustand des rollenden Materials, des Gleisunterbaus und der Gleise entspricht nicht den Vorstellungen von einem modernen Nahverkehrsmittel, was ebenfalls viele zum Verzicht auf die S-Bahnfahrt veranlaßte. Die Heidekrautbahn fällt für den Verkehr auf ungewisse Zeit aus, da ihr Bahnkörper die Grenze zwischen den beiden Teilen Berlins bildet und demzufolge abgebaut wurde.

Somit mußten die Buslinien fast den gesamten Verkehr in Richtung Innenstadt bewältigen. Selbst heute, obwohl die Zahl der S-Bahnbenutzer auf 30 % der Zeit vor dem Mauerbau gestiegen ist, spielt die S-Bahn für das Märkische Viertel als Verkehrsmittel nur eine untergeordnete Rolle.

Im Sommer 1968 hatten sich durch die Fertigstellung der Bauten im westlichen und südlichen Teil des Märkischen Viertels Veränderungen in der Verkehrsbedienung ergeben. So wurde die Buslinie 21 vom Wentowsteig bis zur Sektorengrenze geführt. Die zur besseren Verkehrserschließung der Wohnbauten am Dannenwalder Weg eingerichtete Linie 21 E sollte nach der Fertigstellung des Ostteiles des Dannenwalder Weges bis zu dem im September 1967 eröffneten ersten Bauabschnitt des Märkischen Zentrums verlängert werden (Abb. 40). Diese beiden Linien genügten bislang mehr recht als schlecht den Anforderungen, wobei sich eine fehlende direkte Verbindung zur City besonders schmerzlich bemerkbar machte.

Die Fahrzeit von der Endhaltestelle am Wilhelmsruher Damm bis zum Fehrbelliner Platz betrug mit dem Bus 21 laut Fahrplan 49 bis 52 Min.[1] Zur Fahrt bis zum Zoologischen Garten benötigte man mit den Bussen 21 und 62 an reiner Fahrzeit ca. 38 Min., wobei die Zeit für das Umsteigen nicht berücksichtigt ist. Diese Verkehrsbedienung genügte in der Praxis keineswegs den Anforderungen, da die beschleunigte Fertigstellung der Wohnbauten das Verkehrsaufkommen wachsen ließ.

1969 richtete die BVG eine neue Buslinie 22 zwischen der Wittenauer Straße und dem U-Bahnhof Kurt-Schumacher-Platz ein, die der schnelleren Verbindung mit der Innenstadt dienen sollte. Gleichzeitig wurde damit eine günstige Umsteigemöglichkeit zur Buslinie 62 geschaffen, die trotz der Vorstellungen des Bezirksamtes und der Bürger ihre Endhaltestelle am S-Bahnhof Wittenau-Nordbahn behielt. Die Buslinie 21 E wurde eingestellt. Ihre Aufgabe übernahm die Linie 23, die jetzt über den Wilhelmsruher Damm und die Treuenbrietzener

---

1) Berliner Verkehrsbetriebe: Sommerfahrplan 1968.

Abb. 41 Liniennetz der BVG im Märkischen Viertel im Winter 1971

———— Autobuslinie 64
– – – – „ 62
–·–·– „ 22
•–••–•• Autobuslinie 21
••••••••• „ 15

Kartengrundlage: Karte des Bezirks Reinickendorf, 1:20 000

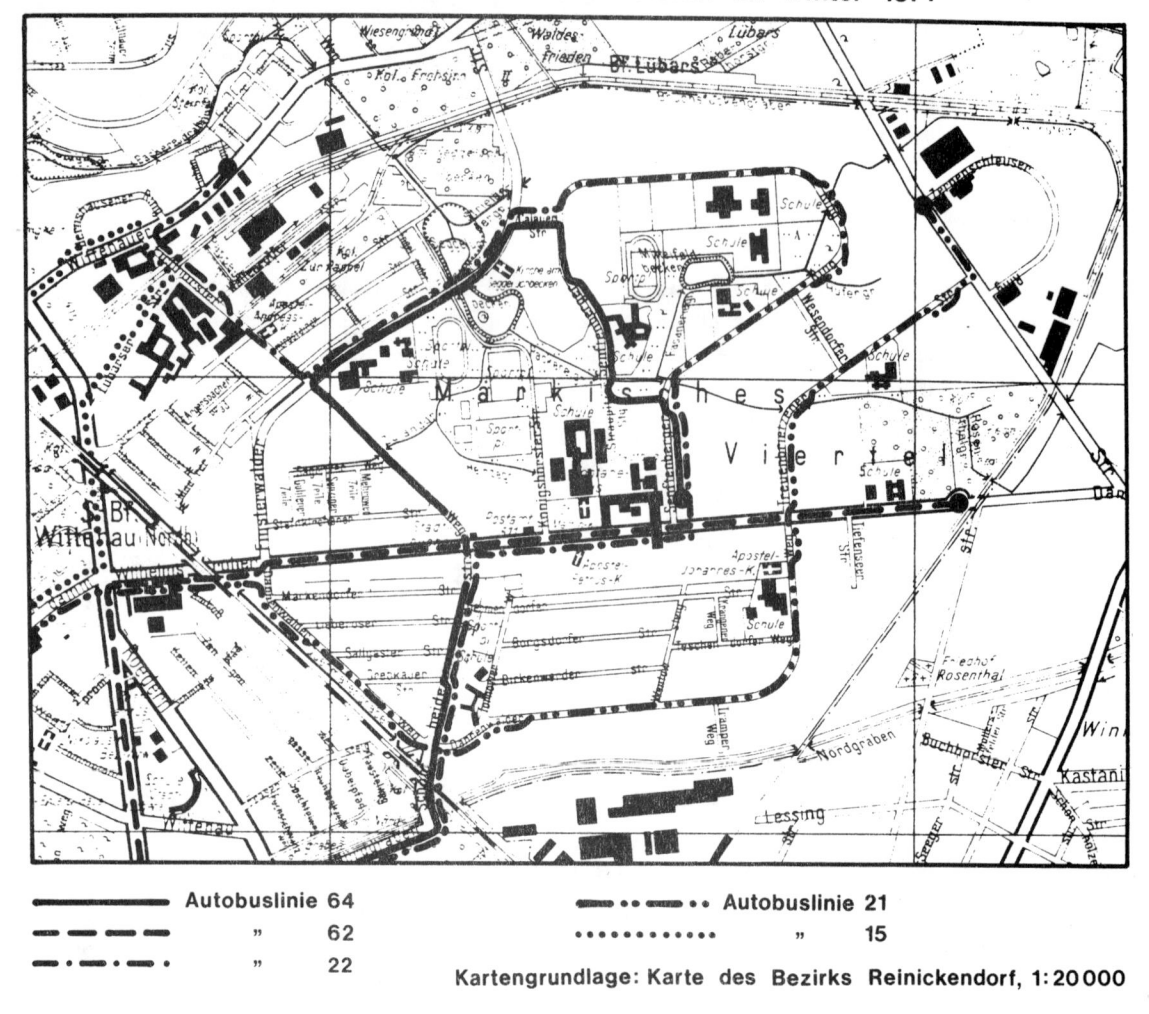

Abb. 42 Liniennetz der BVG im Märkische Viertel im Sommer 1974

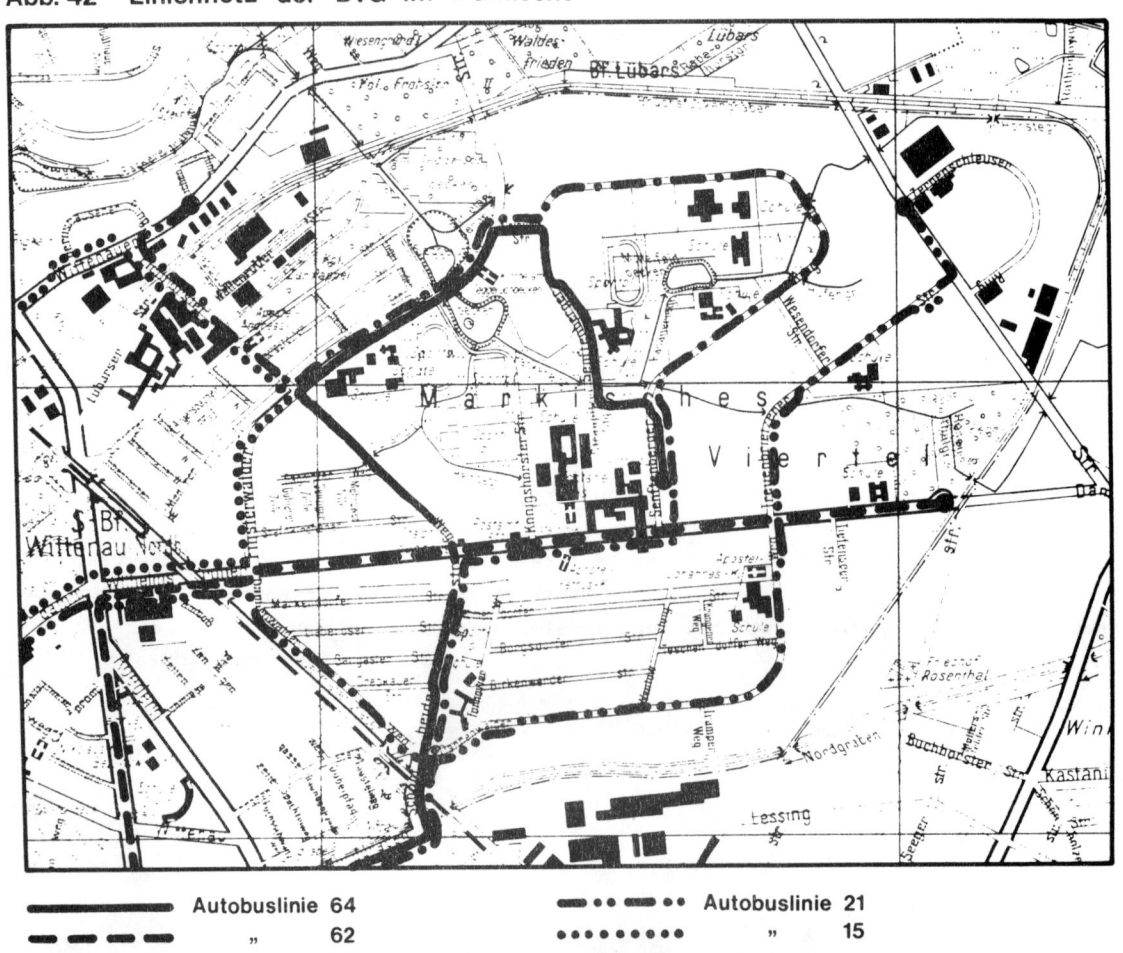

———— Autobuslinie 64
– – – – „ 62
–·–·– „ 22
•–••–•• Autobuslinie 21
••••••••• „ 15

Kartengrundlage: Karte des Bezirks Reinickendorf, 1:20 000

Straße bis zur Quickborner Straße führte, um das Industriegebiet im Nordosten zu erschließen. Zusätzlich richtete die BVG die bereits 1963 in Erwägung gezogene Ringlinie über Senftenberger Ring, Wilhelmsruher Damm, Dannenwalder Weg, Finsterwalder Straße und Calauer Straße ein. Entgegen den hochgespannten Erwartungen der Planer und der BVG bewährte sich diese Ringlinie nicht. Schon im Februar 1971 stellte die BVG nach den Protesten der Bevölkerung, von der die Ringlinie kaum benutzt wurde, den Betrieb wieder ein.

Bis auf eine später erfolgte Änderung wird dann 1971 die auch heute noch gültige Linienführung der Busse eingeführt. Im Winter 1971 waren es vier Buslinien, die direkt durch das Märkische Viertel fuhren, während eine Linie (Bus 15) das Viertel im nordwestlichen Teil tangierte (Abb. 41). Der Bus 62 fährt jetzt den Wilhelmsruher Damm entlang bis zur Sektorengrenze, wohingegen der Bus 21 eine neue Linienführung über Wilhelmsruher Damm, Dannenwalder Weg, Treuenbrietzener Straße und Quickborner Straße bis zum Zerpenschleuser Ring erhielt. Statt der eingestellten Ringlinie bedient nunmehr der Bus 22 den nördlichen Bereich am Senftenberger Ring. Über den südlichen Teil des Senftenberger Ringes, Calauer Straße, Finsterwalder Straße, Schorfheidestraße, der Straße Am Nordgraben und die Roedern Allee fährt der Bus 64 zum Vineta-Platz im Bezirk Wedding. Weniger als eine Stunde Fahrzeit benötigt der Fahrgast, um die Endpunkte dieser Linien vom Märkischen Viertel aus zu erreichen[1] (Tab. 25).

Buslinie	Endpunkt im MV	Endpunkt außerhalb MV	Fahrzeit
15	Wittenauer Str.	Invalidensiedlung (Frohnau)	55 Min.
21	Quickborner Str.	Fehrbelliner Platz	57 Min.
22	Wittenauer Str.	Kurt-Schumacher-Platz	27 Min.
62	Wilhelmsruher Damm	Zoologischer Garten	40 Min.
64	Senftenberger Ring	Vineta-Platz	51 Min.

Tab. 25: Bus-Verbindungen im Märkischen Viertel 1971

Die einzige Änderung in letzter Zeit wirkt sich in einer neuen Linienführung des Busses 15 aus, der jetzt über Eichhorster Weg, Finsterwalder Straße und Wilhelmsruher Damm durch den westlichen Teil des Märkischen Viertels fährt (Abb. 42).

Trotz aller Verbesserungen in der Verkehrsbedienung mit Hilfe von Bussen warten die Einwohner sehnsüchtig auf den geplanten U-Bahn-Anschluß. Nachdem der 1963 aufgetauchte Gedanke einer Verlängerung der U-Bahn-Linie D (heute Linie 8) bis zum Einkaufszentrum am Wilhelmsruher Damm schnell ad acta gelegt wurde, tauchte der Gedanke eines U-Bahn-Anschlusses erst wieder 1967 auf.

Da Anfang der siebziger Jahre der neue Flughafen Tegel am Südrand des Flugfeldes seiner Bestimmung übergeben werden sollte und für ihn die gleiche günstige Verbindung im öffentlichen Personennahverkehrsnetz wie im Falle des alten Flughafens Tempelhof vorgesehen wurde, schien die Gelegenheit zur Verlängerung der zum Flughafen geplanten U-Bahnstrecke bis in das Märkische Viertel hinein günstig.

Diese Linie sollte vom bestehenden U-Bahnhof Turmstraße der Linie 9 über den neuen Bahnhof Jungfernheide der Linie 7 in Richtung auf den neuen Flughafen abbiegen. Dann sollte diese Linie unter dem Flughafen hinweg weiterführen bis zu einem Kreuzungsbahnhof Scharnweberstraße mit der Linie 6, um dann den Eichborndamm und den Wilhelmsruher Damm entlang zu verlaufen, wo sie hinter dem Märkischen Zentrum in Richtung Norden nach Lübars abbiegen würde. Nach den Vorstellungen der Planer wäre für die Teilstrecke Jungfernheide-Märkisches Viertel eine Bauzeit von wenigstens zehn Jahren anzusetzen, da trotz der jährlich für den

---

[1] Berliner Verkehrsbetriebe: Winterfahrplan 1971.

U-Bahnbau zur Verfügung stehenden Summe von ca. 120 bis 150 Mio. DM der Bau der anderen Linien nicht zum Erliegen kommen durfte. Zudem müssen für den Bau eines Kilometers U-Bahn ca. 50 - 60 Mio. DM aufgewendet werden, was einer jährlichen Bauleistung von zwei bis drei Kilometern entspricht.

Bevor diese Linie in die Bauplanung ging, veränderte der Senator für Bau- und Wohnungswesen aufgrund einer Berechnung des künftigen Passagieraufkommens die Streckenführung. Jetzt sollte die Verbindung in das Märkische Viertel als Verlängerung der Linie 8 von der Leinestraße nach Gesundbrunnen gebaut werden, da die weitere Führung durch dichter besiedelte Gebiete der Bezirke Wedding und Reinickendorf ein ca. 40 % höheres Fahrgastaufkommen versprach.[1]

Seit 1970 wird an dieser Strecke gearbeitet, deren erster Abschnitt mit dem Kreuzungsbahnhof Osloer Straße und dem Anschluß zum Gesundbrunnen 1978 dem Verkehr übergeben wurde. Für die Verlängerung über die Residenzstraße, Alt-Reinickendorf, Roedern-Allee sind die Arbeiten zur Verlegung der Versorgungsleitungen im Gange. Der zuerst für die Eröffnung der Linie genannte Termin etwa um 1981 verzögert sich bis zum Beginn 1990. Der Abschnitt vom Kreuzungsbahnhof Osloer Straße zum Märkischen Viertel sollte nach den Preisen von 1973 Mittel in Höhe von 300 Mio. DM erfordern.

1979 erfuhr die U-Bahn-Planung eine Korrektur. Die Linie 8 soll jetzt nicht mehr an der Roedern Allee nach Norden in Richtung auf das Märkische Viertel abbiegen. Vielmehr wird die neue Trasse im Zuge der Residenzstraße bis zur Lindauer Allee verlaufen, um dann über den S-Bahnhof Wittenau (Kremmbahn) in einem Bogen an der Karl-Bonhoeffer-Klinik vorbei das Rathaus Reinickendorf zu erreichen und von dort in das Märkische Viertel zu führen. Durch diese Streckenführung verspricht sich die BVG ein wesentlich höheres Fahrgastaufkommen (23.000 gegenüber 17.000 pro Tag nach der bisherigen Planung). Obwohl die neue Strecke mit rund 8,7 km um ca. 2 km länger wird als die ursprünglich geplante, sollen wegen der günstigeren Bodenbeschaffenheit die Baukosten von ca. 700 Mio. DM nicht höher als bei der alten Linienführung liegen (Der Tagesspiegel vom 4. 1. 1981, S. 15). Die Terminplanung sieht wie bisher die Fertigstellung zum Anfang der neunziger Jahre vor.

Im öffentlichen Personennahverkehr hat sich Ende 1980 die Situation für das Märkische Viertel ungünstig entwickelt, da die Ost-Berlin unterstehende Reichsbahn den S-Bahn-Betrieb auf die Strecke Frohnau-Anhalter Bahnhof reduziert hat. Wann mit einer Wiederaufnahme des vollständigen S-Bahn-Verkehrs gerechnet werden kann, ist derzeit nicht abzusehen.

4.4.3 Das Heizwerk

In enger Beziehung zum Baubeginn der ersten Wohnblöcke ist die Frage der Wärmeversorgung zu sehen. Um die Wärmeversorgung des Viertels möglichst rentabel zu gestalten, aber auch um die Schmutz- und Schadstoffemission auf ein Minimum zu senken, hatte man sich zur Errichtung eines zentralen Heizwerks entschlossen. Lediglich der erste Bauabschnitt am Dannenwalder Weg mußte eigene Heizanlagen erhalten, da sich bis zu seiner Fertigstellung die zentrale Wärmeversorgung noch in der Projektphase, bestenfalls im Rohbau befinden würde.

Nach Gesprächen mit der Bewag (Berliner Kraft- und Licht AG) über die Errichtung eines Heizkraftwerks schien das Gelände östlich der Quickborner Straße ein geeigneter Standort

---

1) Nach den Beratungen im Planungsbeirat des Senators für Bau- und Wohnungswesen beschloß der Senat im Mai 1970 die neue Streckenführung.

zu sein (Abb. 43). Bei einer Überprüfung des Projekts kam die Bewag zu dem Ergebnis, daß der Standort zu ungünstig und die Kosten zu hoch sein würden.

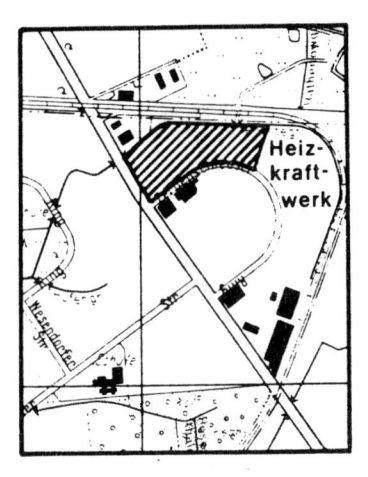

Abb. 43

Vorschlag des Stadtplanungsamtes Reinickendorf für den Standort des Heizkraftwerkes vom 9.4.63
Kartengrundlage: Karte des Bezirks Reinickendorf, 1:20 000

Als Alternative machte sie das Angebot, vom Kraftwerk Oberhavel in Spandau eine Fernheizleitung in das Märkische Viertel zu legen. Dieser Vorschlag traf beim Senat, dem Bezirksamt und der Gesobau auf großes Interesse, mußte aber wegen der knappen zur Verfügung stehenden Erstellungszeit verworfen werden. Daraufhin schlug die Bewag als letzte Lösung den Einbau von Nachtstromspeicherheizungen vor. Diesen Vorschlag lehnte die Gesobau wegen der recht hohen Betriebskosten ab.

Nachdem die Zusammenarbeit mit der Bewag fehlgeschlagen war, forderte die Gesobau die Firmen "Ruhrkohle", "Esso" und "Shell" auf, Angebote über die Errichtung und den Betrieb eines zentralen Heizwerks einzureichen. Den aufgeforderten Firmen nannte man gegen den heftigen Protest des Bezirksstadtplanungsamtes als neuen Heizwerkstandort das Gelände der Kolonie "Zur Pappel". Die Stadtplaner wiesen nach, daß dieser Standort eine erhebliche Emissionsbelastung des Märkischen Viertels wegen der in unseren Breiten vorherrschenden Westwinde mit sich bringen würde und deshalb der alte Standort bedeutend umweltfreundlicher sei. Doch setzten sich wirtschaftliche Überlegungen durch, denn der zentralere Standort bedeutete eine Einsparung bei der Länge des Fernheiznetzes. Außerdem konnte das Fernheiznetz entsprechend der Fertigstellung der Bauten wachsen, so daß die Vorhaltekosten niedriger würden. Nach der Festlegung des Standortes auf dem Gelände der Kolonie "Zur Pappel" fanden im Januar 1965 Gespräche mit dem zukünftigen Bauträger, der Gewerbebauträger GmbH Berlin, statt.[1] Die Gewerbebauträger GmbH rief für die Errichtung und den Betrieb des Heizwerks eine Tochtergesellschaft ins Leben, an der die Ruhrkohle-Gesellschaft vertraglich beteiligt wurde. Für die Investitionen ging die Gewerbebauträger GmbH von einer geschätzten Summe von 30 Mio. DM aus. Beim Bundeswirtschaftsministerium wurde

---

1) Protokoll des Gesprächs über Wärmeversorgung im Märkischen Viertel am 18. 1. 1965.

ein Antrag auf Gewährung eines Zuschusses in Höhe von 4,5 Mio. DM gestellt. Von den verbleibenden 25,5 Mio. DM erklärte sich die Gewerbebauträger GmbH bereit, einen Anteil von 32 % aus Eigenmitteln aufzubringen und die restlichen 68 % über den Kapitalmarkt zu finanzieren.

Der Wärmebedarf belief sich einschließlich der GSW-Siedlung am Zabel-Krüger-Damm und der nördlich der Industriebahn gelegenen Reservebaugebiete für ca. 5.000 weitere Wohnungen auf ca. 150 GKal.

Nach der Abklärung dieser Fragen übernahm die Steag (Steinkohle-Elektrizitäts-AG Essen) die bauseitige Betreuung. Den Auftrag für den Entwurf des Heizwerks erhielt der Berliner Architekt Fridtjof Schliephacke.

Nach einer Bauzeit von knapp einem dreiviertel Jahr begann das Heizwerk im Herbst 1966 mit der Wärmeerzeugung in der ersten Ausbaustufe. Die Errichtung der ersten Ausbaustufe kostete 20 Mio. DM. Bis zur endgültigen Fertigstellung mußten 50 Mio. DM aufgewendet werden, wobei allerdings das Leitungsnetz einbezogen ist.

4.4.4 Sonstige Infrastruktureinrichtungen

Infrastruktureinrichtungen, die für den Bezirk Reinickendorf oder ganz Berlin (West) Bedeutung hätten, sind im Märkischen Viertel nur in geringem Maße vorhanden. Außer dem neuen Hallenbad ist nur noch im Bereich der Verwaltung die Jugendgerichtshilfe über die Grenzen des Märkischen Viertels hinweg zuständig für ganz Reinickendorf. Die anderen Dienststellen der Abteilung Familie, Jugend und Sport haben nur die Aufgabe, die Bevölkerung des Viertels zu betreuen. So sind noch die Familienfürsorge, die Behindertenfürsorge, die Erziehungsberatung, die Gemeinwesenarbeit und die Vormundschaft in den Räumen des Hauses Wilhelmsruher Damm 124 untergebracht. Die im Verhältnis zum gesamten Bezirk recht hohe Zahl von Betreuungsfällen im Märkischen Viertel ließ die Verlegung der damit befaßten Dienststellen für den Bereich des Viertels dorthin sinnvoll erscheinen, um den notwendigen engen Kontakt zur betroffenen Bevölkerung zu vertiefen und den Menschen weite Wege zu ersparen.

Auch die Polizei ist mit einem Revier am Wilhelmsruher Damm 127 vertreten. Gegenüber den ersten Planungen, die als Standort den Bereich zwischen Schorfheidestraße und Tornower Weg vorsahen, zog das Revier in den südlichen Teil der Kegelbrücke am Ostrand des Märkischen Zentrums.

Am Fuße des Brückenbauwerks, das westlich des Märkischen Zentrums den Wilhelmsruher Damm überspannt, ist das Postamt 511 untergebracht. Im März 1970 konnte das neue Postamt seiner Bestimmung übergeben werden. Die postalischen Einrichtungen sind jetzt auf engem Raum konzentriert, da außer dem Postamt in der Postbrücke über den Wilhelmsruher Damm die für das Märkische Viertel erforderliche Ortsvermittlungsstelle des Fernsprechverkehrs untergebracht ist.

4.4.5 Wasserwirtschaftliche Maßnahmen

Nachdem im Sommer 1963 mit dem Baubeginn der ersten Wohnungen am Dannenwalder Weg der Startschuß für die Realisierung des Märkischen Viertels gefallen war, drängte sich die Frage nach dem weiteren Verlauf der Bauarbeiten auf. Ohne Grundwasserabsenkung und Kanalisierung war jede Baumaßnahme in dem Bereich nördlich des Wilhelmsruher Dammes illusorisch. Vorfluter des Märkischen Viertels ist der Packereigraben, einmal für die Entwässerungsmaßnahmen zur Senkung des Grundwasserspiegels und zweitens zur Ableitung des anfallenden Niederschlagswassers. Dem Nordgraben kann zusätzliches Niederschlagswasser in dem Bereich nicht mehr zugeführt werden, da er bereits die Grenzen seiner Kapazität erreicht hat. Zur Verteilung der Abflußmengen über einen längeren Zeitraum wurden deshalb zwei Rückhaltebecken vorgesehen.

Für das große Speicherbecken östlich der Siedlung "Neue Zeit" wurde ein Speicherraum von 30.600 m^3 zugrunde gelegt. Der Auslauf wurde für einen Abfluß von 250 l/sec bemessen, um unter Berücksichtigung der im weiteren Verlauf des Packereigrabens eingeleiteten Wassermengen den Nordgraben nicht zu überlasten.

Die für die Baumaßnahmen benötigten Grundstücke konnten nicht alle rechtzeitig erworben werden, so daß sich der Ausbau der Regenwasserkanalisation erheblich verzögerte. Die Kaufverhandlungen für die erforderlichen Grundstücke führte die Gesobau, die dem Land Berlin für Wasserwirtschaftsmaßnahmen und öffentliche Grünflächen insgesamt 30.569 m^2 zu einem Preis von 2 DM/m^2 verkaufte.

Für den ersten Abschnitt der wasserwirtschaftlichen Baumaßnahmen wurden 288.000 DM im Jahre 1964 bereitgestellt, mit denen der Ausbau des Bahngrabens in einer Länge von 1.300 m finanziert werden konnte. Der später in Quermatengraben umbenannte Bahngraben diente als Vorflut für die Flächendränung des nordöstlichen Bereichs. 1965 begann sich das auf den Namen Seggeluchbecken getaufte Rückhaltebecken mit Wasser zu füllen, da es nun doch entgegen der ersten Planungen als Dauerteichfläche gebaut worden war. Mit einem Aufwand von 800.000 DM führte man 1967 die Arbeiten fort, die den Ausbau des Oberlaufs des Packereigrabens und eines Teiles des Fasaneriegrabens umfaßten. 1968 stellte der Senat für die Fortsetzung der Ausbauarbeiten des Fasaneriegrabens, den vollständigen Ausbau des Strieländergrabens und den Baubeginn des Hörstegrabens weitere 500.000 DM bereit.

Die Beendigung der wasserwirtschaftlichen Baumaßnahmen, die im wesentlichen 1970 als abgeschlossen betrachtet werden konnten, erforderten noch einmal 620.000 DM für die Arbeiten am Hörstegraben und am Bruchstückgraben, so daß sich die Endsumme für den Grabenausbau auf rund 4,3 Mio. DM belief.

Alle diese Arbeiten waren die Grundlage für das Fortschreiten der Hochbauarbeiten. Die Verzögerungen bei den Ausbaumaßnahmen des Grabensystems trugen dazu bei, daß die Fertigstellung der Wohnbauten sich um wenigstens zwei Jahre verschob.

4.5 Medizinische Versorgung

Ein weiteres Kriterium für die Qualität eines Wohngebietes stellt die Ausstattung mit medizinischen Versorgungseinrichtungen dar. Für ein Wohngebiet von der Größe des Märkischen Viertels bedeutet dies das Vorhandensein einer Reihe von allgemeinmedizinischen sowie von Facharztpraxen. Um die Erreichbarkeit für alle Einwohner günstig zu gestalten und beim Besuch der verschiedenen Ärzte keine unnötigen Wege entstehen zu lassen, konzentrierten die Planer alle Arztpraxen im Märkischen Zentrum. Bei der Auswahl der Ärzte legte man Wert auf das Vorhandensein der wichtigsten fachärztlichen Richtungen.

So haben sich im Märkischen Zentrum zwei Praktische Ärzte, zwei Zahnärzte und 14 Fachärzte niedergelassen. Im fachärztlichen Bereich stellt sich zwar eine ausreichende Versorgung mit den wichtigsten Fachrichtungen dar, doch gerade im wichtigen allgemeinmedizinischen Bereich ist mit zwei Ärzten auf ca. 48.000 Einwohner eine außerordentlich starke Unterbesetzung zu konstatieren (MV-Express vom 8. 2. 1974). Hinweise auf 33 weitere Arztpraxen in den das Märkische Viertel umgebenden Gebieten können nur als Verschleierung der tatsächlichen Mißstände gewertet werden, da auch diese Ärzte ausgelastet sind und kaum zusätzliche Patienten aus dem Märkischen Viertel aufnehmen können.

Um hier Abhilfe schaffen zu können, fertigte eine Ärztegruppe eine Denkschrift über die Einrichtung einer Gruppenpraxis an.[1] Demnach hat die Kassenärztliche Vereinigung trotz des gesetzlichen Sicherstellungsauftrages für die ambulante Versorgung der Bevölkerung keine Einflußmöglichkeit auf die Standortwahl der sich niederlassenden Ärzte.

Aufgrund der in Neubaugebieten verstärkt auftretenden psychosomatischen Erkrankungen wird die Bereitschaft junger Mediziner, sich als Praktischer Arzt niederzulassen gemindert. Zudem bedeutet das Anwachsen der Zahl der Fachärzte eine Erhöhung des Durchschnittsalters der Praktischen Ärzte und durch den fehlenden Nachwuchs eine gleichzeitige Verringerung ihrer Zahl. Zur Verdeutlichung der Unterversorgung Reinickendorfs und ganz speziell Wittenaus mit Praktischen Ärzten sollen einige Einwohnerzahlen mit den für sie zuständigen Praktischen Ärzten gegenübergestellt werden (Tab. 26).

Gebiet	Jahr	Einwohner	Prakt. Ärzte	Einw. pro Prakt. A.
Berlin (West)	1970	2.122.345	1.051	2.020
Bezirk Reinickendorf	1970	238.736	93	2.567
Ortsteil Reinickendorf	1970	80.110	22	3.641
Tegel	1970	36.954	11	3.359
Konradshöhe	1970	4.183	2	2.091
Heiligensee	1970	12.680	8	1.585
Frohnau	1970	14.104	10	1.410
Hermsdorf	1970	15.286	8	1.911
Waidmannslust	1970	10.425	2	5.212
Lübars	1970	4.389	3	1.463
Wittenau	1970	60.318	12	5.026
Märkisches V.	1970	48.000	2	24.000

Tab. 26: Die Versorgung der Einwohner Berlins (West) und Reinickendorfs mit Praktischen Ärzten (Quelle: THIELE, W., 1973)

Aus diesen Werten ergibt sich eine stark unterschiedliche Versorgung der Reinickendorfer Bevölkerung mit Praktischen Ärzten, wobei das Märkische Viertel eindeutig am schlechtesten abschneidet. Um nur etwa auf den Reinickendorfer Durchschnitt zu kommen, müßten sich im Märkischen Viertel 20 Praktische Ärzte niederlassen.

Nach Ansicht einiger Ärzte stellt das Modell eines integrierten Ärztehauses eine Möglichkeit zur Verbesserung der Situation dar. Neben der weiterhin bestehenden freien Arztwahl des Patienten gestattet die Zusammenarbeit der verschiedenen Ärzte eine ständige Kommunikation sowie "die Integration von naturwissenschaftlich-medizinischen, psychosomatischen und sozialen Aspekten". Außerdem gewährleistet die gemeinsame Nutzung der technischen Geräte eine "qualifizierte Diagnostik und eine umfangreiche Therapie".[2]

Obwohl viele Ärzte eine Einschränkung ihrer Individualität durch derartige Ärztehäuser befürchten und lange Zeit gegen derartige Einrichtungen Sturm gelaufen sind, hat die Gesundheitsverwaltung in Zusammenarbeit mit der Gesobau und der Kassenärztlichen Vereinigung den Umbau von Büroräumen im Haus Wilhelmsruher Damm 116 zu einem Ärztezentrum in die Wege geleitet. Hier entstanden zehn Praxen. Zwar ist wiederum nicht die Niederlassung eines Praktischen Arztes vorgesehen, doch durch enge Zusammenarbeit der Spezialisten ist der Mangel auf der Basis der von der Ärztegruppe gemachten Vorschläge zumindest teilweise abzustellen.

Bislang sind folgende Ärzte im Märkischen Zentrum vertreten: zwei Praktische Ärzte, zwei Internisten, zwei Gynäkologen, zwei Kinderärzte, ein Radiologe, zwei Orthopäden, ein Urologe, ein Hals-Nasen-Ohren-Arzt, ein Hautarzt, ein Augenarzt, ein Lungenfacharzt, zwei

---

1) Zur ambulanten ärztlichen Versorgung im MV-Vorstellungen zu einer Gruppenpraxis-Denkschrift vom 18. 2. 1974.
2) Zur ambulanten ärztlichen Versorgung im MV-Vorstellungen zu einer Gruppenpraxis. Denkschrift vom 18. 2. 1974.

Zahnärzte (Chronik Märkisches Viertel, 1974).

Im neuen Ärztezentrum sind bereits vorhanden: ein Orthopäde (zugleich Unfallarzt), ein Kinderarzt, ein Gynäkologe, ein Internist und ein Zahnarzt. Die weiteren Praxen sollen von einem Augenarzt, einem Hals-Nasen-Ohren-Arzt, einem Facharzt für Psychiatrie und Neurologie, einem Kinderpsychiater und einem Kieferorthopäden bezogen werden. Außerdem wird für die Zahnarztpraxis ein zweiter Zahnarzt für die Eröffnung einer Gemeinschaftspraxis gesucht (Der Tagesspiegel vom 7. 2. 1976, S. 7).

Zumindest im fachärztlichen Bereich wäre mit der Eröffnung dieses Ärztezentrums eine recht gute Versorgung der Bevölkerung gewährleistet. Auch wenn sich im Laufe der Jahre ein Teil der allgemeinärztlichen Behandlungen auf den fachärztlichen Bereich verlagert hat, besteht im Bereich der Praktischen Ärzte weiterhin ein Defizit.

4.6 Gewerbestruktur

Die städtebauliche Planung der Architekten sah für das Märkische Viertel die Errichtung eines Haupteinkaufszentrums und vier Nebenzentren vor.

Im Gebiet hatten sich in den Jahren vor der Sanierung eine Reihe von kleinen Geschäftsleuten niedergelassen (Abb. 44), die vorzugsweise Waren des kurzfristigen Bedarfs anboten. Andere Geschäftsinhaber erkannten die Möglichkeiten, die in einem Siedlungs- und Wohnlaubengebiet dieser Größe der Verkauf von Siedlerbedarf bot. Eine dritte Sparte von Geschäftsleuten hatte wegen der niedrigen Pachtbeträge kleine Bau- oder Fuhrunternehmen eröffnet, die sich teilweise gleichzeitig dem Verkauf von Baumaterial oder Brennstoffen widmeten.

Man kann in kleinerem Rahmen eine Schwerpunktbildung von Geschäften und Gewerbebetrieben innerhalb des Sanierungsgebietes beobachten. So findet sich der größte Teil aller erfaßten Läden und Betriebe am Wilhelmsruher Damm und in den aufgeschlossenen Siedlungen.[1] In dem großen Bereich der Laubenkolonien verteilen sich die Unternehmen über das gesamte Areal, wobei nur am Rebhuhnweg eine Konzentration zu erkennen ist.[2]

Zur Versorgung der nach der Planung um wenigstens 500 % höheren Bevölkerungszahl würden diese Geschäfte nicht mehr ausreichen, zumal ihre Erweiterungsmöglichkeiten begrenzt waren und sie ihr Warenangebot auf einen bestimmten Bevölkerungskreis abgestimmt hatten. Eine Änderung des Warenangebots hätte wahrscheinlich relativ geringe Schwierigkeiten bereitet. Stärkeres Gewicht besaßen die fehlenden Erweiterungsmöglichkeiten, da vor allem auch die finanziellen Mittel einer ganzen Reihe von Geschäftsinhabern sehr begrenzt waren. Zu einem größeren Teil warfen die Geschäfte nur wenig Gewinn ab, so daß ihre Inhaber am Rande des Existenzminimums blieben. Die in den Laubenkolonien bestehenden Geschäfte würden nach der Realisierung der Planung für die Versorgung ausfallen, da sie in dem abzureißenden Gebiet lagen.

---

1) Das Stadtplanungsamt Reinickendorf hatte in den sechziger Jahren eine Kartierung der Geschäfte und Gewerbebetriebe im Märkischen Viertel vorgenommen. Diese Kartierung ist nicht mehr vorhanden, so daß auf Mitteilungen der Abteilung Wirtschaft des Bezirksamtes über Geschäftseröffnungen oder -aufgaben zurückgegriffen werden mußte. Leider sind auch diese Angaben lückenhaft. Einige Geschäfte konnten aufgrund der ungenauen Angaben in den Laubenkolonien nicht mehr lokalisiert werden.
2) Nach den in den Akten des Stadtplanungsamtes Reinickendorf vorhandenen Äußerungen müssen am Rebhuhnweg sechs bis zehn Geschäfte vorhanden gewesen sein.

Legende zu den Gewerbestrukturkarten von Wilhelmsruh

- Baustoffherstellung
- Gärtnerei
- Geflügelfarm u. sonstige Tierzucht
- Heizwerk
- Holz- u. Papierverarbeitung
- Lebensmittel- u. Genußmittelherstellung u. Lagerung
- Stahl- u. Maschinenbau, Elektroindustrie
- Textilherstellung

- **B** Brennstoff- u. Baustoff- u. Altmetallhandel
- **Bl** Blumen
- **D** Dienstleistungen
- **F** Futtermittel u. Siedlerbedarf
- **G** Getränkevertrieb
- **H** Handwerk u. Handwerksbedarf
- **K** Kraftverkehr
- **L** Lebensmittel, Back- u. Fleischwaren
- **R** Restauration u. Imbiß
- **S** sonstige Betriebsart
- **T** Textilien
- **Ta** Tankstelle
- **Z** Zeitungen u. Tabakwaren
- **Ba** Geldinstitute
- **E** Elektro-, Elektronikhandel

Abb. 44
Gewerbestruktur des Gebietes von Wilhelmsruh (Stand ca. 1962)

(Nach Unterlagen des Stadtplanungsamtes Reinickendorf)

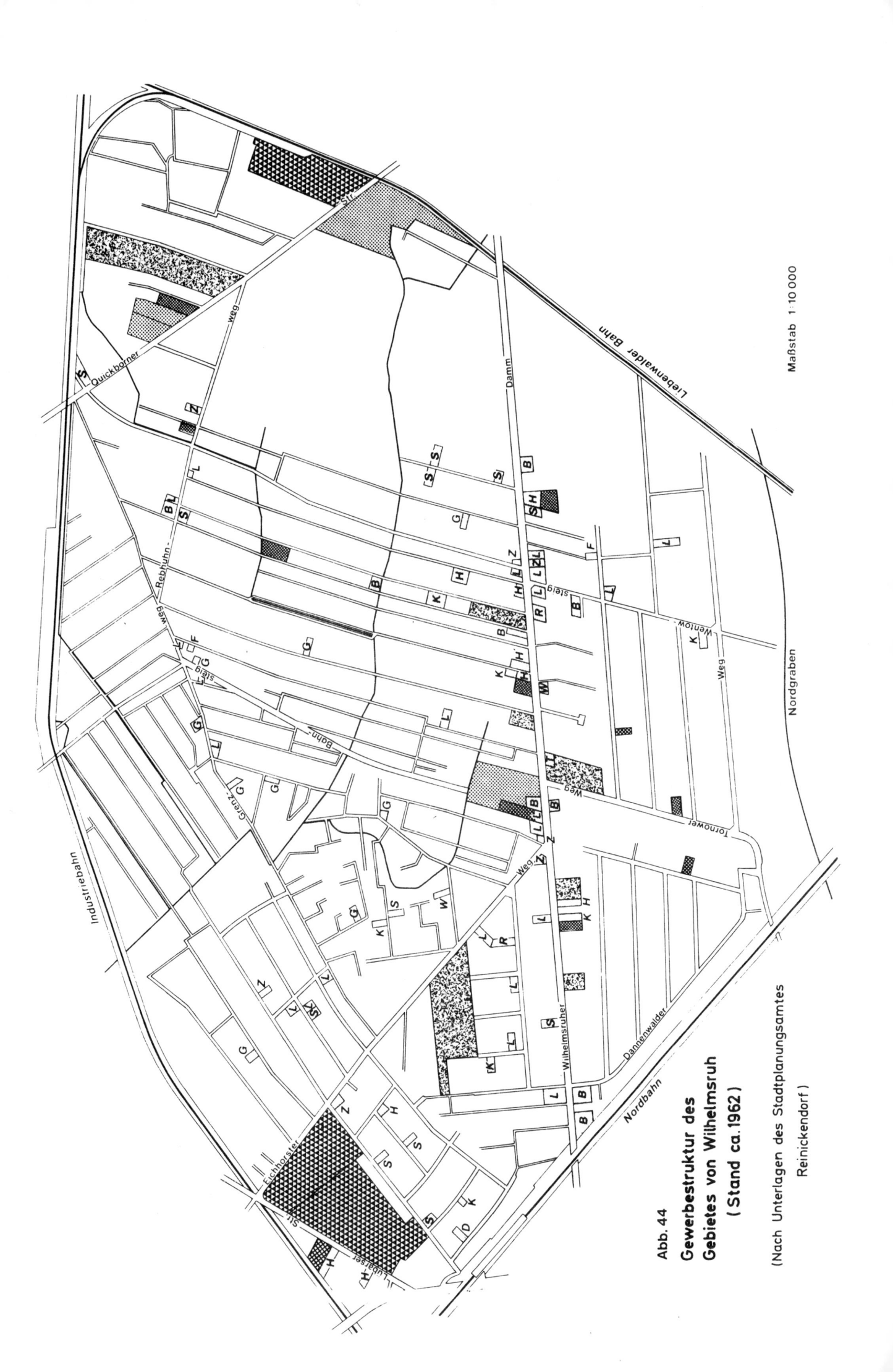

Maßstab 1:10 000

Abb. 45
Gewerbestruktur des Gebietes von Wilhelmsruh
(Stand 1982)

(Nach Kartierungen des Verfassers)

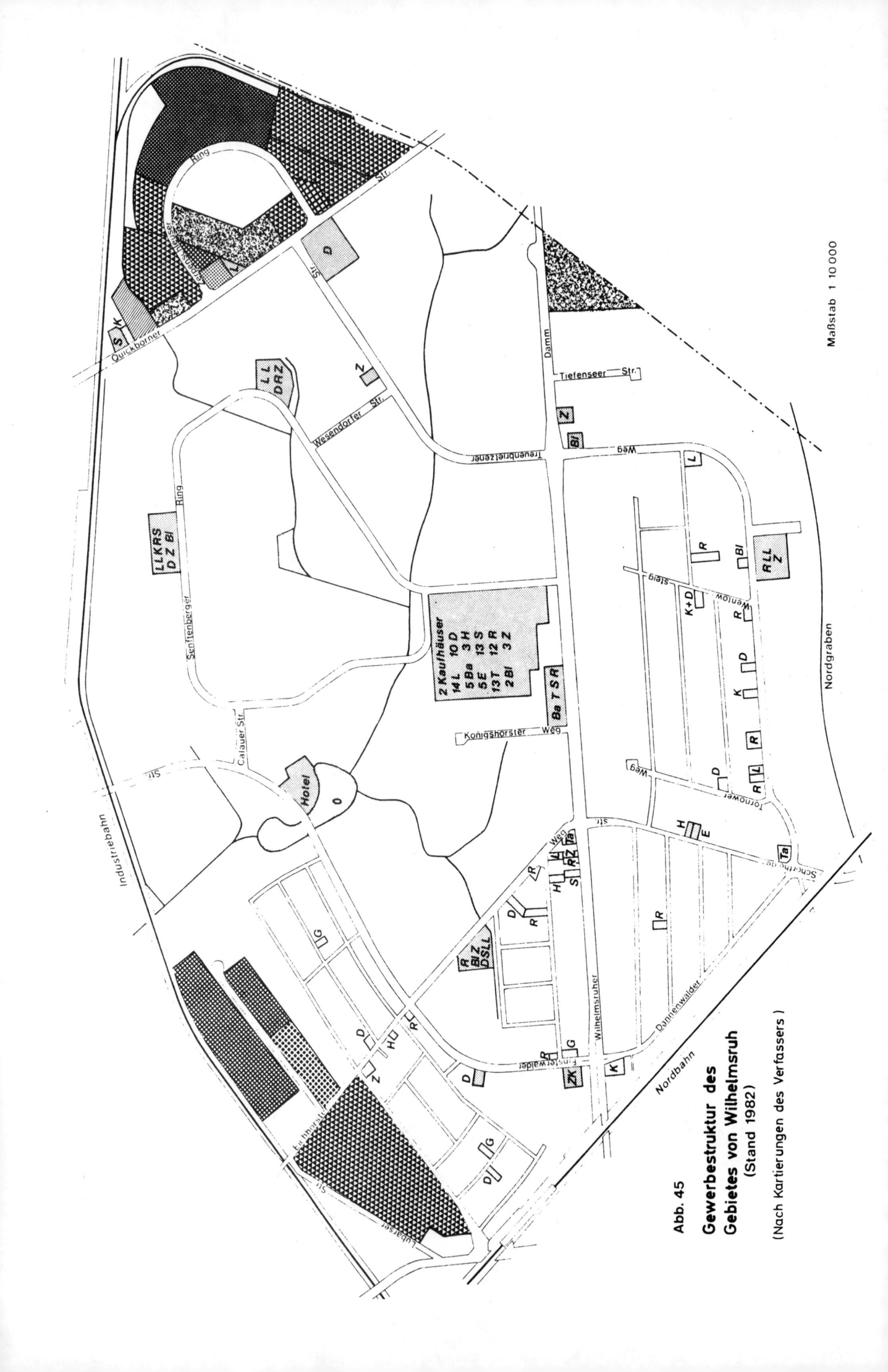

Maßstab 1 : 10 000

Dies alles führte zu der Planung des Haupteinkaufszentrums und der Nebenzentren. Das Hauptzentrum sollte alle Geschäfte enthalten, die zur Deckung des täglichen Bedarfs notwendig waren. Gleichzeitig sollte auch eine größere Zahl von Geschäften Güter des längerfristigen Bedarfs anbieten. Die Nebenzentren waren nur zur Deckung des täglichen Bedarfs vorgesehen.

Ein Teil der in den aufgeschlossenen Siedlungen vorhandenen Geschäfte sollte auch nach der Neuordnung des Gebietes bestehen bleiben, um dort die tägliche Versorgung zu gewährleisten (Abb. 45).

Vom betriebswirtschaftlichen Standpunkt aus betrachtet, erwies sich der relativ späte Baubeginn des Hauptzentrums als notwendig, da ohne Gewinn kein Unternehmen existieren kann. Lediglich große Firmen mit einer entsprechenden Kapitaldecke sind in der Lage, auftretende Verluste innerhalb eines gewissen Zeitraumes zu kompensieren. Diese Diskrepanz zwischen dem Wunsch der Bevölkerung nach ausreichender Versorgung mit Waren und der notwendigen Rentabilität der Geschäfte konnte außerhalb der Planungsvorstellungen durch die in den Siedlungen vorhandenen Geschäfte zu einem Teil gemildert werden.

Da die Gesobau nicht die Absicht hatte, die Einkaufszentren auf eigene Kosten zu bauen und zu bewirtschaften, d.h. an Interessenten zu vermieten, trat man 1962 mit fünf Unternehmen wegen der Errichtung und des Betriebes in Verhandlungen ein:

1. Einkaufszentrum am Ruhrschnellweg Bochum GmbH
2. Deutsche Einkaufszentrum GmbH Frankfurt/Main
3. Konsul Limberg, Übersee-Kaffee, Hamburg
4. GVG bzw. Zentralverband der Konsumgenossenschaften, Berlin/Hamburg
5. Erich Krohn, Baubetreuung, Finanzierung, Hausverwaltung, Berlin

Nach einleitenden Gesprächen bekundeten die ersten beiden Firmen kein Interesse mehr an der Errichtung eines Einkaufszentrums in Berlin (West). In der Beurteilung der Entwicklungsmöglichkeiten derartiger Einkaufszentren durch die Firma des Konsul Limberg und die GVG ergaben sich unterschiedliche Auffassungen, da man außer mit dem primären Kundenkreis des Märkischen Viertels noch mit einem sekundären Kundenkreis aus den angrenzenden Gebieten in etwa der gleichen Größenordnung rechnete. Negativ sei allerdings das Fehlen eines U-Bahn-Anschlusses, doch könne innerhalb des nächsten Jahrzehnts damit gerechnet werden. Die Finanzierung der Baukosten in Höhe von ca. 14 Mio. DM sollte zu 30 % aus Eigenmitteln, zu 30 % aus ERP-Krediten und zu 40 % aus einer 1. Hypothek bestehen. Im Gegensatz zu dieser Meinung der Limberg-Gruppe vertrat die GVG die Meinung, daß mit einem sekundären Kundenkreis kaum gerechnet werden könne, da die randliche Lage des Märkischen Viertels dem entgegenstehe.

Aus diesem Kreis der Bewerber wählte die Gesobau die Limberg-Gruppe aus und schloß am 25. 4. 1963 einen entsprechenden Vertrag.[1] Der GVG stellte man die Übernahme von Supermärkten in Aussicht, was dann später auch in die Tat umgesetzt wurde.[2]

Zur Durchführung der Planungs- und Baumaßnahmen gründete Konsul Limberg die Werner Limberg & Co. KG Berlin. Die Architekten Hans Bandel und Waldemar Poreike aus Berlin bekamen die architektonische Planung übertragen. Bei der Finanzierung des Unternehmens trat an die Stelle des ERP-Kredits die Aufnahme des fehlenden Kapitals auf dem freien Kapitalmarkt als 2. Hypothek. Die vorgesehenen 30 % Eigenkapital wurden durch die Einlagen von Kommanditisten erbracht, denen aufgrund der 14 b - Abschreibung aus ihren Einlagen Steuerersparnisse erwachsen würden.

---
1) Schreiben der W. Limberg & Co. KG an die Gesobau vom 9. 2. 1965.
2) Bericht der Gesobau vom Dezember 1962.

Bei der Planung des Hauptzentrums ergab sich eine gravierende Schwierigkeit. Würde man lediglich eine Reihe von Geschäften verschiedener Größe errichten und dann zur Vermietung anbieten, wie es bei Geschäftsbauten allgemein geschieht, mußte man mit einer zufälligen Streuung der einzelnen Branchen rechnen. Es konnte zur Häufung von Geschäften der gleichen Sparte kommen, während andere Sparten, die man als notwendig erachtete, nicht vertreten wären. Das Auftreten derartiger Verhältnisse könnte einmal zur Minderung der Attraktivität des Zentrums führen und zum anderen die Gefahr des Einkaufs nicht nur fehlender Waren in anderen Teilen der Stadt bewirken. Somit wäre nicht nur das Ziel eines breiten Warenangebots verfehlt, sondern auch gleichzeitig die Rentabilität des Zentrums in Frage gestellt.

Deshalb entwarfen die Architekten ein Raumprogramm, das folgende Geschäfte und Dienstleistungsunternehmen vorsah: ein Großwarenhaus mit einem breiten Sortiment, ein Kleinwarenhaus für billige Massenartikel, Fleischer, Bäcker, Obst und Gemüse, Fischwaren, Schokolade und Süßwaren, Tabakwaren, Weine und Spirituosen, Reformartikel, Herrenartikel, Damenbekleidung, Handarbeiten und Kurzwaren, Schuhe, Lederwaren, Eisenwaren u.ä., Drogerie, Musik- und Fernsehgeräte, Fotoartikel, Optiker, Uhrmacher, Bücher und Papier, Blumen, Apotheken, Friseure, Reinigungs- und Wäschereiannahme, sechs Gaststätten, Fremdenpension, Cafe und Konditorei, Eisdiele, Großtankstelle, Jugendtanzkeller, Banken, Arztpraxen, Massage und Sauna, Kino, Kegelbahn.

Die Auflistung der vorgesehenen Branchen zeigt ein den Einkaufsstraßen der Innenstadt ähnliches Spektrum, obwohl im Märkischen Zentrum das Konkurrenzangebot nur in Form der beiden Warenhäuser zu finden ist. In den Einkaufsstraßen der Innenstadt werden sich neben den Warenhäusern immer Geschäfte mit gleichem oder ähnlichen Warenangebot niederlassen. Allerdings ist auch der Einzugsbereich der Einkaufsstraßen erheblich größer als es im Märkischen Zentrum der Fall sein wird, selbst wenn man die Prognose eines sekundären Kundenpotentials in Betracht zieht. Zwar ist Konkurrenz innerhalb der einzelnen Branchen für den Kunden positiv, doch standen hier auch wegen des begrenzten Einzugsbereichs Aspekte der Rentabilität und des breitgefächerten Warenangebots im Vordergrund.

Die architektonische Gestaltung des Märkischen Viertels ließ wegen des Fehlens der für eine Geschäftsstraße notwendigen straßenparallelen glatten Häuserzeilen nur die Lösung eines Zentrums zu. Die Gefahr einer derartigen Konzeption bestand allerdings in den fehlenden Erweiterungsmöglichkeiten, sollte sich nach der Fertigstellung des Zentrums eine derartige Notwendigkeit herausstellen.

Im westlichen und südlichen Teil des Märkischen Viertels bestand die Möglichkeit der Errichtung von zusätzlichen Geschäften in den alten Siedlungsgebieten, was auch in einer ganzen Reihe von Fällen genutzt wurde. Im nördlichen Bebauungsarm fehlte eine derartige Ausweichmöglichkeit völlig. Nur die Erdgeschosse einiger auf Säulen stehenden Bauten gestatteten eine spätere Nutzung zu Geschäftszwecken. So stellte das Einkaufszentrum das Maß für Erfolg oder Mißerfolg der planerischen Konzeption dar.

Nachdem die Planungen im südlichen und westlichen Teil des Märkischen Viertels abgeschlossen waren und mit der Fertigstellung des ersten Wohngebietes ein gewisses Kaufkraftpotential bestand, begann die Limberg KG im April 1966 mit der Errichtung des ersten Bauabschnitts des Märkischen Zentrums sowie der Nachbarschaftszentren K 2 am Eichhorster Weg 25 und K 5 am Dannenwalder Weg. Der erste Abschnitt des Hauptzentrums K 1 konnte im September 1967 eingeweiht werden. Die rasche Fertigstellung der Wohnbauten ermöglichte im Dezember 1968 die Inbetriebnahme des zweiten Bauabschnitts des Märkischen Zentrums.

Der ursprünglich vorgesehene Handwerkerhof K 7 mußte wegen des fehlenden Interesses der Betriebe aufgegeben werden. Dieser Umstand kam den Planern entgegen, da sich nun eine Erweiterungsmöglichkeit für das Einkaufszentrum ergab.

Nachdem sämtliche Kontaktaufnahmen mit den in Berlin (West) vertretenen Kaufhauskonzernen wegen der Übernahme des geplanten Großkaufhauses ergebnislos verlaufen waren, kam es zum Vertragsabschluß mit dem bisher fast ausschließlich im Versandgeschäft tätigen Otto-Versand aus Hamburg. Am 9. 3. 1971 wurde der Grundstein des Kaufhauses und eines zusätzlichen Bauabschnitts des Einkaufszentrums gelegt. Bereits sieben Monate später konnte das Kaufhaus seiner Bestimmung übergeben werden. Im November 1973 folgte die Eröffnung der zusätzlichen Geschäfte in der Ladenpassage zwischen dem Kaufhaus und der Parkpalette.

Eine Erweiterung um vier Geschäfte fand dann im folgenden Jahr statt, indem die Erdgeschosse des Verwaltungsgebäudes der Gesobau und des Altenwohnheimes am Wilhelmsruher Damm entgegen der ursprünglichen Planung Geschäfte aufnahmen. Zur Bereicherung des Warenangebotes trägt auch der im Februar 1970 eröffnete, zweimal wöchentlich stattfindende, Wochenmarkt auf dem Marktplatz zwischen dem Einkaufszentrum, dem Mehrzweckhaus und der Schwimmhalle bei.

In den Jahren 1969/70 entstanden dann die Nachbarschaftszentren K 3 am Senftenberger Ring 46 und K 4 am Senftenberger Ring 34 b.

Alle Einkaufszentren besitzen eine Gesamtfläche von 26.660 m^2, von denen 17.092 m^2 als Verkaufsfläche zur Verfügung stehen (POREIKE, W., 1975) (Tab. 27).

Im Laufe der verschiedenen Erweiterungen des Märkischen Zentrums vergrößerte sich das Warenangebot ständig, so daß die zuerst fehlende Konkurrenz eine Belebung erfuhr.

Positiv vermerkt wurde von der Bevölkerung die am 21. 5. 1971 erfolgte Eröffnung des Einkaufszentrums "Centrum Nord" an der Wittenauer Straße. 19 Geschäfte boten ein umfangreiches zusätzliches Warenangebot. Bereits nach etwa einem Jahr wurde das "Centrum Nord" nach einer Auswertung der gemachten Erfahrungen umgestaltet. Jetzt bestehen noch elf Geschäfte und ein Supermarkt.

Von den vor der Sanierung und während der Bebauung des Märkischen Viertels eröffneten Geschäfte in den aufgeschlossenen Siedlungen existiert heute nur noch ein Teil. Mit der Eröffnung der Nebenzentren und der Vollendung des Märkischen Zentrums wandelte sich der unmittelbare Bedarf der Bevölkerung, dem sich nur ein Teil der Geschäftsleute anzupassen verstand. Der Hauptteil der Geschäfte mit einem spezifischen Angebot besteht nun vorzugsweise gegenüber den neuen Wohnblöcken. So konzentrieren sich die Geschäfte in der Finsterwalder Straße, dem Eichhorster Weg und dem Dannenwalder Weg, da größere Bevölkerungszahlen auch einen größeren Umsatz versprechen. Diese Geschäfte werden zu über 75 % von im Märkischen Viertel ansässigen Inhabern betrieben.

Bei den im Märkischen Zentrum Beschäftigten zeigt sich im Laufe der Jahre eine Zunahme des Anteils der aus dem Märkischen Viertel stammenden Arbeitnehmer. 1969 waren im Märkischen Zentrum 264 Personen beschäftigt. Fast ein Drittel (93) aller Beschäftigten gehören zum Kleinkaufhaus und den beiden Supermärkten. Da die Restaurants durch ihre längeren Geschäftszeiten einen größeren Arbeitskräftebedarf aufweisen, sind 43 Arbeitnehmer (16,3 %) in dieser Branche tätig. Alle anderen Geschäfte sind nicht sehr groß und kommen im Durchschnitt mit drei Arbeitnehmern aus, wobei die Zahlen zwischen acht und einer Person schwanken.

Der überwiegende Teil der Arbeitskräfte kommt aus dem Märkischen Viertel bzw. dem Bezirk Reinickendorf. Gegenüber 1969 hat sich die Zahl der Arbeitnehmer aus dem Märkischen Viertel sogar noch erhöht. Dies stellt keine außergewöhnliche Entwicklung dar, denn die Fahrzeit für die aus den entfernteren Bezirken Einpendelnden beträgt pro Tag bis zu zwei Stunden, was zu einer ungünstigen Relation zwischen Arbeits- und Fahrzeit führt. Um dieses Verhältnis günstiger zu gestalten, ist man bei einem nicht hochspezialisierten Arbeitsplatz bemüht, den Weg zur Arbeitsstelle so günstig wie möglich zu gestalten.

Tab. 27: Versorgungsflächen in den einzelnen Einkaufszentren nach Branchen untergliedert
(Quelle: Poreike, W.: Aufstellung der Versorgungsfl., 1975)

Bezeichnung nach Branchen	Gesamtfläche in m²
Märkisches Zentrum	
2 Warenhäuser	14.034
15 Nahrungs- und Genußmittel	3.978
20 Bekleidung, Wäsche, Schuhe, Sportartikel	1.794
4 Hausrat und Wohnbedarf	1.147
6 Elektro, Optik, Uhren, Schmuckartikel, Spielwaren	799
2 Papierwaren, Druckerzeugnisse	212
5 Pharmazeutische und kosmetische Erzeugnisse	720
7 Sonstiges	1.112
3 Kredit- u. Versicherungswesen	832
15 Gaststätten	5.415
7 Reinigung und Körperpflege	807
5 Erziehung, Bildung, Kultur	2.754
21 Gesundheitswesen	2.990
7 sonstige Dienstleistungen	502
INSGESAMT	37.096
Nachbarschaftszentrum K 2 Eichhorster Weg 25	
3 Nahrungs- und Genußmittel	530
1 Pharmazeutische und kosmetische Erzeugnisse	121
1 Gaststätte	145
1 Reinigung und Körperpflege	47
1 Sonstige	53
INSGESAMT	896
Nachbarschaftszentrum K 3 Senftenberger Ring 46	
2 Nahrungs- und Genußmittel	995
1 Pharmazeutische und kosmetische Erzeugnisse	115
1 Gaststätte	140
1 Reinigung und Körperpflege	173
2 Sonstige	52
INSGESAMT	1.475
Nachbarschaftszentrum K 4 Senftenberger Ring 34 b	
2 Nahrungs- und Genußmittel	741
1 Gaststätte	127
1 Reinigung und Körperpflege	124
1 Sonstige	22
INSGESAMT	1.014
Nachbarschaftszentrum K 5 Dannenwalder Weg 154	
2 Nahrungs- und Genußmittel	277
1 Gaststätte	96
1 Reinigung und Körperpflege	34
1 Sonstige	42
INSGESAMT	449

Bezirk	Beschäftigte			
	absolut 1969	% 1969	absolut 1976	% 1976
Reinickendorf ohne MV	57	21,6	95	21,0
Märkisches Viertel	145	55,0	277	61,2
	202	76,6	372	82,2
Wedding	19	7,2	27	5,9
Charlottenburg	14	5,2	21	4,3
Spandau	7	2,7	9	2,0
Tiergarten	8	3,0	11	2,4
Wilmersdorf	6	2,3	8	1,6
Steglitz	3	1,1	4	0,8
Neukölln	3	1,1	3	0,5
Schöneberg	2	0,8	2	0,3
INSGESAMT	264	100,0	457	100,0

Tab. 28: Pendelwanderung der Beschäftigten des Märkischen Zentrums 1969 und 1976 (Quelle: Befragungen des Verfassers 1969 und 1976)

sierten Arbeitsplatz bemüht, den Weg zur Arbeitsstelle so kurz bzw. so günstig wie möglich zu gestalten.

4.7 Industrie und Gewerbe

Die Eingliederung von Industrie- und Gewerbekomplexen in ein neues Großwohngebiet ist ein außerordentlich diffiziles Unterfangen. Einerseits ist die Stadtplanung immer noch den Gedanken der Charta von Athen mit ihrer strengen Funktionstrennung verhaftet, andererseits möchte man der aus dieser Funktionstrennung sich meist ergebenden Monotonie der Schlafstädte entgehen. Im Märkischen Viertel glaubten die Planer eine recht elegante Lösung gefunden zu haben, die beide Komponenten in günstiger Weise miteinander vereint.

Vor der Sanierung bestanden drei Industrie- und Gewerbegebiete im Nordosten, im Nordwesten und im zentralen Bereich am Wilhelmsruher Damm. Sollten nach den ursprünglichen Plänen des Stadtplanungsamtes Reinickendorf alle drei Gebiete bestehen bleiben, so kamen die Planer des später angenommenen Richtplanentwurfs zu einem anderen Ergebnis. Nach ihren Vorstellungen sollten nur die beiden Gebiete im Nordosten und Nordwesten verbleiben bzw. sogar noch erweitert werden. Das zentrale Industrie- und Gewerbegebiet muß einer Bebauung mit Wohngebäuden und sozialen Infrastruktureinrichtungen weichen.

So stellt man zwar eine Trennung der Arbeits- und Wohnfunktion her, beläßt aber beide in relativ enger Nachbarschaft. Ein ausreichendes Angebot an Arbeitsplätzen können die bestehenden und zukünftigen Industrie- und Gewerbeunternehmen den Bewohnern des Märkischen Viertels allerdings nicht bieten. Sie sind auch nur als ergänzendes Angebot gedacht, denn eine ausschließliche Selbstversorgung des Gebietes in allen Bereichen hätte gleichzeitig zu einer Isolierung des Märkischen Viertels geführt, die keineswegs beabsichtigt war. In Verbindung mit den Arbeitsplätzen des Tertiären Bereichs ergibt sich zusammen mit den industriellen und gewerblichen Arbeitsplätzen ein Arbeitsangebot mit unterschiedlichen Qualifikationsmerkmalen.

Die ältesten Betriebe stammen aus den Jahren 1913 und 1915. In beiden Fällen handelt es sich um Betriebe aus der Stahlbau-Branche, die sich in verkehrsgünstiger Lage an der Industriebahn bzw. an der Verbindung der Industriebahn mit der Niederbarnimer Eisenbahn niedergelassen hatten. Das dritte große Unternehmen, mit der Herstellung von Werkzeugmaschinen beschäftigt, wurde 1932 ebenfalls an der Lübarser Straße gegründet.

Alle anderen Unternehmen stammen aus der Zeit nach dem 2. Weltkrieg, d.h. bis auf eine Likörfabrik in der Lübarser Straße siedelten sich alle Unternehmen erst nach dem Beginn der Sanierungsmaßnahmen im Jahre 1963 in den Industrie- und Gewerbegebieten an. Es handelt sich dabei um kein monostrukturiertes Gewerbe, sondern es sind eine Reihe verschiedener Branchen vertreten. Außer den bereits bestehenden Stahlbau- und Werkzeugmaschinenfabriken mit zusammen ca. 880 Beschäftigten sind vor allem ein Lebensmittelzentrallager und ein Werk der Elektrobranche mit zusammen ca. 550 Beschäftigten zu nennen. Die in den Jahren 1969/70 errichtete und mit vielen Vorschußlorbeeren bedachte Fabrik für elektronische Erzeugnisse erwies sich als Fehlschlag und wurde nach nur kurzer Betriebszeit wieder aufgegeben. Die vorgesehenen ca. 300 Arbeitsplätze vor allem für Frauen, da im Märkischen Viertel,aufgrund der für die meisten Familien neuen finanziellen Verhältnisse,ein Potential notgedrungen arbeitswilliger Frauen bestand, hatten nur kurzen Bestand. Heute befindet sich dort der Kundendienst der AEG für Berlin (West).

Insgesamt stehen damit in 16 Betrieben ca. 1.400 Arbeitsplätze zur Verfügung, die allerdings nur zu etwa 50 % von Bewohnern des Märkischen Viertels besetzt sind. Vor allem die drei großen Betriebe der Metallbranche besitzen einen erheblichen Mitarbeiterstamm,

Betrieb	Standort	Beschäftigte 1975	Gründungsjahr
Heizwerk	Wallenroder Str.	26	1966
Bonbon-, Süßwarenherstellung	Wallenroder Str.	.	1970
Zentralverwaltung	Wallenroder Str.	20	1970
Lebensmittelzentrallager	Wallenroder Str.	250	1966
Lebensmittelgroßhandel	Wallenroder Str.	50	1966
Werkzeugmaschinen	Lübarser Str.	500	1932
Stahlblechverformung	Lübarser Str.	180	1913
Likörfabrik	Lübarser Str.	20	1957
Schamotteformsteine	Quickborner Str.	30	1965
Elektro-Kundendienst	Quickborner Str.	.	1970
Möbelfabrik	Quickborner Str.	30	1970
Elektronische Bauelemente	Quickborner Str.	30	.
Puppenbekleidung, Spielwaren	Quickborner Str.	25	1970
Stahlbau	Quickborner Str.	200	1915
Gärtnerei	Quickborner Str.	.	.
Baumschule	Wilhelmsruher Damm	.	.

Tab. 29: Aufstellung der Gewerbe- und Industriebetriebe

der nicht aus dem Märkischen Viertel kommt, da es sich um alteingesessene Betriebe handelt, deren Facharbeiter schon länger dort beschäftigt sind. Für die Arbeitnehmer des Märkischen Viertels besitzen die bislang in den Industrie- und Gewerbegebieten angesiedelten Branchen keine allzu große Bedeutung, da sie theoretisch nur ca. 10 % der arbeitenden Bevölkerung aufnehmen konnten, wobei nicht berücksichtigt ist, daß etwa 45 % der erwerbstätigen Bevölkerung Angestellte oder Beamte sind und somit zu einem überwiegenden Teil für das produzierende Gewerbe ausfallen.

Für die Industrie- und Gewerbebetriebe kann der Bau des Märkischen Viertels als durchaus positiv angesehen werden. So brachte der Ausbau des Straßennetzes Vorteile mit sich, die trotz des Vorhandenseins von Gleisanschlüssen eine Standortverbesserung bedeuteten, da der Straßenverkehr heute bedeutende Teile der früheren Aufgaben des Schienenverkehrs übernommen hat.

Trotz der geringen Reserven an Industrie- und Gewerbeflächen in Berlin (West) sind die ausgewiesenen Areale im Märkischen Viertel noch nicht vollständig in Anspruch genommen. Obwohl die Erschließung dieser Bereiche unzweifelhaft zu einer Verbesserung der Standortbedingungen führte, und die Bevölkerung ein ausreichendes Potential an Arbeitskräften darstellt, hat die randliche Lage innerhalb des Berliner (West) Stadtgebietes nicht in dem erwünschten Maße das Interesse von Industrie und Gewerbe wecken können. Auch die Investitionsbeihilfen des Senats stimulierten nicht in dem erhofften Maße (wie in ganz Berlin (West) eine gewisse Investitionsmüdigkeit zu verzeichnen ist) die Investitionstätigkeit der Unternehmen.

Den ungünstigsten Standort aller Betriebe des Märkischen Viertels besitzt der AEG-Kundendienst, da sich zur Bedienung der südlichen Bezirke Berlins (West) sehr lange Anfahrzeiten und somit zusätzliche Kosten ergeben.

5 BEVÖLKERUNGSSTRUKTUR

5.1 Die Einwohnerdichte

Die Einwohnerdichte pro ha Nettobauland zeigte 1956 bis auf einige außergewöhnlich hohe Werte ein recht einheitliches Bild (Tab. 30), wie es auch unter normalen Umständen einer Bebauung nach der Bauklasse II entsprechen würde. Mit einer durchschnittlichen Einwohnerdichte von rund 66 E/ha (bezogen auf die Gesamtfläche) wurden die für Frohnau oder Heiligensee charakteristischen Werte nur knapp überschritten.

Eine isoliert vorgenommene Betrachtung der Einwohnerdichte führt zu keiner generellen Aussage über die in einem Gebiet herrschenden Verhältnisse. Hinzugezogen werden müssen noch die Angaben über die Zahl der Haushaltungen pro Wohnung und die Zahl der Personen pro Haushaltung. Nach bisher von den mit der Sanierung beschäftigten Verwaltungsdienststellen gemachten Aussagen sind im Vergleich zum Berliner (West) Durchschnitt verheerende Zustände zu erwarten. Für Berlin (West) kamen 1956 auf 100 Wohnungen 128 Haushaltungen, so daß sich ein Wert von 1,28 H/WE ergibt. Da diese Zahl einen Durchschnittswert darstellt, ist es verständlich, daß einige Bezirke niedrigere Werte aufweisen (Wedding, Spandau, Neukölln mit 1,2 H/WE), andere Bezirke wiederum mehr Haushaltungen besitzen (Charlottenburg, Wilmersdorf, Schöneberg mit 1,4 H/WE). Reinickendorf liegt mit 1,25 H/WE knapp unter dem Durchschnitt.[1] Für das Untersuchungsgebiet wurde ein Mittelwert von 1,3 H/WE festgestellt, der nur gering vom Berliner (West) Wert abweicht.

Da es sich in Wilhelmsruh überwiegend um Wohnlauben und Kleinsiedlungshäuser handelte, könnte aufgrund der dadurch beengten Wohnverhältnisse auf eine relativ geringe Haushaltungsdichte mit einem Wert knapp über eins, aber deutlich unter dem Berliner (West) Durchschnitt, gerechnet werden. Die Realität bot ein völlig anderes Bild. In einigen Wohnblöcken traten Werte von 1,5 H/WE auf, im Wohnblock 154 sogar ein Spitzenwert von 1,7 H/WE. Diese recht hohe Haushaltungsdichte ist nach Angaben des Stadtplanungsamtes Reinickendorf sogar noch höher anzusetzen, da nach den Erfahrungen der Verwaltung die Zahl der nicht erfaßten Personen bis zu 50 % über den offiziellen statistischen Angaben liegen dürfte. Das Nebeneinanderwohnen mehrerer Generationen in großen Wohnungen bietet bereits genügend Konfliktstoff, da ein völliger Abschluß der einzelnen Haushalte gegeneinander kaum möglich ist. In den vorherrschenden beengten Wohnverhältnissen muß solch Zustand geradezu eine Häufung der Konfliktsituationen hervorrufen. Treten zusätzlich noch Minimalitätserscheinungen auf, ist die Einstufung eines solchen Gebietes in den Bereich der unteren sozialen Ebene durchaus gerechtfertigt. Bereits WINZ (1950) und MATERNE (1953) wiesen auf die Häufung von Minimalitätserscheinungen in Wilhelmsruh hin[2], die den Schluß einer ungünstigen sozialen Zusammensetzung der dort ansässigen Bevölkerung erlaubte. Da auch aus der Zeit vor dem zweiten Weltkrieg Hinweise auf die schwache Sozialstruktur aktenkundig sind, kann man in den nachfolgenden schlechten Jahren kaum eine vollständige Änderung der Bevölkerungsstruktur erwarten.[3]

---

1) Alle errechneten Werte stammen aus der Wohnungsstatistik von 1956.
2) Nach Materne sind darunter Besonderheiten aus der unteren Hälfte des sozialen Verhaltens, z.B. Jugendkriminalität, Trunksucht etc. zu verstehen. Außerdem führt er noch gewisse biologische Schwächeerscheinungen an, z.B. die Anzahl der Hilfsschüler. Materne, H., 1953.
3) Vom Vorstand der Siedlung "Neue Zeit" wurde darauf hingewiesen, daß ca. 40 % der Siedler Rentner sind und der größte Teil der restlichen Siedler Arbeiter mit geringen Verdiensten.

Wohn-block Nr.	Wohnun-gen	Haushal-tungen	Wohnbevölkerung			Gesamt-fläche in ha	Davon Netto-wohnbau-fläche in ha	Einwohner je ha der Nettowohn-baufläche	Haushal-tungen pro Woh-nung	Personen pro Haus-haltung
			insge-samt	männl.	weibl.					
146	85	97	236	108	128	1,84	1,36	174	1,1	2,4
147	35	51	113	48	65	8,86	0,76	149	1,5	2,2
148	107	130	307	149	158	15,76	2,84	108	1,2	2,4
149	16	24	56	24	32	1,00	0,93	60	1,5	2,3
150	35	48	100	48	52	1,64	1,64	61	1,4	2,1
151	25	32	70	32	38	1,48	1,35	52	1,3	2,2
152	24	33	73	33	40	1,35	1,35	54	1,4	2,2
153	29	35	75	36	39	1,33	1,28	59	1,2	2,1
154	11	19	42	23	19	0,56	0,56	75	1,7	2,2
155	20	30	47	20	27	0,37	0,37	127	1,5	1,6
156	26	35	65	32	33	1,39	1,29	50	1,4	1,9
157	22	28	63	31	32	1,35	1,11	57	1,3	2,3
158	26	31	83	36	47	1,51	1,51	55	1,2	2,6
159	29	37	80	38	42	1,31	1,24	65	1,3	2,2
160	31	38	89	39	50	1,40	1,40	64	1,2	2,3
161	11	12	27	10	17	0,68	0,68	40	1,1	2,3
162	14	18	46	24	22	0,66	0,66	70	1,3	2,6
163	13	17	46	18	28	2,84	0,77	60	1,3	2,7
164	111	152	348	156	192	15,13	5,79	60	1,4	2,3
165	62	74	176	87	89	4,81	3,84	46	1,2	2,4
166	1.091	1.340	3.144	1.464	1.680	14,63	2,92	1.077	1,2	2,4
167	68	76	220	106	114	8,58	2,37	93	1,1	2,9
169	40	46	111	51	60	5,02	2,39	46	1,2	2,4
170	47	56	138	67	71	5,52	2,23	62	1,2	2,5
171	30	44	98	47	51	1,59	1,59	62	1,5	2,2
172	17	22	59	28	31	0,90	0,65	91	1,3	2,7
173	23	35	69	26	43	1,27	1,27	54	1,5	2,0
174	11	12	25	10	15	0,80	0,50	50	1,1	2,1
175	13	17	43	21	22	0,57	0,40	108	1,3	2,5
176	11	17	38	18	20	0,65	0,40	95	1,6	2,2
177	20	26	64	35	29	1,43	1,08	59	1,3	2,5
178	34	43	101	42	59	4,58	0,97	104	1,3	2,4
179	84	99	247	120	127	7,97	6,01	41	1,2	2,5
180	41	53	134	61	73	3,61	2,45	55	1,3	2,5
181	38	52	114	61	53	3,36	1,91	60	1,4	2,2
182	60	90	184	83	101	10,48	3,79	49	1,5	2,0
184	57	69	176	79	97	15,36	3,09	45	1,2	2,6
185	45	68	151	69	82	15,03	5,29	29	1,5	2,2
40	187	219	571	287	284	12,54	2,31	247	1,2	2,6
41	158	191	449	206	243	18,49	2,09	153	1,2	2,4
	2.807	3.516	8.178	3.873	4.305	187,65	75,04	109	1,3	2,3

Tab. 30: Die im Rahmen der Wohnungsstatistik in Berlin (West) am 25. 9. 1956 erfaßten Bevölkerungsdaten für die Wohnblöcke im Sanierungsgebiet Wilhelmsruh (Quelle: Berliner Statistik, Sonderheft 64, 1958, sowie eigene Berechnungen des Verfassers)

Für die Zeit nach der Sanierung bietet sich ein anderes Bild. Die große Zahl neuer Wohnungen bewirkt ein ganz erhebliches Ansteigen der Einwohnerzahl pro ha Wohnbauland (im Gegensatz zu 1956 handelt es sich um Bruttowohnbauland). So leben jetzt auf 184 ha Wohnbauland (wobei die 59 ha Altsiedlungsgebiete darin enthalten sind) ca. 48.000 Menschen, was einer durchschnittlichen Einwohnerdichte von 260,9 E/ha entspricht. Damit soll keineswegs gesagt sein, daß es sich hier um eine gleichmäßige Bevölkerungsverteilung handelt. Betrachtet man die Altsiedlungsgebiete und die Bereiche mit den neuen Geschoßbauten separat, so kristallisieren sich deutliche Unterschiede heraus.

	Bevölkerung	Wohnfläche	E/ha
Altsiedlungsgebiete	ca. 2.500	59 ha	42,4
Neue Wohngebiete	ca. 45.500	125 ha	364,0

Tab. 31: Einwohnerdichte 1975 (Quelle: Vom Verfasser nach den Ergebnissen der Volkszählung 1970 überschlagsweise berechnet)

Obwohl es sich um auf- bzw. abgerundete Werte handelt, wird die Diskrepanz zwischen den durch ihre unterschiedliche Bebauung charakterisierten Gebieten deutlich. Gegenüber 1956 hat sich die Bevölkerungszahl in den Altsiedlungsgebieten verringert, was auf die ständig verbesserte Versorgung mit Wohnungen und die günstigeren Einkommensverhältnisse seit dieser Zeit zurückzuführen ist. Die hohe Bevölkerungsdichte erklärt sich aus der dichten Bebauung mit vielgeschossigen Häusern und der großen Zahl der Mehrpersonenhaushalte.

5.2 Veränderungen der Einwohnerzahl

Die bei der Wohnungszählung 1956 erfaßte Einwohnerzahl von 8.178, die ihren ständigen Wohnsitz im Untersuchungsgebiet hatte, dürfte der korrekten Einwohnerzahl nicht entsprechen (Tab. 30). Gerade hier, wie in keinem anderen Gebiet Berlins, führte eine Reihe von Faktoren (Wohnen ohne polizeiliche Anmeldung etc.) zu behördlich nicht erfaßbaren Wohnverhältnissen, da der mögliche Kontakt dieser Einwohner mit Amtspersonen sofort das Untertauchen nach sich zog. Im Rahmen der ortshygienischen Aufnahme des Gesundheitsamtes kam man zu einer um 510 Personen höheren Einwohnerzahl. Doch auch diese Angaben enthalten noch einen Unsicherheitsfaktor, der schlecht nachprüfbar ist. Man konnte einzelne Familien feststellen, die zwar Mieter einer normalen Stadtwohnung waren, diese aber zur Erzielung eines fast hundertprozentigen Überschusses untervermieteten. Sie selbst lebten dafür ohne polizeiliche Anmeldung in einer Wohnlaube in Wilhelmsruh. Außer den wenigen bekannten Fällen blieb mit Sicherheit eine ganze Reihe weiterer Personen unerfaßbar.

Die wahrscheinlich genaueste Bevölkerungszahl ermittelte in den Jahren 1947 - 1948 die Lebensmittelkartenstelle, die 9.526 Personen in ihrer Kartei verzeichnete. Die nach den Zahlen in den folgenden Jahren erfaßte Bevölkerungsabwanderung ist irreal, vielmehr muß man von einem recht beträchtlichen Zuzug ausgehen. Bei vorsichtiger Abwägung aller Faktoren liegt eine zwischen 10 und 50 % höhere Einwohnerzahl ohne weiteres im Bereich des Möglichen. GRATZ (1972) geht in seiner Untersuchung dabei sogar vom höchsten Wert aus und schätzt die Bevölkerung auf rund 12.000 Personen.

Legt man die offiziellen Zahlen zugrunde, so werden lediglich etwa 2.500 Bewohner nicht von den Sanierungsmaßnahmen betroffen, da sie in den aufgeschlossenen Siedlungen wohnen. Von den verbleibenden Einwohnern leben etwa 1.000 auf Eigentumsparzellen und Pachtgrundstücken, die über eine ausreichende Größe und akzeptablen Schnitt verfügen, so daß sie von der Sanierung ebenfalls nicht berührt werden.

Die Sanierungspläne des Bezirksamtes sahen zwar eine weitgehende Erhaltung der Baustruktur vor, doch hätten die zusätzlich geplanten Wohnungen zu einer Steigerung der Einwohnerzahl auf ca. 20.000 Personen geführt. Der Richtplan von Düttmann, Müller und Heinrichs vollzog dann eine Abkehr von den bisherigen Planvorstellungen. Bei einer nunmehr ca. 30.000 Einwohner zählenden zukünftigen Bevölkerung beträgt die Steigerung gegenüber der vorhandenen Bevölkerung ca. 375 %, gegenüber der vom Bezirksstadtplanungsamt prognostizierten immerhin noch 50 %. Selbst wenn man die von GRATZ (1972) angenommene höhere Einwohnerzahl, die nach seinen Schätzungen bei etwa 12.000 Personen liegen soll, diesen Berechnungen zu Grunde legt, würde die neue Bevölkerung nach den Plänen von 1962 immer noch um 250 % über der ursprünglichen liegen.

Die im weiteren Verlauf der Planungsarbeiten vorgenommenen Änderungen ließen die Bevölkerungszahlen weiter ansteigen, wobei in der Vorhersage allerdings erhebliche Differenzen auftraten. Sprachen die Senatsdienststellen zuerst von 40.000 zukünftigen Bewohnern, so sahen sie später, als die Planung als abgeschlossen galt, und die Belegung der ersten Bauabschnitte eine erste Prognose zuließ, 56.000 Einwohner im Märkischen Viertel vor. Am 31. 1. 1974 lag die Zahl der Einwohner bei 48.064, wobei die Bewohner der verbliebenen Einfamilienhäuser in dieser Rechnung berücksichtigt sind. Da sich ihre Zahl nur auf ca. 2.500 beläuft, das Märkische Viertel zu diesem Zeitpunkt aber fast fertiggestellt war, dürfte die endgültige Einwohnerzahl der Neubauten etwa 46.000 betragen. Die exakte Zahl der Einfamilienhausbewohner läßt sich anhand der offiziellen Statistik nicht feststellen, da zu den Wohnblöcken 170, 621 und 625 auch die Bauten von Gagés, Fleig und Plarre gehören, so daß eine genaue Trennung nicht möglich ist.

Diese starken Schwankungen der Prognosen lassen sich folgendermaßen erklären. Die erste Angabe von 30.000 Personen beruht auf der Annahme einer Belegungsziffer von 2,6 E/WE. Die später auf 40.000 Einwohner anwachsende Zahl ergab sich aus der Steigerung der geplanten Wohnungen, bei gleicher Belegungsziffer. Nach der Fertigstellung der Wohngebiete W 1a, 1b, 1c, 2a, 2b, 3a, 3b und 3c (auf die zeitliche Reihenfolge des Bezugs wurde hier keine Rücksicht genommen) mußten die bisherigen Daten revidiert werden, da sich eine höhere Wohnungsbelegung von 2,9 E/WE und mehr ergab. Dies führte zu der Annahme, daß nach Abschluß der Bauarbeiten ca. 56.000 Menschen im Märkischen Viertel wohnen würden.

Alle diese Angaben waren jedoch nur Schätzwerte und mit den Unsicherheitsfaktoren einer Änderung sowohl des Wohnungsschlüssels, die erfolgte, als auch eines Rückgangs der Belegungsdichte infolge einer anderen Familienstruktur der später einziehenden Bewohner behaftet. Wie sich heute herausstellt, hatten zumindest im Nordteil des Märkischen Viertels die Neugestaltung des Wohnungsschlüssels und die revidierte Belegungspolitik des Landeswohnungsamtes Auswirkungen auf die Bevölkerungszahl. So ergab sich für den zuletzt bezogenen Komplex des Architekten Zimmermann bei einer Wohnungszahl von 496[1] eine Bevölkerung von 1.251 Personen, was einer Belegung von 2,5 E/WE entspricht und sich damit sogar unter dem ursprünglich angenommenen Wert bewegt. Nur aus der großen Spannweite der Wohnungsbelegungen in den einzelnen Wohngebieten ist es zu erklären, daß sich bei einer Gesamteinwohnerzahl von ca. 48.000 im Märkischen Viertel trotzdem eine durchschnittliche Belegung von 2,8 E/WE ergibt und somit ein der revidierten Planung angenäherter Wert das Ergebnis ist.

Mit dem Baubeginn erwies sich die alte Einteilung des Gebietes in Wohnblöcke als nicht mehr zweckmäßig, da die Veränderungen in der Straßenführung in weiten Teilen die alte Wohnblockeinteilung zerstörte. Statt bisher in 42 Wohnblöcke unterteilte man das Gebiet in nunmehr 45 Wohnblöcke (Abb. 46). Bevor diese Neueinteilung zustande kam, nahm das Be-

---

[1] Drei Wohnungen konnten bei der Auswertung der Mieterdaten nicht berücksichtigt werden. Der Bauabschnitt umfaßt regulär 499 WE. Die Angaben wurden anhand eines vom Vf. erstellten Arbeitsbogens von der Gesobau aus den Mieterakten entnommen.

Abb. 46

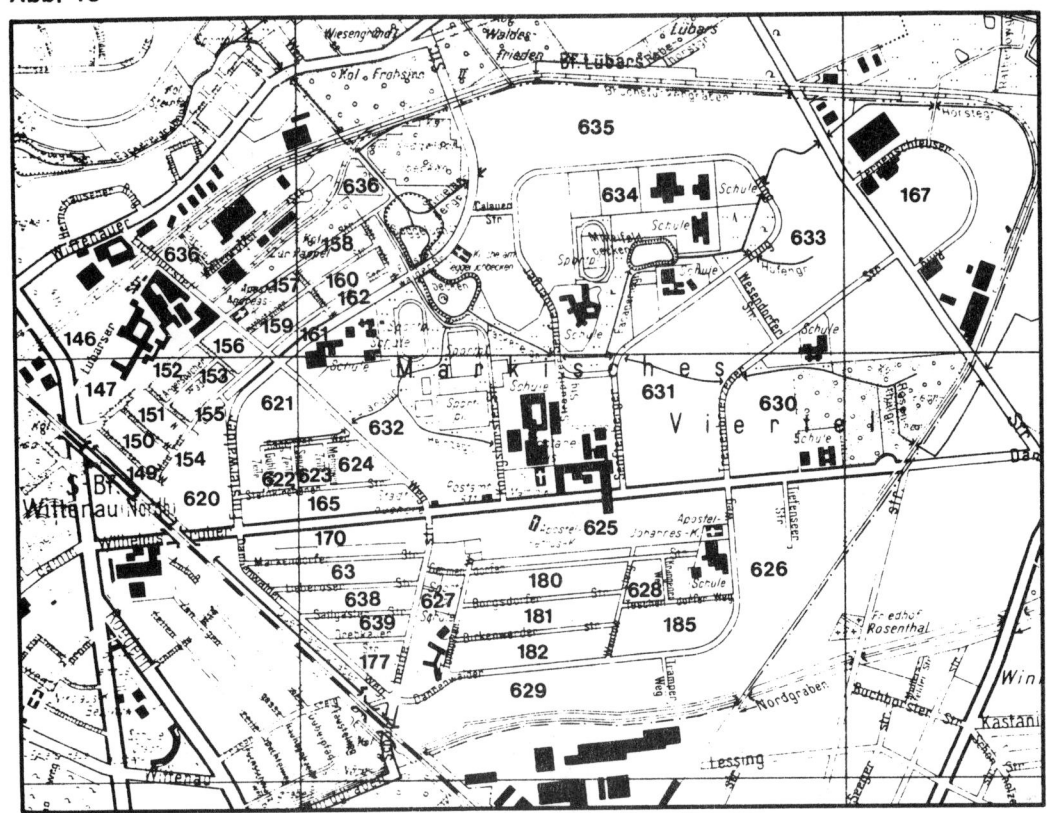

Wohnblockeinteilung im Märkischen Viertel
Stand: 1975　　　　　　　　Kartengrundlage: Karte des Bezirks Reinickendorf, 1:20 000

Abb. 47

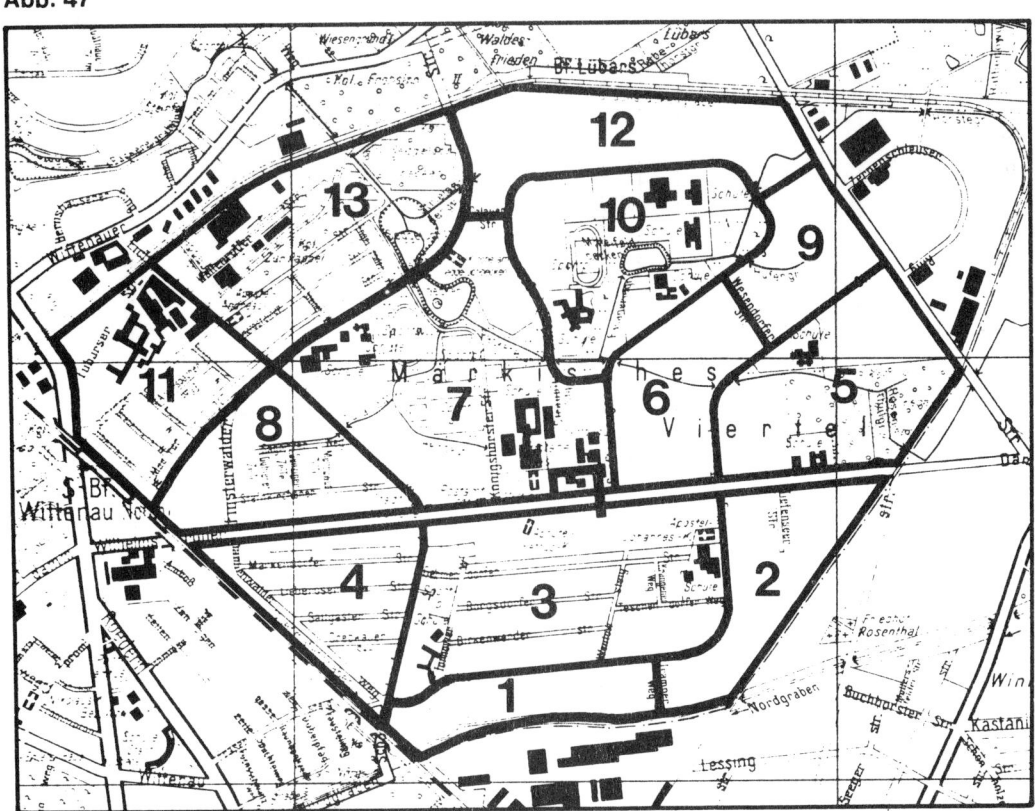

Verteilung der Zählbezirke im Märkischen Viertel
Kartengrundlage: Karte des Bezirks Reinickendorf, 1:20 000

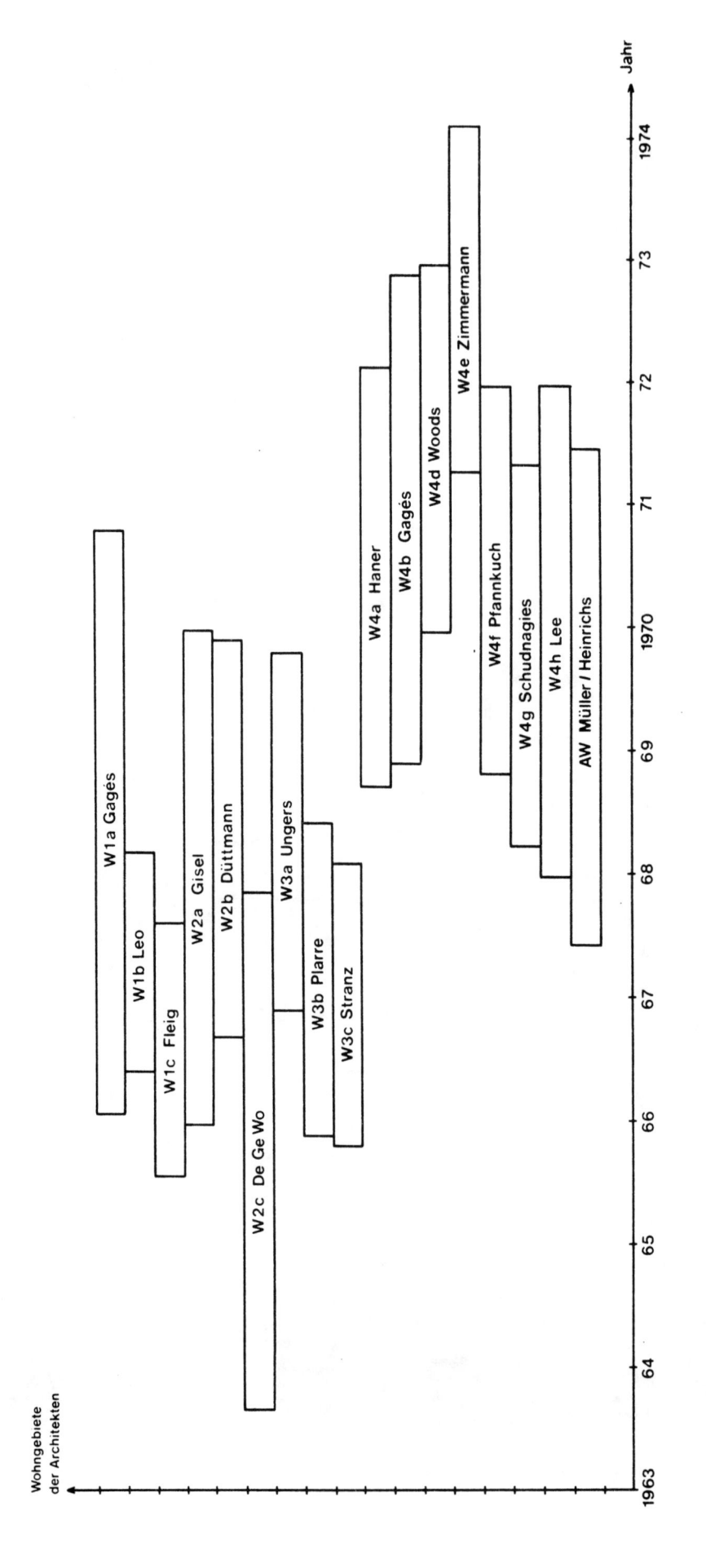

Abb. 48 Baubeginn und letzter Bezug der Wohngebiete

zirksamt eine gegenüber der alten Regelung zweckmäßigere Unterteilung in 14 Zählbezirke vor, die jeweils mehrere der neuen Wohnblöcke umfassen, wobei allerdings auch Zerschneidungen einzelner Wohnblöcke vorkommen (Abb. 47). Für diese Zählbezirke wurde vom Einwohnermeldeamt eine Wanderungsstatistik geführt, aus der sich deutlich Abriß der alten Bauten und die Fertigstellung der neuen Bauten bzw. auch die völlige Umstrukturierung eines Bereiches ablesen lassen. Besonders auffallend ist dies bei den Zählbezirken 2, 5, 6, 7, 9, 10 und 12, die eine Bevölkerungszunahme von teilweise unter hundert Einwohnern auf wenigstens 1.644 (Zählbezirk 10) bis maximal 6.197 Einwohner (Zählbezirk 7) aufweisen. Zieht man zur Ergänzung dieser Tabelle 34 die Fertigstellungsdaten der einzelnen Bauabschnitte heran (Abb. 48), werden die teilweise recht erheblichen Bevölkerungssprünge in der Tabelle verdeutlicht.

Daß die Bevölkerungszahlen in den verbleibenden Zählbezirken nicht in dem Maße oder kaum noch differieren, liegt entweder an dem bereits vollzogenen Bezug der Bauten bzw. seinem kurz bevorstehenden Abschluß (Zählbezirke 1, 3, 4, 8) oder an dem Bestehenbleiben der Einfamilienhausgebiete ohne zusätzliche Neubautätigkeit (Zählbezirke 11 und 13). Die im Zählbezirk 13 abgerissenen Wohnlaubengebiete tauchen in diesen Zählungen nicht mehr auf, da sie bereits vor dem 31. 12. 67 aufhörten zu existieren.

Die angesprochenen auffallenden Bevölkerungsbewegungen lassen sich für den vorliegenden Zeitraum nicht in ihrer Gesamtheit erfassen, da zu diesem Zeitpunkt zumindest in den vier oben aufgeführten Zählbezirken die Bautätigkeit weitgehend abgeschlossen war, in diesen Bereichen sich also nur noch die natürliche Mobilität durch Zu- oder Fortzug, Geburt oder Todesfall niederschlägt. Ein Vergleich der für die Zählbezirke ausgewiesenen Bevölkerungswerte mit den Angaben früherer Bevölkerungszählungen ist bis auf die Zählbezirke 8 und 11 unmöglich, da selbst in den Zählbezirken 3, 4 und 13, in denen noch große Teile der alten Einfamilienhausbebauung vorhanden sind, Neueinteilungen der Wohnblöcke vorgenommen wurden, so daß alte und neue Wohnblöcke nur noch in einigen Fällen übereinstimmen. In den Zählbezirken 3, 4 und 8 entstanden in den Jahren 1965 bis 1970 die Bauten der Architekten Fleig, Stranz, Plarre, Leo und Gagés, wobei die meisten Bauten bis zur Mitte des Jahres 1968 bezogen waren. Nur an dem letzten Abschnitt wurde in den folgenden zwei Jahren noch gebaut, was auch an den Bevölkerungszahlen dieses Gebietes sichtbar wird, die zwischen 1968 und 1970 jährlich um ca. 800 Personen zunahmen. Lediglich in den Zählbezirken 9 und 12 findet in der Zeit nach dem 31. 10. 1971 eine größere Zunahme der Bevölkerungszahl statt, da diese Bauten erst zwischen dem 1 2. 1972 und dem 1. 2. 1974 vollständig bezogen werden konnten.

5.3 Altersstruktur der Bevölkerung

Charakteristisch für neue Siedlungsgebiete ist das relativ niedrige Alter der dortigen Bevölkerung. In dieser Hinsicht macht das Märkische Viertel keine Ausnahme. Wegen der ungünstigen Berliner (West) Altersstruktur erscheint diese Situation in einem besonders grellen Licht. In dem Kapitel über die Alterszusammensetzung der Bevölkerung des Sanierungsgebietes im Jahre 1956 wurden bereits Vergleiche mit der Berliner (West) Bevölkerung gezogen, und es konnten dabei einige wichtige Unterschiede herausgearbeitet werden. Für diese Zeit ergab sich eine verhältnismäßig günstige Alterszusammensetzung der Einwohner dieses Gebietes, die vor allem auf dem höheren Anteil der Jahrgänge unter 15 Jahren und dem geringeren Prozentsatz über 60 Jahre alter Menschen beruhte.

In Berlin haben wir nun eine außerordentlich ungünstige Zusammensetzung der Bevölkerung vor uns. Zwar ist in allen Industriestaaten ein Rückgang der Geburtenhäufigkeit und damit eine Verringerung des prozentualen Anteiles der Kinder an der Gesamtbevölkerung zu ver-

Zähl-bezirk	Altersgruppen nach Jahren	Bevölkerungsstand am							
		31.12.67	31.10.68	31.10.69	31.10.70	31.10.71	30.6.72	30.9.73	31.1.74
1	gesamt	1.660	1.959	2.035	2.028	2.006	2.000	2.001	1.989
	0 - 5	180	229	215	142	114	99	75	59
	6 - 15	315	340	347	384	397	373	377	352
	16 - 21[1]	131	143	149	156	145	154	161	170
	22 und älter[1]	1.034	1.247	1.324	1.346	1.350	1.374	1.388	1.400
2	gesamt	8	1.638	5.074	5.892	6.025	6.079	6.111	6.122
	0 - 5	0	290	908	932	877	739	598	432
	6 - 15	0	164	750	962	1.128	1.247	1.356	1.457
	16 - 21	0	141	343	442	398	398	409	418
	22 und älter	8	1.043	3.073	3.556	3.622	3.695	3.748	3.815
3	gesamt	1.986	3.097	3.844	4.683	4.752	4.811	4.830	4.855
	0 - 5	283	463	545	600	539	452	395	289
	6 - 15	399	562	719	823	885	933	965	1.010
	16 - 21	185	266	341	462	428	434	428	441
	22 und älter	1.119	1.806	2.239	2.798	2.900	2.992	3.042	3.115
4	gesamt	1.532	1.575	1.626	1.631	1.651	1.683	1.655	1.650
	0 - 5	194	226	227	179	161	130	110	85
	6 - 15	294	292	300	297	308	322	311	312
	16 - 21	90	90	97	117	110	119	124	126
	22 und älter	954	963	1.002	1.038	1.072	1.112	1.110	1.127
5	gesamt	43	433	1.239	1.730	1.788	1.900	.	1.917
	0 - 5	1	53	200	246	229	205	.	130
	6 - 15	4	53	174	267	317	361	.	411
	16 - 21	2	47	92	122	108	110	.	118
	22 und älter	36	280	773	1.095	1.134	1.224	.	1.258
6	gesamt	28	526	2.463	4.693	6.091	6.354	6.454	6.435
	0 - 5	1	96	398	596	688	639	574	437
	6 - 15	2	79	371	702	897	990	1.075	1.137
	16 - 21	1	53	172	313	364	367	370	374
	22 und älter	24	298	1.522	3.082	4.142	4.358	4.435	4.487
7	gesamt	161	1.552	4.103	5.130	5.979	6.130	6.141	6.197
	0 - 5	16	249	540	689	723	666	557	438
	6 - 15	7	214	506	761	1.001	1.080	1.153	1.224
	16 - 21	10	138	283	396	454	443	458	464
	22 und älter	128	951	2.774	3.284	3.801	3.941	3.973	4.071
8	gesamt	2.568	3.462	3.514	3.732	3.725	3.703	3.708	3.704
	0 - 5	459	645	606	512	451	360	267	195
	6 - 15	475	642	671	818	856	905	958	965
	16 - 21	191	261	263	308	289	302	321	332
	22 und älter	1.443	1.914	1.974	2.094	2.129	2.136	2.162	2.212
9	gesamt	7	11	50	601	2.559	3.616	4.068	4.096
	0 - 5	0	0	6	74	375	435	453	404
	6 - 15	0	1	9	55	249	391	504	552
	16 - 21	0	1	0	65	208	216	214	209
	22 und älter	7	9	35	407	1.727	2.574	2.897	2.931
10	gesamt	68	36	28	1.049	1.550	1.623	1.646	1.644
	0 - 5	4	3	3	118	192	189	168	131
	6 - 15	2	0	0	95	149	189	223	248
	16 - 21	3	2	2	47	64	60	62	65
	22 und älter	59	31	23	789	1.145	1.185	1.193	1.200
11	gesamt	594	598	598	587	596	597	588	592
	0 - 5	45	47	46	28	31	25	20	15
	6 - 15	55	59	55	55	60	57	62	62
	16 - 21	24	25	30	38	39	37	27	28
	22 und älter	470	467	467	466	466	468	479	487

1) Ab 31. 10. 1971 gelten für alle Zählbezirke die Rubriken 16 - 22 Jahre sowie 23 Jahre und älter.

Zähl-bezirk	Altersgruppen nach Jahren	Bevölkerungsstand am							
		31.12.67	31.10.68	31.10.69	31.10.70	31.10.71	30.6.72	30.9.73	31.1.74
12	gesamt	302	159	326	1.446	3.391	4.243	5.468	5.790
	0 - 5	21	17	48	207	447	502	638	565
	6 - 15	36	12	38	183	425	552	798	886
	16 - 21	18	7	11	93	200	240	260	277
	22 und älter	227	123	229	963	2.319	2.949	3.772	4.062
13	gesamt	580	580	598	533	578	602	596	593
	0 - 5	39	43	40	25	25	22	20	15
	6 - 15	58	58	64	46	65	78	74	75
	16 - 21	41	44	46	49	44	41	38	36
	22 und älter	442	435	448	413	444	461	464	467

Tab. 32: Entwicklung des Bevölkerungsstandes und Altersstruktur aufgeschlüsselt nach Zählbezirken (Quelle: Statistik des Bezirkseinwohneramtes und Unterlagen des Stadtplanungsamtes Reinickendorf)

zeichnen, doch in Berlin (West) hat diese Entwicklung geradezu beängstigende Dimensionen angenommen. So war die Bevölkerungszusammensetzung des Sanierungsgebietes angesichts dieser Situation ein erfreulicher Lichtblick in einer düsteren Landschaft. Andererseits muß jedoch darauf hingewiesen werden, daß diese Entwicklung nicht allzu verwunderlich ist, da gerade sozial schwache Familien meist über höhere Kinderzahlen als die übrige Bevölkerung verfügen. Wie bereits gezeigt, handelte es sich in diesem Gebiet um eine recht hohe Zahl sozial schwacher Familien.

Stellen wir nun die Werte für das heutige Märkische Viertel neben diese Daten und fügen wir die aktuellen Werte für Berlin (West) hinzu, so wird das niedrige Alter der Bevölkerung sichtbar.

Alter in Jahren	prozentuale Verteilung der Wohnbevölkerung nach dem Alter in Berlin (West) am			
	13.9.50	31.12.56	6.6.61	27.5.70
0 - 15	17,7	14,2	13,0	15,2
16 - 65	69,8	69,9	68,8	63,3
über 65	12,5	15,9	18,2	21,5

	Wilhelmsruh/MV am[1]			
	25.9.56	6.6.61	27.5.70	31.1.74
0 - 15	17,9	14,9	29,4	26,1
16 - 65	65,9	70,2	51,1	62,7
über 65	16,2	14,9	9,5	11,2

Tab. 33: Altersstruktur der Bevölkerung in Berlin (West) und Wilhelmsruh/MV.

Aus diesen Angaben geht hervor, daß sich der Anteil der Kinder unter 15 Jahren von 1950 bis 1961 um 4,7 % verringert hat, seitdem aber bis 1970 wieder um 2,2 % gestiegen ist. Vor übereilten Schlüssen auf eine Verbesserung der Berliner (West) Altersstruktur sei je-

---

[1] Für das Jahr 1956 ist die Alterseinteilung folgendermaßen geändert:
0 - 15 Jahre, 16 - 60 Jahre, über 60 Jahre,
woraus sich die gegenüber den anderen Jahren stark differierenden Angaben der beiden letzten Altersgruppen erklären.

doch gewarnt, da sich in diesem Zeitraum die Zahl der Gastarbeiterfamilien ständig erhöhte und somit aufgrund der vielen Kinder der süd- und südosteuropäischen bzw. kleinasiatischen Familien die Bilanz verfälscht wird. Insgesamt hat sich der Anteil der Kinder leicht erhöht, doch dürfte dies keine Entwicklung von dauerhaftem Bestand sein, da sich neben der zunehmenden Überalterung auch die Tendenz zur kleinen Familie mit ein bis zwei Kindern, teilweise sogar der Zug zur kinderlosen Ehe, in den nächsten Jahren verstärkt auswirken müßte.

Vergleicht man diese Zahlen mit der Entwicklung in Wilhelmsruh bzw. im Märkischen Viertel, so kann generell zwischen 1956 und 1961 eine ähnliche Tendenz festgestellt werden, d.h. der Anteil der Kinder bis zum Alter von 15 Jahren sinkt ebenfalls ab, im Gegensatz zu Berlin (West) sogar erheblich stärker. In Berlin (West) verringert sich der Anteil in diesem Zeitraum um 1,2 %, während in Wilhelmsruh die Differenz 3 % beträgt. Trotzdem liegt der Anteil dieser Altersgruppe in Wilhelmsruh immer noch um 1,2 % über dem Berliner (West) Wert. Auch in Wilhelmsruh scheint sich der allgemeine Trend zum Verlassen Berlins (West) zur Aufnahme einer besser dotierten Tätigkeit in der Bundesrepublik ausgewirkt zu haben. Zum anderen hatten die politischen Querelen der vorangegangenen Jahre den Bevölkerungsabfluß in die Bundesrepublik nicht unwesentlich verstärkt, da die politische Lage allgemein als instabil betrachtet wurde. Da es sich bei den Personen, die Berlin verließen, in vielen Fällen um jüngere im Arbeitsprozeß stehende Menschen handelte, war diese Entwicklung für die Zusammensetzung der Altersstruktur der verbleibenden Bevölkerung nicht förderlich.

Die Betrachtung der Daten für die Personen über 65 Jahre bestätigt diese Aussage, denn zwischen 1950 und 1970 nahm der Anteil dieser Bevölkerungsgruppe von 12,5 % auf 21,5 %, also um über zwei Drittel zu. Umso verständlicher werden auch die Bemühungen des Berliner Senats, zur Aufrechterhaltung der Wirtschaftskraft und zur Verbesserung der Altersstruktur junge Arbeitnehmer mit ihren Familien aus der Bundesrepublik zur Übersiedlung nach Berlin (West) anzuregen.

In Wilhelmsruh hatte sich bis 1961 die Berliner (West) Entwicklung in ähnlicher, allerdings etwas abgeschwächter Form ebenfalls vollzogen, was mit dem Anstieg des Anteils der über 65 Jahre alten Personen auf 14,9 % dokumentiert wird, wobei auch dieser Wert günstiger als der Berliner (West) Durchschnitt ist.

Mit dem Beginn der Bauarbeiten im Sanierungsgebiet setzte nach und nach der Wandel in der Zusammensetzung der Wilhelmsruher Bevölkerung ein. Ein großer Teil der Einwohner mußte die bisherige Wohnung verlassen und erhielt entweder eine Ersatzwohnung im Märkischen Viertel oder ließ sich außerhalb des Gebiets nieder. Diese Vorgänge hatten zuerst noch keinen entscheidenden Einfluß auf die Bevölkerungsstruktur. So wurden z.B. von den ersten 579 Wohnungen des Wohngebiets W 2c 61 % von Abrißbetroffenen aus dem Märkischen Viertel bezogen, 22 % der neuen Mieter waren Tauschpartner von Abrißbetroffenen und nur 17 % der Wohnungen konnten vom Wohnungsamt mit sonstigen Wohnungssuchenden belegt werden.

Den Anlaß für eine Untersuchung der Alters-, Familien- und Berufsstruktur der im Volksmund "Papageiensiedlung" genannten Häuser Wilhelmsruher Damm 187 - 215 durch das Bezirksamt für Jugend und Sport (SIMON, 1968) stellte die Ermittlung des Einzugsbereichs des in der Markendorfer Straße 23 - 27 unmittelbar hinter dem Neubaublock gelegenen Abenteuerspielplatzes dar. Dabei stellte man fest, daß von den 1.044 erfaßten Personen (279 von 283 Familien) immerhin 431 Kinder waren. Da bei der Datenerfassung aus der Bezirkseinwohnerkartei auch Minderjährige mit eigenem Hausstand als Kinder gezählt wurden, müssen diese Werte nicht als Mindestzahlen sondern eher als Maximalwerte angesehen werden.

Anhand der ermittelten Werte ergibt sich ein Anteil der Kinder an der Gesamtbevölkerung in Höhe von 42,9 %. Selbst bei Berücksichtigung der im Material enthaltenen Fehler kann sich der Anteil zwar etwas aber mit Sicherheit nicht entscheidend reduzieren.

W. HARTLEY (1968) kam bei ihrer Untersuchung auf einen Anteil der unter 15 Jahre alten Kinder von 39 %, der also im Vergleich zu Simons Ergebnis nur 3,9 % niedriger liegt.

Auch in den Wohngebieten W 1b, W 3b und W 3c konnten mit 36 bis 39 % ähnliche bzw. gleich hohe Werte ermittelt werden. Lediglich im Wohngebiet W 2c mit 22 % und Teilen der Wohngebiete W 2a, W 3a und des Allgemeinen Wohngebiets AW mit 28,4 % lagen die Anteile niedriger (HARTLEY, W., 1968).

Aufgrund der Veränderungen in der Wohnungsvergabepolitik des Landeswohnungsamtes und durch die Reduzierung der großen Wohnungen im Wohnungsschlüssel sank der Anteil der Kinder über 29,4 % im Jahre 1970 auf 26,1 % im Jahre 1974 (Tab. 34). Diese letzten beiden Werte beziehen sich nicht nur auf die Altersstruktur der Neubauten, sondern sie enthalten auch die Daten der Einfamilienhausgebiete, die allerdings wegen ihrer relativ geringen Bevölkerungszahl keinen entscheidenden Einfluß auf das Gesamtergebnis nehmen.

Für die öffentliche Hand erwuchsen Schwierigkeiten bei der Versorgung der Bevölkerung mit den notwendigen sozialen Infrastruktureinrichtungen. Erschwerend kam hinzu, daß die Fertigstellung der Infrastruktur zwangsläufig nicht parallel zu der Fertigstellung der Wohnbauten erfolgte, was in der Bauphase zu teilweise empfindlichen Engpässen führte.

Dieser Umstand ergab sich neben der unvorhergesehenen Bevölkerungsstruktur auch aus der Forcierung des Wohnungsbaus wegen der bevorstehenden Aufhebung der Wohnungszwangsbewirtschaftung, um das bestehende Wohnungsdefizit zu vermindern.

Innerhalb von sieben bis zehn Jahren seit dem Bezug des ersten Bauabschnittes kam es zu erheblichen Veränderungen in der Altersstruktur. Als Beispiel für diese Entwicklung sollen an dieser Stelle die Anteile der Jugendlichen bis zum Alter von 21 Jahren für die Zählbezirke eins, drei und vier angeführt werden, da sich hier die Problematik für die Zeit nach dem Wohnungsbezug und der heutige Zustand besonders gut verdeutlichen lassen (Abb. 49).

Gerade diese für die soziale Infrastrukturplanung so außerordentlich wichtigen Altersgruppen weisen im Laufe der Jahre eine starke Wandlung auf. Der Anteil der für die

Alter	Anzahl der Einwohner und Anteil der Altersgruppen daran			
	31.12.67		31.1.74	
	absolut	%	absolut	%
Zählbezirk 1				
gesamt	1.660	100,0	1.981	100,0
0 - 5 Jahre	180	10,8	59	3,0
6 - 15 Jahre	315	19,0	352	17,8
16 - 21 Jahre	131	7,9	170	8,6
Zählbezirk 3				
gesamt	1.986	100,0	4.855	100,0
0 - 5 Jahre	283	14,2	289	6,0
6 - 15 Jahre	399	20,1	1.010	20,8
16 - 21 Jahre	185	9,3	441	9,1
Zählbezirk 4				
gesamt	1.532	100,0	1.650	100,0
0 - 5 Jahre	194	12,7	85	5,2
6 - 15 Jahre	294	19,2	312	18,9
16 - 21 Jahre	90	5,9	126	7,6

Tab. 34: Verteilung der 0 - 21 Jahre alten Einwohner 1967 und 1974 in den Zählbezirken eins, drei und vier (Quelle: Zählungen des Bezirksamtes Reinickendorf)

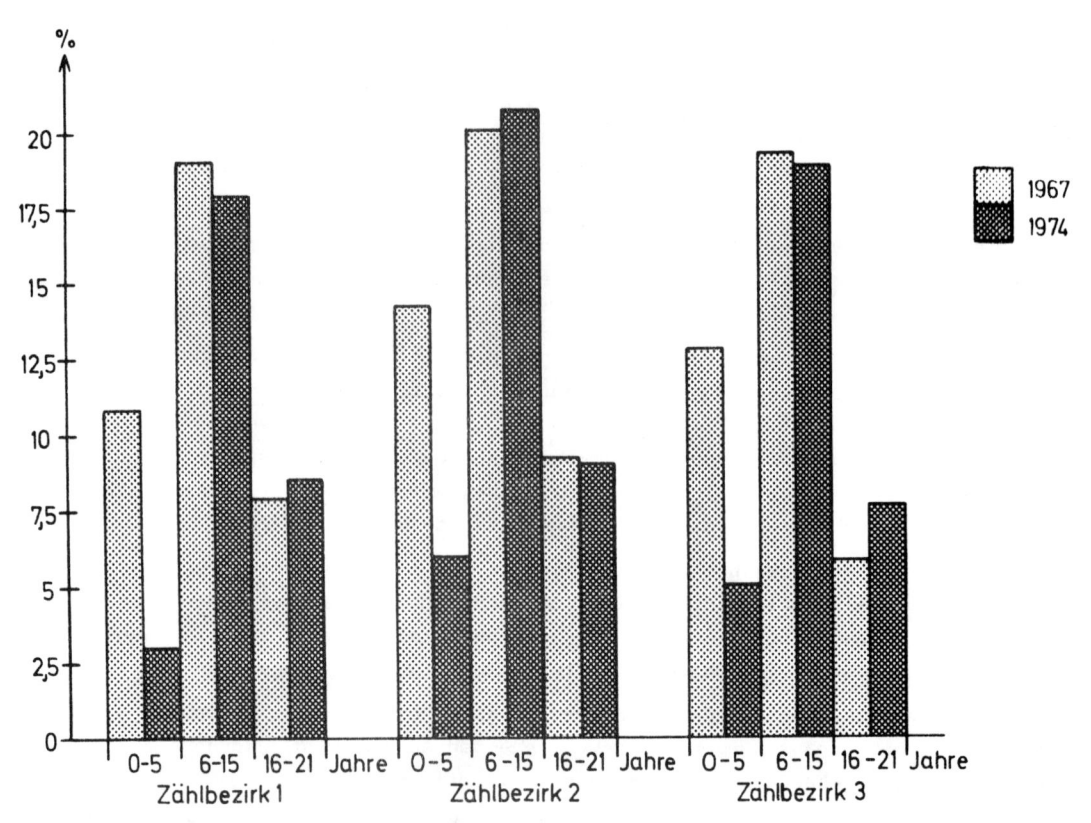

Abb.49: Verteilung der 0-21 Jahre alten Einwohner in drei ausgewählten Zählbezirken 1967 und 1974

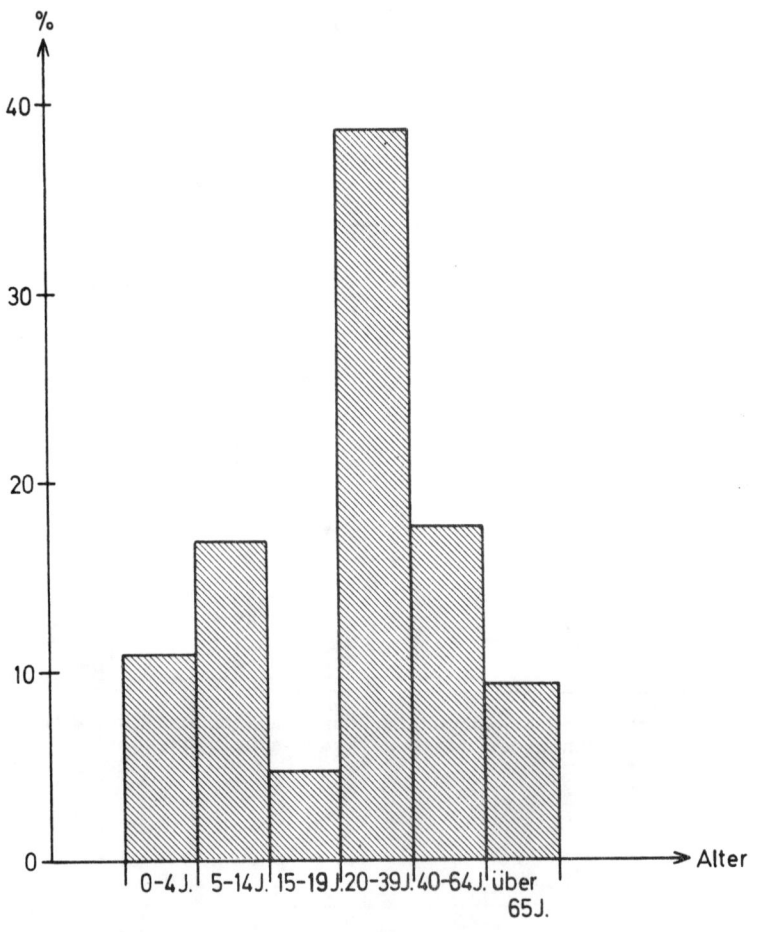

Abb.50: Altersstruktur der Bevölkerung des Märkischen Viertels am 27.5.1970

Schaffung von Kindertagesstättenplätzen bedeutsamen Gruppe der 0 - 5 Jahre alten Einwohner sank in allen drei Zählgebieten auf jeweils weit unter die Hälfte des bisherigen Anteils (Tab. 34). Obwohl sich im Zählbezirk drei die Gesamtzahl der Einwohner um 2.869 Personen erhöhte, stieg die Zahl der Kinder bis zum Alter von fünf Jahren lediglich um sechs an.

Die Planer sahen sich vor der Schwierigkeit: Schaffen wir die Einrichtungen für den augenblicklichen Bedarf, so muß in einigen Jahren mit einer Überkapazität gerechnet werden. Setzen wir den zukünftigen Bedarf niedriger an und realisieren wir danach die Einrichtungen, so treten in den ersten Jahren unzumutbare Engpässe auf. Prinzipiell ist die erste Lösung der zweiten vorzuziehen, da die Entwicklung auf dem einmal erreichten Stand nicht verbleibt sondern Verbesserungen, wie z.B. die Senkung der Klassenfrequenz oder die Erhöhung des Angebotes an Kindertagesstättenplätzen später nur durch zusätzliche Baumaßnahmen verwirklicht werden können.

Der Rückgang aller drei in der Tab. 34 aufgeführten Altersgruppen ist nicht grundsätzlich überraschend sondern ließ sich in der Tendenz vorhersagen. Zum einen war in den meisten Familien bereits eine recht große Zahl von Kindern vorhanden, so daß hier mit weiterem Zuwachs nur noch in geringem Maße gerechnet werden konnte. Andererseits war die Zahl der Familien ohne Kinder, bei denen noch Nachwuchs möglich war, nicht allzu hoch. Drittens hat sich auch hier bei den jungen Familien der Trend durchgesetzt, zum Halten eines einmal erreichten Lebensstandards die Zahl der Kinder zu begrenzen.

Der Anteil der Kinder und Jugendlichen zwischen 6 und 15 Jahren verringerte sich im Gegensatz zur ersten Altersgruppe nur geringfügig. Im Zählbezirk drei ist er sogar infolge verstärkten Zuzugs von Familien mit Kindern im schulpflichtigen Alter bzw. solchen Kindern, die kurz davor standen, leicht angestiegen. Diese Erscheinung wird durch folgenden Vorgang hervorgerufen: Infolge der Aufsplitterung auf neun Jahrgänge ist bei einer wahrscheinlich relativ gleichmäßigen Verteilung die Zahl der diese Gruppe Verlassenden nicht allzu hoch. Aus den Jahrgängen bis zum Alter von 5 Jahren stoßen dagegen mehr Kinder in die höhere Altersgruppe, was zu einer verstärkten Auffüllung in den ersten Jahren führt. Erst wenn die abgehende Zahl der Kinder der ersten Gruppe nicht mehr durch Geburten ausgeglichen wird, kommt es auch in der zweiten Altersgruppe zu einer Verringerung des Anteils, die sich in den Zählbezirken eins und vier langsam abzuzeichnen beginnt.

In den ersten Jahren nach dem Einzug war der Anteil der 16 - 21 jährigen der niedrigste aller drei Altersgruppen. In keinem der drei Zählbezirke erreichte er 10 % sondern blieb deutlich unter dieser Marke. Daß sich ihr Anteil für das Jahr 1974 in den Zählbezirken eins und vier erhöhte, ist auf die bereits erwähnte Entwicklung zurückzuführen. Die Verringerung um 0,2 % im Zählbezirk drei trotz des absoluten Anstiegs ist wiederum dem zwischenzeitlich erfolgten Zuzug weiterer Bewohner zu verdanken.

Eine diesen drei Zählbezirken ähnliche Entwicklung hat sich auch in den anderen Zählbezirken vollzogen. Für die Zählbezirke neun und zwölf ist allerdings mit einer abgeschwächten Tendenz zu rechnen, da in den Altersgruppen der Kinder und Jugendlichen bis zum Alter von 21 Jahren der Anteil geringer als in den zuerst bezogenen Gebieten ist, dagegen die Zahl der jungen Familien ohne Nachwuchs höher liegt.

Aus der tabellarischen Übersicht der Zählbezirke lassen sich für die zwischen 21 und 65 sowie über 65 Jahre alten Einwohner keine Aussagen machen, da diese Altersgruppen nicht mehr differenziert werden. Hier muß auf die Auswertung der Volkszählung vom 27. 5. 1970 (Abb. 50) sowie auf die Auswertung der Mieterakten des Wohngebiets W 4e zurückgegriffen werden. Allerdings können diese Daten nur bedingt mit denen der Kinder und Jugendlichen verglichen werden, da aus den für die eingetretenen Veränderungen verantwortlichen Gründen innerhalb der nunmehr zur Diskussion stehenden Altersgruppen ebenfalls gewisse Verschiebungen auftreten müßten. Trotz dieser Einschränkung besitzen die Daten einen recht interessanten Aussagewert (Tab. 35).

Wohn-block	gesamt	Alter der Bevölkerung										
		unter 5 Jahre		5 bis unter 15		15 bis unter 20		20 bis unter 40		40 bis unter 65		über 65 Jahre
		absolut	%	absolut	%	absolut	%	absolut	%	absolut	%	absolut	%
146	110	2	1,8	5	4,5	5	4,5	24	21,9	36	32,8	38	34,5
147	80	5	6,3	6	7,5	10	12,5	21	26,2	25	31,1	13	16,2
149	32	2	6,2	6	18,8	1	3,1	8	25,0	9	28,1	6	18,8
150	83	4	4,8	9	10,8	4	4,8	28	33,8	23	27,7	15	18,1
151	62	3	4,8	8	12,9	3	4,8	18	29,0	18	29,0	12	19,5
152	61	3	4,9	7	11,5	1	1,6	15	24,6	17	27,9	18	29,5
153	60	4	6,7	4	6,7	5	8,3	17	28,3	24	40,0	6	10,0
154	31	2	6,4	6	19,4	0	0	7	22,6	9	29,0	7	22,6
155	33	1	3,0	3	9,1	1	3,0	7	21,2	9	27,3	12	36,4
156	68	4	5,9	7	10,3	4	5,9	17	25,0	21	30,9	15	22,0
157	80	4	5,0	11	13,8	6	7,5	23	28,7	22	27,5	14	17,5
158	71	4	5,6	4	5,6	1	1,4	26	36,6	23	32,4	13	18,4
159	61	2	3,3	2	3,3	2	3,3	19	31,1	23	37,7	13	21,3
160	65	2	3,1	6	9,2	2	3,1	19	29,2	18	27,7	18	27,7
161	29	2	6,9	3	10,4	2	6,9	6	20,7	9	31,0	7	24,1
162	22	0	0	0	0	0	0	3	13,6	8	36,4	11	50,0
165	118	2	1,7	10	8,5	6	5,1	38	32,2	46	39,0	16	13,5
167	102	1	1,0	8	7,8	7	6,9	57	55,9	22	21,5	7	6,9
170	1.065	140	13,1	274	25,7	72	6,8	372	34,9	144	13,5	63	5,9
177	53	2	3,8	6	11,3	1	1,9	15	28,3	21	39,6	8	15,1
180	123	3	2,4	16	13,0	3	2,4	26	21,2	46	37,4	29	23,6
181	147	3	2,0	14	9,5	6	4,1	30	20,4	61	41,5	33	22,5
182	142	6	4,2	8	5,6	5	3,5	43	30,3	56	39,5	24	16,9
185	96	10	10,4	3	3,1	4	4,2	26	27,1	36	37,5	17	17,7
601	163	9	5,5	17	10,4	7	4,3	55	33,7	50	30,7	25	15,4
620	1.986	242	11,3	474	23,9	112	5,6	632	31,8	352	17,7	174	8,7
621	1.436	224	15,6	339	23,6	82	5,7	540	37,6	202	14,1	49	3,4
622	40	2	5,0	1	2,5	1	2,5	11	27,5	18	45,0	7	7,5
623	26	3	11,5	3	11,5	1	3,8	7	26,9	8	30,8	4	15,5
624	44	2	4,5	3	6,8	1	2,3	9	20,5	16	36,4	13	29,5
625	3.513	453	12,9	736	21,0	221	6,3	1.248	35,5	572	16,3	283	8,0
626	5.596	813	14,5	966	17,3	234	4,2	2.413	43,1	832	14,9	338	6,0
627	40	3	7,5	4	10,0	2	5,0	10	25,0	15	37,5	6	15,0
628	53	7	13,2	7	13,2	4	7,5	13	24,5	17	32,2	5	9,4
629	1.915	116	6,1	371	19,4	138	7,2	508	26,5	484	25,3	298	15,5
630	1.655	200	12,1	281	17,0	52	3,1	771	46,6	234	14,1	117	7,1
631	3.367	420	12,5	585	17,4	142	4,2	1.449	43,0	515	15,3	256	7,6
632	4.417	514	11,6	678	15,3	169	3,8	1.929	43,8	675	15,3	452	10,2
633	-	-	-	-	-	-	-	-	-	-	-	-	-
634	547	52	9,5	56	10,2	17	3,1	185	33,8	89	16,3	148	27,1
635	791	108	13,7	85	10,7	27	3,4	404	51,1	108	13,7	59	7,4
636	192	8	4,2	25	13,0	12	6,3	41	21,3	72	37,5	34	17,7
637	153	10	6,5	8	5,2	5	3,3	51	33,3	46	30,1	33	21,6
638	102	4	3,9	9	8,8	5	4,9	23	22,5	40	39,1	21	20,6
639	71	3	4,2	3	4,2	0	0	21	29,6	31	43,7	13	18,3
	28.901	3.404	11,8	5.077	17,6	1.383	4,8	11.185	38,7	5.102	17,6	2.750	9,5

Tab. 35: Altersstruktur der Bevölkerung im Märkischen Viertel am 27.5.1970 aufgeschlüsselt nach Wohnblöcken
(Quelle: Sonderauswertung des Statistischen Landesamtes Berlin der Daten zur Volkszählung am 27. 5. 1970)

Bei der Betrachtung der Altersstrukturtabelle fällt auf, daß in den Neubaugebieten nur in vier Fällen bei der Gruppe der über 65 Jahre alten Einwohner ein Anteil von über 10 % erreicht wird. In allen anderen zum Zeitpunkt der Volkszählung bezogenen Neubaublöcken bleibt der Anteil der älteren Einwohner deutlich unter dieser Grenze. Der höchste Wert wird dabei im Wohnblock 620 mit 8,7 % erreicht.

Das Überschreiten der 10 % Marke hat in den vier Wohnblöcken nicht den gleichen Ursprung sondern läßt drei Erklärungen zu. Im Wohnblock 629 gehörte in über zwei Drittel der Wohnungen der überwiegende Teil der Mieter zu den Sanierungsbetroffenen des Märkischen Viertels, an dessen Bevölkerung die über 65 Jahre alten Einwohner immerhin einen Anteil von 14,9 % besaßen. Daß sich diese Verhältnisse in den von dieser Bevölkerungsgruppe bezogenen Wohnungen annähernd wiederspiegeln, ist auf den nach den Untersuchungen des Jahres 1959 aufgestellten Wohnungsschlüssel zurückzuführen.

Die in den Wohnblöcken 632 und 634 auftretenden Werte haben eine andere Ursache. Im Wohnblock 632 befindet sich ein Altenwohnheim, während der Block 634 ein Seniorenzentrum mit einem angeschlossenen Wohntrakt aufweist. Diese beiden Einrichtungen erhöhen in starkem Maße die Anteile der älteren Bevölkerung. Im Block 632 drückt sich dieser Umstand zahlenmäßig nicht derart deutlich aus, da die Zahl der Wohnungen etwa viermal so groß ist wie im Block 634.

In den verbleibenden neun Wohnblöcken mit Neubauten beruht der niedrige Prozentsatz alter Einwohner auf dem hohen Anteil junger Familien unter 40 Jahren mit einer großen Kinderzahl. Lediglich in zwei Fällen überschreitet der Anteil der zwischen 40 und 65 Jahre alten Menschen 20 %, wobei in dieser Gruppe der Wohnblock 629 mit 25,3 % den höchsten Wert aufweist. Läßt man die beiden Altenwohnheime in den Wohnblöcken 632 und 634 außer Betracht, weist der Block 629 aufgrund der bereits im Sanierungsgebiet vorhandenen Altersstruktur die ungünstigste Altersbilanz auf. Im Vergleich zum Berliner (West) Durchschnitt ist sie allerdings noch um einige Prozente besser.

Für drei Wohnblöcke (170, 621 und 625) müssen die Ergebnisse differenzierter betrachtet werden, da zu diesen Blöcken sowohl Neubauten als auch alte Einfamilienhäuser gehören. Die Zahl der verbliebenen Bewohner dürfte in allen drei Fällen allerdings nicht sehr groß sein, denn in diesen Blöcken befinden sich nur 79 alte Grundstücke. Legen wir eine Belegung von 2,6 Personen pro Grundstück zugrunde, so müßten demzufolge ca. 205 Personen dort leben. Bei insgesamt 6.014 Einwohnern in diesen drei Blöcken stellen die 205 Personen lediglich einen Anteil von 3,4 % dar (Stand: 27. 5. 1970), der sich in der Altersstatistik in den einzelnen Rubriken nur mit Prozentteilen niederschlägt und deshalb vernachlässigt werden kann.

Die bislang unberücksichtigt gebliebenen Wohnblöcke mit Neubauten weisen keinerlei ältere Bebauung auf. Analog zu den drei vorher untersuchten Wohnblöcken steigt auch hier in keinem Fall der Anteil der über 65 Jahre alten Einwohner über 10 % an. Trotz des Fehlens alter Bauten wird nicht hier sondern im Wohnblock 621, der über einen Bestand von 14 Einzelgrundstücken verfügt, mit 3,4 % der niedrigste Anteil alter Menschen erreicht, was vor allem auf dem Fehlen kleiner Wohnungen beruht, so daß alleinstehende ältere Personen hier nicht auftreten.

In den nach dem 1. 1. 1969 bezogenen Bauten sind die Anteile der Kinder und Jugendlichen zugunsten der mittleren Jahrgänge zurückgegangen. Nach den vorliegenden Daten kann ein leichtes Ansteigen der über 65jährigen nur im Wohngebiet W 4e verzeichnet werden, wobei für den gesamten Wohnblock durchaus Nivellierungsmöglichkeiten bestehen, weil das Wohngebiet W 4e nur ein Teil des Wohnblocks 635 ist. Im Vergleich zu Berlin (West) stellen diese Werte eine außergewöhnlich gute Situation dar.

Demgegenüber fallen in den aus den alten Einfamilienhausgebieten bestehenden Wohnblöcken die Werte erheblich schlechter aus. Lediglich in zwei Blöcken (622 und 628) entsprechen sie den Verhältnissen in den Neubaugebieten. In einem Teil der Einfamilienhausgebiete liegen die Werte günstiger als im Berliner (West) Durchschnitt, in anderen Fällen ist der Anteil der über 65jährigen deutlich höher. So wird im Wohnblock 155 ein Wert von 36,4 % erreicht, im Wohnblock 162 sogar von 50 %. Die höheren Anteile ergeben sich aus dem Verbleiben der alteingesessenen Bevölkerung, während die jüngere Generation wegen der meist recht beengten Wohnverhältnisse die alten Wohnungen verließ.

Das positive Bild der Altersstruktur in den Wohnblöcken mit Neubauten wird bei einem Vergleich der Jahrgänge 20 bis unter 40 und 40 bis unter 65 Jahre zusätzlich unterstrichen. Nur im Wohnblock 629 sinkt der Anteil der Einwohner zwischen 20 und unter 40 Jahren auf weniger als 30 % während er in allen anderen Blöcken über 30 % liegt.

Gegenüber Berlin (West) ergeben sich im Märkischen Viertel recht interessante Unterschiede. So sind im Märkischen Viertel die ersten vier Altersgruppen (Abb. 51) besonders stark ausgeprägt und umfassen 72,9 % der dortigen Bevölkerung. Der Wert für Berlin (West) liegt dagegen um ein Drittel niedriger (Tab. 36) während 52 % bereits über 40 Jahre alt sind. Im Märkischen Viertel haben dagegen erst 27,1 % dieses Alter überschritten. Ganz deutlich stellt sich die Überrepräsentation der jungen Bevölkerung im Märkischen Viertel bei einem außerordentlich geringen Anteil älterer Mitbürger dar. Für Berlin (West) wird wieder einmal die Überalterung der Stadt deutlich sichtbar.

Altersgruppe	Verteilung auf die Altersgruppen in %	
	Märkisches Viertel	Berlin (West)
unter 5 Jahre	11,8	5,2
5 bis unter 15	17,6	10,0
15 bis unter 20	4,8	4,5
20 bis unter 40	38,7	28,3
40 bis unter 65	17,6	30,5
über 65	9,5	21,5
INSGESAMT	100,0	100,0

Tab. 36: Altersstruktur im Märkischen Viertels und Berlins (West) am 27. 5. 1970 (Quelle: Berliner Statistik, Sonderheft 229, 1974)

Im Märkischen Viertel wird zwar der hohe Anteil der jungen Einwohner etwas sinken, doch wird aufgrund der günstigen Altersstruktur in den ersten vier Altersgruppen vorläufig keine Überalterung nach Berliner (West) Muster eintreten.

5.4 Haushaltsstruktur

Von den am 27. 5. 1970 im Märkischen Viertel vorhandenen Haushalten zählten 8.063 zu den Mehrpersonenhaushalten (Tab. 37). Die meisten Haushalte umfassen zwei Personen. Bei diesen Daten muß allerdings berücksichtigt werden, daß auch die Wohnblöcke mit alter Einfamilienhausbebauung in die Berechnung eingegangen sind. Werden die Daten nur für die neue Wohnbebauung berechnet, so erhält man für die Einpersonenhaushalte einen geringfügig niedrigeren Wert, wohingegen sich bei den Haushalten mit drei und mehr Personen etwas höhere Anteile ergeben.

Ein Vergleich dieser bereinigten Werte mit denen Berlins (West) für das Jahr 1970 und den Angaben für das Sanierungsgebiet im Jahre 1969 zeigt für das Märkische Viertel einen niedrigeren Anteil der Ein- und Zweipersonenhaushalte gegenüber Wilhelmsruh und Berlin (West).

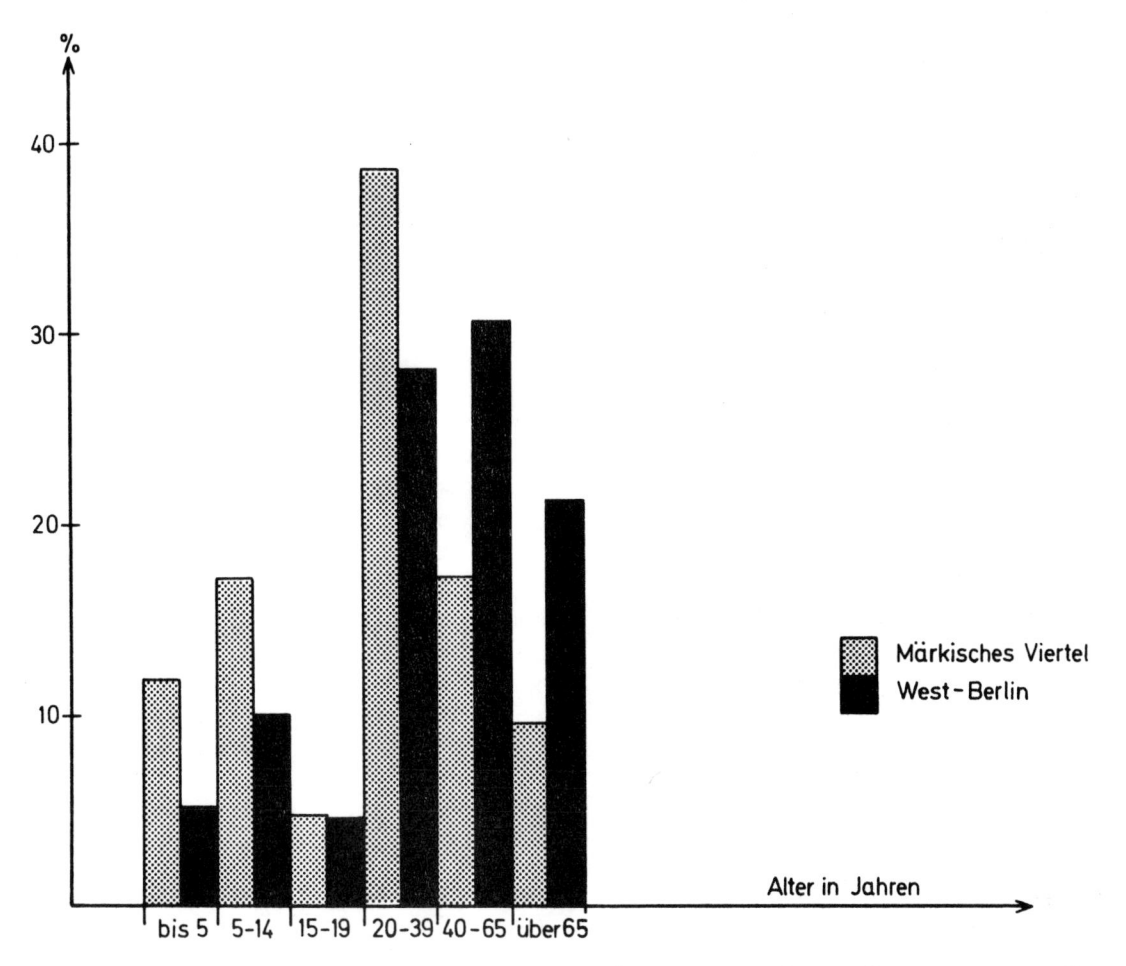

Abb.51: Altersstruktur des Märkischen Viertels und West-Berlins am 27.5.1970

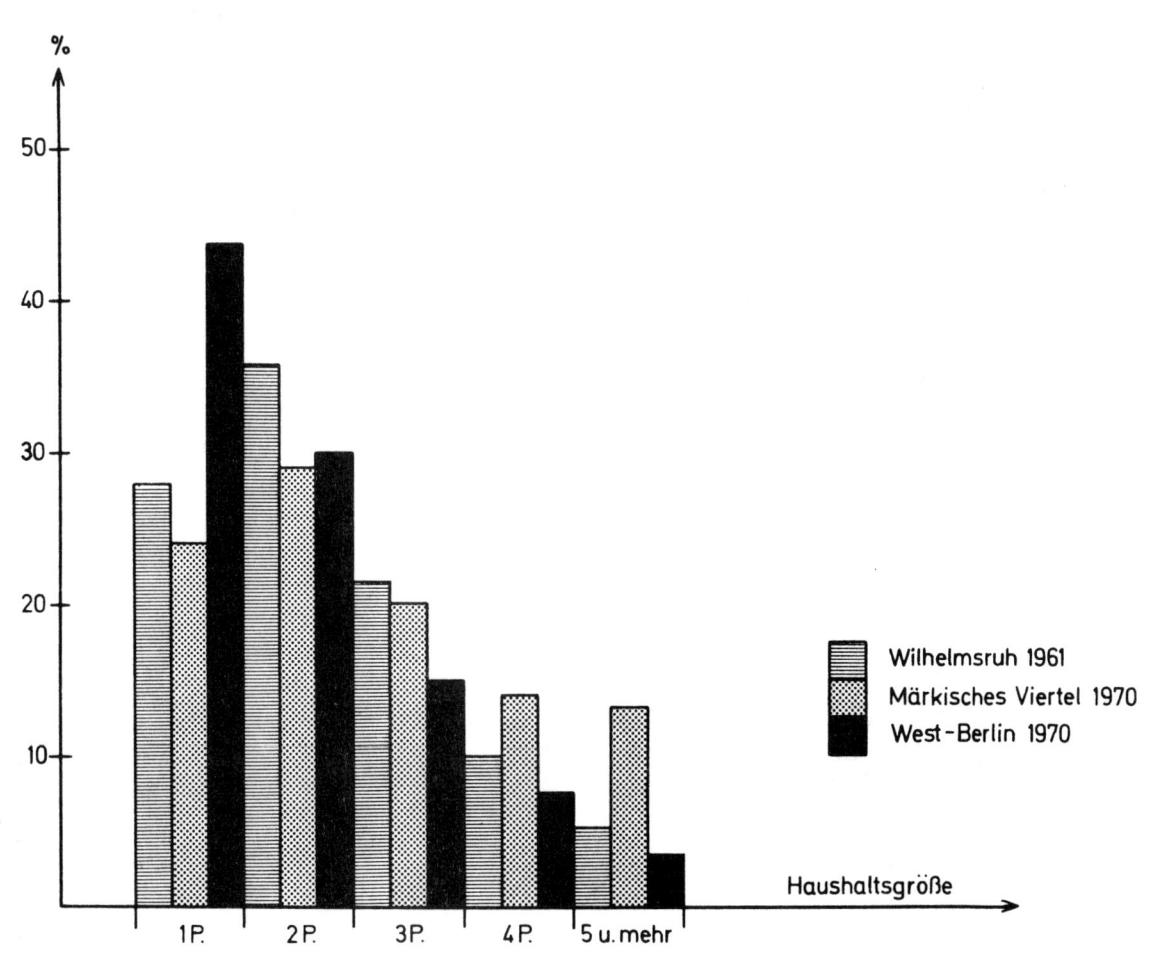

Abb.52: Anzahl der Personen pro Haushalt

Wohn-block	Haushalte insgesamt	davon Mehrpersonen-haushalte		abs.²	%	abs.³	%	abs.⁴	%	davon Haushalte mit .... Personen 5 oder mehr	
		abs.	%							abs.	%
146	59	35	59,3	24	68,5	8	22,9	2	5,7	1	2,9
147	39	23	59,0	11	47,8	8	34,8	2	8,7	2	8,7
149	14	10	71,4	6	60,0	1	10,0	2	20,0	1	10,0
150	38	26	68,4	12	46,2	10	38,5	3	11,5	1	3,8
151	25	21	84,0	11	52,4	5	23,8	4	19,0	1	4,8
152	28	19	67,9	10	52,6	4	21,1	4	21,1	1	5,2
153	29	18	62,1	8	44,4	4	22,2	5	27,8	1	5,6
154	13	8	61,5	2	25,0	3	37,5	2	25,0	1	12,5
155	16	12	75,0	9	75,0	1	8,3	2	16,7	0	0
156	29	21	72,4	10	47,6	6	28,6	3	14,3	2	9,5
157	38	22	57,9	9	40,9	8	36,4	4	18,2	1	4,5
158	33	19	57,6	8	42,1	3	15,8	8	42,1	0	0
159	32	19	59,4	10	52,6	8	42,2	1	5,2	0	0
160	35	18	51,4	9	50,0	7	38,8	1	5,6	1	5,6
161	13	9	69,2	3	33,3	4	44,4	2	22,3	0	0
162	16	6	37,5	5	83,3	1	16,7	0	0	0	0
165	51	43	84,3	24	55,8	13	30,2	6	14,0	0	0
167	18	14	77,8	7	50,0	2	14,3	1	7,1	4	28,6
170	308	260	84,4	71	27,3	71	27,3	42	16,2	76	29,2
177	27	15	55,6	10	66,7	1	6,7	2	13,3	2	13,3
180	57	38	66,7	23	60,5	8	21,2	2	5,3	5	13,1
181	68	48	70,6	29	60,4	9	18,8	8	16,7	2	4,1
182	77	41	53,2	27	65,9	6	14,6	6	14,6	2	4,9
185	42	29	69,0	12	41,4	11	37,9	5	17,2	1	3,5
601	76	42	55,3	15	35,7	12	28,6	11	26,2	4	9,5
620	647	505	78,1	148	29,3	127	25,2	100	19,8	130	27,7
621	400	380	95,0	88	23,2	124	32,6	81	21,3	87	22,9
622	17	15	88,2	7	46,7	8	53,3	0	0	0	0
623	11	7	63,6	2	28,6	2	28,6	3	42,8	0	0
624	19	13	68,4	5	38,5	5	38,5	1	7,7	2	15,3
625	1.198	927	77,4	356	38,4	241	26,0	119	12,8	211	22,8
626	1.923	1.637	85,1	591	36,1	439	26,8	356	21,7	251	15,4
627	18	12	66,7	7	58,4	1	8,3	3	25,0	1	8,3
628	18	16	88,9	5	31,3	4	25,0	4	25,0	3	18,7
629	779	497	63,8	207	41,7	101	20,3	94	18,9	95	19,1
630	623	490	78,7	186	38,0	150	30,6	89	18,2	65	13,2
631	1.300	942	72,5	383	40,7	268	28,5	152	16,1	139	14,7
632	1.902	1.227	64,5	548	44,7	300	24,4	220	17,9	159	13,0
633	0	0	0	0	0	0	0	0	0	0	0
634	171	134	78,4	68	50,7	23	17,2	32	23,9	11	8,2
635	312	278	891,1	128	46,0	103	37,1	41	14,7	6	2,2
636	78	59	75,6	30	50,8	12	20,4	10	16,9	7	11,9
637	68	54	79,4	31	57,4	16	29,6	6	11,1	1	1,9
638	49	31	63,3	18	58,1	7	22,5	3	9,7	3	9,7
639	41	23	56,1	17	73,9	5	21,7	1	4,4	0	0
	10.755	8.063	75,0	3.190	39,6	2.150	26,7	1.443	18,0	1.280	15,7

Tab. 37: Verteilung der Mehrpersonenhaushalte im Märkischen Viertel am 27. 5. 1970 aufgeschlüsselt nach Wohnblöcken. (Quelle: Sonderauswertung des Statistischen Landesamtes Berlin der Daten zur Volkszählung am 27. 5. 1970)

Anzahl der Personen pro Haushalt	Wilhelmsruh[1] 1961 abs.	%	Märkisches Viertel[2] 1970 abs.	%	Berlin (West)[3] 1970 abs.	%
1	860	28,0	2.290	23,9	469.699	44,2
2	1.100	35,8	2.781	29,0	319.154	30,1
3	660	21,4	1.949	20,3	157.592	14,8
4	298	9,7	1.327	13,9	79.370	7,5
5 und mehr	158	5,1	1.234	12,9	36.224	3,4
INSGESAMT	3.076	100,0	9.581	100,0	1.062.039	100,0

Tab. 38: Anzahl der Personen pro Haushalt in Wilhelmsruh, dem Märkischen Viertel und Berlin (West)

Außer der Überalterung Berlins (West) kann ein weiterer Faktor zur Erklärung der hohen Zahl von Einfamilienhaushalten beitragen. So bilden die Studenten der Berliner Hochschulen und die angeworbenen jungen Arbeitskräfte aus dem Bundesgebiet ohne eigene Familie ein beachtliches Potential für die Einpersonenhaushalte. Selbst unter Berücksichtigung der Tatsache, daß im Märkischen Viertel wegen der hohen Mieten und der langen Anfahrtwege alleinstehende Studenten mit Sicherheit kaum einen eigenen Hausstand gründen, ist der Anteil der jungen alleinstehenden Einwohner recht erheblich.

Bei den Zweipersonenhaushalten ist der Anteil in Berlin (West) gegenüber dem Märkischen Viertel nur geringfügig höher. Im Sanierungsgebiet betrug 1961 der Anteil dieser Haushalte 35,8 %, was unter anderem auf die beengten Wohnverhältnisse zurückzuführen war. Die jüngeren Erwachsenen drängten aus dem Gebiet heraus und ließen dadurch eine recht hohe Zahl alleinlebender Personen unter 65 Jahre zurück. Daß sich dagegen der Anteil der Zweipersonenhaushalte im Märkischen Viertel nur unwesentlich von den Prozentzahlen Berlins (West) unterscheidet, liegt an der recht hohen Zahl junger Familien, die noch keinen Nachwuchs haben.

Für die Dreipersonenhaushalte ergibt sich ein deutliches Übergewicht des Märkischen Viertels gegenüber Berlin (West). Doch liegt auch dieser Wert noch unter dem des Sanierungsgebietes. Die Verteilung der Dreipersonenhaushalte in den Wohnblöcken mit Neubauten weist recht erhebliche Schwankungen auf (Tab. 37).

Der hohe Wert von 37,1 % im Wohnblock 635 dürfte sich mit dem fortschreitenden Bezug der Wohnungen verringert haben, wie das Beispiel des zu diesem Block gehörenden Wohngebietes W 4e zeigt. In diesem Wohngebiet bestehen einige Diskrepanzen zwischen der Haushalts- und der Wohnungsgröße. Eine Übereinstimmung beider Faktoren ist zwar theoretisch möglich, doch zeigen sich in der Praxis teilweise erhebliche Abweichungen. Allein bei den Einpersonenhaushalten besteht zwischen Wohnungs- und Haushaltsgröße fast völlige Übereinstimmung. Dagegen fällt auf, daß immerhin 17,7 % mehr Haushalte mit zwei Personen in diesem Gebiet wohnen als Zweizimmerwohnungen vorhanden sind.[4] Auch in diesem Fall muß die Belegungspolitik des Landeswohnungsamtes berücksichtigt werden, wonach jungen Familien ohne Kinder bereits im Vorgriff auf den zu erwartenden Nachwuchs eine Wohnung zugebilligt wird, die wenigstens über ein Kinderzimmer verfügt. Aus diesem Grund liegt die Zahl der dreiköpfigen Familien unter dem Angebot an Wohnungen mit drei Räumen.

Für den Bereich der großen Wohnungen und Familien lassen sich dagegen recht eindeutige Aussagen treffen. Hier stehen 45,4 % Familien mit vier und mehr Personen lediglich 32,5 % Wohnungen mit mehr als drei Zimmern zur Verfügung. Die Anzahl der Wohnräume in den Einfamilienhäusern übersteigt in vielen Fällen nicht drei, so daß sich hier tatsächlich nur

---
1) Berliner Statistik, Sonderheft 112, 1964.
2) Berliner Statistik, Sonderheft 248, 1975.
3) Berliner Statistik, Sonderheft 229, 1974.
4) Nach den Mieterakten der Gesobau.

Wohn-block	Haushalte insgesamt	davon Einpersonen-haushalte		Einpersonenhaus-halte von Frauen		Einpersonenhaushalte von Personen im Alter von			
						unter 30 Jahren		65 Jahre und älter	
		absolut	%	absolut	%	absolut	%	absolut	%
146	59	24	40,7	13	54,2	6	25,0	13	54,2
147	39	16	41,0	10	62,5	6	37,5	4	25,0
149	14	4	28,6	3	75,0	0	0	1	25,0
150	38	12	31,6	4	33,3	2	16,7	5	41,7
151	25	4	16,0	4	100,0	0	0	3	75,0
152	28	9	32,1	8	88,9	1	11,1	7	77,8
153	29	11	37,9	9	81,8	0	0	5	45,5
154	13	5	38,5	3	60,0	0	0	4	80,0
155	16	4	25,0	2	50,0	0	0	2	50,0
156	29	8	27,6	4	50,0	0	0	6	75,0
157	38	16	42,1	8	50,0	1	6,3	7	43,8
158	33	14	42,4	9	64,3	0	0	3	21,4
159	32	13	40,6	6	46,2	3	23,1	4	30,8
160	35	17	48,6	12	70,6	1	5,9	11	64,7
161	13	4	30,8	2	50,0	0	0	2	50,0
162	16	10	62,5	5	50,0	1	10,0	4	40,0
165	51	8	15,7	6	75,0	2	25,0	3	37,5
167	18	4	22,2	2	50,0	1	25,0	2	50,0
170	308	48	15,6	40	83,3	4	8,3	31	64,6
177	27	12	44,4	4	33,3	1	8,3	2	16,7
180	57	19	33,3	14	73,7	2	10,5	8	42,1
181	68	20	29,4	14	70,0	2	10,0	12	60,0
182	77	36	46,8	22	61,1	15	41,7	8	22,2
185	42	13	31,0	10	76,9	0	0	6	46,2
601	76	34	44,7	7	20,6	9	26,5	8	23,5
620	647	142	21,9	103	72,5	17	12,0	55	38,7
621	400	20	5,0	13	65,0	5	25,0	7	35,0
622	17	2	11,8	1	50,0	1	50,0	0	0
623	11	4	36,4	3	75,0	0	0	1	25,0
624	19	6	31,6	5	83,3	0	0	6	100,0
625	1.198	271	22,6	215	79,3	32	11,8	126	46,5
626	1.923	286	14,9	217	75,9	38	13,3	113	39,5
627	18	6	33,3	4	66,7	0	0	4	66,7
628	18	2	11,1	2	100,0	0	0	1	50,0
629	779	282	36,2	233	82,6	8	2,8	155	55,0
630	623	133	21,3	105	78,9	22	16,5	50	37,6
631	1.300	358	27,5	268	74,9	51	14,2	133	37,2
632	1.902	675	35,5	449	66,5	183	27,1	235	34,8
633	0	0	0	0	0	0	0	0	0
634	171	37	21,6	30	81,1	6	16,2	19	51,4
635	312	34	10,9	30	88,2	1	2,9	29	85,3
636	78	19	24,4	10	52,6	2	10,5	7	36,8
637	68	14	20,6	8	57,1	4	28,6	5	35,7
638	49	18	36,7	13	72,2	2	11,1	8	44,4
639	41	18	43,9	9	50,0	3	16,7	5	27,8
	10.755	2.692	25,0	1.939	72,0	432	16,0	1.120	41,6

Tab. 39: Verteilung der Einpersonenhaushalte nach Wohnblöcken im Märkischen Viertel aufgeschlüsselt 1970. (Quelle: Sonderauswertung des Statistischen Landesamtes Berlin der Daten zur Volkszählung am 27. 5. 1970)

unwesentliche Verschiebungen hinsichtlich der Haushaltsgröße ergeben. Zumindest bedeutet es, daß ca. 12 % der großen Familien in zu kleinen Wohnungen leben.

Einen interessanten Aspekt stellt der Anteil der Frauen an den Einpersonenhaushalten dar. So liegt der Durchschnitt dieser Haushalte im Märkischen Viertel bei 72 % (Tab. 40). Betrachtet man demgegenüber die Werte für Berlin (West) und Reinickendorf, so ergeben sich nur geringfügige Unterschiede. Die Verhältnisse im Märkischen Viertel und in Berlin (West) sind also bezüglich des Anteils der Frauen an den Einpersonenhaushalten fast gleich, was nach den bisherigen Erfahrungen überrascht (Abb. 53).

	Einpersonenhaushalte insgesamt abs.	davon Einpersonenhaushalte von Frauen abs.	%
Berlin (West)	469.699	338.598	72,1
Reinickendorf	37.650	28.354	75,3
Märkisches Viertel	2.692	1.939	72,0

Tab. 40: Verteilung der Einpersonenhaushalte 1970. (Quelle: Sonderauswertung des Statistischen Landesamtes Berlin der Daten zur Volkszählung am 27. 5. 1970)

Ein Grund für das Überwiegen der weiblichen Einpersonenhaushalte liegt in der höheren Lebenserwartung der Frauen. So beträgt die Zahl der verwitweten Frauen in Berlin (West) 86,9 % gegenüber 13,1 % bei den verwitweten Männern.

In den Neubauten des Märkischen Viertels haben nur 41,6 % der Einpersonenhaushalte einen Haushaltungsvorstand, der über 65 Jahre alt ist (Tab. 39). Nur 16,0 % des betreffenden Personenkreises weisen ein Alter von unter 30 Jahren auf.

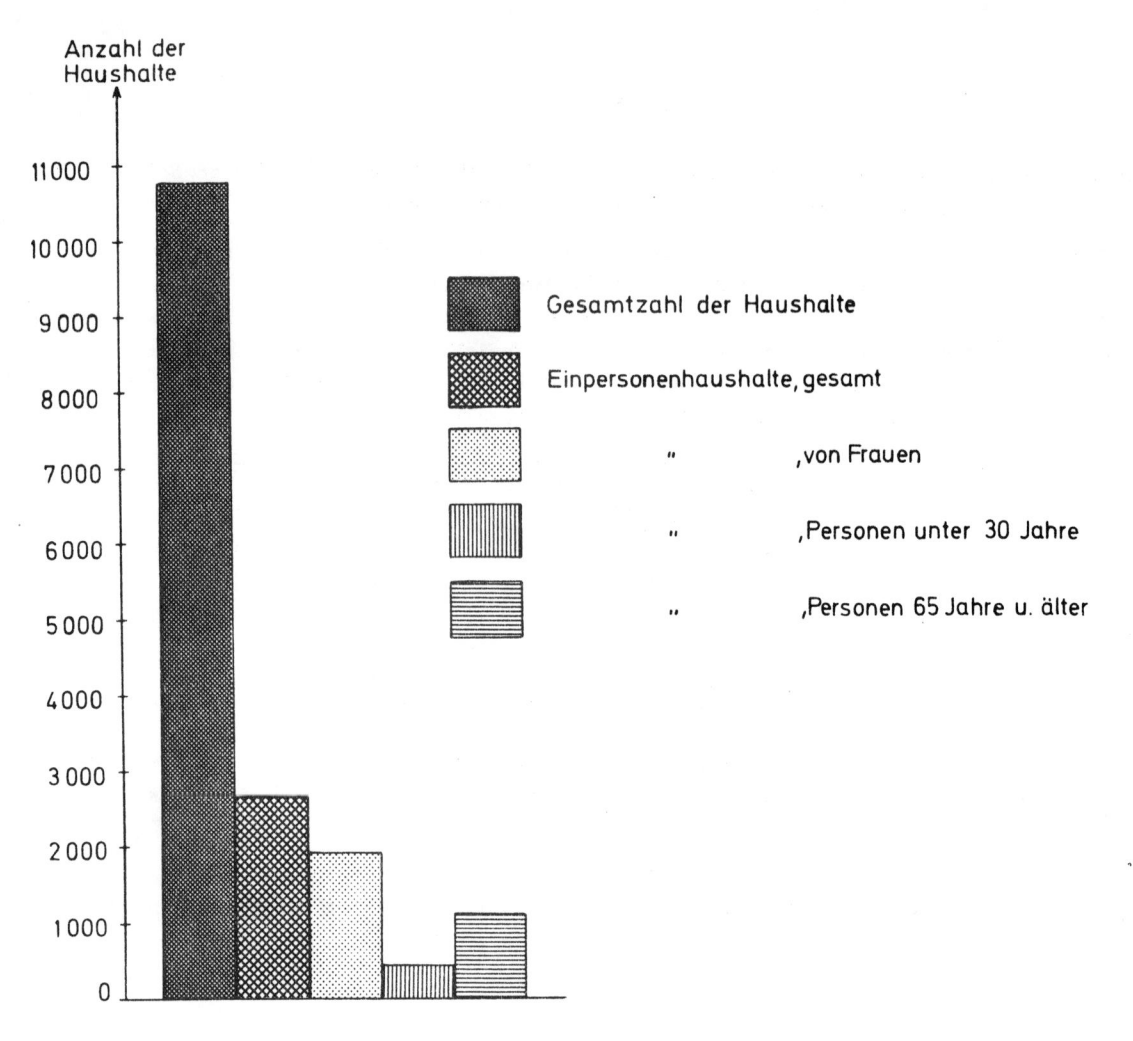

Abb.53 : Verteilung der Einpersonenhaushalte am 27.5.1970 im Märkischen Viertel

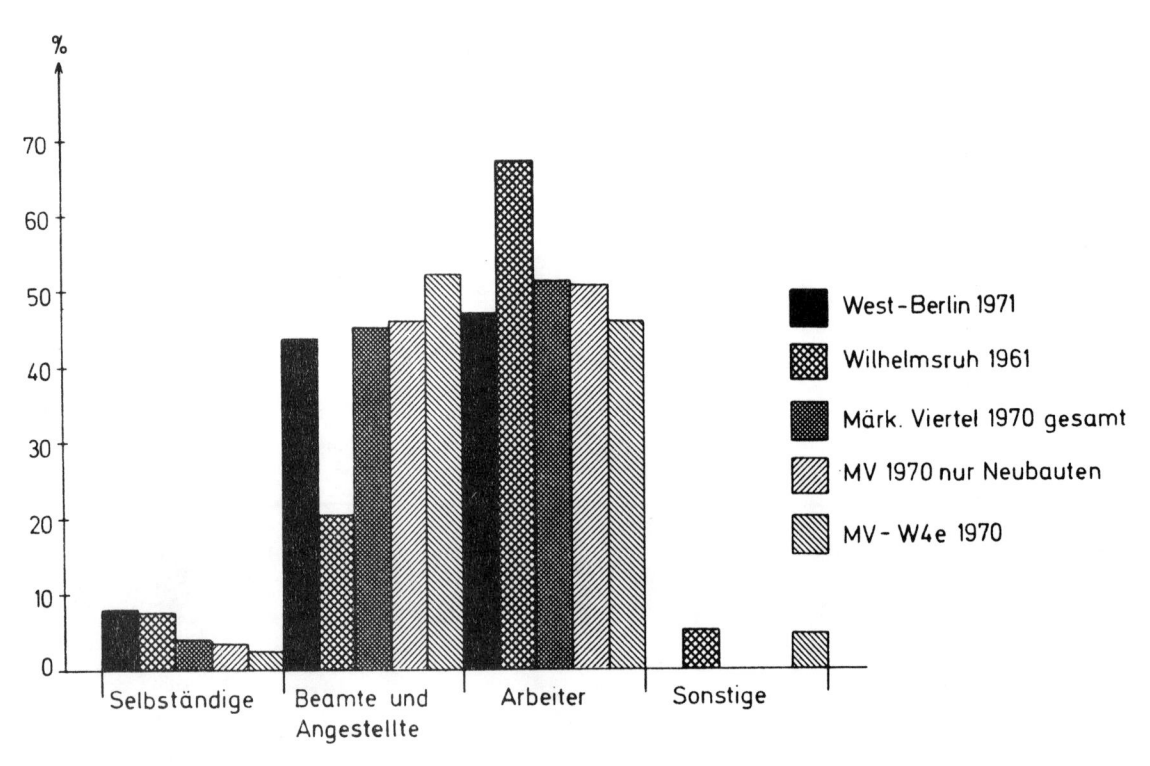

Abb.54: Berufsgruppen

5.5 Berufsstruktur der Haushaltungsvorstände

Die Struktur der Berufstätigen des Märkischen Viertels für die Jahre 1956, 1961 und 1970 sowie für Berlin (West) im Jahre 1971 kann nur anhand der offiziellen statistischen Unterscheidungsmerkmale betrachtet werden, die lediglich eine grobe Differenzierung zulassen. Während die offizielle Statistik in der Rubrik der Arbeiter keine weitere Unterscheidung vornimmt, konnte für das Wohngebiet W 4e eine Aufsplitterung in Facharbeiter und Hilfs- bzw. Angelernte Arbeiter durchgeführt werden.

Berufsgruppe	Berlin (West)[1] 1971 %	Wilhelmsruh[2] 1956 %	1961 %	Märkisches Viertel[3] 1970 gesamt %	Neubauten %	W 4e[4] 1974 %
Selbständige	8,4	9,8	7,9	4,0	3,5	2,2
Beamte	6,7	2,5	20,3	44,9	46,0	16,5
Angestellte	37,6	15,6				35,9
Facharbeiter	47,3	72,1	67,0	51,1	50,5	28,1
Hilfsarbeiter						12,7
Sonstige	-	-	4,8	-	-	4,6

Tab. 41: Berufsstruktur im Märkischen Viertel und in Berlin (West)

Auch für die Beamten und Angestellten ließen sich nur für Berlin (West), Wilhelmsruh 1956 und das Wohngebiet W 4e getrennte Werte ermitteln.

In der Gruppe der Selbständigen tritt zwischen Berlin (West) und Wilhelmsruh eine recht geringe Differenz auf. Stellt man die Werte für das Märkische Viertel dagegen, so zeigen sich deutliche Abweichungen. Für Wilhelmsruh ist zu konstatieren, daß sich dort aufgrund der geringen finanziellen Belastung durch Pacht oder Miete eine Reihe kleiner Gewerbebetriebe niedergelassen hatte (Abb. 44), was zu einem Ansteigen der Selbständigenzahlen führte. Im Zuge der Sanierung mußte ein Teil der Selbständigen die Betriebe aufgeben und das Märkische Viertel verlassen. In den Neubauten überwiegen unter den Selbständigen kleine Taxiunternehmer, Versicherungsagenten, Vertreter u.ä. Daraus erklärt sich auch der geringe Anteil der Selbständigen an der erwerbstätigen Bevölkerung des Märkischen Viertels.

Bei den Beamten und Angestellten lassen sich gegenüber Berlin (West) zwei erhebliche Unterschiede feststellen. Betrachtet man beide Berufsgruppen als Einheit, so fällt der außerordentlich geringe Anteil in Wilhelmsruh auf, der weniger als die Hälfte des Berliner (West) Durchschnitts beträgt. Für das gesamte Märkische Viertel und auch für die Neubauten allein sind diese Unterschiede im Vergleich zu Berlin (West) gering, d.h. die Werte liegen sogar noch über denen Berlins (West). Im Wohngebiet W 4e erreichen diese Berufsgruppen einen Spitzenwert.

Stellt man den Werten für das Wohngebiet W 4e die Angaben der in den vorhergehenden Jahren bezogenen Wohngebiete gegenüber, so lassen sich auch hier einige deutliche Unterschiede erkennen (Tab. 44).

---

[1] Statistisches Jahrbuch Berlin 1973.
[2] Berliner Statistik, Sonderheft 66, 1958.
    Berliner Statistik, Sonderheft 112, 1964.
[3] Berliner Statistik, Sonderheft 248, 1975.
[4] Auswertung der Mieterakten der Gesobau.

Berufe	Anteil in den Wohngebieten 1968 und 1974						Berlin (West) 1961
				in Prozenten			
	W 1b	W 1c	W 2c	W 3b	W 3c	W 4e	
Rentner	22,0	19,0	27,0	9,0	16,5	25,4	24,7
Selbständige	3,0	-	1,0	-	2,0	1,6	6,5
Beamte	9,0	7,0	4,0	18,0	1,0	12,3	4,4
Angestellte	24,5	19,0	15,0	27,5	16,0	26,8	25,0
Arbeiter	38,5	53,0	49,0	39,5	57,5	30,4	37,4
Sonstige	3,0	2,0	4,0	6,0	7,0	3,5	2,0

Tab. 42: Verteilung der Berufszugehörigkeit in ausgewählten Wohngebieten des Märkischen Viertels und in Berlin (West). (Quellen: Mieterakten der Gesobau und Statistisches Jahrbuch für Berlin 1963)

Die Rubriken mit den geringsten Schwankungen sind die der Selbständigen und der Sonstigen (Abb. 55). In den übrigen vier Sparten finden sich teilweise erhebliche Abweichungen. Der Anteil der Rentner steht in engem Zusammenhang mit der Altersstruktur und der Anzahl der kleinen Wohnungen. Deshalb erreichen die Werte für die Rentner auch in drei Wohngebieten über 20 %, wohingegen er im Wohngebiet W 3b, das keine Einzimmerwohnungen aufweist, nur 9 % beträgt.

Bei den Beamten weisen die Daten eine außerordentlich hohe Schwankungsbreite auf. Die Werte liegen hier entweder weit unter bzw. über dem Berliner (West) Durchschnitt (Tab. 42). Darin zeigt sich möglicherweise ein Aspekt der Belegungspolitik des Wohnungsamtes und der Auswahl der Wohnungsbaugesellschaften, die mit einem Beamten einen von kunjunkturellen Schwankungen der Wirtschaft unabhängigen Mieter bekommen.

Die am stärksten vertretene Berufsgruppe im Märkischen Viertel sind die Arbeiter. Die Behauptung, das Märkische Viertel sei ein Arbeiterwohngebiet, d.h. der Anteil der Arbeiter sei hier überproportional hoch, ist eine Annahme, die in ihrem generellen Inhalt nicht stimmt. Ein um 3,8 % über dem Berliner (West) Durchschnitt (Tab. 41) liegender Wert berechtigt noch keineswegs zu dieser Aussage. Vielmehr ist festzustellen, daß dieser Wert für die Neubauten noch um 0,6 % unter dem Ergebnis des gesamten Märkischen Viertels liegt. Gegenüber den Verhältnissen vor der Sanierung ist der Anteil der Arbeiter erheblich gesunken.

Nun ist allerdings nicht zu erwarten, daß in allen Bereichen die Verteilung der Berufsgruppen einheitlich ist. Diese Schwankungen sind aus den Tabellen 43 und 44 ersichtlich. Obwohl in Tab. 44 die Daten für lediglich sechs Wohngebiete aufgeführt sind, lassen sich deutliche Unterschiede feststellen. So ist der Arbeiteranteil in den Wohngebieten W 1c, W 2c und W 3c besonders hoch. Auch wenn sich die Daten für die anderen drei Wohngebiete W 1b, W 3b und W 4e zum Teil deutlich unter dem Mittel des Märkischen Viertels bewegen, wird allein in den Wohngebieten W 3b und W 4e der Wert für Berlin (West) unterschritten.

Innerhalb der in den ersten Jahren bezogenen Wohngebiete bestehen strukturelle Unterschiede, die auf der willkürlichen Auswahl der neuen Mieter aus dem für den sozialen Wohnungsbau berechtigten Bewerberkreis basieren. Nach der Neuregelung der Vergabemodalitäten im sozialen Wohnungsbau nach dem 1. 1. 1969 wurden derartige Extreme möglichst vermieden, um nicht ein "Arbeitergetto" zu schaffen. Doch aus der Entwicklung läßt sich die "fruchtbare" Zusammenarbeit der verschiedenen öffentlichen Dienststellen erkennen, die in den ersten Wohngebieten zu einem derartigen Zustand führte. Denn das Märkische Viertel sollte keineswegs zu einer "Müllkippe der sozialen Probleme" werden. Vielmehr war die Integration innerhalb Berlins (West) ausdrücklich vorgesehen, worunter auch das Vorhandensein einer dem Durchschnitt der Stadt entsprechenden Bevölkerung zu verstehen ist.

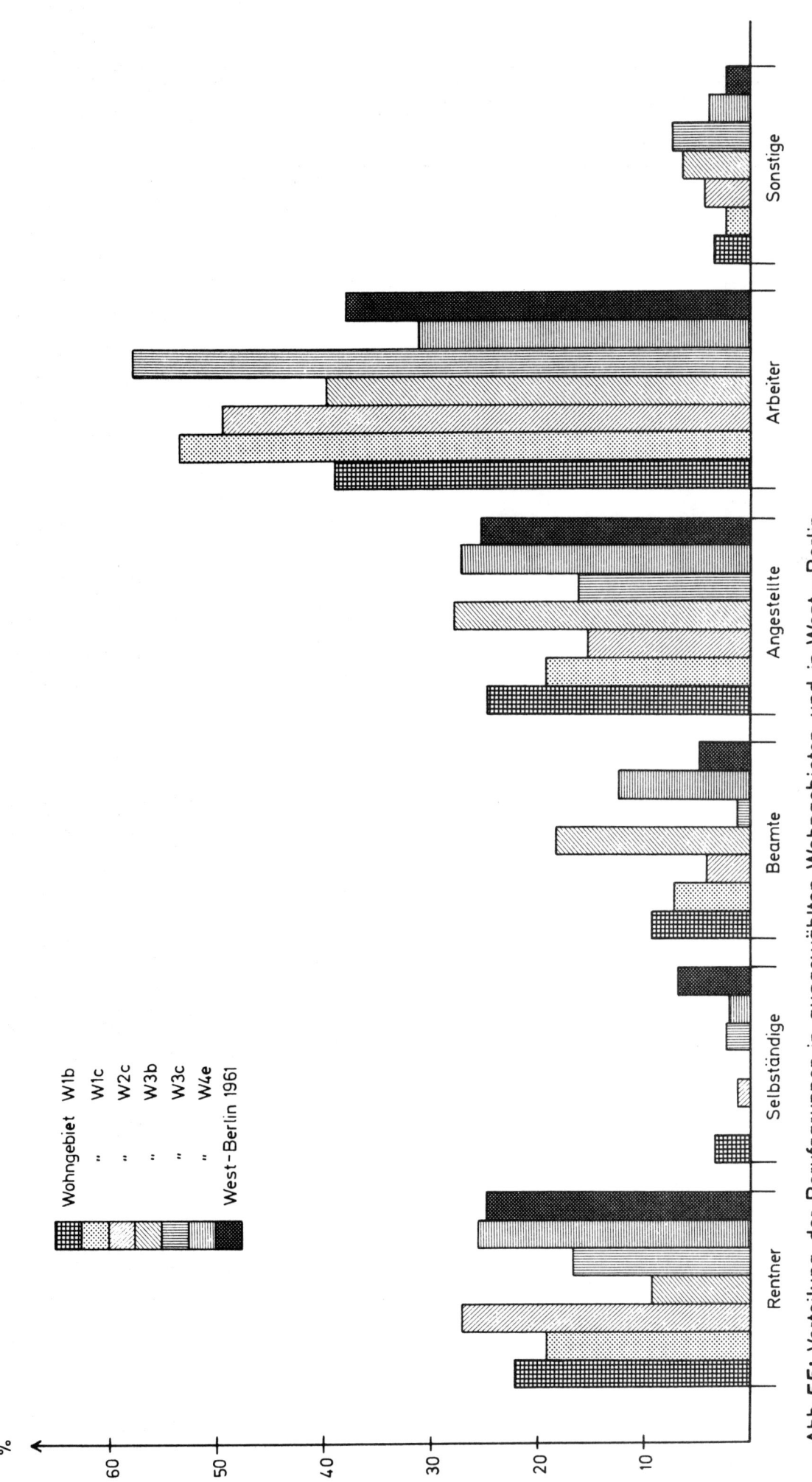

Abb. 55: Verteilung der Berufsgruppen in ausgewählten Wohngebieten und in West-Berlin

Wohn-block	Insgesamt	Selbständige oder mithelfende Familienangehörige		Angestellte, Beamte, einschließlich technische oder kaufmännische Lehrlinge		Arbeiter, einschließlich gewerbliche Lehrlinge	
		absolut	%	absolut	%	absolut	%
146	45	9	20,0	13	28,9	23	51,1
147	40	2	5,0	12	30,0	26	65,0
149	11	0	0	4	36,4	7	63,6
150	40	2	5,0	13	32,5	25	62,5
151	25	2	8,0	11	44,0	12	48,0
152	24	0	0	6	25,0	18	75,0
153	34	4	11,8	12	35,3	18	52,9
154	11	1	9,1	6	54,5	4	36,4
155	12	1	8,3	1	8,3	10	83,4
156	27	4	14,8	10	37,0	13	48,2
157	39	2	5,1	15	38,5	22	56,4
158	40	3	7,5	10	25,0	27	67,5
159	34	2	5,9	10	29,4	22	64,7
160	26	2	7,7	7	26,9	17	65,4
161	11	3	27,3	3	27,3	5	45,4
162	9	1	11,1	2	22,2	6	66,7
165	65	10	15,4	28	43,1	27	41,5
167	80	3	3,8	5	6,2	72	90,0
170	440	25	5,7	175	39,8	240	54,5
177	27	0	0	14	51,9	13	48,1
180	39	4	10,3	14	35,9	21	53,8
181	59	2	3,4	28	47,5	29	49,1
182	71	8	11,3	29	40,8	34	47,9
185	43	4	9,3	18	41,9	21	48,8
601	83	8	9,6	28	33,7	47	56,6
620	825	24	2,9	284	34,4	517	62,7
621	583	26	4,5	307	52,7	250	42,8
622	20	2	10,0	5	25,0	13	65,0
623	7	0	0	2	28,6	5	71,4
624	17	4	23,5	4	23,5	9	53,0
625	1.467	58	4,0	646	44,0	763	52,0
626	2.576	117	4,6	1.229	47,7	1.230	47,7
627	20	4	20,0	7	35,0	9	45,0
628	27	3	11,1	7	25,9	17	63,0
629	789	32	4,1	306	38,8	451	57,1
630	817	26	3,2	416	50,9	375	45,9
631	1.600	36	2,3	765	47,8	799	49,9
632	2.122	58	2,7	1.030	48,6	1.034	48,7
633	0	0	0	0	0	0	0
634	217	3	1,4	93	42,9	121	55,7
635	426	7	1,6	214	50,3	205	48,1
636	87	9	10,3	23	26,4	55	63,3
637	74	10	13,5	26	35,1	38	51,4
638	46	2	4,3	17	37,0	27	58,7
639	39	1	2,6	20	51,3	18	46,1
	13.094	524	4,0	5.875	44,9	6.695	51,1

Tab. 43: Struktur der Erwerbstätigen im Märkischen Viertel aufgeschlüsselt nach Wohnblöcken am 27. 5. 1970.

Berufe	Anteil in den Wohngebieten in % 1968 und 1974 (W 4e)						Berlin(West) (in %) 1971
	W 1b	W 1c	W 2c	W 3b	W 3c	W 4e	
Selbständige	3,9	0,0	1,4	0,0	2,4	2,2	8,4
Beamte	11,5	8,7	5,5	19,8	1,2	16,5	6,7
Angestellte	31,4	23,5	20,6	30,3	19,2	35,9	37,6
Arbeiter	49,3	65,3	67,1	43,4	69,0	40,8	47,3
Sonstige	3,9	2,5	5,4	6,5	8,2	4,6	-
	100,0	100,0	100,0	100,0	100,0	100,0	100,0

Tab.: 44: Berufszugehörigkeit der Haushaltungsvorstände in ausgewählten Wohngebieten des Märkischen Viertels 1968 (W 4e: 1974) und Berlin (West) 1971. (Quelle: Mieterakten der Gesobau und Statistisches Jahrbuch Berlin 1973)

Zwar stellt im Rahmen der Berufsgruppen die Sparte der sonstigen Berufe einen Anteil, der hier nur für die sechs aufgeführten Wohngebiete erfaßbar ist aber insgesamt höher als der Anteil der Selbständigen liegt, jedoch wegen der Uneinheitlichkeit der darin erfaßten Berufe keine entscheidende Bedeutung für die Berufsstruktur besitzt.

Eine differenzierte Berufsstruktur kleiner Erfassungseinheiten stellt keineswegs eine Abnormität sondern etwas Selbstverständliches dar. Sonst dürfte es z.B. keine regional und wirtschaftlich bedingten Unterschiede zwischen Stadt und Land geben, obwohl auch hier bereits durch den Zug der Stadtbevölkerung in die ländliche Umgebung der Städte ein Nivellierungsprozeß eingesetzt hat. Innerhalb der Städte ist dagegen durch die Zuordnung der ausgeübten Berufe zu bestimmten Gruppen eine Differenzierung der Bevölkerung nach ihren Tätigkeiten möglich. Doch sollte die Zuordnung zu einer Berufsgruppe keineswegs als alleiniges Kriterium einer sozialen Gliederung aufgefaßt werden, da zu dieser Unterscheidung noch weitere Kriterien herangezogen werden müßten.

Noch um die Jahrhundertwende war eine bestimmte soziale Einordnung nach der Berufszugehörigkeit möglich, auch wenn es innerhalb der Berufsgruppen entscheidende Unterschiede nach dem Rang der bekleideten Stellung und der Höhe des Einkommens gab. So besaßen z.B. ein Angestellter oder ein Beamter einen höheren Status als ein Arbeiter mit dem gleichen Einkommen.

In der heutigen Zeit haben sich diese Standesunterschiede weitgehend ausgeglichen. Ein Arbeiter ist nicht mehr der sich schindende und hungernde Prolet. In seinen Verhaltensweisen ist er außerhalb seines Arbeitsplatzes nicht als Arbeiter zu erkennen sondern entspricht in Einkommen und Verhalten weitgehend den unteren und mittleren Selbständigen, Angestellten oder Beamten. Da es auch für diese drei Berufsgruppen in den offiziellen Statistiken keine Unterscheidungen gibt, sind sie ebenfalls für eine soziale Gliederung nur bedingt aussagekräftig.

Im Laufe dieses Jahrhunderts hat sich die Frau einen festen Platz im Berufsleben erobert, ohne daß sie allerdings grundsätzlich überall akzeptiert wird. Dieser Prozeß vollzog sich aus den unterschiedlichsten Gründen. Zum einen geschah er in emanzipatorischer Absicht, d.h. dem Mann sollte bewiesen werden, daß auch die Frau sich im Berufsleben behaupten kann und die ihr bislang zugewiesenen drei "K", Kirche, Kinder, Küche keineswegs ihr Leben ausfüllten. Andererseits wollte die junge Frau einen Beruf ergreifen, um bei einem Ausfall des Ehemannes den Lebensunterhalt besser als es bis dahin in solchen Fällen möglich war zu verdienen. Oder die Frau mußte zum Lebensunterhalt der Familie beitragen, wenn der Mann nicht genug verdiente.

Vor allem in der Zeit nach dem 2. Weltkrieg zog es viele Frauen wieder in den Beruf (abgesehen von der Notwendigkeit durch das Fehlen der gefallenen Männer), da mit dem wachsenden Warenangebot auch der Wunsch nach dessen Besitz wuchs. Zur Erfüllung bestimmter Wünsche, deren Realisierung bislang besser verdienenden Schichten vorbehalten blieb, trat die Frau häufig in das Wirtschaftsleben ein. Da der einmal erreichte Stand nicht aufgegeben sondern ausgebaut werden sollte, blieb die Frau auch weiterhin im Berufsleben.

Gerade in Neubaugebieten wie dem Märkischen Viertel wurde die Mitarbeit der weiblichen Familienangehörigen häufig zur Notwendigkeit, da die im Verhältnis zu den bisherigen Wohnungen meistens fühlbar höhere Miete nur die Alternative der Aufgabe des bisherigen Lebensstandards oder die Mitarbeit der Frau zuließ. Da ein einmal erreichter Lebensstandard ungern aufgegeben wird, blieb in den meisten Fällen keine Wahl. Das Ergebnis dieser Überlegungen müßte ein sehr hoher und über dem Berliner (West) Prozentsatz liegender Anteil erwerbstätiger Frauen an der gesamten Erwerbstätigenzahl sein.

Anteil der Frauen an allen Erwerbstätigen in %			Anteil der verheirateten Frauen in %			
			von allen Erwerbstätigen		von den erwerbstätigen Frauen	
Berlin (West)	MV gesamt	MV Neubauten	Berlin (West)	Märk. V	Berlin (West)	Märk. V.
42,8	40,5	40,9	23,1	29,2	53,9	71,4

Tab. 45: Beteiligung der Frauen am Erwerbsleben 1970 (Quelle: Berechnungen des Verf. nach der Sonderauswertung des Statistischen Landesamtes Berlin der Daten zur Volkszählung am 27. 5. 1970)

Auffallend ist die Tatsache, daß der Anteil der Frauen an allen Erwerbstätigen Berlins (West) über den Zahlen sowohl des gesamten Märkischen Viertels als auch der Neubauten liegt (Tab. 45). Die Differenz ist zwar nur gering, doch widerspricht dieses Ergebnis den eingangs gemachten Überlegungen.

Gehen wir zum zweiten Teil der Tab. 45 über, so erhalten die Zahlen eine völlig andere Relation. Während von allen Erwerbstätigen Berlins (West) nur ein knappes Viertel verheiratete Frauen sind, bewegt sich dieser Wert für die Neubauten des Märkischen Viertels bei 29,2 %. Es handelt sich zwar nur um eine Differenz von 6,1 %, doch erhalten wir damit einen ersten Beweis für unsere Hypothese. Der Anteil der verheirateten Frauen an den erwerbstätigen weiblichen Personen verdeutlicht das bisherige Ergebnis. In Berlin (West) sind nur 53,9 % aller arbeitenden Frauen verheiratet, im Märkischen Viertel sind es dagegen 71,4 %. Damit bestätigen die Zahlen in eindeutiger Weise die Vermutungen.

Das Überwiegen der verheirateten Frauen bei den erwerbstätigen weiblichen Personen bringt vor allem in Familien mit kleineren Kindern ein schwerwiegendes Problem mit sich: Wo sollen die Kinder während der Arbeitszeit der Mutter untergebracht werden? Auf diesem Problem gründeten sich für die betroffene Bevölkerung vor allem in den ersten Jahren eine ganze Reihe von Schwierigkeiten durch den Mangel an Kindertagesstättenplätzen.

Unter den erwerbstätigen Frauen sind nicht nur Mütter sondern auch kinderlose Frauen zu finden, die gerade erst geheiratet haben. Für sie ist die Erwerbstätigkeit insofern eine Notwendigkeit, da in vielen Fällen Kredite und Darlehen für die Ausstattung der neuen Wohnung abgezahlt werden müssen und außerdem ein bestimmter Nachholbedarf beim Erwerb von aufwendigeren Konsumgütern besteht.

Bestünde ein größeres Angebot an Arbeitsplätzen in der Nähe des Wohnortes, wäre mit Sicherheit die Zahl der berufstätigen Frauen höher, da viele Hausfrauen latent bereit sind in das Berufsleben zurückzukehren, wenn sich die Möglichkeit dazu bieten sollte.[1] So hatte bereits im Sommer 1969 der Anteil der im Märkischen Zentrum als

---

1) Siehe auch: ZAPF, K.; K. HEIL; J. RUDOLPH, 1969.

Verkäuferinnen oder Lagerarbeiterinnen beschäftigten Frauen 55 % erreicht. Nach der Fertigstellung des Märkischen Zentrums hat sich das Verhältnis sogar noch erhöht.

Von ähnlichen Überlegungen war auch die Firma AEG-Telefunken bei der Errichtung einer Fertigungsstätte ausgegangen. Obwohl die Fabrik nur für kurze Zeit ihre Tore öffnete, nahmen viele Frauen (ca. 350) aus dem Märkischen Viertel die Gelegenheit wahr, zur Steigerung des Familieneinkommens beizutragen. Nach der Schließung dieser Fabrikationsstätte hat sich allerdings die Möglichkeit zur Ausübung einer Arbeit in der Nähe des Wohnortes wieder verschlechtert.

5.6 Pendelwanderung der Erwerbstätigen

Im Verhältnis zu der Zahl aller Erwerbstätigen des Märkischen Viertels stellt die Anzahl der in diesem Gebiet Beschäftigten (Tab. 46) einen beachtlichen Faktor dar (13.094 zu 3.451).[1] Damit ist allerdings nicht gesagt, daß alle dort Beschäftigten auch ihren Wohnort im Märkischen Viertel besitzen. Lediglich bei 4,3 % der Erwerbstätigen stimmen Wohnblock und Arbeitsgebiet überein. 95,7 % verlassen dagegen den Wohnblock, um außerhalb seiner Grenzen ihrer Erwerbstätigkeit nachzugehen.

Auch bei den in das Viertel gezogenen Arbeitskräften besteht eine gewisse Arbeitsplatzimmobilität, d.h. die Bereitschaft den bisherigen Arbeitsplatz zugunsten eines neuen innerhalb des Wohngebietes zu wechseln ist nur gering. Dies liegt an dem unzureichenden Arbeitsplatzangebot, das keine allzu große Auswahlmöglichkeit zuläßt. So pendelt z.B. ein großer Teil der in den sozialen Infrastruktureinrichtungen Tätigen täglich in das Märkische Viertel ein, da die in diesen Branchen beschäftigten Einwohner des Viertels entweder einen Arbeitsplatz in einer anderen Gegend besitzen bzw. das Stellenangebot die Nachfrage innerhalb des Viertels übersteigt. Die geringe Zahl der Erwerbstätigen, bei denen Wohnung und Arbeitsstätte im gleichen Wohnblock liegen, stellt daher nicht die Gesamtzahl aller im Märkischen Viertel Beschäftigten dar. Diese muß höher angesetzt werden. Im Vergleich zur Gesamtzahl aller Erwerbstätigen kann diese Zahl allerdings nicht allzu hoch ausfallen, weil 87,5 % aller Auspendler einen länger als 15 Minuten dauernden Weg zu ihrer Arbeitsstätte haben. Da fast jeder Ort innerhalb des Märkischen Viertels innerhalb von 15 Minuten erreichbar ist, liegt ihre Arbeitsstätte häufig außerhalb des Viertels. Ebenso kann der Anteil der innerhalb des Märkischen Viertels pendelnden Berufstätigen nur in den 26,5 % der Einpendler gesucht werden, deren Arbeitsweg weniger als 15 Minuten in Anspruch nimmt.

---

1) In der Tab. 46 beziehen sich die Spalten "Erwerbstätige am Arbeitsort" und "davon dort wohnhaft" auf das Vorhandensein von Arbeitsstätte und Wohnung im gleichen Wohnblock.

Wohn-block	Beschäf-tigte	Auspendler		Arbeitsweg länger als 15 Minuten		Erwerbs-tätige am Arbeitsort	davon dort wohnhaft		Einpendler in % der Erwerbs-tätigen am Arbeitsort		Arbeitsweg länger als 15 Minuten	
		abs.	%	abs.	%	abs.	abs.	%	abs.	%	abs.	%
146	45	30	66,7	20	66,7	90	15	16,7	70	83,3	57	76,0
147	40	37	92,5	27	73,0	722	3	0,4	719	99,6	557	77,5
149	11	11	100,0	9	81,8	8	0	0	8	100,0	4	50,0
150	40	37	92,5	31	83,8	5	3	60,0	2	40,0	2	100,0
151	25	23	92,0	19	82,6	4	2	50,0	2	50,0	1	50,0
152	24	22	91,7	19	86,4	3	2	66,7	1	33,3	0	0
153	34	33	97,1	25	75,8	4	1	25,0	3	75,0	3	100,0
154	11	11	100,0	7	63,6	0	0	0	0	0	0	0
155	12	12	100,0	10	83,3	2	0	0	2	100,0	2	100,0
156	27	23	85,2	18	78,3	4	4	100,0	0	0	0	0
157	39	37	94,9	28	75,7	11	2	18,2	9	81,8	3	33,3
158	40	33	82,5	20	60,6	11	7	63,6	4	36,4	3	75,0
159	34	32	94,1	26	81,3	4	2	50,0	2	50,0	0	0
160	26	26	100,0	20	76,9	0	0	0	0	0	0	0
161	11	11	100,0	9	81,8	1	0	0	1	100,0	1	100,0
162	9	8	88,9	7	87,5	1	1	100,0	0	0	0	0
165	65	59	90,8	46	78,0	58	6	10,3	52	89,7	37	71,2
167	80	35	43,8	35	100,0	465	45	9,7	420	90,3	354	84,3
170	440	428	97,3	362	84,6	22	12	54,4	10	45,5	7	70,0
177	27	26	96,3	22	84,6	1	1	100,0	0	0	0	0
180	39	34	87,2	26	76,5	6	5	83,3	1	16,7	1	100,0
181	59	56	94,9	48	85,7	5	3	60,0	2	40,0	1	50,0
182	71	63	88,7	45	71,4	30	8	26,7	22	73,3	14	63,6
185	43	40	93,0	36	90,0	13	3	23,1	10	76,9	9	90,0
601	83	54	65,1	44	81,5	50	29	58,0	21	42,0	8	38,1
620	825	800	97,0	645	80,6	40	25	62,5	15	37,5	12	80,0
621	583	553	94,9	458	82,8	73	30	41,1	43	58,9	26	60,5
622	20	18	90,0	15	83,3	3	2	66,7	1	33,3	1	100,0
623	7	7	100,0	6	85,7	0	0	0	0	0	0	0
624	17	15	88,2	13	86,7	8	2	25,0	6	75,0	2	33,3
625	1.467	1.422	96,9	1.238	87,1	207	45	21,7	162	78,3	99	61,1
626	2.576	2.487	96,5	2.246	90,3	208	89	42,8	119	57,2	91	76,5
627	20	17	85,0	13	76,5	15	3	20,0	12	80,0	7	58,3
628	27	25	92,6	20	80,0	2	2	100,0	0	0	0	0
629	789	766	97,1	661	86,3	67	23	34,3	44	65,7	30	68,2
630	817	789	96,6	698	88,5	44	28	63,6	16	36,4	15	93,8
631	1.600	1.558	97,4	1.417	90,9	142	42	29,6	100	70,4	79	79,0
632	2.122	2.046	96,4	1.829	89,4	535	76	14,2	459	85,8	279	60,8
633	0	0	0	0	0	0	0	0	0	0	0	0
634	217	211	97,2	196	92,9	119	6	5,0	113	95,0	83	73,5
635	426	414	97,2	380	91,8	49	12	24,5	37	75,5	32	86,5
636	87	75	86,2	59	78,7	374	12	3,2	362	96,8	273	75,4
637	74	66	89,2	47	71,2	22	8	36,4	14	63,6	13	92,9
638	46	44	95,7	37	84,1	5	2	40,0	3	60,0	3	100,0
639	39	36	92,3	30	83,3	6	3	50,0	3	50,0	2	66,7
	13.094	12.530	95,7	10.967	87,5	3.451	564	16,3	2.887	83,7	2.121	73,5

Tab. 46: Pendelwanderung der Erwerbstätigen des Märkischen Viertels 1970 aufgeschlüsselt nach Wohnblöcken.
(Quelle: Sonderauswertung des Statistischen Landesamtes Berlin der Daten zur Volkszählung am 27. 5. 1970)

5.7 Einkommen der Haushaltungsvorstände

Im Rahmen der Volkszählung 1970 ist innerhalb der Repräsentativbefragung auch nach dem Einkommen gefragt worden, doch lagen diese Ergebnisse zum Zeitpunkt der Niederschrift noch nicht vor. Deshalb mußte auf ältere, zur Zeit des jeweiligen Wohnungsbezuges aktuelle Angaben zurückgegriffen werden sowie auf die Auswertung der Mieterakten des Wohngebietes W 4e, das für die nach 1970 bezogenen Wohnungen eine gewisse Repräsentanz besitzt (Tab. 47). Man könnte die Einkommen aus den Jahren 1966 bis 1968 anhand der durchschnittlichen jährlichen Einkommenssteigerungen hochrechnen, doch wären bei den vorliegenden Werten schwerwiegende Fehler unvermeidbar, die sich aus der lediglich vorhandenen prozentualen Verteilung der Einkommensgruppen ergeben würden.

Familieneinkommen in DM/Monat	Prozentualer Anteil der Einkommensgruppen für die Wohngebiete					
	W 1b	W 1c	W 2c	W 3b	W 3c	MV
bis 500	11	11	22	0	7	10,2
501 - 750	15	9	28	3	17	14,4
751 - 1.000	15	12	24	22	29	20,4
1.001 - 1.250	17	33	15	18	16	19,8
1.251 - 1.500	16	17	6	30	12	16,2
1.501 - 1.750	17	13	4	21	12	13,4
1.751 - 2.000	6	1	0	3	5	3,0
2.001 und mehr	3	4	1	3	2	2,6
	100	100	100	100	100	100

Tab. 47: Verteilung der Einkommen der Haushaltungsvorstände in ausgewählten Wohngebieten 1965/68. (Quelle: Mieterakten der Gesobau)

Die hohen Einkommensgruppen sind nur sehr gering vertreten und vor allem durch große Familien bedingt. Ein Vergleich mit dem Prozentsatz der Rentner (Tab. 42) zeigt, daß der Anteil der Rentner in allen fünf Wohngebieten größer ist als der Anteil der Einkommen unter 500,-- DM.

Des weiteren ist in W 2c der Anteil der Einkommen bis zu 1.000 DM mit 74 % außerordentlich hoch, wodurch sich dieses Wohngebiet deutlich von den anderen abhebt. Betrachtet man allerdings die Herkunft der Bevölkerung, so ist diese Erscheinung keineswegs erstaunlich. Über 60 % der Einwohner des Wohngebietes W 2c stammen aus den Abrißgebieten des Märkischen Viertels und gerade diese Bevölkerung wies stets ein sehr niedriges Einkommensniveau auf. Auch wenn in den anderen Wohngebieten keine Häufung in den hohen Einkommensgruppen auftritt, so sind sie infolge der größeren Anteile in den mittleren Einkommensgruppen finanziell besser gestellt.

Das Wohngebiet W 2c verfügt, wie bereits erwähnt, über die schlechteste Einkommensstruktur aller fünf Wohngebiete. Hier liegen 89 % der Einkommen in den unteren vier Einkommensgruppen, wobei alleine auf die Einkommen bis 750 DM 50 % entfallen. Hier ist auch der Anteil der Familien mit mehr als 1.500 DM monatlichem Einkommen mit 5 % am geringsten. In W 3b besitzen dagegen wieder die mittleren Einkommensgruppen zwischen 751 und 1.750 DM mit 91 % das absolute Übergewicht. Trotz eines Anteiles von 9 % Rentnern an der Bevölkerung weist keine Familie unter 500 DM Monatseinkommen auf.

Im Wohngebiet W 3c ist der Anteil der zwischen 751 und 1.750 DM verdienenden Familien mit 69 % wieder geringer, ohne allerdings das Minimum des Wohngebietes W 2c zu erreichen. Bei den hohen Einkommen über 1.751 DM überspringt kein Wohngebiet die Hürde von 10 %. Allerdings kommt W 1b mit 9 % dieser Grenze sehr nahe.

Betrachtet man die fünf Wohngebiete in ihrer Gesamtheit, so lassen sich in vier Fällen deutliche Maxima erkennen, die jedoch jedesmal anders gelagert sind (Tab. 48). Obwohl alle Wohnungen im sozialen Wohnungsbau errichtet wurden, ergeben sich Schwerpunkte in der Einkommensverteilung der Wohngebiete. Zur Verdeutlichung sollen noch einmal für die Wohngebiete die vier Einkommensgruppen mit den höchsten Anteilen herangezogen werden (Tab. 48).

Wohngebiet	Einkommensgruppen in DM	Anteil in %
W 1b	751 bis 1.750	65
W 1c	751 bis 1.750	75
W 2c	unter 500 bis 1.250	89
W 3b	751 bis 1.750	91
W 3c	501 bis 1.500	74

Tab. 48: Die jeweils vier Einkommensgruppen aus Tab. 47 mit den höchsten Anteilen 1965/68. (Quelle: Mieterakten der Gesobau).

Die günstigsten Verhältnisse in finanzieller Hinsicht sind im Wohngebiet W 3b vorhanden, da hier mit 91 % der höchste Anteil innerhalb der am häufigsten vorkommenden Einkommensgruppe auftritt. W 2c weist dagegen aus den bereits bekannten Gründen die schlechteste Bilanz auf. An zweiter Stelle in der Skala liegen die Familien des Wohngebietes W 1c, da auch bei ihnen immerhin 75 % über Einkommen zwischen 751 und 1.750 DM verfügen. Zieht man allerdings in Betracht, daß in W 1c der Anteil der Kinder an der Gesamtbevölkerung ca. 41 % beträgt, verschieben sich die Einkommensverhältnisse zwangsläufig aus dem günstigeren in den weniger günstigen Bereich.

Daß die Gehälter über 1.750 DM nur gering vertreten sind, liegt bekanntermaßen an den Bestimmungen des sozialen Wohnungsbaus, die Familien mit solchen hohen Einkommen vom Bezug einer Sozialbauwohnung ausschließen, sofern sie nicht über viele Kinder verfügen. Grundsätzlich bedingt eine hohe Kinderzahl nicht auch gleichzeitig ein hohes Einkommen. Selbst wenn die Einkommensverhältnisse auf den ersten Blick einen recht positiven Eindruck hinterlassen, darf nicht übersehen werden, daß zu einem nicht unerheblichen Teil die erwerbstätigen Frauen dazu beitragen. Legt man einer derartigen Einkommenstabelle nur den Verdienst der Haushaltungsvorstände zugrunde, verschieben sich die Relationen stark in die unteren Einkommensgruppen. Vor allem bei einem geringen Einkommen des Ehemannes muß die Frau mitarbeiten, um den Lebensunterhalt zu bestreiten.

HASSELMANN (1972) kam aufgrund seiner 1970 durchgeführten Untersuchung ebenfalls zu diesem Ergebnis, das dadurch empirisch untermauert wurde. Bei einem Vergleich der 1970 erzielten Nettoeinkommen der Haushaltungsvorstände und der mitverdienenden Ehegatten sowie der durchschnittlichen Bruttoeinkommen der Berliner (West) Erwerbstätigen im Jahre 1968 bestehen auffallende Gegensätze. Berücksichtigt werden muß die unterschiedliche Datenbasis mit Netto- und Bruttoeinkommen, die sich bei den Haushaltungsvorständen in den unteren Einkommensgruppen nicht wesentlich bemerkbar macht. In den höheren Einkommensgruppen entstehen dann allerdings wegen der höheren Sozialabzüge und der Steuerprogression Differenzen, die zu Verschiebungen innerhalb der Einkommensgruppen führen. Die Tab. 49 wirkt etwas unübersichtlich, da die Klassifizierung der Einkommen nicht nach einheitlichen Gesichtspunkten vorgenommen werden konnte.

Ähnlich der Tab. 47 sind die niedrigen und die hohen Einkommensgruppen gering vertreten, wohingegen der überwiegende Teil der Einkommen zwischen 600 und 1800 DM angesiedelt ist. Ein deutliches Maximum bei den Einkommen der Haushaltungsvorstände ergibt sich in der Rubrik zwischen 801 und 1200 DM. Über weniger als 600 DM monatlich verfügen nur 8 % der Haushaltungsvorstände.

Ein völlig anderes bild bietet dagegen die Spalte über die Verteilung des Nettoeinkommens der mitverdienenden Ehegatten. 91 % aller Ehepartner verdienen höchstens 1000 DM im Monat, wobei sich die Rubriken unter 600 DM (45 %) und 601 - 1000 DM (46 %) fast die Waage hal-

Einkommensgruppen	Nettoeinkommen		Bruttoeinkommen
	des Haushaltungsvorstandes	des Ehegatten	in Berlin (West)
	1970	1970	1968
in DM	in %	in %	in %
unter 600	8	45	9,5
600 - 800	16	46	7,0
801 - 1.000	47	-	12,5
1.001 - 1.200			
1.201 - 1.350	-	-	22,0
1.351 - 1.700	25	9	19
1.701 - 1.800			
über 1.800	4	-	30,0

Tab. 49: Klassifizierung der Einkommensgruppen[1]

ten. Mehr als 1.001 DM verdienen lediglich 9 % der Ehepartner. Diese Zahlen werfen ein bezeichnendes Licht auf die Ausbildungs- und Entlohnungsverhältnisse der Frauen, da zumindest in verheirateten Familien der Mann als Haushaltungsvorstand geführt wird. Gerade in den Familien, die aus dem Arbeitermilieu stammen, verfügen viele Frauen über keinen höheren Schulabschluß und teilweise auch über keine Berufsausbildung, wodurch ihre Chancen, einen besser dotierten Posten zu erhalten, recht gering sind. Da auch die Erwerbssituation im Märkischen Viertel keine allzu große Auswahl bietet, beschränken sich die Möglichkeiten entweder auf die Tätigkeit einer Verkäuferin oder Mitarbeiterin in einem Dienstleistungsbetrieb bzw. auf die Arbeit in einer Fabrik. Zur Besetzung eines Verwaltungspostens sind bereits fachliche Kenntnisse notwendig, die eine entsprechende Ausbildung voraussetzen. Mit der Aufnahme einer weniger qualifizierten Tätigkeit ist dementsprechend auch die Entlohnung nicht hoch, was sich natürlich in der Tabelle durch eine Massierung in den Gruppen der niedrigen Einkommen niederschlägt. Ganz außer acht gelassen werden darf allerdings nicht die höhere Besteuerung des mitverdienenden Ehegatten, wodurch eine leichte Verschiebung der Anteile in den einzelnen Gehaltsgruppen nach unten eingetreten ist.

In der Einkommensstruktur Berlins (West) zeigen sich gegenüber dem Märkischen Viertel doch einige gravierende Unterschiede. Auch wenn der Anteil der Einkommen unter 600 DM in Berlin (West) um 1,5 % höher liegt als im Märkischen Viertel, so weist dieser Umstand wiederum nur auf die ungünstige Altersstruktur mit einem hohen Rentneranteil und damit auch einer größeren Zahl niedriger Einkommen hin. Bereits bei den Einkommen zwischen 600 und 800 DM zeigt sich der Unterschied, da hier der Anteil in Berlin (West) schon 9 % niedriger als im Märkischen Viertel ist. Auch wenn die folgenden Rubriken wegen der unterschiedlichen Zusammenfassung schlecht vergleichbar sind, so ist doch die Tendenz in der Einkommensverteilung deutlich. Sind im Märkischen Viertel die Einkommen zwischen 801 und 1200 DM am stärksten vertreten, so erreichen in Berlin (West) erst die Einkommen über 1701 DM den höchsten Anteil mit 30 %. Die Einkommensverteilung im Märkischen Viertel kann als Umkehrung der Berliner (West) Verhältnisse bezeichnet werden.

Ohne die Mitarbeit der Frauen wäre mit Sicherheit die Verschuldung vieler Familien erheblich höher. Zu der hohen Miete kommen noch Kredite und Abzahlungsgeschäfte für neue Wohnungseinrichtungen hinzu. Außerdem trägt z.B. die schleppende Bearbeitung von Wohngeldanträgen dazu bei, daß die ausbleibenden Zuschüsse, mit denen fest gerechnet wurde, zu prekären finanziellen Situationen führen, die teilweise die Inanspruchnahme des Sozialamtes oder sogar die Exmittierung zur Folge haben. Am ehesten waren die Mieter bereit an

---

1) Die Tabelle basiert auf der Tab. 10, S. des Aufsatzes von K.H. Hasselmann, 1972, und wurde nach den vorliegenden Erfordernissen etwas umgestaltet.

ihren Mieten zu sparen, d.h. Mietrückstände wurden leichter in Kauf genommen als Reduzierungen des Lebensstandards. Teilweise waren die Mietschulden allerdings auch nicht willentlich verursacht, vor allem bei einer drastischen Senkung des bisherigen Familieneinkommens infolge einer plötzlichen und unverschuldeten Notlage. In seiner Untersuchung stellt HASSELMANN (1972, S. 159 und 160) fest, daß nur 17 % der befragten Haushaltungsvorstände keine Schulden haben, wobei Mietschulden nicht berücksichtigt sind. Weisen 2 % nur Schulden bis zu 50 DM auf, so steigt der Anteil der bis 100 DM monatlich Verschuldeten bereits auf 15 %. Die höchste Zahl Verschuldeter findet sich mit 21 % in der Gruppe bis 150 DM. Damit ist das Maximum erreicht, denn mit wachsender Verschuldung sinken die prozentualen Anteile der Verschuldeten. Weisen noch 15 % der Haushaltungsvorstände Schulden bis zu 200 DM im Monat auf, so beträgt der Anteil der mit 250 DM bis 500 DM Verschuldeten 16 %. Die höhere Prozentzahl täuscht, werden doch hier fünf Gruppen mit Sprüngen von jeweils 50 DM zusammengefaßt. Mit über 500 DM im Monat sind dann nur noch 4 % der Haushaltungsvorstände verschuldet. Setzt man nun das Einkommen des Haushaltungsvorstandes und den Grad der Verschuldung in Relation, erhält man erstaunlicherweise eine im Verhältnis zum Einkommen recht hohe Verschuldung. Steigt dann das Einkommen, so sinkt die Verschuldung, doch nur bis zu einem Einkommen von 1200 DM. Trotz der geringer werdenden Anteile der Einkommensgruppen über 1200 DM steigt die monatliche Verschuldung wieder leicht an. Die relativ hohe Verschuldung in der Gruppe der niedrigen Einkommen ist vorwiegend auf das geringe Bar- oder auch Sparkapital zurückzuführen. Gerade diese Einkommensgruppen sind zur Finanzierung der über das normale Maß hinausgehenden Ausgaben, z.B. einer Wohnungseinrichtung, auf Kredite oder Ratenkäufe angewiesen. Mit steigendem Einkommen sinkt die Notwendigkeit einer Verschuldung oder zumindest der Schuldbetrag wird niedriger, da jetzt auch über die Lebenshaltungskosten hinaus Geld zum Sparen zur Verfügung steht. Wird das Einkommen größer, steigen oftmals die Ansprüche und zu ihrer Befriedigung müssen trotz des vorhandenen Eigenkapitals Schulden gemacht werden.

5.8 Ausbildungsstand der Bevölkerung

5.8.1 Abgeschlossene Schul- und Berufsausbildung

In engem Zusammenhang mit dem Beruf und dem Einkommen stehen Schul- und Berufsausbildung des Menschen. Ohne eine entsprechende Schulbildung bleiben den meisten die gehobenen Berufe verschlossen und damit auch die höheren und sicheren Einkommen. Zwar kann sich das Einkommen eines Bauarbeiters durchaus mit dem eines Akademikers messen, doch ist dieses hohe Einkommen kein Faktor, mit dem man sicher rechnen kann, da seine Höhe von verschiedenen Inponderabilien beeinflußt wird, so z.B. vom Wetter oder von der Leistungsfähigkeit des betreffenden Arbeiters. Schwere körperliche Arbeit ist nur bis zu einem gewissen Alter zu leisten, später fällt die Leistungsfähigkeit stark ab und senkt dadurch das Einkommen.

Aus den Unterlagen des Statistischen Landesamtes konnten die Daten über den höchsten Schulabschluß der über 15 Jahre alten Personen (Tab. 50) sowie die Aufgliederung der Schüler und Studierenden nach Schularten, aufgeschlüsselt nach Wohnblöcken (Tab. 51), entnommen werden.

Mit 72,8 % besitzen fast drei Viertel der über 15 Jahre alten Personen lediglich den Volks- oder Hauptschulabschluß. Demgegenüber sinken die vier übrigen Möglichkeiten eines Schulabschlusses außerordentlich stark ab. Weisen immerhin noch 13,7 % einen Fach-, Berufsfach- oder Ingenieurschulabschluß auf, sind es bei den Absolventen der Mittleren Reife nur 10,2 %. Sehr gering ist der Anteil der Personen mit dem Abitur (1,4 %) oder einem Hochschulabschluß (1,9 %). Eine Aufschlüsselung nach Alt- und Neubauten zeigt, daß einige Unterschiede bestehen.

Die größten Unterschiede ergeben sich beim Volks- oder Hauptschulabschluß und bei der Mittleren Reife. Hier sind die Verhältnisse in den Altbaugebieten schlechter als in den Neubauten, d.h. der Anteil der Personen mit Volks- oder Hauptschulabschluß ist höher (79,4 % zu 71,9 %) und die Zahl der Personen mit der Mittleren Reife als Schulabschluß liegt niedriger (6,7 % zu 10,6 %). Auch bei den Personen mit Abitur, einem Fach-, Berufsfach- oder Ingenieurschulabschluß sowie einem beendeten Hochschulstudium schneiden die Bewohner der Neubauten besser als die der Altbauten ab. Insgesamt erweist sich die Bewohnerstruktur der Neubauten in allen fünf Schulabschlußbereichen als positiver sowohl gegenüber den Altbauten als auch gegenüber dem Gesamtdurchschnitt.

Schulabschluß	Märk.V.[1] ges.	Altbau-[1] ten %	Neubau-[1] ten %	Berlin[2] (West) %
Volks- o. Hauptschule	72,8	79,4	71,9	67,8
Mittlere Reife	10,2	6,7	10,6	12,4
Abitur	1,4	0,9	1,5	3,6
Fach-, Berufsfach-, Ingenieurschule	13,7	12,0	13,9	12,7
Hochschule	1,9	1,0	2,1	3,5

Tab. 50: Aufschlüsselung des Schulabschlusses der Bewohner nach Alt- und Neubauten 1970

Der Grund dafür ist einmal in dem allgemeinen Trend zu einem besseren Schulabschluß zu suchen, was sich in einem Ansteigen der Absolventenzahlen in Realschule und Gymnasium niederschlägt bei gleichzeitigem Rückgang der Hauptschüler. Denn für eine ganze Reihe von Berufen bestehen nur durch das Vorweisen eines höheren Schulabschlusses Qualifikations- und Aufstiegschancen und somit auch höhere Gehälter. Gegenüber Berlin (West) hinkt das Märkische Viertel allerdings noch hinterher. In allen Bereichen liegt das Märkische Viertel schlechter als der Berliner (West) Durchschnitt. Dieser Umstand ist zum Teil bedingt durch die Bestimmungen des sozialen Wohnungsbaus, da ohne weiteres eine Koppelung zwischen dem Schulabschluß und dem Einkommen besteht. Ausnahmen, wie sie z.B. im Baugewerbe bestehen, bleiben hierbei unberücksichtigt.

Ob sich das Bild im Märkischen Viertel in den nächsten Jahren ändern wird, ist fraglich, da der derzeitig recht hohe Anteil junger Personen die nachfolgende Generation, die eine bessere Schulbildung erwerben kann, meistens zur Abwanderung wegen der fehlenden Wohnungen zwingen wird. Langfristig besteht dagegen durchaus die Möglichkeit einer Annäherung an den Berliner (West) Durchschnitt.

Erstaunlich ist der mit 2,1 % relativ hohe Anteil der Einwohner mit Hochschulabschluß, da das Einkommen eines Akademikers kaum noch innerhalb der Grenzen des sozialen Wohnungsbaus liegt. Dafür findet sich eine recht einfache und einleuchtende Erklärung. Die Wohnung wurde noch während des Studiums oder, sofern der Hochschulabsolvent in den öffentlichen Dienst eintrat, während der Referendarausbildung bezogen, zu einer Zeit also, als noch kein Einkommen oder ein deutlich unter der Bemessungsgrundlage liegender Verdienst vorzuweisen waren.

Innerhalb der einzelnen Wohnblöcke ergeben sich zum Teil recht deutliche Unterschiede. Vor allem in den Altbaugebieten können wegen der geringen Einwohnerzahl der einzelnen Wohnblöcke bereits ein oder zwei Personen in einer der Tabellenspalten erhebliche Abweichungen hervorrufen. So bedeutet z.B. im Wohnblock 155 bereits das Vorhandensein eines Hochschulabsolventen einen Anteil von 3,6 %, der somit deutlich über dem Gesamtdurchschnitt liegt. In den Neubaugebieten muß schon eine größere Zahl von Personen zusammenkommen, da hier

---

1) Berliner Statistik, Sonderheft 248, 1975, S. 207 u. 217.
2) Berliner Statistik, Sonderheft 229, 1974, S. 123.

Wohn-block	Bevölkerung insgesamt absolut	Volks- oder Haupt-schule absolut	%	Mittlere Reife absolut	%	Abitur absolut	%	Fach-, Berufsfach-, Ingenieurschule absolut	%	Hochschule absolut	%
146	100	80	80,0	5	5,0	2	2,0	11	11,0	2	2,0
147	64	53	82,8	5	7,8	0	0	6	9,4	0	0
149	23	17	73,9	2	8,7	0	0	4	17,4	0	0
150	64	54	84,4	4	6,3	0	0	6	9,4	0	0
151	48	40	83,3	2	4,2	2	4,2	4	8,3	0	0
152	49	39	79,6	1	2,0	1	2,0	7	14,3	1	2,0
153	49	39	79,6	3	6,1	1	2,0	6	12,2	0	0
154	22	19	86,4	0	0	0	0	3	13,6	0	0
155	28	26	92,8	0	0	0	0	1	3,6	1	3,6
156	52	39	75,0	6	11,5	0	0	7	13,5	0	0
157	61	49	80,4	3	4,9	1	1,6	8	13,1	0	0
158	63	50	79,4	4	6,3	0	0	9	14,3	0	0
159	55	46	83,6	0	0	0	0	8	14,6	1	1,8
160	55	44	80,0	3	5,5	0	0	8	14,5	0	0
161	22	17	77,1	1	4,5	0	0	4	18,2	0	0
162	22	20	90,9	2	9,1	0	0	0	0	0	0
165	98	67	68,5	5	5,1	2	2,0	22	32,4	2	2,0
167	88	80	90,9	4	4,5	0	0	1	1,1	3	3,5
170	583	457	78,3	42	7,2	5	0,9	75	12,9	4	0,7
177	45	35	77,8	1	2,2	0	0	8	17,8	1	2,2
180	98	89	90,8	5	5,1	0	0	3	3,1	1	1,0
181	122	90	73,8	15	12,3	0	0	15	12,3	2	1,6
182	121	88	72,7	13	10,7	4	3,3	14	11,6	2	1,7
185	80	58	72,5	15	18,7	1	1,2	5	6,4	1	1,2
601	132	109	82,5	9	6,8	1	0,8	12	9,1	1	0,8
620	1.169	930	79,6	82	7,0	11	0,9	131	11,2	15	1,3
621	793	516	65,1	105	13,2	20	2,5	127	16,0	25	3,2
622	31	25	80,7	1	3,2	0	0	4	12,9	1	3,2
623	19	13	68,4	1	5,3	0	0	5	26,3	0	0
624	37	31	83,8	4	10,8	0	0	2	5,4	0	0
625	2.144	1.561	72,8	229	10,7	30	1,4	285	13,3	39	1,8
626	3.559	2.420	68,0	457	12,8	58	1,6	536	15,1	88	2,5
627	32	23	71,9	1	3,1	0	0	7	21,9	1	3,1
628	38	32	84,3	4	10,5	1	2,6	1	2,6	0	0
629	1.311	1.081	82,4	72	5,5	10	0,8	127	9,7	21	1,6
630	1.102	738	67,0	134	12,2	19	1,7	190	17,2	21	1,9
631	2.224	1.601	72,0	254	11,4	26	1,2	292	13,1	51	2,3
632	3.024	2.088	69,0	320	10,6	59	2,0	485	16,0	72	2,4
633	-	-	-	-	-	-	-	-	-	-	-
634	421	347	82,3	32	7,6	4	1,0	36	8,6	2	0,5
635	565	400	70,8	71	12,6	10	1,8	73	12,9	11	1,9
636	147	122	83,0	6	4,1	0	0	19	12,9	0	0
637	130	104	80,0	7	5,4	1	0,8	18	13,8	0	0
638	84	68	81,0	5	6,0	0	0	9	10,7	2	2,3
639	65	47	72,3	4	6,2	1	1,3	11	16,9	2	3,1
	19.039	13.852	72,8	1.939	10,2	270	1,4	2.605	13,7	373	1,9

Tab. 51: Höchster Schulabschluß der über 15 Jahre alten Personen im Märkischen Viertel aufgeschlüsselt nach Wohnblöcken 1970. (Quelle: Sonderauswertung des Statistischen Landesamtes Berlin der Daten zur Volkszählung am 27. 5. 1970)

die Gesamteinwohnerzahlen erheblich höher liegen, und eine Person die Anteile nur äußerst gering beeinflussen kann. Deshalb sind in den Neubaugebieten auch keine allzu großen Schwankungen festzustellen.

5.8.2 Schüler und Studierende

Zeigten die Bewohner der Altbauten bei den Schulabschlüssen eine schlechtere Zusammensetzung, so kehrt sich bei den in der Ausbildung befindlichen Personen dieses Situation um (Tab. 53). Die in den Altbauten wohnenden Schüler und Studenten weisen einen deutlichen Trend zu einer besseren Ausbildung auf, während die Zusammensetzung der Auszubildenden in den Neubauten in allen Bereichen unter dem Gesamtdurchschnitt des Märkischen Viertels liegt.

Die hohe Zahl der Grund- und Hauptschüler scheint dem generellen Zug zu einer besseren Ausbildung hin zu widersprechen, der partiell auch in den Neubaugebieten vorhanden ist. Wird jedoch berücksichtigt, daß keine Differenzierung zwischen Grund- und Hauptschule vorgenommen wurde, so stellt sich die Gesamtsituation besser dar. Denn in Berlin (West) tritt erst nach der sechsten Grundschulklasse die Aufspaltung in die drei Schulzweige Haupt- und Realschule sowie Gynasium ein, so daß alle Kinder bis zum 6. Schuljahr gemeinsam die Grundschule besuchen müssen. Dadurch verändern sich die Werte bis zum Schulabschluß zum Teil noch erheblich (Abb. 56). Außerdem ist ja gerade in den Neubaugebieten der Anteil der grundschulpflichtigen Kinder wegen der hohen Zahl junger Familien sehr groß, was auch in der Tab. 53 seinen Niederschlag findet. Trotzdem darf nicht die negative Bilanz gegenüber den Altbauten übersehen werden. Zum Teil rührt dieser Umstand auch aus den Überlegungen der nunmehr über ein bescheidenes Vermögen in Form von Grund- und Hausbesitz verfügenden Siedler her, daß ihre Kinder eine bessere Ausbildung als sie selbst erhalten sollen.

Schulart	Märk. V. 1970	Altbauten 1970	Neubauten 1970	Berlin (West) 1969/1971
Grund- u. Hauptschule	76,0	59,9	76,9	63,9
Realschule	7,5	11,7	7,3	7,3
Gymnasium	5,5	12,5	5,2	11,1
Fach-, Berufsfach- u. Ingenieurschule	8,4	11,3	8,1	5,5
Hochschule	2,6	4,6	2,5	12,5
INSGESAMT	100,0	100,0	100,0	100,0

Tab. 53: Schüler und Studierende nach Schularten in Prozent
(Quelle: Berliner Statistik, Sonderheft 248, 1975, S. 206 u. 216)

Im Vergleich zu Berlin (West) bietet sich ebenfalls ein recht unterschiedliches Bild. So liegt der Anteil der Grund- und Hauptschüler zwar deutlich unter dem Durchschnitt des Märkischen Viertels und der dortigen Neubauten, übertrifft aber immerhin um 4 % ihren Anteil in den Altbauten. Im Bereich der Realschulen unterscheiden sich die Neubauten nicht vom Berliner (West) Wert, während der Wert für die Altbauten um stattliche 4,4 % darüber liegt. Bei den Gymnasialschülern ist der Berliner (West) Anteil nur 1,4 % niedriger als der Anteil in den Altbauten des Märkischen Viertels, dementsprechend allerdings auch mehr als doppelt so hoch wie in den Neubauten. In Berlin (West) ist der Anteil der Fach-, Berufsfach- und Ingenieurschüler relativ gering, wohingegen die Zahl der Hochschüler mit 12,2 % einen sehr hohen Wert erreicht.

Auch innerhalb der einzelnen Wohnblöcke des Märkischen Viertels lassen sich wieder einige Differenzierungen herausarbeiten. So schwanken die Anteile der Schularten in den Wohn-

Wohn-block	insgesamt	Grund- und Haupt-schule		Gymnasium		Berufs-, Berufsfach-, ingenieurschule		Hochschule	
	absolut	absolut	%	absolut	%	absolut	%	absolut	%
146	8	4	50,0	0	0	3	37,5	0	0	1	12,5
147	7	5	71,4	0	0	1	14,3	1	14,3	0	0
149	5	5	100,0	0	0	0	0	0	0	0	0
150	12	7	58,3	3	25,0	0	0	2	16,7	0	0
151	7	4	57,1	3	42,9	0	0	0	0	0	0
152	5	3	60,0	1	20,0	0	0	0	0	1	20,0
153	4	2	50,0	1	25,0	1	25,0	0	0	0	0
154	6	4	66,6	0	0	1	16,7	1	16,7	0	0
155	4	2	50,0	1	25,0	0	0	1	25,0	0	0
156	9	6	66,7	0	0	1	11,1	1	11,1	1	11,1
157	11	5	45,5	4	36,4	0	0	2	18,1	0	0
158	3	3	100,0	0	0	0	0	0	0	0	0
159	3	2	66,7	0	0	1	33,3	0	0	0	0
160	7	5	71,4	0	0	1	14,3	1	14,3	0	0
161	2	1	50,0	1	50,0	0	0	0	0	0	0
162	0	0	0	0	0	0	0	0	0	0	0
165	15	9	60,0	0	0	3	20,0	2	13,3	1	6,7
167	10	6	60,0	2	20,0	1	10,0	1	10,0	0	0
170	253	209	82,6	21	8,3	14	5,5	9	3,6	0	0
177	5	5	100,0	0	0	0	0	0	0	0	0
180	22	14	63,6	3	13,7	1	4,5	3	13,7	1	4,5
181	18	6	33,3	4	22,2	5	27,8	3	16,7	0	0
182	11	4	36,3	2	18,2	2	18,2	1	9,1	2	18,2
185	5	3	60,0	0	0	1	20,0	1	20,0	0	0
601	18	14	77,9	2	11,1	1	5,5	0	0	1	5,5
620	417	331	79,3	34	8,2	22	5,3	24	5,8	6	1,4
621	306	235	76,8	31	10,2	16	5,2	19	6,2	5	1,6
622	6	1	16,7	0	0	0	0	4	66,6	1	16,7
623	2	2	100,0	0	0	0	0	0	0	0	0
624	5	2	40,0	0	0	2	40,0	1	20,0	0	0
625	706	581	82,2	33	4,7	35	5,0	43	6,1	14	2,0
626	907	680	75,0	71	7,8	51	5,6	76	8,4	29	3,2
627	2	2	100,0	0	0	0	0	0	0	0	0
628	5	3	60,0	1	20,0	1	20,0	0	0	0	0
629	363	265	73,0	35	9,6	30	8,3	23	6,3	10	2,8
630	252	188	74,6	15	6,0	11	4,4	32	12,7	6	2,3
631	541	430	79,5	24	4,4	22	4,1	47	8,7	18	3,3
632	652	474	72,7	52	8,0	29	4,5	74	11,3	23	3,5
633	0	0	0	0	0	0	0	0	0	0	0
634	61	45	73,8	6	9,8	2	3,3	8	13,1	0	0
635	86	58	67,5	7	8,1	2	2,3	15	17,4	4	4,7
636	27	20	74,1	1	3,7	1	3,7	3	11,1	2	7,4
637	11	5	45,5	1	9,1	3	27,2	1	9,1	1	9,1
638	11	5	45,5	2	18,2	3	27,2	1	9,1	0	0
639	1	1	100,0	0	0	0	0	0	0	0	0
	4.811	3.656	76,0	361	7,5	267	5,5	400	8,4	127	2,6

Tab. 53: Schüler u. Studierende nach Schularten aufgeschlüsselt nach Wohnblöcken 1970. (Quelle: Sonderauswertung des Statistischen Landesamtes Berlin der Daten zur Volkszählung vom 27. 5. 1970)

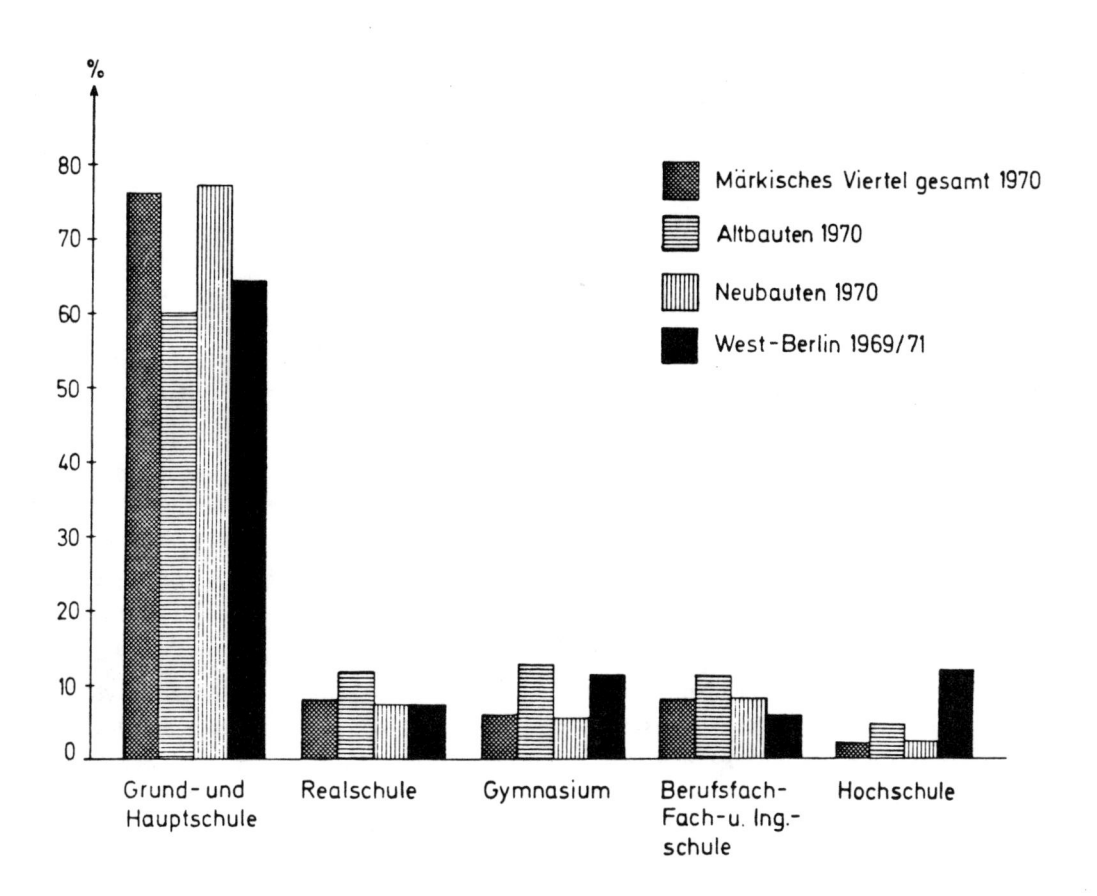

Abb. 56: Schüler und Studierende nach Schularten

blöcken mit Neubauten nur wenig (eine Ausnahme bildet wegen der geringen Schülerzahl der Block 167). In den Wohnblöcken mit Altbauten zeigen sich dagegen recht krasse Unterschiede, da hier bei den niedrigen Schülerzahlen bereits wenige Schüler in einer Tabellenspalte starke Schwankungen hervorrufen können. Insgesamt zeigt sich, daß sowohl innerhalb des Märkischen Viertels als auch gegenüber Berlin (West) unterschiedliche Verhältnisse vorhanden sind, die in kurzer Zeit nicht nivelliert werden können.

6 ZUSAMMENFASSUNG

Das Märkische Viertel ist ein Beispiel für eine Stadtrandsanierung. Hier mußte im Gegensatz zu anderen Großsiedlungen, die am Rande der Städte auf jungfräulichem Boden entstanden, Rücksicht auf eine bestehende Wohnbebauung genommen werden, die innerhalb von ca. 30 Jahren entstanden war. Die bei der Sanierung der ungeordneten Bebauung auftretenden Schwierigkeiten warfen sowohl für die Betroffenen als auch für die Stadtplanungsbehörden und die Wohnungsbaugesellschaft außerordentliche Probleme auf, deren für alle Seiten befriedigende Lösung nicht immer gelang. Unter Rücksichtnahme auf die zu erhaltenden Wohngebiete mußte eine Lösung gefunden werden, die einerseits eine Verknüpfung des Bestehenden mit dem Neuen gestattete, andererseits jedoch durch eine funktionale Gliederung und eine geschickte Ein- und Zuordnung der sozialen Infrastruktureinrichtungen einen städtebaulich befriedigenden Entwurf zur Ausführung kommen ließ.

Die ersten Bebauungsvorschläge in Form einer Stadtrandsiedlung mit Einfamilieneinzel- und -reihenhäusern einfachster Bauart konnten ebensowenig wie die Sanierungsvorschläge des Bezirksstadtplanungsamtes realisiert werden, da die finanziellen Mittel für die notwendigen Erschließungsarbeiten fehlten. Zudem wollte man den Siedlungscharakter erhalten, sofern sich einmal die Möglichkeit einer Sanierung ergeben sollte.

Nun ließ die politische Lage Berlins (West), die ein Ausweichen des Wohnungsbaus über die kommunalen Grenzen hinweg verbot, in Zusammenhang mit der sich abzeichnenden Baulandverknappung nur noch eine höhere als bisher vorgesehene Ausnutzung der Baulandreserven zu, unter die auch das Sanierungsgebiet von Wilhelmsruh fiel.

Die akzeptierten Pläne stellten einen scharfen Eingriff in das soziale Gefüge der in Wilhelmsruh lebenden Bevölkerung dar, während die bis dahin vorgelegten Pläne des Reinickendorfer Stadtplanungsamtes die soziale Struktur weitgehendst berücksichtigten.

Daß bei den im Märkischen Viertel geplanten und dann auch durchgeführten Baumaßnahmen größere Teile einer seit Jahrzehnten ansässigen Bevölkerung unmittelbar betroffen wurden, unterscheidet das Märkische Viertel ebenfalls von anderen Großsiedlungen.

Für die von diesen Planungsmaßnahmen betroffenen Menschen bedeutete der gesamte Vorgang der Neuordnung des Gebietes den Verlust des gewohnten Milieus. Die Bemühungen des Bezirksamtes, in den ersten Sanierungsplänen die gruppenspezifischen Bindungen der Bewohner zu berücksichtigen, ließen sich mit der grundlegenden Planänderung des Senators für Bau- und Wohnungswesen nicht mehr realisieren.

Einen wichtigen Punkt übersahen die im Spektrum der politischen Richtungen links angesiedelten Kritiker in ihrem Eifer. Das Auftreten einer Reihe von Einzelproblemen verbanden sie mit einer intensiven Systemkritik. Diese Systemkritik mußte insofern wirkungslos bleiben, als viele der kritisierten Mängel von der "kapitalistischen Gesellschaft" innerhalb kurzer Zeit abzustellen waren. Die Änderung der kritisierten Zustände blieb also nicht allein den Segnungen der sozialistischen Gesellschaft vorbehalten.

Wie das Ergebnis der Wahlen zum Berliner Abgeordnetenhaus 1971 zeigte, waren Befürchtungen der Politiker wie auch euphorische Erwartungen der Linken unbegründet[1] (Tab. 54).

Vielfach bemängelt wurde auch das Fehlen ähnlicher sozialer Verhältnisse wie sie zum Beispiel in weiten Bereichen der Altbaugebiete des Wilhelminischen Großstadtgürtels auftreten. Der alte Wedding oder der ländliche Habitus eines Dorfes lassen sich selbstverständlich in einer modernen Großsiedlung nicht wiederfinden. Das städtebauliche Verständnis einer Epoche des vorigen Jahrhunderts in die heutige Zeit versetzen zu wollen, nur um be-

---

[1] Berliner Statistik, Sonderheft 210, 1973, S. 25.

stimmte soziale Bindungen herzustellen, die vor allem aus den Mißständen der Gründerzeit
herrühren, ist einerseits naiv, andererseits beinahe sträflich dumm. Die Überlegung ist
allerdings nicht von der Hand zu weisen, daß revolutionäre Ideen besonders gut auf dem
Nährboden einer unzufriedenen Bevölkerung gedeihen und deshalb diese Unzufriedenheit permanent wach gehalten werden muß. Deshalb waren auch die Aktivitäten linksorientierter
Gruppen besonders spektakulär, da sie gegenüber dem schwerfälligen öffentlichen Verwaltungsapparat erheblich flexibler auf bestimmte Ereignisse reagieren konnten.

	Berlin (West) in %	Reinickendorf in %	Märkisches Viertel in %
SPD	50,4	51,6	59,2
CDU	38,2	37,3	28,6
FDP	8,5	8,1	8,6
SEW	2,3	2,3	2,9
AUD	0,6	0,7	0,7

Tab. 54: Ergebnis der Wahlen zum Berliner Abgeordnetenhaus 1971 (Quelle: Berliner Statistik, Sonderheft 210, 1973, S. 25)

Die im Märkischen Viertel häufig politisch veredelten "Vereinsamungstendenzen" gehören
zu den vielfachen Anlaufschwierigkeiten in einer neuen und noch ungewohnten Umgebung. Die
gepriesene enge soziale Verflechtung der dörflichen Gemeinschaft in eine Großstadt zu verpflanzen ist illusorisch und lächerlich, da die Voraussetzung für das soziale Verhalten
des Einzelnen völlig unterschiedlich ist. Zudem prägt jede Umgebung ihre eigenen sozialen
Verhaltensweisen, die in den meisten Fällen nicht übertragbar sind. Es muß allerdings betont werden, daß die technische Qualität der Umwelt nicht allein entscheidend ist für das
Wohlbefinden der Bewohner, sie aber einen wichtigen Beitrag dazu leistet. Es gehört zu
der Verhaltensweise eines neuhinzugezogenen Bewohners, der Inaugenscheinnahme der neuen
Umgebung den größten Teil der verfügbaren Zeit zu widmen, bevor neue Kontakte und Verbindungen mit den übrigen Bewohnern hergestellt werden. Der Versuch, der Bevölkerung ein
schichtenspezifisches Gesellschaftsdenken aufzudrängen, bedeutet eine massive Manipulation. Wer Zilles Milieu mit der zu dieser Zeit unbedingt erforderlichen gegenseitigen
Hilfe und dem daraus erwachsenden sozialen Denken herbeisehnt, ist wirklichkeitsfremd.
Es soll nicht bestritten werden, daß die zwischenmenschlichen Kontakte wie kleine Hilfeleistungen oder das Achtgeben auf Kinder oder alte Menschen wichtige Aufgaben im menschlichen Leben erfüllen. Die daraus möglicherweise erwachsende Basis gesellschaftlichen
Lebens ist in ihrer Bedeutung als Träger der Kommunikation von Wichtigkeit. Diese Form
der zwischenmenschlichen Kommunikation sollte auf freiwilliger Basis entstehen, so daß
sie jeder annehmen oder ablehnen kann. Die öffentliche Hand darf nicht die Aufgabe besitzen, solche Kontakte zu erzwingen, sondern beginnende Kontakte behutsam zu unterstützen
und eventuell bestimmte Richtungen aufzuzeigen oder anzubieten.

Der Versuch der Stadtplaner, der Planung neue Inhalte zu verleihen, auch wenn diese teilweise aus der Zeit vor dem Kriege stammen (siehe Charta von Athen) und in Teilen nicht
mehr den aktuellen Stand der Forschung aufweisen, ist als positiv zu werten. Man versucht
Fehler der Stadtplanung aus der Vorkriegszeit zu vermeiden, so z.B. im Bereich der Infrastruktur und der Versorgung der Bevölkerung. Diese wichtigen Bereiche waren in der Vorkriegszeit vernachlässigt worden, so daß heute in den zu dieser Zeit entstandenen Gebieten
ein erheblicher Fehlbedarf an solchen Einrichtungen besteht, der wegen des fehlenden
Platzes nicht oder nur unzureichend befriedigt werden kann. Das Ergebnis waren teilweise
architektonisch gelungene Siedlungen (Siemensstadt), die auch heute noch vorbildlich sind.
Stadtplanerisch sind sie reine Wohnstädte ohne eigenes Leben. Vielleicht fällt dieser Umstand nicht allzusehr ins Gewicht, da diese Siedlungen nicht die Größe der neuen Siedlungen aus der Nachkriegszeit erreichen.

Immerhin befand man sich beim Märkischen Viertel in der glücklichen Lage, trotz Verdichtung der Bebauung und somit steigender Bevölkerungszahl und trotz der unvorhergesehenen Bevölkerungsstruktur den Bedarf an sozialen Infrastruktureinrichtungen decken zu können, indem man die zuerst geplanten Einfamilienhausgebiete entfallen ließ und die somit gewonnenen Flächen für die Infrastruktureinrichtungen verwendete.

Mit dem Umzug in ein gerade im Entstehen begriffenes Wohngebiet erwartete die Bevölkerung das Vorhandensein aller wünschenswerten und notwendigen Einrichtungen nicht nur der Infrastruktur sondern auch des Konsums. Gerade weil in vielen Teilen Berlins (West) in der Versorgung mit Infrastruktureinrichtungen immer noch ein erheblicher Nachholbedarf besteht, sollte in dem neuen Wohngebiet alles perfekt sein. Im Prinzip ist gegen diese Einstellung nichts einzuwenden, da die Infrastruktureinrichtungen als Voraussetzung für Ansiedlungen zu verstehen sind, auch wenn sie im planerischen Bereich häufig als Wohnfolgeeinrichtungen bezeichnet werden. Beide gedanklichen Ansätze sind im Grund genommen nicht falsch. Um zwischen Nachfrage und Angebot keine Diskrepanz auftreten zu lassen, wäre es sinnvoll, die Infrastruktureinrichtungen vor den Wohnbauten zu erstellen oder zumindest sie gleichzeitig entstehen zu lassen. In diesem Falle dürfen allerdings keine Abweichungen von der angesetzten Bevölkerungsstruktur auftreten, um mögliche Engpässe zu vermeiden. Dies würde eine unerhört scharfe Auswahlpolitik bei der Besetzung der Wohnungen bedeuten und eine Einengung bestehender staatlicher Reglements beinhalten. Diese Verplanbarkeit des Menschen sollte nicht Sinn und Ziel staatlicher Planungspolitik sein.

Ähnlichkeit mit dem Kapitel der Infrastrukturplanung besitzt die Planung und Errichtung privater Versorgungsunternehmen, d.h. von Geschäften und Dienstleistungsbetrieben. Die Privatunternehmen, die für diesen Sektor verantwortlich sind, müssen bei der Planung und dem Bau in weit stärkerem Maße als die öffentliche Hand von kaufmännischen Überlegungen ausgehen. Der Staat ist weit eher als die Privatwirtschaft in der Lage, zeitweilig Überkapazitäten in bestimmten Bereichen in Kauf zu nehmen, obwohl auch er seine Investitionspolitik nicht unter Außerachtlassung kaufmännischer Gesichtspunkte vornehmen sollte. Denn nur unter Berücksichtigung dieses Gesichtspunktes ist eine größere Effektivität der investierten Mittel zu erreichen. Die Privatwirtschaft ist von vornherein gezwungen, ihre Investitionen nach der höchsten Rentabilitätserwartung vorzunehmen, da längerfristige Verluste nicht tragbar sind. Unter diesem Blickwinkel ist auch die unzureichende Versorgung der Bevölkerung während der Bauphase zu sehen, weil die Einwohnerzahlen in den ersten Jahren noch zu gering waren, um eine Rendite zu garantieren.

Der stadtplanerische Anspruch nach der Erweckung urbanen Lebens ist in einer solchen Siedlung ebensowenig zu realisieren wie in den Stadtgebieten außerhalb des Citybereiches, sofern man unter diesem Begriff nur allgemein ein reges Leben und Treiben nicht nur zur Tages- sondern auch zur Abend- und Nachtzeit versteht. Nimmt man allerdings die Interpretation von SALIN (1960) als Grundlage, bestehen durchaus Ansätze zur Kommunikation und Zusammenarbeit im gemeinschaftlichen und politischen Bereich, die über Vergleichbares im übrigen Stadtgebiet allerdings selten hinausgehen. Ansätze zur Gemeinwesenarbeit auf der Basis von privater Bürgerinitiativen wurden von kommunaler und auch kirchlicher Seite mit Wohlwollen betrachtet und finanziell unterstützt. So schlossen sich vor allem in der ersten Zeit Bürger zusammen, um dem Mangel an Kindertagesstättenplätzen und Kinderspielplätzen abzuhelfen.

Insgesamt ist der Bereich der Sozialstruktur noch nicht verbindlich spezifiziert, obwohl die von WARNER-LUNT (1941) konzipierte Gliederung in upper-upper-class, lower-upper-class, upper-middle-class, lower-middle-class, upper-lower-class und lower-lower-class bereits häufiger für empirische Untersuchungen Anwendung fand. Der außerhalb der Wissenschaft verbreitete Gebrauch der Berufsgruppen als alleiniges Kriterium für eine soziale Gliederung rührt noch unbewußt aus einer Zeit her, als jeder Beruf gleichzeitig eine ständische Bedeutung besaß.

Um die Kenntnisse über bestimmte Zusammenhänge unterschiedlicher Verhaltensweisen zu erweitern, ist man auf Spezialerhebungen angewiesen. Hierbei ergibt sich die Schwierigkeit, daß aufgrund unterschiedlicher Ansätze die Vergleichbarkeit der erzielten Ergebnisse selten gewährleistet ist.

Bei kleineren Siedlungen stellt sich die Sozialstruktur als relativ homogen dar, wohingegen in großen Neubaugebieten innerhalb der einzelnen Bereiche durchaus Unterschiede auftreten. Äußere Einflüsse auf die Zusammensetzung der Bevölkerung sind einmal die Finanzierungsart des Wohnungsbaus, d.h. ob die Wohnungen im sozialen oder freifinanzierten Wohnungsbau errichtet wurden, und zum andern vor allem im sozialen Wohnungsbau die Belegungspolitik der zuständigen Behörden und Bauträger.

Gerade in den Bevölkerungsschichten, die nicht mehr unter die Bestimmungen des sozialen Wohnungsbaues fallen und sich demzufolge auf dem freien Wohnungsmarkt eine Wohnung suchen müssen, geht die Tendenz sehr stark zum Eigenheim oder zumindest zur Eigentumswohnung hin. Nun sind die Verhältnisse im freifinanzierten Wohnungsbau in Berlin (West) und dem Bundesgebiet nicht unbedingt vergleichbar, da sich bereits im Umland größerer Städte die Mieten deutlich nach unten bewegen und teilweise sogar unter dem Niveau des sozialen Wohnungsbaus liegen.

Weiterhin läßt sich im sozialen Wohnungsbau Berlins (West) und dem Bundesgebiet ein wichtiger Unterschied feststellen. In Berlin (West) liegen die Einkommensgrenzen für die Zuweisung einer Sozialbauwohnung höher als in der Bundesrepublik, wodurch einem größeren Bevölkerungskreis der Zugang zum sozialen Wohnungsbau ermöglicht wird. Dies ist auch insofern notwendig, als durch die isolierte Lage Berlins (West) ein Ausweichen in die Randgemeinden nicht gegeben ist und somit die fortschreitende Baulandverknappung ein Ansteigen der Bodenpreise und damit der Mieten zur Folge hat.

Im Vergleich zu der Situation vor der Sanierung hat sich vor allem im äußeren Bild eine gravierende Änderung ergeben. Die Bebauung stellt sich gegenüber der alten niedrigen, vorwiegend aus Einfamilienhäusern bestehenden Bauweise völlig anders dar. Hochhäuser beherrschen nun das Bild, denen sich die verbliebenen Altbauten, aber auch die neuen Infrastrukturbauten und die Einkaufszentren unterzuordnen scheinen. Hier unterscheidet sich das Märkische Viertel auch deutlich vom Kernbereich der Stadt, der sich mit seiner relativ nierigen, aber auch dichteren Bebauung von der Weitläufigkeit und Gigantomanie des Neubaugebietes abhebt.

Bei der Bevölkerung ist die große Kinderzahl auffällig. Sie ist das Ergebnis einer gegenüber Berlin (West) völlig anderen Altersstruktur, die sich auch in dem geringeren Anteil älterer Einwohner ausdrückt. Weniger ins Auge fallen die Unterschiede in der Berufsstruktur der erwerbstätigen Bevölkerung, die trotzdem Differenzen gegenüber Berlin (West) aufweist, was wiederum auf die Errichtung der Bauten im sozialen Wohnungsbau zurückzuführen ist.

7 LITERATURVERZEICHNIS

ABGEORDNETENHAUS VON BERLIN (1964 - 1975): Stadterneuerung in Berlin. Berlin. (Mitteilungen des Präsidenten 1 - 12)

ABGEORDNETENHAUS VON BERLIN (1975): Bericht zur langfristigen detaillierten Nahverkehrskonzeption. Berlin. (Abgeordnetenhaus von Berlin. Drucksache 6/1592. Mitteilungen des Präsidenten Nr. 103)

ALBERS, G. (1974): Modellvorstellungen zur Siedlungsstruktur in ihrer geschichtlichen Entwicklung. In: Zur Ordnung der Siedlungsstruktur. Hannover. S. 1 - 34. (Veröffentlichungen der Akademie für Raumforschung und Landesplanung. Forschungs- und Sitzungsberichte, Bd. 85 - Stadtplanung 1 -)

ARBEITSGRUPPE STADTSTRUKTUR (1971): Gutachten SVG, Sanierungsverdachtsgebiete in Berlin (West). Teil A: Analyse, Bde 1 und 2. Dr. B. Aust und Mitarbeiter; M. Gehrmann und Partner. Berlin

AUST, B. (1974): Strukturanalyse Heiligensee. Im Auftrage des Senators für Bau- und Wohnungswesen II. Berlin

AUTORENGRUPPE ASP/MV (1973): Abenteuerspielplatz, wo verbieten verboten ist. Experiment und Erfahrung. Berlin-Märkische Viertel. Hamburg. (Rororo Sachbuch 6814)

AUTORENGRUPPE "MÄRKISCHE VIERTEL ZEITUNG" (1974): Stadtteilzeitung. Dokumente und Analysen zur Stadtteilarbeit. Hamburg. (Rororo Sachbuch 6888)

BAHRDT, H.P. (1961): Die moderne Großstadt. Soziologische Überlegungen zum Städtebau. Hamburg. (Rowohlts Deutsche Enzyklopädie (rde) Bd 127)

BAUMEISTER, R. (1876): Stadterweiterungen in technischer, baupolizeilicher und wirtschaftlicher Beziehung. Berlin

BAUMEISTER, R. (1911): Bauordnung und Wohnungsfrage. In: Städtebauliche Vorträge, Bd IV, Heft III. Berlin

BAUNUTZUNGSPLAN: Baunutzungsplan für Berlin vom 11. 3. 1958. In: Amtsblatt für Berlin 1959, S. 50

BAUORDNUNG (1939): Bauordnung für die Stadt Berlin vom 9. November 1929. Neudruck nach dem Stande vom 1. Februar 1939, d.h. unter Berücksichtigung der Nachträge 1 - 27. Berlin

BAUORDNUNG (1958): Bauordnung für Berlin in der Fassung vom 21. 11. 1958 (Gesetz zur Änderung der Bauordnung vom 21. 11. 1958). In: Gesetz- und Verordnungsblatt, S. 1087

BECKER, B. (1967): Der Aufbau des Märkischen Viertels in Berlin. In: Die demokratische Gemeinde, H. 6, S. 566

BECKER, B. (1967a): Berlin. Märkische Viertel. In: Gemeinnütziges Wohnungswesen, H. 7, S. 216 - 224.

BERLINER HAUSHALTSRECHT (1972): Berliner Haushaltsrecht. Hrsg. vom Senator für Finanzen. Berlin

BERLINER STATISTIK (1958): Ergebnisse der Bevölkerungszählung im Rahmen der Wohnungsstatistik in Berlin (West) am 25. September 1956. II. Teil: Zahlen für die Wohnblöcke. Berlin. (Berliner Statistik, Sonderheft 66)

BERLINER STATISTIK (1964): Ergebnisse der Volks-, Berufs- und Arbeitsstättenzählung sowie der Wohnungsstatistischen Feststellungen in Berlin (West) am 6. Juni 1961. Zahlen für die Wohnblöcke. 12. Verwaltungsbezirk Reinickendorf. Berlin. (Berliner Statistik, Sonderheft 112)

BERLINER STATISTIK (1973): Die Wahlen am 14. März 1971 in Berlin (West). Berlin. (Berliner Statistik. Sonderheft 210)

BERLINER STATISTIK (1974): Ergebnisse der Volks- und Berufszählung in Berlin (West) am 27. 5. 1970. Totalteil der Zählung. Heft 3: Wohnbevölkerung nach Beteiligung am Erwerbsleben, überwiegendem Lebensunterhalt und Art des höchsten Schulabschlusses; Ausländer. Berlin. (Berliner Statistik. Sonderheft 229)

BERLINER STATISTIK (1975): Ergebnisse der Volks-, Berufs- und Arbeitsstättenzählung in Berlin (West) am 27. Mai 1970. Zahlen für die Wohnblöcke. 12. Bezirk Reinickendorf. Berlin. (Berliner Statistik. Sonderheft 248)

BERLIN UND SEINE BAUTEN (1964): Berlin und seine Bauten. Hrsg. vom Architekten- und Ingenieur-Verein zu Berlin. Berlin, München. Teil II: Rechtsgrundlagen und Stadtentwicklung

BERNDT, H. (1968): Das Gesellschaftsbild bei Stadtplanern. Stuttgart

BERNDT, H.; LORENZER, A.; HORN, K. (1969): Architektur als Ideologie. Dritte Auflage. Frankfurt/Main. (Edition Suhrkamp Bd 243)

BIEL, F. (ca. 1914): Wirtschaftliche und technische Gesichtspunkte zur Gartenstadtbewegung. Leipzig

BEZIRKSAMT REINICKENDORF VON BERLIN (Hrsg.) (1968): Übersicht Märkisches Viertel. (Maschinenschriftl. Manuskript)

BOBEK, H. (1962): Über den Einbau der sozialgeographischen Betrachtungsweise in die Kulturgeographie. In: Deutscher Geographentag Köln 1961. Tagungsberichte und wissenschaftliche Abhandlungen. S. 148 - 165. Wiesbaden. (Verhandlungen des Deutschen Geographentages Bd 33)

BOBEK, H. (1962a): Kann die Sozialgeographie in der Wirtschaftsgeographie aufgehen? In: Erdkunde, Bd 16, S. 119 - 126

BOESLER, K.A. (1960): Die städtischen Funktionen. Ein Beitrag zur allgemeinen Stadtgeographie aufgrund empirischer Untersuchungen in Thüringen. Berlin. (Abhandlungen des Geographischen Instituts der Freien Universität Berlin, Bd 6)

BOESLER, F. (1966): Infrastruktur. In: Handwörterbuch der Raumforschung und Raumordnung. 1. Auflage. Hannover. Spalte 767 - 777

BOUSTEDT, O. (1953): Die Stadt und ihr Umland. In: Raumforschung und Raumordnung. Bd 11, S. 20 - 29

BRIX, J. (1912): Aus der Geschichte des Städtebaues in den letzten 100 Jahren. In: Städtebauliche Vorträge, Bd IV, Heft II. Berlin

BUNDESBAUGESETZ (1960): Bundesbaugesetz vom 23. 6. 1960. In: Bundesgesetzblatt I, S. 341

BUNDT, W. (1970): Probleme der Sanierungsvorbereitung. Hamburg. (GEWOS-Schriftenreihe N.F. 2)

BÜNGER, H.J. (1970): Stadterneuerung in Berlin - eine Aufgabe für viele Jahrzehnte. In: Der Aufbau 25. Jg, H. 10, S. 364 - 365

BURGESS, E.W. (Hrsg.) (1926): The Urban Community. Chicago

CAROL, H. (1956): Sozialgeographische Gliederung und planerische Gestaltung des Großstadtbereiches. In: Raumforschung und Raumordnung, Bd 14, S. 80 - 92

CHAMBLESS, E. (1910): Roadtowns. New York

CHRISTALLER, W. (1968): Die zentralen Orte in Süddeutschland. 2. unveränderte Auflage. Reprographischer Nachdruck der 1. Auflage, Jena 1933. Darmstadt

CONRADI, P.; DIETERICH, H.; HAUFF, V. (1972): Für ein soziales Bodenrecht. Notwendigkeiten und Möglichkeiten. Frankfurt/Main

DAHLHAUS, J.; MARX, D. (1968): Flächenbedarf und Kosten von Wohnbauland, Gemeinbedarfseinrichtungen, Verkehrsanlagen und Arbeitsstätten. Hannover. (Veröffentlichungen der Akademie für Raumforschung und Landesplanung. Beiträge Bd 1)

DEMOKRATIE (1968): Demokratie. In: Brockhaus-Enzyklopädie. Wiesbaden. Bd 4, S. 406.

DEUTSCHER VERBAND FÜR WOHNUNGSWESEN, STÄDTEBAU UND RAUMPLANUNG (Hrsg.) (1957/60): Neue Städte in der Bundesrepublik. Flüchtlingssiedlungen, Trabanten, Wohnstädte, Entlastungs- und Entwicklungsstädte. Köln. (Schriften des Deutschen Verbandes für Wohnungswesen, Städtebau und Raumplanung H. 50)

DIETERICH, H.; FARENHOLTZ, C. (1972): Städtebauförderungsgesetz für die Praxis. Gesetzestext und systematische Darstellung des praktischen Verfahrensablaufs von Sanierungs- und Entwicklungsmaßnahmen. Stuttgart

DIETZE, H. (1969): Schule im Märkischen Viertel. Elastische Schulbauplanung erfordert rasche Entscheidungen. In: Berliner Stimme, H. 31, S. 10

DIETZE, H. (1972): Märkisches Viertel - ein Slum von morgen? Berlins jüngster Stadtteil wurde bevorzugter städtebaulicher Modell-Kampfplatz. Haben die Berliner Städtebauer tatsächlich hier "am Menschen vorbeigeplant"? In: Die demokratische Gemeinde, H. 7, S. 779 - 782.

DITTRICH, G. (o.J.): Zur Problematik des Städtebaues der Gegenwart. In: Zur Problematik des Städtebaues der Gegenwart. Nürnberg. (Städtebauinstitut Nürnberg. Studienheft 15)

DÖRRE, A. (1970): Entwicklung und Ergebnisse des sozialen Wohnungsbaues. In: Berlin und seine Bauten. Teil IV Wohnungsbau, Bd A, S. 25 - 40. Berlin, München, Düsseldorf

DÜTTMANN, W.; G. HEINRICHS; H. MÜLLER (1966): Märkisches Viertel, Berlin. Planungs- und Bauzustand 1965. In: Deutsche Bauzeitung, H. 1, S. 13 - 15

EBERSTADT, R. (1911): Bodenparzellierung und Wohnstraßen. In: Städtebauliche Vorträge, Bd IV, Heft VII. Berlin

EBERSTADT, R. (1920): Handbuch des Wohnungswesens. 4. Auflage. Jena.

EHRLICH, H. (1933): Die Berliner Bauordnungen, ihre wichtigsten Bauvorschriften und deren Einfluß auf den Wohnhausbau der Stadt Berlin. Berlin. (Dissertation TH Berlin)

ERNEUERUNG (1960): Erneuerung unserer Städte. Vorträge, Aussprachen und Ergebnisse der 11. Hauptversammlung des Deutschen Städtetages, Augsburg, 1. - 3. Juni 1960. Stuttgart und Köln. (Neue Schriften des Deutschen Städtetages, Heft 6)

FEDER, G. (1929): Die Wohnungsnot und die soziale Bau- und Wirtschaftsbank als Retterin aus Wohnungselend, Wirtschaftskrise und Erwerbslosenelend. München

FEDER, G. (1939): Die neue Stadt. Versuch zu einer Begründung einer neuen Stadtplanungskunst an der sozialen Struktur der Bevölkerung. Berlin

FEDER, G. (1943): Die wirtschaftlichen und rechtlichen Grundlagen einer organischen Stadtgesundung und Erneuerung. Leipzig

FÖRSTER, H. (1964): Die Entwicklung des Baurechts in Berlin seit der Jahrhundertwende. In: Berlin und seine Bauten. Teil II, Rechtsgrundlagen der Stadtentwicklung, S. 1 - 9. Berlin

FRERK, P. (1967): Wirtschaftlichkeit öffentlicher Investitionen. Köln. (Veröffentlichungen der Kommunalen Gemeinschaftsstelle für Verwaltungsvereinfachung)

FREY, R.L. (1972): Infrastruktur. Grundlagen der Planung öffentlicher Investitionen. 2. Auflage. Tübingen, Zürich

FRITSCH, T. (1896): Die Stadt der Zukunft. Leipzig

FÜRLINGER, F. (1953): Entwicklung und Probleme der Planung von Berlin nach dem Kriege. In: Berlin die unzerstörbare Stadt, S. 166 - 179. Köln, Berlin

GEBHARDT, B. (1963): Handbuch der deutschen Geschichte. Achte, völlig neu bearbeitete Auflage herausgegeben von Herbert Grundmann. Bd 4: Die Zeit der Weltkriege von Karl Dietrich Erdmann. 3. Aufl. Stuttgart

GEMEINWESENARBEIT (1969): Projekte der Gemeinwesenarbeit im Märkischen Viertel 1969. Hrsg. vom Verband für sozial-kulturelle Arbeit e.V. Berlin

GESOBAU (1974): Gesellschaft für sozialen Wohnungsbau. Chronik Märkisches Viertel. Berlin

GLEICHMANN, P. (1965): Der Nutzen des Großstadtgrüns. In: Stadtbauwelt, H. 5, S. 356 - 363

GLEICHMANN, P. (1966): Soziologie der Stadt. In: Handwörterbuch der Raumforschung und Raumordnung. 1. Auflage. Spalte 1833 - 1857. Hannover

GÖDERITZ, J.; R. RAINER; H. HOFFMANN (1957): Die gegliederte und aufgelockerte Stadt. Tübingen. (Archiv für Städtebau und Landesplanung, Bd 4)

GRATZ, H.J. (1959 u. 1972): Sozialgeographische Karten Wilhelmsruh. Berlin. (Maschinenschriftliches Manuskript, 1959) (In: MV-Plandokumentation, S. 13 - 40, 1972)

GRIGERS, H.; H. DIETZE (1972): Das Märkische Viertel vollendet sich. In: Der Städtetag, H. 11, S. 601 - 604

GROSSMANN, H. (1971): Eltern-Kinder-Gruppen und die Grenzen der Bürgerinitiative im Stadtrandviertel. In: Bürgerinitiativen. Schritte zur Veränderung? S. 97 - 105

HALISZ, B. (1968): Die Schwellentheorie und ihre Bedeutung für die Stadtplanung. In: Stadtbauwelt, H. 19, S. 1416 - 1418

HARTKE, W. (1959): Gedanken über die Bestimmung von Räumen gleichen sozialgeographischen Verhaltens. In: Erdkunde, Bd 13, S. 426 - 436

HARTLEY, W. (1969): MV - nicht nur Architektur. 2 Teile. Berlin

HARTOG, R. (1962): Stadterweiterungen im 19. Jahrhundert. Berlin. (Schriftenreihe des Vereins für Kommunalwissenschaften, Bd 6)

HASSELMANN, K.H. (1972): Neue Bevölkerungs- und Sozialstrukturen in West-Berlin erläutert am Beispiel des Märkischen Viertels. In: Soziale Arbeit 21. Jg., H. 4, S. 149 - 164 (Tab. 10, S. 159).

HAUSHALTSPLAN (1965 - 1972): Haushaltsplan von Berlin für die Rechnungsjahre 1965 - 1972. Bezirkshaushaltsplan Reinickendorf. Berlin

HEGEMANN, W. (1930): Das steinerne Berlin. Berlin

HEIGL, F. (1966): Das Grün im Städtebau. In: Stadtbauwelt, H. 9, S. 730 - 739

HEILIGENTHAL, R. (1921): Deutscher Städtebau. Heidelberg

HEILIGENTHAL, R. (1926): Probleme des Generalsiedlungsplans. In: Brennert, H. u. E. Stein (Hrsg.): Probleme der neuen Stadt Berlin. Berlin. S. 254 - 261

HEILMANN, G. (1934): Gesetz über die Aufschließung von Wohnsiedlungsgebieten. Bearbeitet von Georg Heilmann. Eberswalde, Berlin. Leipzig

HESSE, J.J. (1972): Stadtentwicklungsplanung: Zielfindungsprozesse und Zielvorstellungen. Stuttgart, Berlin, Köln, Mainz. (Schriftenreihe des Vereins für Kommunalwissenschaften e.V. Berlin, Bd 38)

HILLEBRECHT, R. (1960): Trabanten und "Neue Städte"? In: Gemeinnütziges Wohnungswesen, H. 2, S. 35 - 48

HILLEBRECHT, R. (1962): Städtebau und Stadtentwicklung. In: Archiv für Kommunalwissenschaften, Jg 1, 1. Halbjahresband, S. 41 - 64

HILLEBRECHT, R. (1964): Die Auswirkungen des wirtschaftlichen und sozialen Strukturwandels auf den Städtebau. F. Tamms: Städtebau und Verkehr. Köln u. Opladen

HOFMEISTER, B. (1969): Stadtgeographie. Braunschweig. (das geographische Seminar)

HOFMEISTER, B. (1975): Berlin. Eine geographische Analyse der zwölf westlichen Bezirke. Darmstadt. (Wissenschaftliche Länderkunden, Bd 8: Bundesrepublik Deutschland und Berlin. I. Berlin)

HOWARD, E. (1898): To-Morrow. (Gartenstädte in Sicht. Deutsch 1899). London

INFRASTRUKTUR (1969): Infrastruktur. Acht Vorträge und ein Podiumsgespräch. Hrsg. Institut für Orts-, Regional- und Landesplanung an der ETHZ. Zürich. (Schriftenreihe zur Orts-, Regional- und Landesplanung Nr. 3)

INSTITUT FÜR RAUMFORSCHUNG (Hrsg.) (1953): Berlin die unzerstörbare Stadt. Bonn, Köln, Berlin

JACOBS, J. (1963): Tod und Leben großer amerikanischer Städte. Berlin, Frankfurt, Wien. (Ullstein Bauwelt Fundamente, Bd 4)

JAECKEL, O. (1964): Die Bauordnungen für Berlin und für die ehemaligen Vororte von Berlin. In: Berlin und seine Bauten. Teil II: Rechtsgrundlagen der Stadtentwicklung, S. 10 - 28. Berlin

JANSEN, P.G. (1970): Infrastrukturinvestitionen als Mittel der Regionalpolitik. 2. Auflage. Düsseldorf. (Beiträge zur Raumplanung, Bd 3)

JENSEN, H. (1962): Die Stadtmitte, ihre Funktion und ihre Gestaltung. In: Beiträge zum neuen Städtebau und Städtebaurecht. Tübingen. (Schriftenreihe der Deutschen Akademie für Städtebau und Landesplanung, Bd 12)

JOCHIMSEN, R. (1966): Theorie der Infrastruktur. Grundlagen der marktwirtschaftlichen Entwicklung. Tübingen

JOCHIMSEN, R. u. K. GUSTAFSSON (1970): Infrastruktur. In: Handwörterbuch der Raumforschung und Raumordnung. 2. Auflage. Hannover. Bd II, Spalte 1318 - 1335

JUCKEL, L. (1968): MV-Märkisches Viertel in Berlin - Reinickendorf. In: Baumeister, Jg. 65, S. 59 - 61

KLAGES, H. (1958): Der Nachbarschaftsgedanke und die nachbarliche Wirklichkeit in der Großstadt. Köln, Opladen.

KNAFLA, H. (1968): Das Märkische Viertel in Berlin-Reinickendorf. Eine "Stadt von morgen" soll diese großzügig geplante Großsiedlung werden. In: Kommunalpolitische Blätter, H. 24, S. 1090 - 1091

KÖNIG, R. (Hrsg.) (1962): Soziologie der Gemeinde. Köln, Opladen.

KOEPPEN, W. (1929): Die Freiflächen der Stadtgemeinde Berlin. Berlin

KRAFT, J. (1966): Über den Begriff der "Infrastruktur". In: Mitteilungen des Deutschen Verbandes für Wohnungswesen, Städtebau und Raumplanung. 1966. H. 3, S. 13 - 22

KRAUSS, H. (1948): Städtebauliche Planung. Ein Überblick über die Städteplanung, ihre Ziele, Grundsätze und Verfahren. Hamburg

KREWINKEL, H.W. (1968): Berlin - Märkische Viertel. Sonderdruck aus: DLW-Nachrichten, Jg 1968, Nr. 46

KRYSMANSKI, R. (1970): Nachbarschaft. In: Handwörterbuch der Raumforschung und Raumordnung. 2. Auflage. Hannover. Bd II, Spalte 2023 - 2027.

LANGEN, G. (1912): Stadt, Dorf und Landschaft. Studien über das Werden und Wachsen menschlicher Siedlungen mit Anwendung auf den modernen Städtebau. In: Städtebauliche Vorträge, Bd V, Heft III. Berlin

LE CORBUSIER (1919): Städtebau. Stuttgart

LEHMANN, H. (1955): Städtebau und Gebietsplanung. Über die räumlichen Aufgaben der Planung in Siedlung und Wirtschaft. Berlin

LENDHOLT, W. (1970): Grünfläche, allgemeine öffentliche. In: Handwörterbuch der Raumforschung und Raumordnung. 2. Auflage. Hannover. Bd I, Spalte 1119 - 1124

LENORT, N.J. (1960): Strukturforschung und Gemeindeplanung. Zur Methodenlehre der Kommunalpolitik. Köln, Opladen.

LEYDEN, F. (1933): Gross-Berlin. Geographie einer Weltstadt. Breslau

LIMBERG, W. & Co. KG (Hrsg.) (1967): Märkisches Zentrum im Märkischen Viertel. 2. Ausgabe. Berlin

LINDE, H. (1970): Urbanität. In: Handwörterbuch der Raumforschung und Raumordnung. 2. Auflage. Hannover, Bd III, Spalte 3477 - 3481

LOUIS, H. (1936): Die geographische Gliederung von Gross-Berlin. In: Länderkundliche Forschung (Festschrift Norbert Krebs). Stuttgart. S. 146 - 171

LUDAT, H. (1936): Die ostdeutschen Kietze. Berlin

MATERNE, H. (1953): Geographische und soziale Struktur von Berlin-Reinickendorf. (Math.-nat. Dissertation FU Berlin. Maschinenschriftl. Manuskript)

MAURER, J. (1966): Stadtplanung und Stadtforschung. Bern, Stuttgart

MÜLLER, C.W.; NIMMERMANN (1971): Stadtplanung und Gemeinwesenarbeit. München

MUGGLI, H.W. (1968): Greater London und seine New Towns. Studien zur kulturräumlichen Entwicklung und Planung einer großstädtischen Region. Basel. (Baseler Beiträge zur Geographie, Bd 7)

MUMFORD, L. (1963): Die Stadt. Köln, Berlin

MUTHESIUS, Th. (1967): Erstausstattung in neuen Städten. In: Stadtbauwelt, H. 13, S. 1007 - 1010

NEUE BAUPOLIZEI-VERORDNUNG (1912): Neue Baupolizei-Verordnung für die Vororte von Berlin vom 30. Januar 1912. Mit einem alphabetischen Sach- und Ortsregister und als Anhang: Die Polizeiverordnung vom 20. Januar 1912 betreffend Arbeiterfürsorge auf Bauten. Berlin

NIESING, H. (1968): Zum Begriff der Infrastruktur. In: Stadtbauwelt, H. 19, S. 1407 - 1408

OEHMKE, Th. (1906): Bauordnung für Großstadterweiterungen. Berlin

OGBURN, W.F.; M.F. NIMKOFF (1946): Sociology. Cambridge/Mass.

OPPROWER, R. (1967): Eck-Kneipen so wichtig wie Schulen. Drei Satellitenstädte wachsen in der Stadt Berlin (Gropiusstadt, Märkisches Viertel, Falkenhagener Feld). In: Der Nord-Berliner, H. 48, S. 16

OTREMBA, E. (1963): Räumliche Ordnung und zeitliche Folge im industriell gestalteten Raum. In: Geographische Zeitschrift, Bd 51, S. 30 - 53

OTREMBA, E. (1969): Der Wirtschaftsraum - seine geographischen Grundlagen und Probleme. Stuttgart. (Erde und Weltwirtschaft, Bd 1)

PAPE, S. (1964): Stadtplanung und Planungsforschung. In: Stadtbauwelt, H. 4, S. 314 - 317.

PETER, J. (1968): Stadt der Superlative und umstrittenen Experimente. Märkisches Viertel in Berlin. In: Die Bauwirtschaft, H. 16, S. 397 - 402

PFEIL, E. (1950): Großstadtforschung. Bremen - Horn. (Veröffentlichungen der Akademie für Raumforschung und Landesplanung. Abhandlungen, Bd 19)

PFEIL, E. (1962): Zur Rolle des Soziologen beim Städtebau. In: Atlantis Jg 34, Nr. 3, S. 179 - 182

PLANUNGSGESETZ (1949): Gesetz über die städtebauliche Planung für Groß-Berlin (Planungsgesetz) vom 22. 8. 1949. In: Verordnungsblatt I, S. 301

PLANUNGSGESETZ (1956): Gesetz über die städtebauliche Planung im Lande Berlin vom 22. 8. 1949 in der Fassung vom 22. 3. 1956. In: Gesetz- und Verordnungsblatt, S. 272

PLENUM MÄRKISCHES VIERTEL (Hrsg.) (1969): Material zum Märkischen Viertel. 1. Auflage, Berlin

POLIS UND REGIO (1967): Polis und Regio. Von der Stadt- zur Regionalplanung. Frankfurter Gespräch der List-Gesellschaft. Basel, Tübingen. (Veröffentlichungen der List-Gesellschaft Bd 57)

POREIKE, W. (1975): Aufstellung der Versorgungsflächen für das Märkische Viertel. Berlin. (Maschinenschriftl. Manuskript)

PRIES, K. (1953): Fragen der Landesplanung in Berlin. In: Raumforschung und Raumordnung Bd 11, S. 106 - 107

RATEI, O. (1970): Stadtsanierung. In: Berlin und seine Bauten. Teil IV, Band A: Der Wohnungsbau. S. 452 - 465. Berlin, München, Düsseldorf

REYHER, L. (1966): Die wirtschaftliche Struktur Westberliner Sanierungsgebiete. Daten zur Stadterneuerung in den Bezirken Schöneberg und Wedding. Berlin. (Deutsches Institut für Wirtschaftsforschung. Sonderhefte Nr. 77)

RONKEL, H. (1935): Gesetz über die Aufschließung von Wohnsiedlungsgebieten vom 22. September 1933. Buer (Westf.)

SACK, M. (1976): Architektur mit Gefühl. In: Die Zeit, Nr. 2 vom 31.12.1976, S. 34

SALIN, E. (1960): Urbanität. In: Erneuerung unserer Städte. Stuttgart, Köln, S. 9 - 34. (Neue Schriften des Deutschen Städtetages, H. 6)

SANIERUNG MV (1969): Sanierung MV als Strategie-Aspekt: Mietergenossenschaft. Kommunehäuser für Jugendliche. (Diplomarbeit Arch. Fak. TU Berlin) (Maschinenschriftl. Manuskript)

SANIERUNGSMASSNAHMEN (1962): Richtlinien für die städtebaulichen Sanierungsmaßnahmen. In: Amtsblatt für Berlin Nr. 5

SCHAFFER, F. (1968): Untersuchungen zur sozialgeographischen Situation und regionalen Mobilität in neuen Großwohngebieten am Beispiel Ulm-Eselsberg. Kallmünz/Regensburg. (Münchner Geographische Hefte, H. 32)

SCHINZ, A. (1964): Berlin, Stadtschicksal und Städtebau. Braunschweig

SCHMIDT-RELENBERG, N. (1966): Zielvorstellungen zur Stadterneuerung. In: Städtebauliche Beiträge 1/1966

SCHÖLLER, P. (1953): Aufgaben und Probleme der Stadtgeographie. In: Erdkunde, Bd 7, S. 161 - 180

SCHÖLLER, P. (1967): Die deutschen Städte. Wiesbaden. (Erdkundliches Wissen, H. 17) (Geographische Zeitschrift. Beihefte)

SCHREPFER, H. (1944): Zur Geographie der Großstadt und ihrer Bevölkerung. In: Zeitschrift für Erdkunde, Jg. 12, S. 264 - 286

SCHULTZE, J.H. (1952): Stadtforschung und Stadtplanung. Bremen-Horn. (Veröffentlichungen der Akademie für Raumforschung und Landesplanung. Abhandlungen Bd. 23)

SCHULZ, E. (1975): Das Märkische Viertel - heute. Eine kritische Betrachtung. Berlin. (Berliner Forum 3/75)

SCHUMACHER, F. (1951): Vom Städtebau zur Landesplanung und Fragen städtebaulicher Gestaltung. Tübingen. (Archiv für Städtebau und Landesplanung, Bd 2)

SCHUPP, R. (1965): Das Bauproblem von heute: Die fehlende Infrastruktur. In: Allgemeine Immobilienzeitung. 14. Jg. S. 128 - 133

SCHWARZ, G. (1961): Allgemeine Siedlungsgeographie. 2. Auflage. Berlin. (Lehrbuch der Allgemeinen Geographie, Bd. 6)

SCHWONKE, M. (1967): Wolfsburg. Stuttgart. (Göttinger Abhandlungen zur Soziologie, Bd 12)

SELZER, F. (1953): Der Einfluß der Verkehrslage und der Industrie auf die Stadtgröße. Berlin. (Dissertation TU Berlin)

SEMINAR FÜR STADT- UND REGIONALPLANUNG DER TU BERLIN (1971): Planungs- und Entscheidungsprozesse im Märkischen Viertel. Untersucht vom Seminar am Lehrstuhl für Stadt- und Regionalplanung der TU Berlin 1968/69. 2. Auflage. Berlin.

SENATOR FÜR BAU- UND WOHNUNGSWESEN (Hrsg.) (1957): Auf halbem Wege. Von der Mietskaserne zum sozialen Wohnungsbau. Berlin

SENATOR FÜR BAU- UND WOHNUNGSWESEN (1964): Stadterneuerung in Berlin. Heft 1 und 2. Berlin

SENATOR FÜR BAU- UND WOHNUNGSWESEN (Hrsg.) (1972): MV-Plandokumentation. Berlin

SENATOR FÜR BAU- UND WOHNUNGSWESEN (Hrsg.) (1973): Zahlen zum Bau- und Wohnungswesen in Berlin (West) 1950 - 1972. Ein Zahlenwerk des Statistischen Landesamtes Berlin. Berlin

SENATOR FÜR FAMILIE, JUGEND UND SPORT (1971): Bericht über die Situation und Planung im Sektor "Jugendpflege" des Senators für Familie, Jugend und Sport. Berlin. (Drucksache 6/228 des Präsidenten des Abgeordnetenhauses von Berlin)

SENATOR FÜR FAMILIE, JUGEND UND SPORT (1975): 1. Kindertagesstättenentwicklungsplan. Berlin

SIMON, E. (1968): Untersuchung über die Häuser Wilhelmsruher Damm 187 - 215 (Papageiensiedlung) als mittelbarer Einzugsbereich für den Abenteuerspielplatz. Berlin. (Maschinenschriftl. Manuskript)

SITTE, C. (1889): Der Städte-Bau nach seinen künstlerischen Grundsätzen. Wien

STADTERNEUERUNG (1964 - 1975): Stadterneuerung in Berlin. Berichte an das Abgeordnetenhaus von Berlin. Bde 1 - 12. Berlin

STADTGESUNDUNG (1943): Stadtgesundung und Stadterneuerung. Die wirtschaftlichen und rechtlichen Grundlagen einer organischen Stadtgesundung und Stadterneuerung. Bearbeitet von der deutschen Akademie für Städtebau, Reichs- und Landesplanung - Arbeitsgruppe für Stadtgesundungsfragen. Leipzig. (Berichte zur Raumforschung und Raumordnung Bd X)

STÄDTEBAUBERICHT (1970): Städtebaubericht 1970 der Bundesregierung. Bonn. (Deutscher Bundestag, 6. Wahlperiode, Drucksache VI/1497, Sachgebiet 2)

STATISTISCHES JAHRBUCH BERLIN (1962): Statistisches Jahrbuch Berlin. Hrsg. vom Statistischen Landesamt Berlin. Berlin

STATISTISCHES JAHRBUCH BERLIN (1963): Statistisches Jahrbuch Berlin. Hrsg. vom Statistischen Landesamt Berlin. Berlin

STATISTISCHES JAHRBUCH BERLIN (1973): Statistisches Jahrbuch Berlin. Hrsg. vom Statistischen Landesamt Berlin. Berlin

STATISTISCHES LANDESAMT BERLIN (1974): Sonderauswertung der Daten zur Volkszählung vom 27. 5. 1970 für das Märkische Viertel. Berlin. (EDV-Ausdruck)

STAUBACH, H. (1963): Siedlungslenkung und Raumordnung. Hannover. (Veröffentlichungen der Akademie für Raumforschung und Landesplanung. Abhandlungen, Bd 37)

STEINBERG, H.G. (1967): Methoden der Sozialgeographie und ihre Bedeutung für die Regionalplanung. Köln. (Beiträge zur Raumplanung, Bd 2)

STOHLER, J. (1965): Zur rationalen Planung der Infrastruktur. In: Konjunkturpolitik (Zeitschrift für angewandte Konjunkturforschung) 11. Jg., S. 279 - 308

STREMLAU, W. (Hrsg.) (1975): Berlins öffentliche Büchereien. Arbeitsbericht 1974. Berlin

STÜBBEN, J. (1890): Der Städtebau. Darmstadt

STUDIEN ZUM PROBLEM DER TRABANTENSTADT (1965): 1. Teil: Untersuchungsergebnisse aus Agglomerationsräumen in der Bundesrepublik Deutschland. Hannover. (Veröffentlichungen der Akademie für Raumforschung und Landesplanung. Forschungs- und Sitzungsberichte, Bd 26. - Raum und Bevölkerung 3 -)

THESEN ZUM STÄDTEBAU (1947): Thesen zum Städtebau. Auszüge aus der Charta von Athen. (Sonderdruck aus: Die Umschau, Jg. 2, H. 3)

THIELE, K.-J. (1963): Märkisches Viertel, Berlin-Reinickendorf. In: Bauwelt, Jg. 54, S. 390 - 404

THIELE, K.-J. (1966): Neustadt in der Stadt. Ein Gutachten für Berlin-Reinickendorf. In: Stadtbauwelt, H. 12, S. 939 - 943.

THIELE, W. (1973): Die Struktur der ambulanten ärztlichen Versorgung in West-Berlin. Berlin. (Maschinenschriftl. Manuskript)

TINBERGEN, J. (1962): Shaping the World Economy. Suggestions for an International Economic Policy. New York

UMLAUF, J. (1951): Vom Wesen der Stadt und der Stadtplanung. Düsseldorf

VOLL, D. (1969): Stadtgeographie des Märkischen Viertels in West-Berlin. Berlin. (Staatsexamensarbeit FU Berlin) (Maschinenschriftl. Manuskript)

WALTHER, A. (1936): Neue Wege zur Großstadtsanierung. Stuttgart

WAGNER, M. (1915): Das sanitäre Grün der Städte. Ein Beitrag zur Freiflächentheorie. Berlin. (Dissertation TH Berlin)

WARNER, W.L. und P.S. LUNT (1941): The social life of a modern community. Chicago

WERNER, F. (1969): Stadtplanung Berlin 1900 - 1950. Berlin

WERNER, F. (1969a): Städtebau Berlin-Ost. Berlin

WIEBEL, E. (1955): Die Städte am Rande Berlins. Remagen. (Forschungen zur deutschen Landeskunde, Bd 65)

WILLERT, P.-F. (1959): Die rechtliche Bedeutung des Baunutzungsplanes nach der Bauordnung für Berlin in der Fassung vom 21. 11. 1958. In: Bauhandbuch 1959. Berlin. 9. Jg., S. 20 - 24

WINZ, H. (1950): Sozialgeographische Karten. Berlin

WÖLBLING, P. (1921): Gesetz über die Bildung der neuen Stadtgemeinde Berlin vom 27.4.1920. Textausgabe mit Einleitung, Anmerkungen und Sachregister. 2. Auflage. Berlin und Leipzig. (Guttentagsche Sammlung Preußischer Gesetze Nr. 59)

WOLF, P. (1919): Städtebau, Leipzig

WOLTERS, H. (1967): Fernwärmeversorgung des Märkischen Viertels in Berlin. In: Energie und Technik. 19. Jg., H. 8, S. 3 - 7

WRIGHT, F.L. (1950): Usonien. Berlin

ZAPF, K.; K. HEIL; J. RUDOLPH (1969): Stadt am Stadtrand. Eine vergleichende Untersuchung in vier Münchner Neubausiedlungen. Frankfurt/Main

O.V. (1963): Märkisches Viertel. In: Die Bauverwaltung, H. 10, S. 500 - 501

O.V. (1966): Das Profil wird sichtbar. Zwischenbilanz der Bauentwicklung im Märkischen Viertel. In: Berliner Bauwirtschaft, H. 22, S. 706 - 707

O.V. (1967): Berlin, Märkisches Viertel - Ein Zwischenbericht. In: Bauwelt Jg. 58, S. 1189 - 1214

O.V. (1968): Märkisches Viertel - ein gelungenes Experiment am Rande Berlins? In: Berliner Bauwirtschaft, H. 3, S. 67 - 70

O.V. (1968a): Modernes Wohnen in Berlin. Gropiusstadt, Märkisches Viertel, Falkenhagener Feld. In: Berliner Stimme, H. 49, S. 9 - 16

O.V. (1971): Das Märkische Viertel. Ein neuer Stadtteil Berlins in Kommentaren, Plänen und Bildern. Berlin. (Berliner Forum 1/71)

AKTEN

Akten des Stadtplanungsamtes Reinickendorf

Akten des Bauaufsichtsamtes Reinickendorf

Akten der Abt. Familie, Jugend und Sport des Bezirksamtes Reinickendorf

Akten der Gesellschaft für sozialen Wohnungsbau

Mieterakten der Gesellschaft für sozialen Wohnungsbau

KARTEN

Flächennutzungsplan von Berlin 1 : 10.000. Hrsg. Senator für Bau- und Wohnungswesen Berlin, Abt. V. 1971

Karte von Berlin 1 : 4.000. Blätter 4433, 4434, 4441. Hrsg. Bezirksamt Reinickendorf, Amt für Vermessung. 1950

Karte von Berlin 1 : 10.000. Blätter 443, 444. Hrsg. Senator für Bau- und Wohnungswesen Berlin, Abt. V. 1961

Karte von Berlin. Verwaltungsbezirk Reinickendorf, 1 : 20.000. Hrsg. Vermessungsamt Reinickendorf. 1972

Märkisches Viertel 1 : 10.000. Hrsg. Bezirksamt Reinickendorf, Vermessungsamt. 1975

Übersichtskarte von Berlin (West) 1 : 50.000. Hrsg. Senator für Bau- und Wohnungswesen, Abt. V. 1970. Nachträge 1973

TAGESZEITUNGEN

Berliner Morgenpost
Der Nord-Berliner
Der Tagesspiegel
Telegraf
MV-Express (unregelmäßig erschienen)

Bild 1: Luftbild des Sanierungsgebietes Wilhelmsruh vom Juni 1954. Deutlich sind die landwirtschaftlich genutzten Flächen im Süd- und Ostteil des Gebietes zu erkennen. Die aufgeschlossenen Siedlungen südlich des Wilhelmsruher Dammes sowie zwischen Nord-Süd-Bahn und dem parallel zu ihr verlaufenden Eichhorster Weg heben sich durch das breitere, helle Straßennetz hervor. Die wild besiedelten Wohnlaubenkolonien verfügen dagegen nur über schmale, schlecht sichtbare Koloniewege. (Aufnahme: Senator für Bau- und Wohnungswesen V, Nr. 85/1 Befliegung 1954, Bild-Nr. 2). Maßstab ca. 1:17.000.

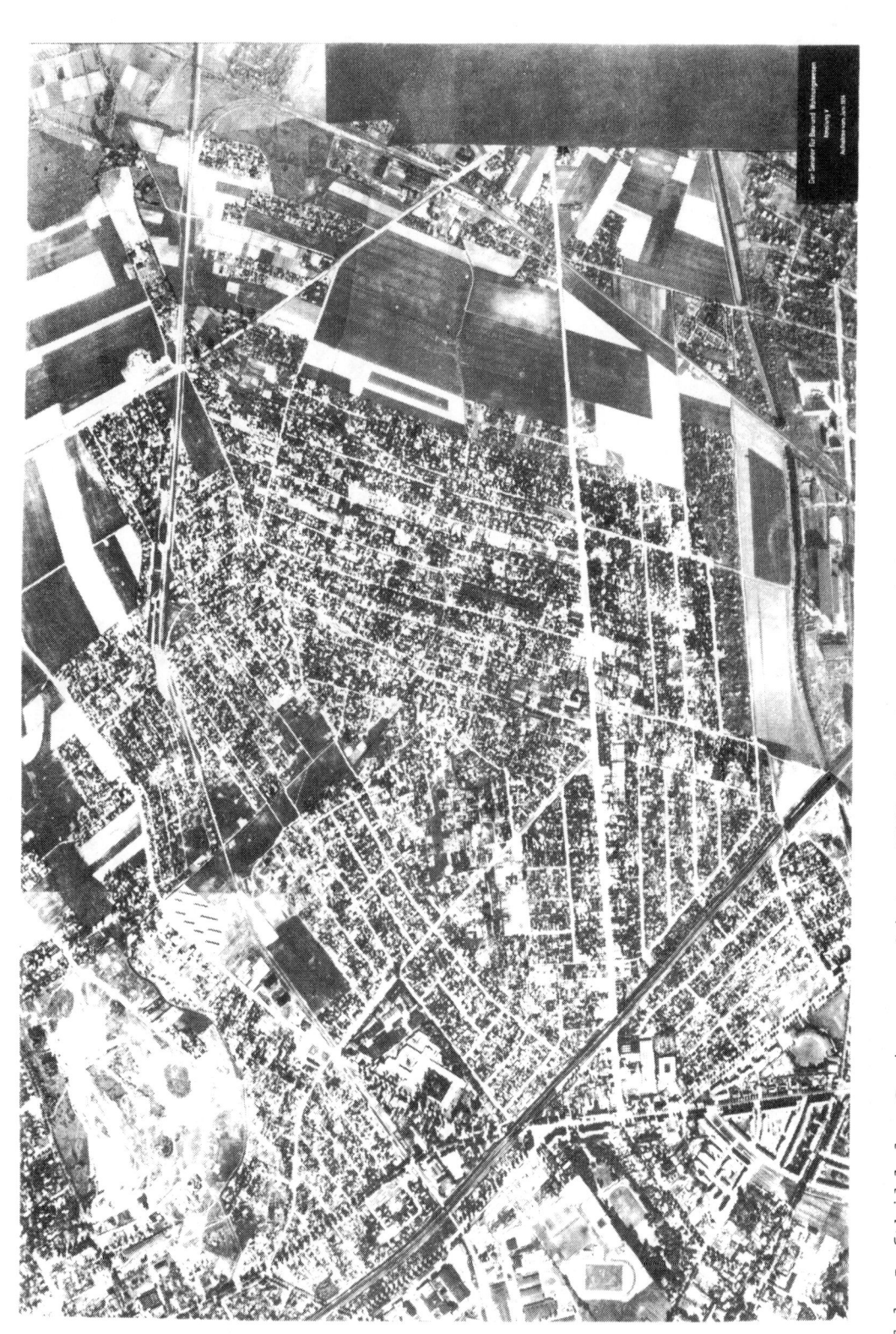

Bild 2: Luftbild des Märkischen Viertels aus dem Jahre 1974. Deutlich tritt die zangenartige Bebauung mit hohen Geschoßbauten hervor, die im West- und Südteil die verbliebenen Einfamilienhausgebiete umfaßt. Die Wohngebiete W 4d, W 4e, W 4f und W 4g des nördlichen Zangenarmes sind am oberen Bildrand angeschnitten. (Aufnahme: Senator für Bau- und Wohnungswesen V, Nr. 67/77, Refliegung 1974, Bild-Nrn 2/874, 2/875). Maßstab ca. 1:10.000. Flughöhe: 2.135 m.

Bild 3: Eine Wohnlaube im Wohnblock 166 (alte Zählung), die abgerissen werden soll, neben im Bau befindlichen Gebäuden. (Aufnahme: Mediothek/Otto-Schulz-Bücherei)

Bild 4: Massives Einfamilienhaus im Wohnblock 166 (alte Zählung), das durch Inbrandsetzung abgerissen wird, da das gesamte Gebiet des Wohnblocks 166 nördlich des Wilhelmsruher Dammes neu bebaut wird. (Aufnahme: Mediothek/Otto-Schulz-Bücherei)

Bild 5: Das Einfamilienhausgebiet W 10 mit der Grundschule an der Peckwisch am Tornower Weg. Links im Hintergrund das Wohngebiet W 3c (Stranz), als nördliche Begrenzung von W 10 das Wohngebiet W 1c (Fleig) als Ost-West-Zeile entlang des Wilhelmsruher Dammes.
(Aufnahme: D. Voll)

Bild 6: Seit 1965 entstanden in den verbliebenen Einfamilienhausgebieten eine Reihe neuer Häuser. Hier ist es ein eingeschossiges Haus in der Schorfheidestraße, im Hintergrund das Wohngebiet W 1b (Leo).
(Aufnahme: D. Voll)

Bild 7: Wohngebiet W 3a des Architekten Ungers.
Am linken Bildrand ist das Kaufhaus des Märkischen Zentrums sichtbar. Zwischen dem Einkaufszentrum und dem Wohngebiet W 3a stehen die Gebäude der Gesamtoberschule. (Aufnahme: D. Voll)

Bild 8: Das Wohngebiet W 1b des Architekten Leo (rechts) und das Wohngebiet W 3a des Architekten Ungers (links) mit der Postbrücke am Wilhelmsruher Damm. Diese Bauten stellen den westlichen "Eingang" zum zentralen Bereich dar. (Aufnahme: D. Voll)

Bild 9: Der erste Bauabschnitt des Märkischen Zentrums. Im Erdgeschoß der Bauten sind die Geschäfte, im ersten Geschoß zumeist Dienstleistungsbetriebe und Ärzte untergebracht.
(Aufnahme: D. Voll)

Bild 10: Enge Fußgängerstraßen und platzartige Erweiterungen sollen im Märkischen Zentrum einen städtischen Eindruck vermitteln.
(Aufnahme: D. Voll)

Bild 11: Der Hochhausteil am östlichen Ende des Wohngebietes W 1a (Grages). Während dieser Block von der Seite des Wilhelmsruher Dammes her durch den grauen Beton und die grellen Farben erdrückend wirkt, bilden die Loggien und Balkons der Südseite auflockernde Elemente.
(Aufnahme: D. Voll)

Bild 12: Blickt man den Dannenwalder Weg in Richtung Osten entlang, erhebt sich dem Betrachter wie eine Wand das Wohngebiet W (Düttmann). Dieses Gebiet stellt zusammen mit den Bauten des Architekten Crisel den östlichen Abschluß des südlichen Bebauungsarmes dar.
(Aufnahme: D. Voll)

- 224 -

Bild 13: Bauten des Wohngebietes W 20 (Planungsgruppe DeGeWo) südlich des Dannenwalder Weges. Diese Gebäude mit ihrer waagerechten hellen und dunklen Bänderung wurden als erste im Märkischen Viertel errichtet. (Aufnahme: Mediothek/Otto-Schulz-Bücherei)

Bild 14: Ein Block des Wohngebietes W 4h des Architekten Lee am Seggeluchbecken. Dieses Gebäude stellt im Westen die südliche Begrenzung des nördlichen Bebauungsarmes dar. (Aufnahme: Mediothek/Otto-Schulz-Bücherei)

Bild 15: Die Bauten des Architekten Grisel im Ostteil des Märkischen Viertels beiderseits des Wilhelmsruher Dammes wurden als Maisonettenwohnungen errichtet. Zwischen diesem Gebiet und der im Hintergrund sichtbaren Grenze zu Ost-Berlin erstreckt sich ein neu geschaffener Kleingartengelände. (Aufnahme: D. Voll)

Bild 16: In dem Bereich, der vom Senftenberger Ring umschlossen ist, stehen eine Reihe von Schulen und Kindertagesstätten. Das Bild zeigt die Wilhelm-Raabe-Grundschule und eine Kindertagesstätte am Senftenberger Ring Nr. 97 und 99. (Aufnahme: D. Voll)

Bild 17: Der Abenteuerspielplatz am Senftenberger Ring. Links ist auf dem Grundstück das Spielhaus zu sehen. Auf dem Spielplatz stehen eine Vielzahl von Bretterhütten, die von Kindern errichtet wurden.
(Aufnahme: D. Voll)

Bild 18: Am Seggeluchbecken, dem größeren der beiden Regenwasserrückhaltebecken, wurde ein kleines Hotel errichtet. Trotz seiner dezentralen Lage zur City erfreut es sich recht großer Beliebtheit.
(Aufnahme: D. Voll)

Bild 19: Von der GeSoBau wurde im Rahmen der Gestaltung der Grundstücke eine große Zahl Spielplätze für die kleineren Kinder angelegt. Hier ein derartiger Buddelplatz im Wohngebiet AW von Müller/ Heinrichs. (Aufnahme: D. Voll)

Bild 20: Das zentrale Heizwerk im nordöstlichen Teil des Märkischen Viertels versorgt fast alle Wohn- und öffentlichen Bauten mit Wärme und Warmwasser. (Aufnahme: D. Voll)

ABHANDLUNGEN DES GEOGRAPHISCHEN INSTITUTS DER FREIEN UNIVERSITÄT BERLIN

Band 1: K. Schröder, Die Stauanlagen der mittleren Vereinigten Staaten. Ein Beitrag zur Wirtschafts- und Kulturgeographie der USA. 1953. 96 S. mit 4 Karten, DM 12,--

Band 2: O. Quelle, Portugiesische Manuskriptatlanten. 1953. 12 S. mit 25 Tafeln und 1 Kartenskizze. Vergriffen!

Band 3: G. Jensch, Das ländliche Jahr in deutschen Agrarlandschaften. 1957. 115 S. mit 13 Figuren und Diagrammen, DM 19,50

Band 4: H. Valentin, Glazialmorphologische Untersuchungen in Ostengland. Ein Beitrag zum Problem der letzten Vereisung im Nordseeraum. 1957. 86 S. mit Bildern und Karten, DM 20,--

Band 5: Geomorphologische Abhandlungen. Otto Maull zum 70. Geburtstage gewidmet. Besorgt von E. Fels, H. Overbeck und J.H. Schultze. 1957. 72 S. mit Abbildungen und Karten, DM 16,--

Band 6: K.-A. Boesler, Die städtischen Funktionen. Ein Beitrag zur allgemeinen Stadtgeographie aufgrund empirischer Untersuchungen in Thüringen. 1960. 80 S. mit Tabellen und Karten. Vergriffen!

Seit 1963 wird die Reihe fortgesetzt unter dem Titel

ABHANDLUNGEN DES 1. GEOGRAPHISCHEN INSTITUTS DER FREIEN UNIVERSITÄT BERLIN

Band 7: J.H. Schultze, Der Ost-Sudan. Entwicklungsland zwischen Wüste und Regenwald. 1963. 173 S. mit Figuren, Karten und Abbildungen. Vergriffen!

Band 8: H. Hecklau, Die Gliederung der Kulturlandschaft im Gebiet von Schriesheim/Bergstraße. Ein Beitrag zur Methodik der Kulturlandschaftsforschung. 1964. 152 S. mit 16 Abbildungen und 1 Karte, DM 30,--

Band 9: E. Müller, Berlin-Zehlendorf. Versuch einer Kulturlandschaftsgliederung. 1968. 144 S. mit 8 Abbildungen und 3 Karten, DM 30,--

Band 10: C. Werner, Zur Geometrie von Verkehrsnetzen. Die Beziehung zwischen räumlicher Netzgestaltung und Wirtschaftlichkeit. 1966. 136 S. mit 44 Figuren. English summary. Vergriffen!

Band 11: K.D. Wiek, Kurfürstendamm und Champs-Elysées. Geographischer Vergleich zweier Weltstraßen-Gebiete. 1967. 134 S. mit 9 Photos, 8 Kartenbeilagen, DM 30,--

Band 12: K.-A. Boesler, Kulturlandschaftswandel durch raumwirksame Staatstätigkeit. 1969. 245 S. mit 10 Photos, zahlreichen Darstellungen und 3 Beilagen, DM 60,--

Band 13: Aktuelle Probleme geographischer Forschung. Festschrift anläßlich des 65. Geburtstages von Joachim Heinrich Schultze. Herausgegeben von K.-A. Boesler und A. Kühn. 1970. 549 S. mit 43 Photos und 66 Figuren, davon 4 auf 2 Beilagen, DM 60,--

Band 14: D. Richter, Geographische Strukturwandlungen in der Weltstadt Berlin. Untersucht am Profilband Potsdamer Platz - Innsbrucker Platz. 1969. 229 S. mit 26 Bildern und 4 Karten, DM 19,--

Band 15: F. Vetter, Netztheoretische Studien zum niedersächsischen Eisenbahnnetz. Ein Beitrag zur angewandten Verkehrsgeographie. 1970. 150 S. mit 14 Tabellen und 40 Figuren, DM 19,--

Band 16: B. Aust, Stadtgeographie ausgewählter Sekundärzentren in Berlin (West). 1970. IX und 151 S. mit 32 Bildern, 13 Figuren, 20 Tabellen und 7 Karten, DM 19,--

Band 17: K.-H. Hasselmann, Untersuchungen zur Struktur der Kulturlandschaft von Busoga (Uganda). 1976. IX und 294 S. mit 32 Bildern, 83 Figuren und 76 Tabellen. DM 39,50

Band 18: H.-J. Mielke, Die kulturlandschaftliche Entwicklung des Grunewaldgebietes. 1971. 348 S. mit 32 Bildern, 18 Abbildungen und 9 Tabellen, DM 30,--

Band 19: D. Herold, Die weltweite Vergroßstädterung. Ihre Ursachen und Folgen aus der Sicht der Politischen Geographie. 1972. IV und 368 S. mit 14 Tabellen und 5 Abbildungen, DM 19,--

Band 20: Festschrift für Georg Jensch aus Anlaß seines 65. Geburtstages. 1974. XXVIII und 437 S. mit Abbildungen und Karten, DM 32,--

Band 21: V. Fichtner, Die anthropogen bedingte Umwandlung des Reliefs durch Trümmeraufschüttungen in Berlin (West) seit 1945. 1977. VII und 169 S., DM 22,--

Band 22: W.-D. Zach, Zum Problem synthetischer und komplexer Karten. Ein Beitrag zur Methodik der thematischen Kartographie. 1975. VI und 121 S., DM 19,--

Die Reihe wird fortgesetzt unter dem Titel:

ABHANDLUNGEN DES GEOGRAPHISCHEN INSTITUTS - ANTHROPOGEOGRAPHIE

Band 23: Ch. Becker, Die strukturelle Eignung des Landes Hessen für den Erholungsreiseverkehr. Ein Modell zur Bewertung von Räumen für die Erholung. 1976. 153 S., DM 29,50

Band 24: Arbeiten zur Angewandten Geographie und Raumplanung. Arthur Kühn gewidmet. 1976. 167 S., DM 22,--

Band 25: R. Vollmar, Regionalplanung in den USA. Das Appalachian Regional Development Program am Beispiel von Ost-Kentucky. 1976. X und 196 S., DM 18,--

Band 26: H. Jenz, Der Friedhof als stadtgeographisches Problem der Millionenstadt Berlin - dargestellt unter Berücksichtigung der Friedhofsgründungen nach dem 2. Weltkrieg. 1977. VII und 182 S., DM 18,--

Band 27: H. Tank, Die Entwicklung der Wirtschaftsstruktur einer traditionellen Sozialgruppe. Das Beispiel der Old Order Amish in Ohio, Indiana und Pennsylvania, USA. 1979. 170 S., DM 20,--

Band 28: G. Wapler, Die zentralörtliche Funktion der Stadt Perugia. 1979. 132 S., DM 20,--

Band 29: Hans-Dietrich Schultz, Die deutschsprachige Geographie von 1800 bis 1970. Ein Beitrag zur Geschichte ihrer Methodologie. 1980. 488 S., DM 32,--

Band 30: M. Grupp, Entwicklung und sozio-ökonomische Bedeutung der holzverarbeitenden Industrien im Südosten der Vereinigten Staaten von Amerika. 1981. XII und 188 S. mit Anhang, DM 28,--

Band 31: G. Ramakers, Géographie physique des plantes, géographie physique des animaux und géographie physique de l'homme et de la femme bei Jean-Louis Soulavie. Ein Beitrag zur Problem- und Ideengeschichte der Geographie im achtzehnten Jahrhundert. 1981. II und 205 S. mit 8 Abbildungen, DM 28,--

Band 32: H. Asche, Mobile Lebensformgruppen Südost-Arabiens im Wandel. Die Küstenprovinz Al Baṭinah im erdölfördernden Sultanat Oman. 1981. XII u. 344 S. mit 20 Tabellen, 36 Karten und 20 Photos, DM 36,--

Band 33: Fred Scholz, Jörg Janzen (Hrsg.), Nomadismus - ein Entwicklungsproblem ? Beiträge zu einem Nomadismus-Symposium, veranstaltet in der Gesellschaft für Erdkunde zu Berlin. 1982. VIII und 250 Seiten mit 6 Bildern und 25 Karten und Diagramme, DM 22,--

Band 34: Dieter Voll, Von der Wohnlaube zum Hochhaus. Eine geographische Untersuchung über die Entstehung und die Struktur des Märkischen Viertels in Berlin (West) bis 1976. 1983. XII und 237 Seiten mit 76 Abbildungen, DM 32,--